AF277603

Maestros y discípulos en la antigua Grecia

Javier Murcia Ortuño

Maestros y discípulos en la antigua Grecia

Alianza editorial
El libro de bolsillo

Diseño de colección: Estrada Design
Diseño de cubierta: Manuel Estrada
Ilustración de cubierta: *La Escuela de Atenas* (detalle), de Rafael. Museos Vaticano
© Album / Eric Vandeville / akg-images
Selección de imagen: Carlos Caranci Sáez

PAPEL DE FIBRA
CERTIFICADA

© Javier Murcia Ortuño, 2024
© Alianza Editorial, S. A., Madrid, 2024
   Calle Valentín Beato, 21
   28037 Madrid
   www.alianzaeditorial.es

ISBN: 978-84-1148-595-1
Depósito legal: M. 642-2024
Printed in Spain

Si quiere recibir información periódica sobre las novedades de Alianza Editorial, envíe un correo electrónico a la dirección: alianzaeditorial@anaya.es

Índice

A mi hija Gisela,
que me ha enseñado tantas cosas

Prefacio

Cuando los de Mitilene dominaban los mares, impusieron a los aliados que hacían defección que sus hijos no aprendiesen las letras y no se les enseñara música, pensando que ese era el más duro de todos los castigos: vivir faltos de música y de conocimientos. Esta noticia de Eliano (*Varia Historia*, 7.15) no debe ser histórica, pero nos permite hacernos una idea del alto concepto que tenían los griegos sobre la educación. De hecho, al leer las fuentes antiguas nos parece que los griegos antiguos prácticamente vivían obsesionados por ella. Eso se debe, dirá alguno, a que son textos literarios que pueden darnos una imagen muy parcial de la vida griega, pero nada más lejos de la realidad: el mismo entusiasmo educativo hallamos en los epitafios de los difuntos y en las pinturas de los vasos.

La fascinación de los griegos por el conocimiento fue una constante. En un principio los poetas enseñaron al pueblo, luego, los sabios. Esos sabios muchas veces eran raros y extravagantes; estaban tan envanecidos de su sabiduría que se proclamaron inspirados por la divinidad y autodidactas (esta palabra ya aparece en la epopeya homérica). El filósofo Heráclito aseguró sencillamente que lo sabía todo y que no fue discípulo de nadie. Pero las ciudades, pequeñas o grandes, los animaban y los protegían a su modo. Supieron valorar esos intelectos, aunque pareciesen a veces improductivos para la sociedad. Finalmente, aparecieron los primeros educadores profesionales, los sofistas. Fue un largo proceso que estuvo caracterizado más por la continuidad y el respeto a la tradición que por la ruptura. Los propios sofistas se sentían parte de una larga tradición, aunque afirmaban, sin falsa modestia, que habían llegado para superarla.

Los griegos pensaban que no hay nada más refinado que educarse y poseer una elevada cultura. Los ricos, como es lógico, invirtieron más tiempo y dinero en su educación, pero también los ciudadanos pobres, dentro de sus posibilidades, intentaron dar a sus hijos la mejor educación posible. Las ciudades griegas nunca tuvieron una educación obligatoria para todos los ciudadanos, con la notable excepción de Esparta. Esta ciudad tan singular entendió la educación como un mecanismo perfecto para crear una sociedad igualitaria, de modo que ser espartano significaba simplemente haber recibido la educación del Estado. Que ese proceso fuese, sobre todo, de carácter militar, no le resta mérito a su gran innovación (que hoy día se ha asumido en todas partes sin discusión). Platón, que era un gran amante de las cosas espartanas, aceptó la idea para su república ideal. Desde entonces, todos los griegos comprendieron que haber pasado por una experiencia educativa similar era un fortísimo elemento de cohesión social.

Pero el control estatal de la educación que se ejercía en Esparta no dio frutos; la libertad que existía en las demás ciudades, sobre todo en la democrática Atenas, permitió la llegada de nuevas ideas y métodos. Aristóteles, que coincidió con su maestro Platón en la necesidad de hacer obligatoria la educación, tuvo que reconocer que no había consenso en qué se debía enseñar y de qué manera. La democracia ateniense nunca controló la educación y se movió, a veces de forma confusa, en una difícil dicotomía: formar buenos ciudadanos que respetasen las normas y desarrollar el pensamiento crítico. Pero, mientras se debatía eso, Atenas se llenó de escuelas como nunca se había visto y terminó por convertirse en la primera ciudad universitaria del mundo. Hacia el siglo IV se creó un sistema educativo que ha llegado casi sin cambios hasta la actualidad. Ese sistema, en el que seguimos educándonos, es el que nos permite considerarnos hombres de la civilización occidental, independientemente del lugar donde nos encontremos o la etnia a la que pertenezcamos. Como escribió el orador y maestro Isócrates:

> Nuestra ciudad ha conseguido que se aplique el nombre de griegos no a la raza sino a la inteligencia, y que se llame griegos a los que participan de nuestra educación más que a los de nuestra misma sangre (*Contra los sofistas*, 50).

Los maestros tienen el más noble objetivo, hacer que existan después de ellos hombres insignes. Pero educar es una tarea larga y pesada que debía comenzar en la infancia. Ya decía Menandro: «Adiestra a los niños, pues no los adiestrarás de hombres». Las cosas materiales se adquieren con dinero, pero la educación solo se consigue con tiempo y dedicación.

Hoy se juzga el éxito del sistema educativo en términos económicos, algo que era irrelevante en la Antigüedad. Más que trasmitir conocimientos para crear técnicos y profesionales, los griegos querían formar la personalidad. En ese sentido la relación entre maestro y alumno tenía un carácter especial. Era clave buscar un maestro de probada moralidad y buenas costumbres. Además, se establecía un vínculo de confianza y afecto que era lo que hacía posible la trasmisión de las ideas. Por eso Jenofonte escribió con gran acierto: «No es posible recibir educación de un maestro que no agrade» (*Memorables*. 1.2.39). Siglos después, un romano refinado como Plinio el Joven lo expresó de forma más hermosa en una de sus cartas: «El mejor maestro es el amor». Y, sin embargo, era legendaria la severa disciplina que imponían los maestros de las primeras etapas. No dudaban en aplicar castigos corporales ante cualquier error o comportamiento inapropiado. El látigo y la vara (la famosa férula de los romanos) eran sus instrumentos educativos. Sirva de disculpa que la vida cotidiana en aquellos tiempos era así de dura en todos los órdenes.

Entre maestro y discípulo se establecía una relación dinámica de admiración (que implicaba imitación) y de rivalidad o competencia. El alumno deseaba superar al maestro; por ejemplo, el filósofo Crisipo disentía de sus maestros y decía que solo necesitaba los principios fundamentales y que él mismo hallaría las demostraciones; el médico Galeno escribió que ya de adolescente miraba por encima del hombro a sus maestros. Pero esto no solo pasaba con los alumnos especialmente brillantes.

Puede ser verdad que muchos alumnos son mejores que sus profesores, según el dicho que circulaba en la Antigüedad, pero eso nunca ha atormentado a los buenos maestros. Solo en los mitos encontramos una historia donde el maestro está celoso de su alumno: Dédalo, conocido por su gran inventiva y astucia, había tomado como discípulo a su sobrino Talo (también llamado Pérdix). En cierta ocasión, paseando por el campo, Talo encontró la mandíbula de una serpiente y con ella serró un delgado tronco, inventando de ese modo la sierra. Dédalo quedó impresionado del talento de su discípulo y temeroso de que Talo le sobrepasase en ingenio, concibió la idea de eliminarlo. Subió con él a la Acrópolis de Atenas y una vez arriba lo despeñó.

En las páginas que siguen solo se encontrará la devoción (a veces excesiva) de los alumnos hacia los profesores que les habían enseñado, que les habían ofrecido con generosidad lo más valioso que existe, la educación (el único bien que poseemos realmente y que nadie nos puede arrebatar). No es extraño que el cínico Diógenes solo se tomase eso en serio; le gustaba repetir que la educación era sensatez para los jóvenes, consuelo para los viejos, riqueza para los pobres y adorno para los ricos.

El presente libro se dirige a todo tipo de lectores (pues todos hemos sido por lo menos discípulos y algo podemos entender de los procesos educativos que hemos experimentado o padecido). Los lectores más curiosos hallarán en la bibliografía manuales y monografías que de forma más sistemática y profunda han tratado esta cuestión. Solo se pretendía hacer un repaso de la educación en la Antigua Grecia para constatar la continuidad cultural que se ha producido desde tiempos de Homero hasta nuestros días. El mundo clásico no es una civilización pasada que estudian los filólogos, los historiadores y los arqueólogos. Sigue viva dentro

de nosotros. Y los profesores tenemos la obligación de tras-
mitirla adecuadamente a las generaciones siguientes. Espe-
ro que este libro contribuya, de alguna manera, a tan fundamental misión.

Nota: Si no se indica lo contrario, todas las fechas mencionadas en el
libro corresponden a antes de nuestra era.

1. Quirón, el primer maestro

¿Educó a Aquiles Tetis o su padre?
Fue Quirón, para que no aprendiera los hábitos
de los hombres perversos.

Eurípides, *Ifigenia en Áulide,* 709.

El término «centauro» no ha sido explicado nunca de forma convincente; su sentido original etimológico permanece oculto. Con este nombre se designaba a un tipo de seres de doble naturaleza, mitad hombre mitad caballo. Estos seres híbridos eran habituales en la mitología griega y casi todos estos monstruos acechaban y causaban la perdición de los hombres. Los centauros son seres salvajes y brutales que viven sin aceptar las normas de la civilización y habitan en cuevas en las zonas montañosas. En ese sentido son similares a los cíclopes, que «no tienen asambleas para el consejo, ni leyes, sino que habitan en las cimas de las altas montañas en profundas cuevas; cada uno se ocupa de sus esposas y de sus hijos y no se preocupan unos de otros»[1]. Los centauros tenían otra característica más extraña que los acercaba a seres monstruosos únicos como Harpías y Sirenas: era una raza donde solo existía un género: el masculino[2].

Homero menciona a los centauros en su obra, pero nada nos dice sobre su nacimiento. Gracias a mitógrafos posteriores conocemos bien la forma peculiar en que la raza de los centauros nació. Ixión, hombre cruel y sanguinario, reinaba sobre los lapitas, en una región del norte de Tesalia, al pie de los montes Olimpo y Osa. Se había casado con Día y tenía un hijo que se llamaba Pirítoo. Para no tener que entregar los obsequios nupciales que le había prometido a su suegro, lo mató arrojándolo a un foso en llamas. No obstante, Zeus lo purificó de su crimen y lo aceptó en su presencia junto a los demás dioses. Llegó a tal grado de familiaridad que Zeus permitió a Ixión probar el néctar y la ambrosía de los dioses, alimentos que conferían la inmortalidad. Pero Ixión seguía lleno de maldad y no mostró mucha gratitud a su benefactor, puesto que realizó proposiciones deshonestas a Hera. La diosa se lo contó a su esposo Zeus, que tuvo la idea de crear una nube (Néfele) con la apariencia de Hera para ver si Ixión era capaz realmente de tal grado de ingratitud y maldad. Ixión se unió a esa nube, pensando que era la auténtica Hera, y por tal acción fue duramente castigado por Zeus: se le colocó en el Tártaro y fue encadenado a una rueda que giraba sin cesar. Como Ixión se había convertido en inmortal, tuvo que soportar para la eternidad ese castigo junto a otros condenados famosos como Tántalo, Sísifo, Titio y las Danaides.

Pero hubo otra consecuencia: la nube quedó preñada y se desplazó por el cielo. Llegó a Tesalia y chocó con el monte Pelión, macizo montañoso que se extiende desde el sur del monte Osa hasta la península de Magnesia. Allí dio a luz a un solo hijo, llamado Centauro. Este se unió con las yeguas de aquellos parajes agrestes y engendró la raza monstruosa de los centauros, mitad hombres mitad caballos. En todo caso, esta nueva raza heredó la maldad y la bestialidad de Ixión, y por eso el poeta Ovidio los llamó «feroces hijos de la nube». Esta es la versión más antigua de su nacimiento, tal como la ha trasmitido Píndaro en uno de sus poemas. Pero, como suele ser habitual en los relatos mitológicos, había otras variantes: en una de ellas la nube choca con el monte Pelión y alumbra a un buen número de seres que ya tenían esa forma mixta (pues se decía que la nube adoptó forma equina); en otra versión (que nos ha trasmitido Diodoro) la nube al chocar con el monte da a luz seres con naturaleza humana (centauros) que fueron criados generosamente por las ninfas del Pelión, pero, al llegar a la madurez, su instinto animal les empujó a unirse a las yeguas de la zona y crearon así unas criaturas de doble naturaleza que se llamaron hipocentauros.

En la Antigüedad se intentó dar una explicación racional al mito: estos hombres llamados hipocentauros fueron los primeros en practicar la equitación, y su novedosa figura de jinete y montura forjó la leyenda de seres de doble naturaleza. No debe extrañarnos que este mito se localice en Tesalia, pues la región era una gran llanura con excelentes prados muy apropiados para la crianza de los caballos. Esta explicación del mito la mantiene Isidoro de Sevilla en su magna obra *Etimologías*:

Hay quien dice que se trataba de los caballeros tesalios que, como corrían por todas partes en la guerra, daban la impresión de un solo cuerpo formado por caballos y seres humanos[3].

Quirón compartía con los centauros su doble naturaleza, con la parte superior de hombre y la inferior de caballo. Pero, salvo la apariencia exterior, no había más puntos comunes. Quirón era un ser inmortal, pues era hijo de Crono y de la oceánide Fílira (las oceánides son hijas del Océano y su hermana Tetis). Crono se metamorfoseó en caballo para unirse a ella, porque quería escapar al control de su celosa esposa, Rea. Esto es lo que explicaba su doble naturaleza. Además, Quirón era bueno, sabio y justo. En la *Ilíada* se le llama «el más justo de los centauros» y Píndaro escribe en uno de sus poemas que «tenía una mente amistosa hacia los hombres». El nombre de Quirón está relacionado con el término griego *cheir* que significa 'mano', y tendría que ver con las habilidades manuales que llegó a poseer y que luego enseñó a sus discípulos.

Apolo y Ártemis instruyeron a Quirón en la caza, la música, la medicina y las artes proféticas. Luego Quirón se instaló con su madre Fílira en una cueva del monte Pelión, junto a un pequeño santuario dedicado a Zeus Akraios. Quirón se casó con Cariclo, una hija de Apolo con forma únicamente humana, pues así está siempre representada en los dibujos de la cerámica griega. El matrimonio tuvo descendencia; las fuentes, aunque de forma confusa, nos hablan de varias hijas: Endeis o Endeide, Melanipe y Ocírroe (que aprendió las artes de su padre y poseía, además, dotes proféticas); también conocemos la existencia de un hijo llamado Caristo.

Escuela de héroes

En esta cueva del monte Pelión, Quirón puso su escuela (la primera, aunque estemos en el mundo de la mitología). Le ayudaban en su tarea su esposa y sus hijas, pues recibía a sus alumnos muy pequeños (a veces desde el mismo nacimiento) y para la crianza y desarrollo global eran fundamentales la presencia femenina y la vida familiar. Quirón se convirtió en un profesional de la educación (no un simple tutor o consejero). Su escuela estaba abierta a todos los hombres de Grecia sin distinción y enseñaba los más variados conocimientos (en esos tiempos un héroe necesitaba de esa amplia preparación), pero fundamentalmente se centraba en la caza, la guerra (tiro con arco y equitación), la música y la medicina. También, por supuesto, les inculcaba profundos preceptos morales. Podemos entender que esta escuela de Quirón es un reflejo de los antiquísimos sistemas de educación de la Edad de Bronce, que estaban relacionados con los ritos de paso que permitían pasar adecuadamente de la infancia a la edad adulta. Estos ritos siempre tenían elementos recurrentes como el alejamiento de la sociedad en un lugar salvaje (como sería la cueva del centauro en el monte) para regresar al grupo tras el aprendizaje.

Jenofonte, en su obra *Cinegético*, nos da una lista de 20 héroes míticos que fueron discípulos de Quirón; entre ellos destacan Céfalo, Asclepio, Melanión, Néstor, Anfiarao, Peleo, Telamón, Meleagro, Teseo, Hipólito, Palamedes, Menesteo, Ulises, Diomedes, Cástor, Pólux, Macaón, Podalirio, Antíloco, Eneas y Aquiles. Curiosamente deja de mencionar dos nombres destacados: Jasón y Acteón. Incluso algunos autores quisieron incluir en la lista de discípulos del centauro a Heracles, aunque es discutible, pues este héroe siempre destacó por su carácter rebelde para la educación y su ausencia de modales (como veremos más adelante).

La caza es un «invento de los dioses Apolo y Ártemis», escribe Jenofonte en su tratado titulado *Cinegético*. La palabra cinegético está formada por dos términos: *kynós,* 'perro', y *hegeomai,* 'guiar', pues los griegos siempre relacionaban la caza con el uso de perros adiestrados. Era una de las enseñanzas fundamentales de Quirón por lo que tenía como preparación para la guerra. También se pensaba que la caza despertaba las mejores cualidades en los hombres. Según Jenofonte, «los que estuvieron con Quirón siendo jóvenes comenzaron con la caza a aprender muchas nobles lecciones»[4]. Este autor consideró la caza como la pieza inicial del sistema educativo: «El que deja atrás la infancia es preciso que se dedique primero a la caza y luego a las demás enseñanzas»[5]. La caza permaneció como elemento fundamental de la enseñanza en la educación tradicional aristocrática, pero fue en Esparta donde se le dedicó especial atención y se convirtió en parte principal de la vida diaria.

Hubo un discípulo de Quirón que destacó sobre todo en este aspecto: Acteón, un héroe beocio que en la época clásica llegó a recibir veneración en las ciudades de Platea y Orcómeno. Acteón pasaba los días en los montes del Citerón cazando con su jauría de perros, hasta que se encontró en aquellos parajes con Ártemis, otra incansable cazadora. La diosa había terminado su jornada y junto a las ninfas que solían acompañarla se bañaba desnuda en un manantial de la montaña. La suerte hizo que Acteón llegara allí en ese momento con sus perros y viera a la diosa desnuda. Ártemis, muy irritada, convirtió a Acteón en un ciervo y enloqueció a los 50 perros que le seguían de modo que lo devoraron sin conocerlo. Dicen que a continuación los perros vagaron por los bosques buscando a su amo y llenaron el monte con sus lastimeros aullidos. Finalmente llegaron a la cueva de Quirón, que se compadeció de ellos, y para calmar su dolor modeló una estatua que representaba a Acteón[6].

En el arte de la medicina destacó otro de sus discípulos: Asclepio. Era el fruto de los amores de Apolo con Corónide, la hija de Flegias, rey de los lapitas. Apolo se enamoró de ella y consumaron su amor. Sin embargo, Corónide, temiendo que el dios se cansaría de ella más adelante cuando fuese vieja y fea, buscó el amor de un simple mortal llamado Isquis. Pero un cuervo que Apolo había dispuesto como vigilante descubrió esta infidelidad y se la contó al propio dios. Llevado por los celos tomó su arco y mató con sus flechas a su amada Corónide (en otras versiones, como la de Píndaro, Apolo le encarga a su hermana Ártemis la venganza: la diosa desata una epidemia en la ciudad en la que muere la muchacha; seguramente Píndaro quiere dejar en buen lugar a la divinidad y evita que Apolo se manche las manos de sangre). Al verla muerta, Apolo se arrepintió de su cólera; castigó primero al cuervo que le había dado tal noticia convirtiendo su plumaje blanco en negro; luego, colocó a Corónide sobre la pira funeraria y antes de prenderla le arrebató de su seno a la criatura que había concebido. Le puso de nombre Asclepio y se la confió a Quirón, que gracias a su esposa e hijas podía hacerse cargo del niño a esa edad tan temprana. El centauro, que fue admirado especialmente por sus conocimientos de medicina, le enseñó el arte de curar heridas y enfermedades. Y Asclepio se convirtió en su mejor discípulo. Píndaro escribe sobre la habilidad médica de Asclepio:

A todos los que vienen a él portadores de úlceras nacidas en su carne, heridos por el bronce reluciente en alguna parte o por la piedra de la honda, maltratado su cuerpo por el ardor del estío o por el frío del invierno, los libra del mal, ya curándolos con suaves ensalmos, ya administrándoles pociones benéficas, ya aplicando a sus miembros toda clase de remedios[7].

Como se puede ver, la habilidad médica que trasmite a su alumno tiene una mezcla de magia (los dulces ensalmos) y de conocimientos efectivos de las propiedades curativas de ciertas plantas (pociones benéficas). Pero Asclepio profundizó en sus estudios y fue un pionero en el campo de la cirugía. Se dice incluso que podía resucitar a los muertos. Esto se debía a que había obtenido de Atenea la sangre manada de las venas de la Medusa Gorgona (la sangre de las venas de la parte izquierda causaba daño, pero las de la parte derecha tenía el poder de sanar y resucitar a los muertos). Pero Zeus, temeroso de las consecuencias futuras de ese conocimiento, fulminó a Asclepio con su rayo. En otras versiones, Hades, alarmado por la alteración del orden natural de las cosas y la disminución de su poder (pues cada vez era menor el número de los muertos), solicitó de Zeus que lo fulminase. Los escritores griegos racionalistas como Diodoro, se muestran prudentes sobre la capacidad de resucitar a los muertos y la explican en el sentido de que Asclepio curó a muchos enfermos desahuciados, de modo que parecía que devolvía a la vida a hombres ya muertos. De todas formas, antes de su muerte, Asclepio pudo trasmitir sus conocimientos a sus hijos Macaón y Podalirio, que también fueron expertos médicos. En la guerra de Troya actuaron como médicos oficiales de la expedición griega.

En el mundo griego Asclepio se convirtió en una divinidad que recibió culto, sobre todo en el santuario de Epidauro, donde funcionaba una institución médica, aunque sus prácticas eran fundamentalmente mágicas.

Si algún discípulo pasó más tiempo en la casa-escuela de Quirón fue Jasón. Su madre lo había confiado al centauro nada más nacer, por miedo a Pelias, rey de la ciudad de Yolco (al parecer temía que en un futuro este niño le arrebatase el poder). Lo único seguro es que desde su nacimiento Jasón fue encomendado a Quirón. Pasó su infancia en su cueva siendo educado por el centauro y criado por la esposa, la madre y las hijas de Quirón. No parece que destacase en nada especial dentro de las amplias materias que impartía el centauro. A los veinte años abandonó la cueva y se dirigió a Yolco a reclamar el trono de su padre. Jasón portaba dos lanzas y sobre la túnica llevaba una piel de pantera. Se había convertido en un hombre rudo de las montañas. El poeta Píndaro hace que se presente así ante Pelias:

> Afirmo que traigo conmigo la enseñanza de Quirón,
> pues vengo de su cueva, de junto a Cariclo y Fílira,
> donde las castas hijas del centauro me criaron.
> Vuelvo a casa al cumplir los veinte años
> sin decir o hacer nada vergonzoso
> para reclamar el antiguo poder de mi padre[8].

Pelias le pide entonces que le traiga el vellocino de oro que el rey de la Cólquide poseía y que estaba consagrado a Ares en un bosque vigilado por un dragón. Quirón no abandona a su discípulo en ese trance. Compone el calendario de la expedición y hace la convocatoria de la misma indicándole los héroes que pueden acompañarle en tan peligrosa empresa (siete de ellos eran antiguos alumnos suyos). Jasón construye la nave *Argo* con la excelente madera de los bosques del Pelión. Cuando todo estuvo listo para zarpar desde el puerto de Yolco, Quirón se acercó a la orilla y despidió a los argonautas deseándoles un feliz regreso.

La educación de Aquiles

Quirón no quedó inactivo, pues ya tenía un nuevo discípulo. Un buen día Peleo había aparecido en la puerta de su cueva con una pequeña criatura entre sus brazos, su hijo Aquiles. La relación de Peleo con Quirón era muy estrecha y se había forjado años atrás. Desde muy joven Peleo había llevado una vida errante; primero, cuando mató a su hermanastro Foco y tuvo que salir de su Egina natal. Entre los griegos todo homicidio, voluntario o involuntario, dejaba una mancha –miasma– sobre el homicida; como esta mancha contaminaba todo su entorno, estaba obligado a abandonar la sociedad y salir en busca de una persona que lo purificase en una ceremonia. Eso hizo Peleo, que terminó refugiándose en Ftía donde su rey Euritión lo purificó. Euritión, además, le otorgó la mano de su propia hija, Antígona, con la que tuvo una niña llamada Polidora.

Por entonces Ártemis envió a los campos de Calidón (en Etolia) un enorme jabalí para devastar aquel país. Los mejores hombres de Grecia (y una mujer, Atalanta) se reunieron para abatir aquella bestia. También Peleo y su suegro Euritión se sumaron a la aventura. Durante la cacería Peleo disparó su jabalina y mató accidentalmente a Euritión. Esta vez Peleo se exilió en Yolco, donde su rey Acasto lo purificó del crimen y lo acogió en su palacio. Allí la esposa del rey se enamoró locamente del huésped. Cuando Peleo la rechazó, esta se vengó cruelmente enviando una carta a Antígona, la esposa de Peleo, en la que le comunicaba que este se iba a casar con una hija de Acasto. Antígona, al enterarse de la noticia, se ahorcó. Además, en secreto le habló a su marido acusando a Peleo de haber intentado seducirla. Acasto no podía vengarse de esa supuesta afrenta en su casa, pues Peleo era su huésped y un deber religioso se lo impedía. Entonces tramó su perdición de otra manera: lo llevó a cazar en las estribaciones del monte Pelión y mientras dormía le quitó sus armas (que enterró bajo un montón de estiércol) y lo abandonó allí para que los centauros acabaran con su vida. Por casualidad Quirón lo encontró a tiempo y le salvó la vida (al devolverle las armas). Desde este momento se crea un vínculo muy especial entre estos dos seres tan diferentes. Quirón pondrá bajo su protección a Peleo y le aconsejará en todos los momentos de su vida.

Para empezar Quirón logró que Peleo se casara con Tetis, una ninfa inmortal. Muchos dioses la pretendían y principalmente Zeus, pero de pronto se conoció un oráculo según el cual de Tetis nacería un hijo que llegaría a ser mucho más poderoso que su padre. Aquel oráculo apagó el deseo de los dioses. Al mismo tiempo surgió un gran interés en desposar a Tetis con un mortal, pues el vástago que naciera en el futuro, aunque seguramente dotado de cualidades excepcionales, jamás podría competir con los dioses y, además, estaría sometido a la muerte. Peleo fue el mortal elegido. Sorprendió a la ninfa cuando dormía en las playas del cabo Sepias y la estrechó entre sus brazos. Tetis se resistió y trató de evitarlo metamorfoseándose, pues, como todas las divinidades marinas, tenía la capacidad de cambiar de

27

Fig. 1. Quirón recibe al pequeño Aquiles.

forma a voluntad. Pero Peleo, gracias a Quirón, sabía cómo
debía actuar. Tetis se transformó en fuego, agua, aire, árbol
y en diversos animales, pero Peleo, sin asustarse en ningún
caso, la sujetó con ataduras firmemente hasta que recuperó
su forma original y accedió a casarse. De todas formas, en
la versión más antigua que menciona la *Ilíada*, Hera es quien
busca a Peleo como esposo para Tetis: «Yo misma la crie,

mimé y entregué como esposa para un hombre, Peleo, que ha sido querido de corazón entre los inmortales»[9].

Las bodas se celebraron con toda solemnidad en la cueva de Quirón y asistieron a ella todos los dioses. Algo así solo se había visto otra vez: cuando se casaron el mortal Cadmo y la diosa Harmonía en la recién fundada ciudad de Tebas. En el llamado vaso François (una cratera del 760 hallada en Chiusi y hoy día custodiada en el Museo Arqueológico de Florencia) el artista decoró parte de su superficie con la escena de la boda de Tetis y Peleo: es el momento en que Peleo recibe a sus ilustres y divinos invitados. El primero en llegar es el centauro: lleva en la mano una rama de la que cuelgan piezas de caza, lo que demuestra su habilidad de cazador. Junto a él está Iris, la mensajera de los dioses, que lleva en su mano el caduceo. Detrás vienen la mujer del centauro Cariclo, que tiene forma humana, Deméter, Hestia y Dioniso portando su inevitable jarra de vino. Sabemos todo esto con seguridad porque el pintor tuvo el cuidado de etiquetar con su nombre a todos los personajes.

Quirón le regaló a Peleo una lanza larga y compacta que había fabricado con un fresno de la cima del monte Pelión. Aquiles se llevó esa lanza a la guerra de Troya y, según Homero, era tan pesada que ningún otro de los aqueos era capaz de blandirla[10]. Poseidón, por su parte, le regaló dos caballos inmortales, Balio y Janto, que también acompañarán a Aquiles en la guerra. Apolo cantó con su lira en el convite, pero la alegría se desvaneció cuando apareció Eris, la discordia, que no había sido invitada, y lanzó sobre la mesa una manzana de oro con una inscripción que decía: «Para la más hermosa». De ese primer certamen de belleza tendrá origen la guerra de Troya.

Tetis y Peleo se establecieron en Farsalo y pronto tuvieron un hijo, Aquiles. Tetis tenía el secreto deseo de hacerlo inmortal; con ese fin por las noches quemaba sus carnes mortales en las brasas del hogar y por el día ungía con ambrosía su delicado cuerpo. El fuego quemaba la parte mortal y perecedera, y la ambrosía le confería poco a poco la inmortalidad. En alguna versión se nos cuenta que Tetis había hecho perecer a varios hijos anteriormente sometiéndolos a esa misma prueba para saber si podían ser inmortales[11]. Sin embargo, Peleo se despertó a medianoche de la cama y sorprendió a su esposa cuando metía bajo las brasas al niño. Sin comprender lo que estaba pasando, se horrorizó al ver la escena y lanzó un grito espantoso; Tetis, que nunca había deseado este casamiento desigual, abandonó a Peleo y al niño y retornó al mar, su elemento natural[12].

Peleo, entonces, entregó el niño a Quirón, no solo para que lo educara sino también para que se criara con presencia femenina. Se dice que Quirón lo crio con entrañas de leones y jabalíes y con médula de oso, poniéndole el nombre de Aquiles (antes se llamaba Ligirón), que según una etimología popular quería decir 'el que no ha puesto sus labios en pecho materno'. Le enseñó caza, equitación, jabalina, música y medicina. También le inculcó los modales y los principios morales de un caballero: piedad para con los dioses, respeto a los padres, hospitalidad con los forasteros, lealtad con los amigos, etc.

El rubio Aquiles, cuando siendo niño habitaba las moradas de Fílira, jugaba a grandes hazañas blandiendo a menudo en sus manos el venablo de corta punta y semejante a los vientos. En su lucha hacía matanza entre los leones salvajes y aniquilaba a los jabalíes; y llevaba al centauro, hijo de Crono, sus cuerpos palpitantes[13].

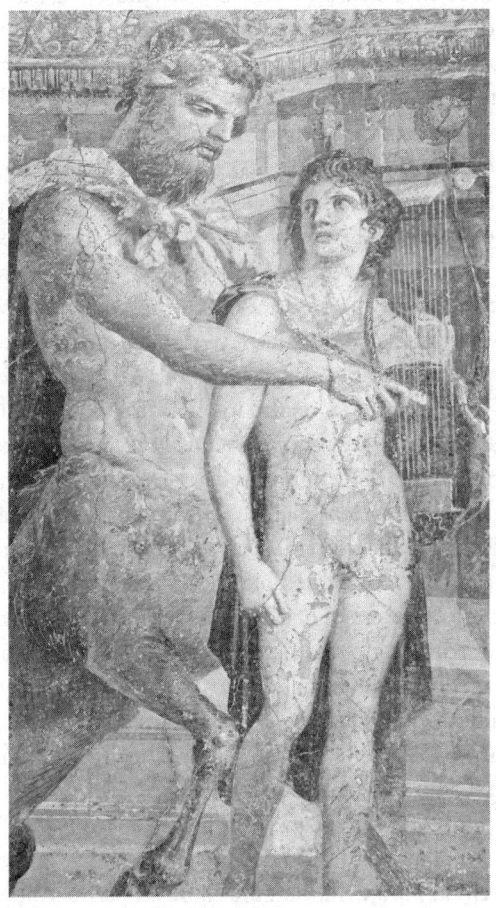

Fig. 2. Detalle de un fresco de una casa de Herculano: Quirón enseñando música a Aquiles.

Aquiles se convirtió, sin duda, en el discípulo más famoso de Quirón, aunque no pasó mucho tiempo en su cueva. Con nueve años Tetis lo reclamó y se lo llevó a la isla de Esciros; quería ocultarlo para evitar que fuera a la guerra de Troya, pues un oráculo había revelado que, si iba, moriría en aquella contienda[14]. Allí estuvo oculto, disfrazado de mujer y con un nuevo nombre, Pirra, 'la rubia'. Cuando un adivino anunció que sin la presencia de Aquiles no podría conquistarse Troya, los griegos se lanzaron en su busca. Ulises se presentó en Esciros y lo descubrió gracias a una artimaña: entre los objetos femeninos que ofrecía a las mujeres de la corte había mezclado escudos y espadas. De pronto hizo sonar un clarín de guerra y Aquiles, creyendo que algún enemigo atacaba, se apoderó de las armas. Fue entonces a Troya, aunque su madre intentó disuadirlo revelándole su destino. Aquiles renunció a una vida larga pero oscura a cambio de una fama imperecedera. Durante la guerra empleó sus conocimientos médicos para curar a sus camaradas y gracias a su educación musical se distrajo de sus penas tocando la lira a la orilla del mar.

Es cierto que en la *Ilíada* se recuerda el magisterio de Quirón, sobre todo en lo que se refiere a sus conocimientos de medicina: «Remedios que dicen que has aprendido de Aquiles a quien enseñó Quirón, el más civilizado de los centauros»[15]. Y, sin embargo, en el canto IX se menciona a Fénix como el educador de Aquiles. Este Fénix era hijo de Amíntor, rey de Beocia. Su madre lo convenció para que se acostara con la concubina de Amíntor y que este la aborreciera. Para evitar el enfado de su padre salió al exilio y se refugió junto a Peleo, al que sirvió fielmente, sobre todo como tutor de Aquiles. El poema dice que Fénix crio a Aquiles personalmente, incluso nos ofrece detalles muy domésticos:

> Te sentaba sobre mis rodillas, te saciaba de rebanadas de companaje y te ponía vino en los labios; con frecuencia manchaste mi túnica a la altura del pecho cuando escupías algo de vino.[16]

> La educación que le da Fénix se resume en un verso que se hará célebre y se convertirá en el lema de la enseñanza griega: «ser decidor de palabras y autor de hazañas»[17].

Mucho se ha escrito sobre los dos educadores de Aquiles. El gran filólogo alemán W. Jaeger resolvió el problema de la siguiente manera: en la concepción originaria de la historia, Quirón era su educador, pero en algún momento en la trasmisión de los poemas se pensó que solo un héroe podía ser el maestro de Aquiles, y, en lugar del primitivo centauro, se escogió a Fénix para ese papel, pues en definitiva era un huésped en la casa de Peleo. De hecho, Fénix aparece únicamente en un pasaje de la *Ilíada,* cuando los griegos, ante el avance imparable de los troyanos, deciden enviar una embajada a Aquiles para que retorne a la lucha. Componían esa embajada el sagaz Ulises, el violento Áyax y el prudente Fénix. Este último es el encargado, sobre todo, de convencer a Aquiles apoyándose en su especial relación. Fénix no es mencionado en ninguna otra parte del poema. Jaeger piensa que debió de existir una redacción más primitiva en la que solo participaban dos hombres en esa embajada: Ulises y Áyax, el primero exponente perfecto del ingenio y el segundo de la fuerza bruta, los dos aspectos que debe dominar un héroe. Esto está confirmado por el propio texto que conservamos del poema, pues el griego usa en este pasaje el dual (el griego antiguo tenía tres números: singular, plural y dual; este último se empleaba cuando se hacía referencia a dos seres o cosas). En algún momento posterior, cuando la mentalidad griega había evolucionado, se introdujo la figura de Fénix, pero se mantuvieron, por razones métricas, las formas en dual.

La muerte de Quirón

Aunque Quirón nada tenía en común con los centauros salvo su figura exterior, su destino quedó ligado al de aquellos seres brutales y salvajes; para empezar, vivían en el mismo lugar, las agrestes montañas del Pelión. Cuando Pirítoo, el hijo de Ixión, celebró sus bodas con Hipodamía, invitó a los centauros, pues eran sus parientes. Durante el convite los centauros tomaron vino puro y totalmente embriagados trataron de violar a las hijas y esposas de los lapitas. Se produjo un combate entre los lapitas y los centauros que tuvo como consecuencia la expulsión de los centauros de su solar ancestral en el monte Pelión. Tuvieron que dirigirse al sur y se instalaron en el monte Fóloe, una región montañosa de Arcadia en el centro del Peloponeso. La lucha entre lapitas y centauros simbolizó en las artes plásticas el enfrentamiento entre la civilización y la barbarie; en el programa iconográfico del Partenón se usó para un buen número de metopas (las mejor conservadas fueron llevadas por lord Elgin a Londres en 1801). Los atenienses usaron este mito porque estaba relacionado con su rey legendario Teseo, que había sido el mejor amigo de Pirítoo; además, era apropiado por su similitud con el mito de las belicosas amazonas, seres también marginales de la sociedad civilizada, que se habían atrevido a atacar Atenas.

Fig. 3. Lucha de centauro y lapita.

Quirón, que había terminado la educación de Aquiles, que será su último discípulo, acompañó a los demás centauros en ese desplazamiento. La suerte quiso que Heracles pasara por el monte Fóloe cuando realizaba el cuarto de sus trabajos (la caza del jabalí que devastaba la región de Erimanto, también en Arcadia). El héroe solicitó la hospitalidad a un centauro llamado Folo. Heracles pidió vino y Folo abrió una tinaja de excelente vino que el propio Dioniso le había entregado con la orden de abrirlo solo cuando Heracles visitara el lugar. Al abrir la tinaja y esparcirse el aroma del vino, acudieron en tropel los centauros. Intentaron asaltar la casa y Heracles tuvo que enfrentarse a todos ellos. No le fue fácil debido a su número y a su fuerza: atacaban con troncos de pinos arrancados de raíz, con enormes piedras, hachas y antorchas encendidas; incluso su propia madre Néfele les ayudó derramando una lluvia torrencial que hizo resbalar a Heracles, pero que no afectaba a los centauros provistos de cuatro patas. Finalmente el héroe los rechazó con los tizones y mató a muchos de ellos. A los demás los persiguió con sus flechas hasta el cabo Malea. No olvidemos que Heracles tenía en sus manos el arco y las flechas envenenadas con la sangre ponzoñosa de la Hidra (a la que había matado en un trabajo anterior). Los centauros buscaron refugio junto a Quirón y una de las flechas alcanzó a este en una rodilla. Heracles lo sintió enormemente, le arrancó la flecha y lo curó con unas hierbas que el propio Quirón le indicó. Como este era inmortal, la flecha no lo mató, pero le causaba una herida dolorosamente eterna. No pudo morir, como era su deseo, hasta que Prometeo accedió a ser inmortal en su lugar. Según Ovidio, Quirón fue entonces transformado en una constelación llamada Centauro[18]. Folo, que había sobrevivido al tumulto, se dispuso a enterrar a los centauros; arrancó la flecha de un cadáver y la miró maravillándose de que algo tan pequeño pudiera dar muerte a seres tan grandes. Sin darse cuenta la flecha se le resbaló de entre las manos, se le clavó en una pata y murió en el acto. Prácticamente la estirpe de los centauros desapareció en ese momento por obra de Heracles.

Los antiguos (y los modernos) todavía esperaban encontrar sirenas o amazonas en algún lugar recóndito, pero no sucede lo mismo con los centauros. El relato mitológico terminó con la raza de los centauros. Después de Heracles ya no hubo posibilidad de imaginar nuevas historias en las que, para bien o para mal, intervinieran los centauros. «Heracles borró su raza de entre los hombres» como escribe Isócrates en uno de sus discursos[19].

También el inmortal Quirón había desaparecido, pero quedó el recuerdo de su magisterio tan humano (aunque sea una paradoja) y tan estrecho con sus discípulos. Por toda Grecia circuló hasta el siglo V un poema titulado *Consejos de Quirón* que recogía los supuestos preceptos que el centauro había trasmitido a Aquiles. Era un poema didáctico que contenía la sabiduría pedagógica propia de las tradiciones aristocráticas. Solo se conservan un par de versos que no nos permiten hacernos una idea clara. Jaeger considera esta obra el primer intento de poner en verso los preceptos de la antigua aristocracia. Esto explica también que la imagen de Quirón como preceptor de Aquiles fuese un motivo artístico recurrente en la cerámica ática. Una serie de vasos de finales del arcaísmo, entre el 520 y el 470, representan diversos momentos de su relación con Aquiles.

En época helenística se enseñaba a los turistas la cueva de Quirón en Tesalia. Se la llamaba Quironio. Incluso se le rendía culto por parte de los habitantes de la zona, pues sabemos de una procesión anual de jóvenes que visitaban la supuesta cueva, revestidos de pieles de oveja (que simbolizaba su condición de rústicos y primitivos). Seguramente el culto de Quirón se vio favorecido por su proximidad al altar dedicado a Zeus Akraios. Quirón también era el patrón de un clan de sanadores que actuaba en la región. Además, dio nombre a una hierba medicinal, el «curalotodo» de Quirón, que se usaba en la Antigüedad como remedio contra las picaduras de serpientes y arañas[20]. Era un pequeño homenaje al sabio Quirón que había sabido descubrir las propiedades curativas de muchas plantas.

2. Poetas y maestros

Los poetas son siempre los padres de todo saber
y nuestros guías.

Platón, *Lisis,* 214 a.

Los aedos

En los poemas homéricos se menciona a hombres de espíritu aventurero que iban de ciudad en ciudad ofreciendo sus servicios: médicos, carpinteros, adivinos y aedos. Se les llama «demiurgos», que podemos traducir como 'trabajadores para el pueblo', ya que realizaban sus trabajos en beneficio del pueblo en su conjunto. Nos interesan particularmente los aedos. Etimológicamente la palabra se relaciona con la raíz del verbo «cantar». Eran verdaderos poetas que sobre la base de una amplia colección de leyendas componían obras originales que cantaban personalmente en los salones de los reyes y de los grandes aristócratas de este período.

Por suerte, en la *Odisea* encontramos valiosa información para comprender el papel que representaban en la sociedad. En el palacio de Ulises en Ítaca estaba instalado uno de estos aedos; se llamaba Femio, y su nombre ya nos dice algo sobre el personaje, pues significa 'el que divulga' (podemos ver la estrecha relación con la palabra «fama», que es lo que se va diciendo, en un sentido positivo o negativo). Femio, como los demás aedos, podía cantar a su antojo de su amplio repertorio sobre dioses y hombres, pero elige uno de los más novedosos, los desgraciados retornos de los héroes tras la destrucción de Troya. Es un tema muy interesante para los pretendientes, pero sin duda doloroso para la fiel Penélope que, a pesar de los años, todavía mantiene la esperanza de ver con vida a Ulises. Femio afirma que su canto es don de los dioses y no el producto de una enseñanza o entrenamiento. Por eso se proclama autodidacta (*autodidaktós*), es decir, posee un talento especial y divino, producto de su relación con los dioses.

En la corte del rey de los feacios, un pueblo imaginario pero que sigue en líneas generales el estilo de vida griego, residía otro aedo, Demódoco. Su nombre significa 'admitido por el pueblo' y nos indica que se trata de un extranjero que se ha instalado en esas tierras lejanas. El poema nos informa sobre Demódoco un poco más, pues tiene un papel importante: sus cantos van a motivar que Ulises revele su identidad a los feacios y repase sus aventuras desde la toma de Troya.

> Y el heraldo se presentó conduciendo al leal aedo,
> al que la Musa amaba en gran manera, y le dio un mal y un
>   bien:
> por un lado, le privó de la vista, por otro, le concedió el dul-
>   ce canto.
> Entonces Pontónoo le puso un sillón tachonado de plata

en medio de los comensales, apoyándolo contra una esbelta
  columna;
y colgó la sonora forminge de un clavo sobre su cabeza y el
  heraldo
le enseñó a cogerla con las manos. Y colocó cerca una cesta y
  una hermosa mesa
y un vaso de vino para que bebiera cuando su ánimo se lo
  ordenara.
Entonces la Musa movió al aedo a cantar las hazañas de los
  hombres[1].

El fragmento nos permite hacernos una buena idea sobre la actuación de un aedo; con motivo de una ocasión especial se le cede un lugar destacado en el centro del salón del trono. Acompaña su canto con la forminge, un instrumento musical de cuerda muy parecido a la lira, que posiblemente los griegos de tiempos micénicos tomaron en préstamo de los pueblos del cercano Oriente y asociaron al canto épico.

Otro dato importante: Demódoco es ciego. Es posible que fuera habitual en la profesión, pues los ciegos tenían escasas posibilidades de realizar cualquier otra tarea en el mundo antiguo. También la tradición nos dice que el propio Homero era ciego; esto se ha concluido de un *Himno a Apolo* atribuido al propio Homero donde podemos leer:

Muchachas, ¿quién es más grato con sus cantos
de los que aquí acuden y os deleita en gran medida?
Un hombre ciego; habita en la escarpada Quíos.
Todos sus cantos son por siempre los mejores[2].

Los aedos no solo trataban temas relacionados con la guerra; su campo era muy amplio pues abarcaba las gestas de los hombres y de los dioses. Esto permitía abordar temas más delicados o frívolos como los amores adúlteros de Ares y Afrodita. En un pasaje de la *Odisea* Demódoco canta con su forminge este gracioso episodio; esta vez se ha situado fuera de palacio, en medio de una pista de baile improvisada, y a su alrededor los jóvenes danzantes «golpean el suelo divino con sus pies». Por supuesto, los aedos admitían peticiones de los oyentes sobre algún episodio; esto les servía para demostrar sus amplios conocimientos y su maestría. La capacidad de improvisación de Demódoco se pone a prueba cuando Ulises desea escuchar un episodio concreto:

Vamos, cambia ya y canta la construcción del caballo
de madera, que fabricó Epeo con ayuda de Atenea,
y que el divino Odiseo introdujo en la acrópolis como añagaza
tras llenarlo de hombres, que luego destruyeron Troya[3].

Los aedos eran artistas creadores y su actuación, un acto de creación irrepetible. Cantaban sin someterse a un texto fijo, tan solo sirviéndose del amplísimo acervo popular de leyendas. Poseían, sin duda, una portentosa memoria, pero las mismas características de la poesía oral les ofrecían recursos para poder componer sus obras: las escenas arquetípicas (por ejemplo, la descripción de un barco que zarpa o la reunión de los hombres para comer) y, sobre todo, la dicción formular. Tengamos presente que el poeta no componía con palabras sino con grupos o expresiones que debían encajar en el esquema métrico; por eso se ha definido la fórmula como la expresión fija de un pensamiento en un esquema métrico determi-

2. Poetas y maestros

nado. Un elemento fundamental de las fórmulas eran los epítetos que con un mero valor ornamental acompañaban a los hombres y a las cosas. El poeta no duda en repetir versos. Esa repetición, que sorprende a algunos lectores modernos demasiado habituados a los textos escritos donde se evitan, es una de las bases de la composición oral.

Hay unas divinidades especialmente relacionadas con estos poetas cantores: Las Musas. Según el mito, Zeus se acostó con Mnemosine (la Memoria) que era hija de Urano y Gea, durante nueve noches seguidas y al cabo de un año nacieron en el mismo parto las nueve Musas en Pieria, cerca del Olimpo. Parece que Zeus había buscado de forma muy especial esta descendencia. Cuenta Arístides que, tras vencer Zeus a los Titanes, preguntó a los demás dioses si faltaba algo en el nuevo orden cósmico que había comenzado; le respondieron que era necesaria la presencia de unos seres que con sus cantos celebraran la gloria imperecedera de Zeus[4]. Faltaba, por tanto, una voz divina para alabar sus grandes hazañas. Por ese motivo pidieron a Zeus que trajera al mundo a las Musas. En consecuencia, la primera tarea de las Musas es cantar la alegría de Zeus. En un principio, las Musas no tenían individualidad; estaban confundidas en el mismo coro y distraían a los dioses en el Olimpo durante los banquetes cantando mientras Apolo las acompañaba con su lira. Por ello Apolo recibe el epíteto de *Mousagétes,* que significa 'conductor de las Musas'. El poeta Hesíodo describe así la escena en uno de sus poemas:

> Resplandecen las mansiones del resonante padre Zeus cuando resuena la voz delicada de las diosas; y retumban las cumbres del nevado Olimpo y las mansiones de los inmortales[5].

Las Musas (y luego Musa, pues muchas veces, como forman un grupo indivisible, se las llama en singular) aman el linaje de los aedos y les han enseñado sus poemas. Pero realmente no traen la inspiración al aedo. Este las invoca al comienzo de su poema como responsables de la memoria (no era casualidad que su madre fuese Mnemosine) y, por tanto, como garantes de la veracidad de sus palabras. Cuando el poeta se enfrenta a la ardua tarea de enumerar las tropas griegas que han acudido a Troya en el famoso «catálogo de las naves» invoca especialmente a las Musas para que le ayuden:

> Contadme ahora, oh Musas, que poseéis las olímpicas moradas,
> pues vosotras sois diosas y estáis presentes y lo sabéis todo
> mientras que nosotros solo oímos la fama y no sabemos nada,
> quiénes eran los caudillos y soberanos de los dánaos.
> Yo no podría enumerar su multitud ni nombrarla
> aunque tuviera diez lenguas y diez bocas
> y una voz infatigable y un corazón de bronce en mi interior,
> si las Musas olímpicas, hijas de Zeus portador de la égida,
> no recordaran cuántos llegaron a Ilio[6].

No hay exageración, pues este catálogo de 400 versos está repleto de nombres de lugares y de personas que representaban un auténtico desafío para la memoria de un poeta. Por tanto, podemos decir que, en estos primeros tiempos, las Musas no traen la inspiración, sino que son una ayuda para la memoria del poeta y garantía de la verdad (lo verdadero es lo que se recuerda fielmente). No obstante, es cierto que en alguna ocasión en los poemas homéricos leemos que un dios inspira los cantos del aedo, como en la *Odisea*: «La divinidad me inspiró en mi mente toda clase de cantos»[7].

Pero debemos entenderlo de otro modo: las Musas pueden dar capacidad al poeta, otorgarle cualidades especiales. Esto pasa con todos los dioses. Pueden conceder, en momentos puntuales, mayor belleza o energía a los héroes; en el caso de las Musas, sus dones siempre están asociados a la memoria. Las invocaciones de Homero a las Musas tienen que ver con su ayuda para superar grandes esfuerzos memorísticos.

Según Havelock, la idea de inspiración nace a finales del siglo V cuando la cultura oral comienza a desaparecer y va siendo sustituida por la escrita. A partir de ese momento la memorización deja de ser un elemento fundamental y los valores educativos pasaron a la prosa (que no es muy apropiada para ser memorizada). Entonces se consideró la poesía como un tipo de experiencia intuitiva e irracional. Platón tuvo un papel destacado en la divulgación de esa idea de la inspiración; la trató en dos de sus diálogos, *Ión* y *Fedro*. Platón asegura que el poeta carece de conocimiento, solo posee un entusiasmo, una fuerza divina; recibe la inspiración de las Musas y se la trasmite a los oyentes. Ese don, esa inspiración es, en opinión de Platón, un delirio irracional. Las Musas infundían la locura creativa a los poetas: Platón escribe «posesión o locura procedente de las Musas»[8]. Esa locura de las Musas penetra en el alma del poeta y lo lanza a expresarse en todas las formas de la poesía. Sin la locura que procede de los dioses no se alcanzan los grandes logros artísticos; el que solo confía en su habilidad o en la técnica del oficio está condenado al fracaso. Ese poder misterioso que procedía de las Musas operaba del mismo modo que cuando Apolo infundía la inspiración adivinatoria, Dioniso, la sabiduría mística y Afrodita, la exaltación amorosa. El poder del amor era particularmente excepcional y explicaba el caso curioso de que un hombre enamorado pudiera convertirse en poeta, aunque anteriormente jamás hubiera recibido los dones y la gracia de las Musas. «El dios (Eros) es poeta tan experto que incluso puede crear otro»[9].

En época helenística se volvió a considerar con renovado interés la idea platónica de la inspiración. Con el paso del tiempo, conforme predominaba la cultura escrita sobre la oral, las Musas quedaron ligadas únicamente al mundo de la poesía y se olvidó completamente la idea de que estas diosas son garantes de la verdad porque lo recuerdan todo. Así lo vemos en un escritor como Luciano (125-181 d. C.), quien consideró absurdo que un historiador comenzase su obra con una invocación a las Musas. No tuvo presente que lo que reclama el historiador de esas diosas es su capacidad para recordar, algo fundamental para la historia, así como la garantía de veracidad. En el Renacimiento se redescubrió la idea platónica, pero fue con el Romanticismo cuando se creó verdaderamente esa imagen que tenemos todavía hoy día del poeta como inspirado por los dioses, capaz de ponerse en contacto con una verdad superior, escondida al común de los mortales.

Gracias a su memoria y a su arte poética los aedos cumplen una misión sublime y excelsa: consiguen que las hazañas de los hombres se conserven en el recuerdo por generaciones. En una cultura oral la inmortalidad depende de la posibilidad de ser recordado en las canciones de los aedos. Solo puede persistir la fama cuando un gran poeta convierte en poesía las hazañas. Héctor lo expresa claramente en la *Ilíada* cuando dice antes de enfrentarse a Aquiles en su duelo final:

Que de ningún modo muera sin lucha y sin gloria,
sino tras realizar una gran hazaña que llegue a oídos de los
hombres venideros[10].

Todavía en época clásica los espartanos lo entendían así y, fieles a esta idea, hacían sacrificios a las Musas antes de cada batalla, para animar a los soldados a realizar hazañas dignas de ser cantadas[11].

Para el héroe, la verdadera muerte es el olvido y para evitar ese olvido solo cuenta con el arte del aedo que en su andar errante divulgará sus hazañas por todos los rincones del mundo griego. Son ellos, servidores de las Musas, los que decidirán el valor de un guerrero, concederán o negarán la memoria. Aquiles tuvo la suerte de encontrar a Homero y por eso el gran Alejandro lo envidiaba y lo llamaba feliz. Según Cicerón, Alejandro exclamaba al compararse con Aquiles: «Oh afortunado joven, que encontraste en Homero al heraldo de tu valor»[12]. Alejandro deseaba que sus grandes gestas encontrasen un poeta a esa misma altura. En una ocasión a un heraldo que acudía presuroso a darle un mensaje le dijo: «¿Qué vienes a anunciarme, muchacho, que Homero ha resucitado?», porque solo consideraba a Homero a la altura de sus hazañas. El caso es que en su tiempo había muchos escritores que lo asediaban y le suplicaban: «Rey Alejandro, nosotros escribiremos tus hazañas mejor que Homero». Pero Alejandro les replicaba: «Prefiero ser el Tersites de Homero que el Aquiles de tu obra»[13]. Y Tersites es el personaje más despreciable que aparece en la *Ilíada* de Homero: era feo y de conducta ofensiva hacia sus jefes.

Estos cantores profesionales debieron de ser personas admiradas y respetadas en gran medida. Incluso los desvergonzados pretendientes que asolan la casa de Ulises en su ausencia, devorando su despensa y gozando con sus criadas, respetan al aedo y lo escuchaban con reverencia. Por eso mismo podían tener gran ascendencia en la corte de los reyes. Los griegos de épocas siguientes consideraron que los viejos aedos tenían la disposición de filósofos o consejeros que trabajaban de acuerdo con los reyes. Según Havelock, la Musa acompaña a los reyes, y el aedo permanece junto al líder, reformulando sus palabras para darles la forma y la proyección adecuadas. El aedo de la corte de Micenas es un buen ejemplo, aunque no conocemos su nombre; según el mito, Agamenón confió su esposa Clitemnestra a su aedo. Con sus cantos exaltaba la virtud de las mujeres e intentaba inspirarle honestidad. Con este agradable entretenimiento desviaba de su mente los pensamientos malvados. No contaba con Egisto, primo de Agamenón, que tramaba la ruina de su casa en venganza por crímenes pasados (el padre de Agamenón había descuartizado a los primeros hijos del padre de Egisto y se los había servido en una cena). Como el aedo era un obstáculo para su plan de convertirse en amante de la reina, logró con engaños llevarse al aedo a una isla desierta y allí secretamente lo mató.

Havelock considera al aedo como el poseedor y trasmisor del pasado, el portavoz de la comunidad. No es un visionario o un iluminado sino el depositario de los valores culturales que debían trasmitirse a las generaciones siguientes. El aedo tenía conciencia de su función didáctica y se veía a sí mismo como un cronista o preservador de la historia del pueblo. Para nosotros el aedo o poeta por antonomasia es Homero. Nada sabemos de él más allá de su propio nombre. Pero creó de alguna manera, sirviéndose de una rica tradición, dos obras sublimes de la literatura universal que se convirtieron, merced a su especial valor poético, en la referencia cultural de todos los griegos: la *Ilíada* y la *Odisea*. Para Havelock los poemas homéricos son como una «enciclopedia tribal», una recopilación del saber heredado que se trasmitía oralmente de generación en generación, una especie de «libro de texto versificado» o «enciclopedia de la *paideía* griega». Ese valor educativo se extendía a todos los aspectos de la vida; era como un manual para la gestión de la vida de un aristócrata en todos los ámbitos: social, familiar y religioso.

En muchos pasajes hay minuciosas descripciones de sacrificios que los griegos usaron como una guía para sus ceremonias. La religión griega no era cuestión de fe, sino de culto, es decir, de las correctas prácticas y técnicas que había impuesto la costumbre y que se habían trasmitido oralmente. Los dioses de los poemas se habían convertido en los dioses de todos los griegos. Heródoto lo reconoce cuando escribe:

> Esos (Homero y Hesíodo) son los que crearon para los griegos una teogonía y dieron a los dioses sus sobrenombres y les repartieron los honores y habilidades y describieron sus figuras[14].

Por supuesto, la *Ilíada* en concreto era el perfecto manual para el valor guerrero; nos ayuda a afrontar la muerte con dignidad y a soportar las desgracias que depara el destino. Pero era mucho más, pues el héroe homérico no era un salvaje solamente ansioso de sangre y botín; estaba formado en un ideal educativo global que sintetiza el preceptor de Aquiles cuando dice que le enseñó a «ser decidor de palabras y autor de hazañas»[15]. Efectivamente, el poema nos ofrece los fundamentos de la oratoria, gracias a los largos parlamentos de los héroes: dos terceras partes de los poemas lo forman las intervenciones de los personajes.

También era un manual de normas sociales, pues el correcto comportamiento ante los demás era un rasgo distintivo del guerrero a la hora de tratar a los huéspedes, de sentarse en el banquete y de ser cortés con hombres y mujeres. Esto es más evidente en la *Odisea,* donde los primeros cantos suponen una prueba de madurez para el joven Telémaco. Para que pueda superar su indecisión, natural en esa edad crítica, la diosa Atenea se presenta en Ítaca y toma el aspecto de un hombre llamado Mentor, un anciano al que precisamente Ulises había dejado en Ítaca para que se hiciera cargo de su casa en su ausencia; era algo parecido a lo que había hecho Agamenón con el aedo. El nombre de Mentor es parlante pues significa 'el consejero'. Acompaña a Telémaco en un viaje al Peloponeso para buscar información sobre su padre, animándolo, sobre todo, a buscar la fuerza en su interior y a dejar atrás la vergüenza y la timidez. Mentor supervisa y escolta a Telémaco en su camino hacia el mundo de los adultos.

En la *Ilíada* es el anciano Néstor el consejero experimentado para todos los violentos héroes. En su larga vida ha pasado por todo tipo de peripecias y puede hablar largo y tendido de sus viejos recuerdos y aconsejar a la juventud impetuosa. Homero lo presenta de entrada con estos versos:

Y entre ellos se levantó Néstor de habla deliciosa,
   melodioso orador de los pilios, de cuya lengua fluían
      las palabras

más dulces que la miel. Ya se habían consumido
   dos generaciones
de hombres mortales que junto a él se habían criado y nacido
   en la divina Pilos[16].

Todas estas enseñanzas estaban dispersas por el poema; se incrustaban artísticamente en la acción; no se mostraban de forma sistemática, sino que se integran con naturalidad en las peripecias de los héroes dentro de una historia atrayente. Todo lo que es expresado de forma poética se retiene en la cabeza de forma fácil y agradable, ese fue el gran descubrimiento de los griegos. Sin el placer causado por la poesía con su poder de evocación y su grandeza no habría éxito educativo. La poesía además de formativa debía de tener un elemento de esparcimiento. Debía producir el consuelo de las penas y el alivio de las preocupaciones, remitiéndonos a un mundo pasado lleno de grandeza cuando todavía existían los héroes. Cuando canta el aedo las hazañas de los hombres antiguos, el oyente se olvida de sus angustias y no se acuerda de las penas[17].

La propia lengua de los poemas contribuyó a su gran difusión por todo el mundo griego. Era una lengua artificial que no se correspondía con un lugar concreto; mantenía muchos elementos más antiguos que procedían del griego micénico y del dialecto eolio. A esto hay que sumar algunas formas puramente poéticas creadas para que encajasen en la estructura métrica de los poemas. Ciertamente el dialecto jonio predominó, ya que fue en Asia Menor donde se desarrolló esta poesía; se decía que Homero había nacido en algún lugar de aquella región: Quíos o Esmirna. En el texto se puede observar esa particular sensación de familiaridad con esas regiones cuando describe con especial encanto las aves en la desembocadura del Caístro junto a Éfeso. El resultado fue la creación de una lengua puramente literaria que terminó por convertirse en una forma de expresión internacional, una forma superior de comunicación que sirvió de puente de unión de todos los griegos. Aunque hablasen diferentes dialectos, todos podían entenderse sin problemas acudiendo a los textos homéricos.

El tema de la guerra de Troya, que era una empresa conjunta de todas las estirpes griegas contra un enemigo común, también aseguró su éxito. De nuevo se trascendía lo puramente local. Cobró más relevancia cuando a finales del siglo VI los jonios de Asia Menor comenzaron a sentir la presión de los persas y, sobre todo, cuando su rey Jerjes en el 480 invadió Grecia desde el norte. De nuevo, como había pasado en aquella guerra mítica, los griegos tuvieron que unir sus fuerzas para combatir al bárbaro. Los poemas sirvieron más que nunca para elevar la moral de combate y terminaron por convertirse en la gran epopeya del pueblo griego.

Los rapsodos

A partir del siglo VII la poesía épica dejó de ser cantada y pasó a ser recitada. Los artistas dejaron a un lado la forminge y tomaron un bastón con el que marcaban el ritmo de los versos. Así se les representa en la cerámica; ya no eran creadores, sino que recitaban los poemas de un repertorio ya fijado. La época de creación ya había pasado y los artistas se convirtieron en meros trasmisores de la vieja tradición; se les llamó «rapsodos» que quiere decir 'zurcidor de cantos', un término que aparece por primera vez en Heródoto y que indica a las claras la ausencia de la antigua magia creativa[18].

Los rapsodos iban errantes de ciudad en ciudad como los viejos aedos, pero ya no actuaban en las cortes de los reyes o en los funerales de los aristócratas. Se creó un nuevo lugar de representación cultural: las grandes festividades religiosas de los santuarios. Como señala el gran estudioso Snodgrass, a finales del siglo VIII los santuarios reemplazaron a los funerales de los aristócratas como principal espacio de competición y exhibición de riqueza y poder.

El santuario de Zeus en Olimpia fue el primero en adquirir carácter panhelénico. Otros lugares intentaron seguir su estela y hubo un progresivo aumento de certámenes por toda Grecia: los Juegos Píticos en el 582 en el santuario de Delfos; los Ístmicos, controlados por Corinto, en el 581; y los Nemeos, que se comenzaron a celebrar en honor a Zeus en Nemea, en la Argólide, en el 573. En esos festivales los asistentes podían visitar los templos monumentales, contemplar las obras de arte (esculturas y pinturas) que los adornaban; oír a los coros que cantaban himnos en honor a la divinidad; escuchar música y las declamaciones de los poetas. El ambiente festivo se completaba con la comida, en la que se consumía la carne de los sacrificios y, por supuesto, se bebía vino en abundancia. Aquellas reuniones propiciaban el intercambio y la difusión de ideas en todos los órdenes, pero, sobre todo, los artísticos e intelectuales. Parte importante de las fiestas eran las competiciones de rapsodos. Por eso en algunos textos el rapsodo suplica a la divinidad: «concédeme obtener la victoria en este concurso e inspira mi canto»[19].

Fig. 4. Rapsodo.

El público era más amplio (no el reducido número de aristócratas y sus amigos) y la poesía sirvió como elemento educativo de la sociedad. Las gentes la escuchaban con embeleso, la asimilaban de forma gradual y la depositaban en su mente. Es posible que la *Ilíada* y la *Odisea* tuviesen un lugar destacado, lo que comportó el desplazamiento y el posterior olvido de una larga serie de poemas épicos que versaban sobre otros temas mitológicos.

Por suerte, los rapsodos incorporaron a su repertorio las obras de otro poeta: Hesíodo. Escribió en el mismo metro y en la misma lengua que Homero; empleó su mismo estilo y sus mismas fórmulas, aunque su mundo es completamente distinto. Hesíodo es el poeta del trabajo y de la gente sencilla. También nos habla de sí mismo: es el primer poeta de Occidente del que sabemos bastante de su vida y de su pensamiento. Su padre, originario de Cime en Eolia, era comerciante, pero se había instalado finalmente en la zona rural de Beocia, en la aldea de Ascra, tierra adentro. Allí Hesíodo aprendió la dureza de la vida campesina, llena de afanes y de incertidumbres.

Hesíodo conoció por los rapsodos errantes los mecanismos de la poesía y los recursos del oficio. Seguramente estaba dotado por naturaleza para la poesía y quiso convertirse en uno de ellos, pero nunca fue completamente un profesional: tenía un espíritu demasiado timorato y detestaba los viajes, especialmente si debían hacerse por mar. El único viaje que realizó (lo cuenta en su obra) fue a Calcis en Eubea, una isla que está separada del continente por un estrecho brazo de mar. Fue allí para participar en unos juegos fúnebres. Logró vencer en el concurso de rapsodos con su himno y obtuvo como premio un trípode que luego dedicó a las Musas de Helicón. El trípode era el premio habitual en los concursos de la época arcaica, como confirman los registros arqueológicos.

Hesíodo logró el éxito con poemas donde exaltaba la fuerza de los dioses y la moral del trabajo duro (era un buen contrapunto a Homero y su mundo aristocrático). Escribió un poema didáctico sobre las labores agrícolas que posteriormente recibió el título de *Los trabajos y los días*, sin duda uno de los títulos más hermosos y sugerentes de la historia de la literatura universal por su sencillez y expresividad; el escritor francés Marcel Proust, que había dedicado su vida al ocio entre la clase elevada de París durante las primeras décadas del siglo XX, tituló un libro de cuentos *Los placeres y los días* (*Les plaisirs et les jours*). Hizo su particular homenaje al gran poeta griego readaptando el título en función de su exquisito modo de vida.

Según Hesíodo, las Musas le habían iniciado en el canto y le habían otorgado el don de la poesía. Se las había encontrado casualmente mientras apacentaba sus ovejas en las laderas del monte Helicón, cerca de su aldea. Se le acercaron y le entregaron una rama de laurel que simbolizaba la nueva misión que se le encomendaba. Seguramente en el monte Helicón había un altar dedicado a las Musas y se celebraban festivales en su honor. Era habitual que las Musas recibiesen adoración en lugares elevados, pues son, en su origen, diosas de la naturaleza como las ninfas. Vivían alejadas de las poblaciones humanas, en lugares agrestes junto a cristalinas fuentes de agua y bosques sagrados.

La autoridad y la fama de Hesíodo determinaron que se fijaran los nombres y el número de las Musas, que en principio formaban una sola voz en el mismo coro. Las Musas de los poemas homéricos no tienen nombre y se las invoca en plural o singular indiferentemente. Es cierto que el número nueve que menciona Hesíodo se halla en un verso de la *Odisea,* cuando se cuenta que las nueve Musas entonaron el canto fúnebre por Aquiles cuando sucumbió en Troya; pero es un verso que ya fue discutido por los antiguos gramáticos[20]. Además hoy día damos por seguro que el canto 24 de la *Odisea,* en el que podemos leer ese verso, es un añadido posterior realizado por otro poeta.

Como suele pasar con los relatos míticos, había sobre las Musas otras tradiciones en cuanto a su origen, su número y su lugar de residencia. Pausanias, para intentar explicar estas divergencias, nos dice que había unas Musas más antiguas, hijas de Urano, y otras más jóvenes, hijas de Zeus. En algunos lugares no eran nueve sino tres; es lo que pasaba en Sición, en Delfos y en Helicón. Pausanias recuerda incluso sus nombres, que tienen que ver con el canto y la música: Mélete ('estudio', es decir, la atención y la concentración que son necesarias para la creación), Mneme ('memoria') y Aede ('canto'). Los pitagóricos, que tenían especial devoción a las Musas, solo consideraron ocho, tal vez para poder vincularlas con las ocho esferas celestes[21]. Cicerón se refiere a otra tradición en la que el número de las Musas son cuatro: Arché (es 'el principio', 'lo original', pues el poeta busca descubrir la realidad primordial*),* Mélete, Aede y Thelxinoé (esta última es 'la seducción del espíritu', 'el encantamiento de la palabra cantada')[22].

Con el desarrollo de nuevas formas literarias los diferentes géneros de poesía y música se atribuyeron a cada una de las Musas, aunque nunca hubo una completa conformidad al respecto. La distribución de actividades se encuentra en la Antigüedad solo de forma esporádica y con abundantes divergencias. La lista ya fijada solo se puede hallar en tiempos romanos y es la siguiente:

Calíope ('Bella voz'): la poesía épica; lleva una tablilla y un estilete.

Clío ('Gloriosa'): la historia; tiene un rollo de papiro y una caja.

Polimnia ('Cantora de himnos'): la pantomima. Está cubierta con un velo.

Euterpe ('Deliciosa'): la música; lleva un doble flautín.

Terpsícore ('Deliciosa danzante'): la danza; lleva una lira.

Erato ('Adorable'): la lírica coral; lleva una pequeña cítara.

Melpómene ('Celebrada en cantos'): la tragedia; lleva la máscara trágica.

Talía ('Floreciente'): la comedia; lleva la máscara cómica.

Urania ('Celeste'): la astronomía; porta la esfera y el compás.

Como se puede ver, son nombres parlantes que en algunos casos comparten con otras deidades como Nereidas, ninfas y Gracias. Con el paso del tiempo una de las Musas adquirió más relevancia, fue Calíope, 'la de hermosa voz', que por eso mismo fue adscrita al género más sublime, la épica. Ya Hesíodo la había colocado en la cabeza del grupo en su *Teogonía*.

La cigarra era el animal preferido de las Musas. Según el mito, tal como lo cuenta Platón en el *Fedro*, las cigarras eran en otro tiempo hombres. Hasta tal punto disfrutaban con el canto que se despreocuparon de la comida y de la bebida y murieron sin darse cuenta. Se convirtieron así en la raza de las cigarras. Las Musas les concedieron el privilegio de no necesitar ningún alimento para que pudieran cantar sin descanso[23].

Del mismo modo que otorgaban el don de la poesía (como hemos visto en el caso de Hesíodo) podían retirarlo; esto es lo que le ocurrió a un poeta tracio llamado Támiris. Era un joven de gran belleza que estaba especialmente dotado para la música y solía presumir diciendo que su voz era más melodiosa que la de las propias Musas. Estas aceptaron el reto y se enfrentaron en un concurso. Támiris pidió, si resultaba vencedor en el certamen, poder tener relaciones sexuales sucesivamente con las nueve Musas. Fue vencido, como es natural, y las diosas terriblemente enfadadas por su atrevimiento, le privaron de la vista y de su talento musical. Se dice que ciego y derrotado arrojó su lira, que ya le era inútil, a un río del Peloponeso llamado Balira, cerca de Pilos.

Las hijas de Píero también estaban envanecidas de su forma de cantar y se atrevieron a retar a las Musas en una competición de canto en el que actuaron como jueces las ninfas de los montes. Las Piérides eran nueve, como las propias Musas, pero Calíope decidió enfrentarse sola en nombre de todas sus hermanas y las venció. Las Piérides no aceptaron el fallo y lanzaron toda clase de insultos. Cuando las Musas las amenazaron con un castigo mayor que la propia derrota, se rieron en su cara. Entonces las Musas las convirtieron en urracas[24].

También se enfrentaron a las Sirenas, seres con cuerpo de ave y cabeza de mujer que estaban especialmente capacitadas para el canto (no en vano eran aves)[25]. Además, tenían profundos conocimientos de las cosas: conocían todo lo que ha pasado y lo que va a pasar y prometían precisamente sabiduría a los que se acercan a ellas:

> Pues nadie pasa por aquí con su negra nave,
> antes de escuchar la voz dulce como la miel

que brota de nuestras bocas, sino que
se va contento, sabiendo muchas cosas[26].

Las Musas también vencieron a las sirenas en la competición de canto; arrancaron las plumas de sus rivales y se hicieron coronas con ellas.

Los rapsodos estaban especializados en la poesía épica. Su trabajo era noble y gozaba de reconocimiento. Deslumbraban con su portentosa memoria, pero aportaban mucho más: sus actuaciones eran muy elaboradas y cuidaban la puesta en escena; se presentaban ante el público con gran pompa y con hermosos vestidos. Se consideraban artistas y presumían de estar en posesión de un arte (aunque fuese la recitación) que no estaba al alcance de todos, sino que era un don de los dioses; estaban, por tanto, también inspirados. Tuvieron trabajo de sobra ya que los poemas homéricos comenzaron a difundirse por todas partes debido a su gran valor literario y educativo. En todas las ciudades griegas había festividades en las que no faltaba un concurso de rapsodos donde se podía alcanzar reconocimiento y riquezas. Por ejemplo, en Sición, una pequeña ciudad del norte del Peloponeso junto al istmo de Corinto. Sabemos por Heródoto que el tirano de la ciudad llamado Clístenes (*ca.* 600-570) suprimió los certámenes rapsódicos basados en los poemas homéricos con la excusa de que alababan excesivamente a Argos y a los argivos, que eran enemigos suyos[27]. Realmente los tiranos habían terminado con el gobierno oligárquico de la aristocracia y, por tanto, no miraban con buenos ojos la epopeya donde se contenían los valores aristocráticos por excelencia.

Pisístrato, que fue tirano de Atenas desde el 546 hasta su muerte en el 527, también se interesó mucho por estas recitaciones. En lugar de prohibir las actuaciones, como había hecho el tirano de Sición, prefirió someterlas a su control. Lo consiguió fijando de manera exacta el texto que debían recitar en las competiciones de rapsodos que tenían lugar en Atenas durante las fiestas de las Panateneas, dedicadas a la diosa Atenea, patrona de la ciudad. La fijación de los textos épicos tiene que ver con el control que los tiranos querían ejercer sobre el contenido de la poesía.

Existía un ejemplar oficial de las epopeyas que servía de pauta para otorgar el premio. Seguramente Pisístrato había conseguido traer a Atenas algún ejemplar escrito de los poemas, importado de Jonia; es muy posible que se tratara de una copia ofrecida por los Homéridas de Quíos, supuestos descendientes oficiales del poeta que residían en aquella isla (que presumía de ser la patria de Homero).

Según las fuentes antiguas, Pisístrato había sido el primero en reunir las obras de Homero y las dispuso tal como las conocemos hoy día[28]. Por estos testimonios algunos estudiosos han concluido que los poemas homéricos se pusieron por escrito por primera vez en el siglo VI en Atenas durante el gobierno tiránico de Pisístrato, que se encargó de controlar el trabajo de los rapsodos y depurar la tradición épica oral que había sido la base del poder aristocrático. Esto tuvo unas consecuencias que fueron más allá de las intenciones de un simple tirano: al establecer un texto como modelo para adjudicar el premio al mejor rapsodo en la competición, contribuyó a fijar los poemas y evitó interpolaciones (que son inevitables en el proceso de trasmisión oral de la literatura). De este modo, nosotros, las personas del siglo XXI, podemos seguir leyendo a Homero casi en los mismos términos en que lo oyeron los atenienses de la época del tirano.

Fig. 5. Homero.

En tiempos de Platón (finales del siglo V y principios del IV) todavía existían los rapsodos y tenían ocasión de ganarse bien la vida recorriendo el mundo griego, actuando en fiestas y certámenes. Para sus actuaciones cuidaban mucho su atuendo personal: se presentaban ante el público adornados con vestiduras de variados colores y coronas de oro. En este punto conservaban las costumbres de los poetas de los tiempos arcaicos. El propio Platón nos ofrece el mejor testimonio en uno de sus diálogos titulado *Ión,* que es precisamente el nombre del rapsodo que lo protagoniza. El diálogo trata, como no podía ser menos, sobre la poesía y la inspiración poética. El Ión de Platón era natural de Éfeso y en su vida errante había llegado a Atenas tras participar en las fiestas de Asclepio en el santuario de Epidauro: se llamaban «Las Grandes Esculapias» y eran tres días de fiesta durante la primavera dedicados al dios de la medicina. Allí había alcanzado los primeros premios. Estaba en Atenas para tomar parte en la gran fiesta de las Panateneas, donde los concursos de rapsodos tenían lugar según las normas impuestas por el tirano Pisístrato muchos años atrás.

El Ión de Platón se había hiperespecializado en los poemas homéricos; a quien se lo reprochaba le decía: «Eso me parece suficiente». Ión pensaba que los rapsodos eran como actores que debían causar una profunda impresión en los oyentes/espectadores. Con ese fin se servía de la entonación de los versos y también de una cierta representación con gestos y movimientos en función del pasaje que recitaba. Cuando tenía que recitar un pasaje dramático, sus ojos se llenaban de lágrimas, y cuando era temible o extraño simulaba que se aceleraba su corazón. El propio Ión reconoce que produce los mismos efectos en la mayoría de los espectadores, que permanecen absortos, pendientes de sus palabras. Por eso, Havelock dice que el rapsodo establecía con su auditorio una relación parecida a la del actor con su público.

Pero los rapsodos de tiempos de Platón iban más allá: se consideraban con los conocimientos necesarios como para hacer comentarios y exégesis de la poesía. Es posible que diesen charlas pagadas sobre esos temas en círculos restringidos, al margen de su actividad principal de recitador en los concursos públicos por un premio. Platón no nos dice en qué momento o lugar hacían esta tarea. Lo que está claro es que, incluso en tiempos de Platón, los rapsodos se podían ganar la vida con esta actividad tan especializada. Sin embargo, su consideración social había decaído. Platón los presenta como vanidosos en exceso; los critica porque solo eran buenos recitadores, pero no conocían el sentido profundo de los versos. Para Platón son sencillamente intérpretes y no creadores, y, por tanto, están muy lejos de conocer las profundidades de la creación poética. Hacen lo que hacen en virtud de un privilegio divino: están inspirados por las Musas. No era el único en pensar de ese modo: Jenofonte, el historiador, escribe en *Memorables:* «Sé que los rapsodos conocen con exactitud todos los versos de Homero, pero ellos mismos son muy necios»[29]. Y aporta la misma razón que Platón: «Los rapsodos no conocen el sentido profundo de los versos».

Los coros

En los festivales religiosos no solo había competiciones de rapsodos (que eran recitaciones sin música) sino también musicales: los asistentes podían disfrutar con las actuaciones de solistas como los citaredos (que cantaban acompañados de la cítara) y de grupos corales. Nuestra palabra «coro» procede del griego *chóros* y está relacionada con el verbo que significa 'danzar', por lo que entendemos que el coro cantaba y danzaba.

Había coros masculinos y femeninos; por lo general, estaban formados por niños o jóvenes. Conocemos casos de coros muy numerosos, pero su tamaño habitual oscilaba entre los ocho y los quince miembros. Aunque un coro podía dirigirse a cualquier deidad del amplio panteón griego lo normal era que los coros de chicos se relacionaran con Apolo y los de chicas con Ártemis o Afrodita. Era casi obligado que el coro empezase su intervención con esta pregunta: «¿Para qué dios danza este coro?».

No debe sorprendernos que, en un mundo tan machista como el griego, existieran coros femeninos. En principio cantar siempre había sido una de las actividades preferidas de las mujeres en su vida diaria; cantaban, sobre todo, para distraerse en las pesadas y repetitivas tareas domésticas que debían realizar, como tejer o moler (igual que cantaban los marineros que bogaban en las naves, como sabemos por el testimonio de Aristófanes); es lo que se conoce como «cantos de trabajo». Ya en la epopeya homérica tenemos testimonios de ello, cuando escuchamos que Circe y Calipso cantan mientras trabajan en el telar[30].

Las mujeres también cantaban en las bodas los llamados himeneos (cuando acompañaban a la novia a su nuevo hogar) y epitalamios (ante la puerta de la alcoba en la noche de bodas). En estas celebraciones había competiciones entre coros masculinos y femeninos. Se trata de una costumbre muy antigua puesto que ya son mencionados en la *Ilíada*:

En la ciudad había bodas y convites y conducían a las novias a la luz de las antorchas por la ciudad desde las cámaras nupciales; muchos himeneos alzaban su son[31].

Así mismo, la mujer, aunque marginada de la vida pública, tenía un papel destacado en el culto. Esto se debe a que la religión en esas sociedades antiguas estaba muy ligada a las ideas de regeneración, crecimiento y fertilidad. Casi todas las ciudades griegas tenían como divinidad principal una diosa, incluso en la viril Esparta (que tenía como divinidad principal a Atenea). Por eso, los coros femeninos fueron muy habituales. Es seguro que las niñas de todas las ciudades griegas recibían una educación para la música y la danza con el fin de que cumplieran dignamente su papel en las festividades religiosas.

Las mujeres también tenían un papel muy importante en los santuarios oraculares como Delfos, donde una mujer, la Pitia, se encargaba de trasmitir los mensajes del dios Apolo. En Dodona, junto a los sacerdotes, parece que hubo sacerdotisas, y Platón nos habla de sus arrebatos de locura[32]. Los griegos pensaban que las mujeres eran más receptivas y estaban más capacitadas para entrar en trance y recibir al dios. Además, actuaban como sacerdotisas en los templos dedicados a divinidades femeninas, sobre todo Ártemis y Atenea. Por ejemplo, en Patras la sacerdotisa del culto mayor de Ártemis Triclaria era una chica que se mantenía en ese sacerdocio hasta que se casaba[33]; en Egas había una sacerdotisa que mantenía la castidad y practicaba la adivinación[34]. En Atenas una sacerdotisa estaba al frente del templo de la diosa Atenea y su figura era muy respetada en la ciudad. En cierta ocasión, según cuenta Heródoto, negó el acceso al *adyton* del templo al mismísimo rey de Esparta Cleómenes[35]. En Esparta también la diosa Ártemis gozaba de especial veneración; su sacerdotisa presidía solemnemente los ritos de iniciación de los chicos que tenían lugar en el altar delante del templo. Todos los templos dedicados a Ártemis contaban con sacerdotisas que debían mantener la castidad. Como curiosidad, los arcadios cambiaron tal costumbre en su santuario de Ártemis Himnia (junto a Orcómeno) cuando la sacerdotisa fue violada por un desalmado que había buscado refugio en el templo. Desde ese momento eligieron a una mujer con probada experiencia con los hombres[36].

Los coros fueron parte importantísima de la vida cultural griega desde el primer momento. Ya hemos visto el pasaje de la *Odisea* donde el aedo Demódoco canta con su forminge rodeado de jóvenes danzantes. Aquí se trataba de una exhibición de la maestría de los feacios para impresionar a su huésped Ulises, pero en la época arcaica el canto coral estaba ligado al culto a los dioses; era un elemento clave en los festivales religiosos. Fue entonces cuando llegaron a desempeñar un papel fundamental en la educación musical y poética de la población en general en todas las ciudades griegas. Como hemos dicho, en los coros estaban implicadas la música y la danza, dos actividades que requerían su enseñanza; también era importante la letra de las canciones o himnos que se entonaban. Esto requería, por lo menos, que tanto niños como niñas entrasen en contacto con la poesía desde su infancia, de modo que pudiesen desarrollar su espíritu poético. Canciones y coreografía, sin duda, se aprendían directamente sin necesidad de lecciones teóricas ni texto o guion. La tarea de preparar a los miembros del coro sería de gran importancia en la ciudad. La persona encargada se denominaba *choregós,* es decir, 'maestro de coro', y debía tener grandes dotes musicales y literarias, ya que sería autor de la música y la letra de las composiciones (a no ser que se trataran de cantos populares que, por tradición, se repetían en las fiestas religiosas).

La actividad de los coros fue incesante y podemos imaginarnos un continuo movimiento de coros que viajaban desde las ciudades hacia los santuarios más importantes por todas partes del mundo griego, creando de esa manera una unión cultural que superaba las divisiones políticas. Las noticias que nos trasmiten los autores antiguos lo confirman: Según Heródoto, los habitantes de Quíos enviaron a Delfos un coro de cien jóvenes de los que solo regresaron a casa dos, pues los restantes sufrieron una enfermedad y murieron durante el viaje[37]. Según Pausanias, los mesenios enviaron a Regio, ciudad al otro lado del estrecho de Mesina, un coro de 35 niños junto con un maestro de coro y un flautista. La nave que los llevaba desapareció con ellos en el abismo del mar[38].

Todos los años los jonios enviaban sus coros a un gran festival que se celebraba en la isla de Delos. Es una pequeña isla de solo 16 km² en el centro del Egeo. Las restantes islas de esa zona parece que se disponen a su alrededor en círculo (*kýklos* en griego, que significa 'rueda') por lo que recibieron en conjunto ese nombre: las Cícladas.

Delos no gozaba de buenas condiciones para el asentamiento de los humanos; era (y es) un puro pedregal, con escasez de agua (había un riachuelo llamado Inopo) y de vegetación; solo servía para que los pulpos y las focas construyeran sus guaridas. Pero tuvo la fortuna de convertirse en la sede de uno de los cultos más importantes del mundo griego dedicado al dios Apolo.

Según el mito, Zeus, en una de sus muchas aventuras extramatrimoniales, había dejado embarazada a una titánide llamada Leto. La esposa de Zeus, Hera, llevada por los celos, prohibió que Leto diera a luz en la tierra. Todos los lugares la rechazaban por miedo a la cólera de la gran diosa, de modo que Leto recorría el mundo penosamente, buscando un lugar tranquilo para dar a luz. Solo una pequeña isla que flotaba errante en el mar, empujada por las olas y los vientos, se decidió a acogerla (en alguna versión la isla surge de lo profundo del mar y es, por tanto, apropiada para recibir a Leto, ya que no contradice el mandato de Hera).

La idea de una isla errante o que surgiera de repente del mar era habitual en el pensamiento griego primitivo, tal vez por los escasos conocimientos geográficos, o tal vez por la aparición y desaparición de islotes a causa de las actividades sísmicas y volcánicas. Más adelante, en el siglo V, el pensamiento crítico y el racionalismo la consideraron absurda: Heródoto en su viaje a Egipto vio una isla en medio de un lago y sus guías le dijeron que aquella pequeña isla flotaba en el lago; Heródoto es ya un hombre moderno y se muestra escéptico: «yo por lo menos no vi que flotase ni que se moviese; me pregunto si realmente una isla puede flotar»[39].

Leto se apoyó en una palmera que se alzaba en la cima más alta de la isla, el monte Cinto (solo 120 metros de altura sobre el nivel del mar) y dio a luz a sus gemelos. Primero nació Ártemis, que ayudó a su madre a seguir el parto hasta que nació su hermano gemelo, Apolo. Solo una fuente antigua hace nacer a los dos hermanos en la isla, el poeta helenístico Calímaco. El resto de las fuentes insisten en que Ártemis vino al mundo en un lugar diferente. Los mitos no deben ser entendidos de forma racional, por lo que no debemos esperar que los mitógrafos tengan que explicar racionalmente cómo podía ser posible algo así. Nosotros podemos entenderlo desde un punto de vista religioso: no era apropiado que un dios compartiese el mismo lugar de nacimiento que otro (aunque fuesen hermanos). Los demás autores nos indican que Ártemis nació en

Ortigia (derivado de *órtyx* que significa 'codorniz'). Muchos lugares del mundo griego con ese nombre se disputaron el honor de ser el lugar de nacimiento de Ártemis: en primer lugar, la vecina isla de Renea (que anteriormente se llamaba Ortigia), también Siracusa, pues así se llamaba la isla donde se establecieron en primer lugar los colonos griegos; pero, por encima de todos ellos, Éfeso alcanzó mayor proyección en sus reivindicaciones (no en vano se le tributaba culto a Ártemis de forma especial): decían que había nacido en un bosque sagrado cercano a la ciudad, un paraje llamado precisamente Ortigia donde enseñaban a los turistas, en tiempos del emperador Tiberio, un olivo junto al que dio a luz la diosa.

Como premio por su bondad con Leto, la isla quedó fijada al suelo marino por medio de cuatro pilares de firmes cimientos. La isla que se llamaba Asteria cambió su nombre por Delos, que significa 'Luminosa' o 'Manifiesta' (tal vez, porque se ha revelado después de haber estado oculta). Además, Leto le garantizó la prosperidad gracias a las actividades del culto a Apolo:

> No creo que tengas abundancia de bueyes y de ovejas,
> ni producirás viñedos ni harás crecer innumerables plantas.
> Pero si albergas un templo de Apolo, el que hiere a voluntad,
> todos los hombres te traerán hecatombes
> cuando se reúnan aquí, y en todo momento el olor de la grasa
>   quemada
> se alzará del pueblo inagotable, y alimentarás a tus moradores
> por mano extraña, puesto que no hay fertilidad bajo tu suelo[40].

Delos se convirtió de ese modo en un santuario dedicado al dios Apolo. Cada primavera se celebraba allí un gran festival que congregaba a todos los jonios, con sus esposas e hijos. Aquella reunión servía para propósitos muy mundanos como concertar matrimonios o cerrar negocios, pero al mismo tiempo fue un medio de circulación de ideas nuevas en la poesía y en la música. Como siempre, la música era el elemento clave de la fiesta: las ciudades presentaban sus coros para la competición y debían cantar alabanzas a Apolo. Y las muchachas de la isla los recibían entonando himnos antiquísimos que deslumbraban a los visitantes.

Tenemos la suerte de que un *Himno a Apolo Delio* se haya conservado para que nos hagamos una idea del esplendor de las fiestas:

> Pero tú, Febo Apolo, gozas sobre todo con Delos,
> donde los jonios de largas túnicas se reúnen en tu honor,
> con sus hijos y sus respetables esposas.
> Y con el pugilato, la danza y el canto te
> deleitan, al recordarte cuando organizan el certamen.
> Diría que son siempre inmortales y libres de vejez
> quien estuviera presente cuando los jonios se reúnen juntos[41].

Delos sufrió una etapa de decadencia al final del período arcaico. Aunque las ciudades continuaban enviando coros con ofrendas para los sacrificios y embajadas sagradas, la mayor parte de las otras celebraciones fueron suprimidas. Solo volvió el esplendor cuando los atenienses se hicieron cargo de la isla. La purificaron en el invierno del 426/5, lo que implicaba que se consideraba a toda la isla sagrada y, en consecuencia, se prohibió morir y nacer en ella; la vecina isla de Renea acogió entonces a las parturientas y a los moribundos. Los atenienses instituyeron unos festivales nuevos, llamados Delias, al año siguiente. Se celebraron desde entonces cada cuatro años y los jonios acudían con sus mujeres e hijos igual que en otras épocas y celebraban concursos musicales y atléticos y presentaban sus coros.

Plutarco describe en su biografía de Nicias, el político y militar ateniense del siglo V, el ambiente de tales fiestas:

> Los coros que enviaban las ciudades para cantar al dios llegaban a la isla sin mayores preparativos; la multitud iba a su encuentro hasta la nave y les pedía que cantasen. Sin ninguna organización desembarcaban apresuradamente mientras iban poniéndose las coronas y cambiándose de ropa. Pero Nicias cuando llevó su peregrinación sagrada desembarcó en la vecina isla de Renea con el coro, con las víctimas del sacrificio y con los demás preparativos. Llevaba un puente prefabricado hecho a medida en Atenas y adornado magníficamente con guirnaldas y paños y por la noche lo tendió para cubrir la distancia que separaba las dos islas (700 metros). Al amanecer pasó por el puente conduciendo la comitiva en honor al dios y el coro, que cantaba ataviado con sus mejores galas[42].

Lo más probable es que estas nuevas fiestas que se celebraban cada cuatro años coexistiesen sin problemas con las otras fiestas anuales (más modestas) dedicadas a Apolo en la época arcaica.

Los coros en Esparta

Esparta fue la capital musical de Grecia en el siglo VII y principios del VI. De todas partes acudían virtuosos, pues sabían que allí su arte era reconocido y serían bien pagados. Había dos escuelas musicales, una vocal e instrumental y la otra coral. Los coros en particular tuvieron una especial importancia en una Esparta que celebraba con gran entusiasmo sus festivales religiosos; por eso, un poeta del siglo V describió al espartano como una cigarra siempre dispuesta para el coro.

Las Gimnopedias fueron las fiestas más importantes y antiguas de Esparta (datan del segundo cuarto del siglo VII). Tradicionalmente este nombre se había entendido como «la fiesta de los niños desnudos», entendiendo que está formada por el término *gymnós* que significa 'desnudo' y *paidós* que significa 'niño' en griego; pero hoy día se ha considerado más correcto relacionarla con el verbo *paízo* que significa 'danzar', aludiendo a lo que era en sí: una danza que ejecutaban los espartanos desnudos o desarmados (pues también «desnudo» en ciertos contextos en griego puede indicar precisamente sin armas). La desnudez era total y afectaba a todos los grupos de edad lo que, sin duda, confirió a esta fiesta ese carácter tan peculiar que la hizo muy famosa ya en la Antigüedad. Además, como se celebraban en mitad del caluroso verano del Peloponeso se convertían en una prueba de verdadera resistencia para los que tomaban parte. Eso no quiere decir, como escribe Platón, que tuviesen ningún papel en el proceso educativo de endurecimiento de la juventud espartana, principalmente porque en este festival intervenían diferentes grupos de edad. Durante estas fiestas los espartanos recibían la visita de extranjeros de otras ciudades. Por lo general, eran hombres distinguidos que sentían simpatía por la forma de vida de Esparta y su gobierno.

Con el paso del tiempo estas fiestas sirvieron para exaltar las grandes batallas de Esparta. Las fiestas duraban varios días en los que competían coros de niños, de jóvenes y de hombres adultos (entre 30 y 60 años, excluyendo a los solteros como castigo por su egoísmo al negarse a dar nuevos soldados al Estado). Estos coros masculinos danzaban y cantaban en honor a Apolo en el ágora en un lugar que se llamaba simplemente «Coro» ('lugar para el baile') o en el teatro (pues las fuentes antiguas son un tanto confusas sobre esto). Los coros hacían elogios de los muertos por Esparta, considerándolos dichosos y despreciando a los cobardes que debían llevar una vida triste y miserable. En algún momento de la fiesta había una actuación de tres coros simultáneamente, uno de niños, otro de jóvenes y otro de adultos; el lexicógrafo griego Pólux los llama *trichoria*. Plutarco recuerda un fragmento de sus cantos: los ancianos comenzaban cantando: «nosotros un día fuimos animosos jóvenes»; el coro de edad madura respondía: «nosotros lo somos, y, si quieres, haz la prueba»; y el coro de los mozos en tercer lugar: «y nosotros seremos mucho mejores»[43].

Aunque Plutarco escribe ancianos, Ducat, el gran estudioso del mundo espartano, se resiste a pensar que los viejos (*gerontes*) participasen en los coros, sencillamente porque en ningún lugar de Grecia fue normal que los ancianos tomasen parte en las competiciones. Ya dejó dicho Platón que con la edad se pierde el interés en cantar y bailar.

Cuentan que, en el verano del 371, cuando los espartanos celebraban las Gimnopedias, llegó a la ciudad la noticia de la derrota de su ejército en Leuctra (Beocia). Era un durísimo revés, pues en la batalla murió un rey y 400 espartanos de pura cepa. Significaba el final de la supremacía espartana sobre los demás griegos. Era el último día de fiesta cuando actuaba el coro de los chicos. Los éforos (los principales magistrados de Esparta) que presidían y controlaban la ceremonia fueron informados en secreto. Se afligieron enormemente porque comprendían que aquella gran derrota iba a cambiar la marcha de la historia, pero contuvieron su dolor y no interrumpieron el coro, sino que lo dejaron competir hasta que se terminó debidamente la fiesta.

Los coros femeninos también tuvieron un papel muy importante en los cultos cívicos que se dedicaban a las grandes divinidades: Ártemis, Apolo, Helena, Dioniso y los Dioscuros. Para estos coros las niñas debieron de recibir algún tipo de instrucción musical que sería más práctica que teórica. Sabemos que en las Jacintias las mujeres casadas danzaban en un festival nocturno en honor a Apolo; en Carias, una pequeña aldea cerca de la capital, cada año se formaban coros de doncellas (muchachas que todavía no se habían casado, cosa que en Esparta no tenía lugar, por lo menos, hasta los 18 años) para bailar una danza tradicional en honor a Ártemis Cariátide. Pero, sin duda, el festival que mejor conocemos es el dedicado a Ártemis Ortia; ese día de fiesta las muchachas ofrecían un nuevo peplo a la diosa y competían en su honor en coros. Tras el certamen musical tenía lugar una carrera a orillas del Eurotas y el coro vencedor alcanzaba el honor de ofrecer su peplo a la diosa. Como esos coros estaban formados por muchachas, chicas no casadas, se les llamó *parthenios,* que procede del término griego *parthénos* que significa 'doncella'.

Los coros estaban liderados por un poeta (que había compuesto la pieza) y por una maestra de coro que era una mujer ya adulta que al parecer procedía de las casas reales de

Esparta (en la ciudad había dos casas reales). Las fuentes incluso nos han trasmitido el nombre de alguna de estas mujeres: Astimelesa, Ágido, Megalóstrata y Hegesícora. En los coros había ocasión de celebrar la belleza, de intercambiar bromas y confidencias; podemos suponer que entre la maestra del coro y las muchachas se establecía muchas veces una relación sentimental; por ejemplo, en uno de los textos conservados las chicas del coro se dirigen a su maestra de esta forma:

> Si ella me quisiera
> y acercándose cogiera mi delicada mano,
> de inmediato yo me convertiría en su suplicante[44].

Es posible que estas maestras del coro, además de instruir y adiestrar a las muchachas, tuviesen la posibilidad y capacidad para escribir sus propias composiciones; así lo sugiere la noticia de Ateneo sobre Megalóstrata cuando afirma que era poetisa y poseía un gran encanto en su conversación[45].

Para estos coros de doncellas escribió uno de los grandes poetas de la Antigüedad, Alcmán. Los eruditos de la Biblioteca de Alejandría reunieron y editaron seis libros de «partenios», pero por desgracia solo han llegado hasta nosotros unos pocos fragmentos. El nombre de Alcmán es espartano (contracción de la forma más antigua *Alcmaion*) pero ya en la Antigüedad su origen era objeto de discusión, pues en uno de sus versos declaraba proceder de «la elevada Sardes», en la lejana Asia Menor. Aristóteles defendía esta teoría. Como parece extraño que una persona de tierras tan lejanas y diferente forma de vida se haya imbuido tan profundamente de la cultura espartana y escriba tan hermosamente en su dialecto dorio (el único que emplea en sus poemas) se ha buscado una solución de compromiso: se trataría de un espartano nacido o criado en la lejana Lidia, país con el que los espartanos tenían relaciones comerciales, pues allí compraban el oro y el marfil para las ofrendas a sus dioses; el joven Alcmán pudo tener contacto allí con la poesía griega floreciente en aquel momento antes de trasladarse finalmente a la propia Esparta. Alcmán, que estuvo activo entre mediados y finales del siglo VII, era tan plenamente consciente de su valía que osó comparar su actividad con la de los guerreros:

Es tanto como el hierro, tocar bien la cítara[46].

Aunque la ciudad de Esparta se cerró al mundo al final de la época arcaica, siguió permitiendo la visita de determinados huéspedes y personajes que simpatizaban con su estilo de vida con ocasión de sus grandes festivales, que eran como un gran decorado donde exhibían la riqueza, la armonía y el poderío de su estado (los atenienses hacían otro tanto con sus espectáculos teatrales). Por eso, durante la época clásica persistió la fama de sus coros femeninos por toda Grecia. Un ateniense como Aristófanes pudo hacer en una de sus comedias una magnífica descripción de la belleza de aquellos coros:

Para que celebremos a Esparta, que se complace en los coros divinos y en el estrépito de los pies, cuando las doncellas, cual potrillas, saltan en la orilla del Eurotas, levantando el polvo con sus rápidos pies, y agitan sus cabellos, como bacantes que bailan con sus tirsos; y la hija de Leda, pura maestra del coro, las dirige de forma conveniente[47].

Los coros en Lesbos. Safo

Muchos han supuesto que Safo cumplió precisamente un papel similar al de las maestras de coro en Esparta. Vivió en la isla de Lesbos en las últimas décadas del siglo VII y las primeras del VI. Allí, como en el resto de Grecia, los coros femeninos tenían una gran importancia en los festivales religiosos. Allí también las niñas recibían una educación musical que incluiría poesía, canto, danza y posiblemente la técnica para tocar algún instrumento; sería una enseñanza puramente oral y práctica más que teórica. Como hemos visto en el caso de Esparta, había mujeres que se encargaban de componer, dirigir y entrenar esos coros femeninos.

La isla estaba dividida en seis *poleis* desde los tiempos de su colonización por la estirpe griega de los eolios. Eran Pirra, Antisa, Arisbe, Ereso, Metimna y Mitilene. Como solía pasar, las luchas y las rencillas entre esas comunidades fueron constantes (de hecho, la ciudad de Arisbe fue arrasada por Metimna muy pronto). Mitilene era la ciudad más importante de la isla. Estaba situada en un enclave privilegiado, con un magnífico puerto en la parte que miraba al continente, y tuvo un activo papel comercial con contactos en Egipto y con el mundo oriental como Lidia, una tierra exótica y llena de riquezas. Había en Lesbos un templo común a toda la isla, dedicado a la tríada formada por Zeus, Hera y Dioniso. Se encontraba en Pirra (a 35 kilómetros de Mitilene). Se realizaba una peregrinación anual y se celebraba una gran fiesta en honor a Hera, cuya parte principal lo constituía un concurso de belleza. Así lo describe Alceo, poeta de Mitilene que vivió en torno al 600, en uno de sus poemas:

Allí donde las lesbias de largos peplos acuden
para ser juzgadas por su hermosura, y a su alrededor
resuena el eco divino de las mujeres,
los sagrados gritos de la fiesta anual[48].

Un poema anónimo de época helenística en la colección llamada *Antología Palatina* se refiere a esta fiesta y a Safo en su papel de maestra del coro:

Lesbias, entrad en el hermoso recinto sagrado de Hera de
    mirada de toro
para danzar con delicados pasos de baile.
Formad allí un hermoso coro para la diosa. Os conducirá
Safo, portando en sus manos la áurea lira.
Felices por la encantadora danza, os parecerá
escuchar el dulce himno de la propia Calíope[49].

Safo es mencionada en ese poema expresamente como la maestra del coro en esta fiesta sagrada. De aquí se pasó pronto a imaginarla como maestra que se encargaba de educar a las muchachas de algún círculo aristocrático de Mitilene. Incluso mencionan por su nombre a otras maestras rivales como Gorgo o Andrómeda. Es posible que fuese una comunidad de culto que se preparaba para las ceremonias religiosas que siempre tenían en la danza y en el canto la parte más importante. El gran estudioso Rodríguez Adrados dice muy acertadamente que ninguna agrupación o asociación en Grecia estaba alejada del culto y que el caso de Safo no sería la excepción.

En este tipo de educación exclusivamente femenina las relaciones amorosas entre sus miembros serían lo normal, como hemos visto antes en el caso de los coros femeninos de Esparta. Como pasaba en el mundo de los hombres, se establecían vínculos sentimentales o eróticos entre maestra y discípulas. El retórico griego Máximo de Tiro que vivió en el siglo II d. C. opinaba así:

> Ellos parecen que practicaron el amor a su propia manera, ella (Safo) el amor de las mujeres, él (Sócrates) el amor de los hombres. Se dice que ellos amaron mucho y que fueron cautivados por todas las cosas hermosas. Lo que Alcibíades, Cármides y Fedro eran para él, Gyrinna, Atthis y Anactoria eran para ella. Lo que fueron sus rivales en el oficio, Pródico, Gorgias, Trasímaco y Protágoras para Sócrates, Gorgo y Andrómeda fueron para Safo[50].

De este autor tan tardío es de donde procede la imagen de Safo como maestra que además (al estilo de los hombres) establece relaciones amorosas con sus discípulas. En el mundo moderno se creó la expresión amor sáfico o bien lesbianismo (por la isla de Lesbos donde nació) para referirse a esa forma de amor.

Sobre el amor en los poemas de Safo, Marrou observa muy acertadamente que todavía no se ha llegado a la idealización metafísica que veremos en el siglo V en ciertos autores como Jenofonte o Platón. Estos autores quieren sublimar esa relación asegurando que es una aspiración intelectual lejos del plano físico, un amor de alma a alma. En el caso de Safo es un amor físico, ardiente y apasionado:

> Y Eros sacudió mis sentidos como el viento que en los montes se abate sobre las encinas[51].

Está claro que Safo fue mucho más que una maestra del coro. Conservamos fragmentos de poemas muy personales que reflejan una vida refinada y urbana: en uno de sus poemas habla despectivamente de una chica porque lleva vestidos rústicos. Safo estaba muy influida por la lírica popular en su forma y en sus temas (como, por ejemplo, la chica que espera inquieta a su amante y no puede concentrarse en sus tareas). En aquel mundo, los hombres y las mujeres vivían en dos esferas completamente diferentes: los hombres (como el poeta contemporáneo Alceo) se centraban en la política, las armas, la caza y los banquetes; Safo, por su lado, dedica su atención en exclusiva al amor. Lo más destacado es que, aunque es heredera de la gran tradición oral, podemos asegurar que Safo fue de las primeras en servirse de la escritura para difundir su obra. En alguno de sus poemas se supone que hay un receptor individual, lo que implica la actividad de la lectura.

Platón mencionó a Safo en uno de sus diálogos (el *Fedro*) y la situó al mismo nivel que otros sabios y poetas de la época arcaica. En un poema que se le atribuye escribe:

Algunos dicen que hay nueve Musas. ¡A la ligera!
He aquí también a Safo de Lesbos, la décima[52].

En época helenística los filólogos alejandrinos reunieron todos sus poemas y los editaron en nueve libros. Fue muy leída y admirada en la Antigüedad y, sin embargo, por desgracia, hoy día solo conservamos unos pocos poemas completos. Sin duda, su difícil dialecto eólico no favoreció la conservación de su obra. En un mundo dominado por los hombres, como el griego, que sepamos algo de una mujer como Safo y que al mismo tiempo haya tenido tanta proyección a lo largo del tiempo, sin decaer en ningún momento su fama como poetisa, es ciertamente excepcional.

Los coros de la tragedia

Los espectáculos dramáticos de Atenas representan la culminación de los festivales del período arcaico y convierten a la tragedia en el género perfecto, pues confluyen el amor de los griegos por los coros, la danza y la poesía. A pesar de la oscuridad que rodea el origen del teatro, podemos asegurar que procede de coros que entonaban cantos dedicados a los dioses en determinadas festividades religiosas (el teatro conservó siempre esa relación con el ámbito religioso, vinculándose especialmente con el dios Dioniso). El hecho de que el teatro procediera del coro hizo que este se conservara como pieza básica, aunque con el paso del tiempo cedió importancia en favor de los episodios o intervenciones de los actores. El coro era un personaje más de la obra, pero un personaje colectivo: esto abría grandes posibilidades dramáticas, pues permitía que el pueblo pudiera tener voz en los acontecimientos. Por lo general, el coro estaba formado por los ancianos del lugar o por mujeres cautivas en la guerra, pero en ocasiones los autores trágicos lo aprovecharon de forma brillante; así, en la obra de Esquilo *Las suplicantes* el coro representa a las 50 hijas de Dánao que se refugian en Argos escapando de un matrimonio forzoso; en otra de sus obras, *Las Euménides,* el coro lo forman las terribles diosas vengadoras del parricidio que persiguen a Orestes.

La preparación del coro era lo más importante y costoso en el montaje de las obras dramáticas; tanto era así que la ciudad nombraba a un ciudadano rico para que hiciese frente a ese desembolso económico. Se les llamaba precisamente *corego* porque tenían como principal misión preparar e instruir a los miembros del coro, pagando profesores y realizando ensayos (además de la escenografía, que solo comenzó a desarrollarse a partir de Sófocles). El corego también recibía un premio si su obra resultaba vencedora en el concurso (pues las representaciones teatrales tomaban la forma de una competición por un premio, como todas las cosas de los griegos). Era un premio simbólico, un trípode, que luego dedicaban en una calle de la ciudad conocida precisamente como de Los trípodes. Solo se ha conservado una de estas dedicaciones, la que erigió un tal Lisícrates para conmemorar su victoria del 335. Quedó protegida dentro de un convento franciscano y resistió el paso del tiempo y las destrucciones de las guerras. En la actualidad se encuentra en una plaza ajardinada en el barrio ateniense de Plaka.

Los autores escribían la letra (en las partes corales elevaban el tono poético), la música y también, en muchos casos, los pasos de la danza del coro. A los poetas dramáticos antiguos Tespis, Frínico, Cratino y Prátinas se les llamaba los «bailarines» porque hacían la coreografía final de sus obras para los coros[53]. Esquilo inventó personalmente numerosos pasos de baile y los asignaba a los miembros del coro. Las fuentes nos dicen que Sófocles se había formado en el arte de la danza y la música; siendo todavía un niño, bailó después de la batalla de Salamina (año 480), al son de la lira, alrededor de un trofeo, desnudo y ungido de aceite. Incluso afirman que apareció en una de sus obras tocando la cítara[54].

83

Los trágicos estaban orgullosos de su papel como educadores o instructores de los ciudadanos que acudían al teatro. De alguna manera, se veían a sí mismos como continuadores de los antiguos poetas. Y realmente era así. Pero ahora el poeta educador dirigía su atención solo a las personas adultas:

Es el maestro el que enseña a los niños, pero a los adultos, los poetas[55].

Hay una anécdota de Eurípides que es muy reveladora a este respecto: cuando el público del teatro le pidió que suprimiera cierto pasaje de una tragedia, salió al escenario para decir en tono arrogante que él solía escribir tragedias para enseñar al pueblo, no para aprender de él[56]. En las *Ranas* de Aristófanes, Eurípides aparece como personaje y se jacta de su labor educativa: «A esos (señalando al público) les enseñé a charlar... a pensar, a ver, a comprender, a amar, a maquinar»[57].

El teatro no era un mero entretenimiento, sino que tenía como propósito formar a la población. Ese deseo de educar estaba enraizado en la misma concepción de la tragedia. Los festivales dramáticos contenían un alto grado de propaganda ideológica a favor del ideal cívico ateniense. Por eso el Estado pagaba la entrada de los ciudadanos pobres reservando un fondo especial para espectáculos que se llamaba «teórico». La tragedia tuvo un papel destacado a la hora de enseñar cómo convertirse en un miembro activo en las reuniones políticas; en esas obras se presentaban conflictos que se solucionaban tras arduos y profundos debates dialécticos. Así aprendían los ciudadanos a pensar y a debatir en las asambleas democráticas; así se preparaban para expresar apropiadamente sus ideas y afrontar difíciles decisiones. El teatro era una más de las instituciones de la democracia ateniense, junto a la Asamblea, el Consejo y los tribunales de justicia. Los coros teatrales estaban formados por ciudadanos atenienses adultos. Se ha calculado que entre el 2-4 % de los hombres libres llegaba a intervenir cada año en los festivales dramáticos como miembro de un coro[58]. Y por una noticia que nos ha trasmitido Jenofonte sabemos que los ciudadanos se esmeraban en atender a los directores musicales durante las competiciones corales con la misma disciplina con la que obedecían a los oficiales durante sus ejercicios militares[59]. Todavía en este tiempo los atenienses en general recibían la formación musical necesaria como para participar en esos espectáculos. Platón no entendía una educación en la que los coros no tuviesen un papel fundamental. En uno de sus diálogos escribió: «El hombre bien educado será capaz de cantar y danzar con elegancia»[60].

El papel del poeta como educador de la comunidad siguió vigente, pues, como es natural, costó romper de pronto con una larguísima tradición. A los poetas se les pedía lo mismo de siempre: hacer mejores a las gentes de las ciudades. La utilidad de los poetas seguía fuera de toda duda: en el pasado Orfeo enseñó ritos sagrados, Museo la curación de enfermedades y Homero cosas provechosas sobre la guerra, ahora y del mismo modo, los autores dramáticos se consideraron poetas y educadores de los ciudadanos atenienses que llenaban los teatros.

Con la tragedia se acerca el fin de la cultura oral que había dominado Grecia y se inicia una etapa literaria donde el conocimiento se adquiere no de forma oral sino por la lectura de los libros. El teatro cubrió en Atenas algunas de las funciones de la épica, y sirvió de puente en esa época de transición. Lo importante para nosotros es que la tragedia mantuvo el papel educativo que había desempeñado la poesía. Havelock dice que los trágicos se convirtieron en una especie de suplemento de Homero, llenos de enseñanzas morales y de amor a la patria. Sus obras se aprendían de memoria como había pasado con los poemas homéricos. Los temas de la tragedia coincidían en gran medida con la epopeya, con especial interés por los mitos del ciclo troyano: la guerra de Troya sirvió a la perfección para exponer los horrores de la Guerra del Peloponeso, cruel conflicto entre griegos que ensombreció el último tercio del siglo V.

El amor de los griegos por los coros se mantuvo hasta el final de la época antigua. Siempre fue elemento importante en las ceremonias religiosas que la ciudad promovía oficialmente. Aunque el canto coral no suponía un gran nivel de exigencia, pues la música griega no conoció la polifonía y los coros cantaban al unísono, cuando llegó la época helenística se crearon grupos de profesionales con la finalidad de elevar la calidad artística[61]. De todas formas, sabemos que siempre fue lo normal que la juventud de la ciudad se encargara de este cometido, por tradición, por escrúpulo religioso o por economía (así se evitaba pagar a profesionales).

He aquí dos ejemplos que corresponden a dos épocas bien diferentes y pueden servir para ilustrar la pasión musical de la antigua Grecia:

El primero lo encontramos en Polibio, un historiador que nació en Arcadia, en el centro del Peloponeso, entre el 210-200. Arcadia era una región interior, montañosa y aislada. No es casualidad que el dios Pan fuese originario de aquel lugar. Los arcadios tenían su propio dialecto, que presentaba muchos rasgos arcaicos debido al aislamiento de la zona (esos elementos proceden, se supone, del griego micénico que se hablaba en el segundo milenio). Sin embargo, a pesar de su rudeza y carácter agreste, los arcadios eran grandes amantes de la música. Según Polibio, la costumbre en Arcadia era que los niños aprendieran a la fuerza desde su primera infancia a entonar himnos para glorificar a los dioses y a los héroes. Formaban coros de muchachos y doncellas para competir en el teatro en un espectáculo que sufragaba la ciudad. En las demás enseñanzas no tenía reparos en manifestar su ignorancia, pero en la música no sabían negarse a entonar una canción[62].

El segundo se refiere a una curiosa noticia sobre la llegada del emperador Adriano a Éfeso en el año 129 d. C. La ciudad era una de las más importantes del Imperio, por su número de habitantes y por el esplendor de sus edificaciones. En particular contaba con una de las siete maravillas del mundo antiguo, el Artemision (templo dedicado a Ártemis). Los efesios estaban orgullosos de su historia, que era particularmente antigua, pues había sido fundada por colonos procedentes de Atenas en el siglo X. En tiempos del Imperio seguían insistiendo en mantener su espíritu helénico, a pesar de la numerosa población romana que se había instalado por ser capital de la provincia y por su inmejorable posición para el comercio de tránsito. En particular estaban orgullosos de su ciudadano más universal, el filósofo Heráclito (por eso acuñaron moneda con su efigie), y seguían cultivando las costumbres griegas, aunque también admitieron novedades como los combates de gladiadores. Cuando llegó el emperador, los efesios deseaban impresionarlo, pues querían solicitarle un título honorífico para la ciudad. Y lo hicieron demostrando su condición de griegos: con un coro. Como sabemos por una inscripción conservada, los efesios prepararon una gran recepción a Adriano en el teatro (con una capacidad de 25.000 espectadores) y los jóvenes de las mejores familias cantaron un himno[63]. El emperador quedó tan favorablemente impresionado que concedió a la ciudad el ansiado título.

Hoy día mantenemos el amor por los coros. ¿No siguen viajando los coros de jóvenes por el continente europeo como hace más de 2.000 años? ¿No se reúnen en eventos competitivos donde celebramos, orgullosos, nuestros valores culturales? Esta encantadora costumbre persiste. Todos los países que pertenecen a la civilización grecorromana que ahora llamamos «occidental» comparten el amor a los coros. Los sentimos como un elemento clave de nuestra cultura, porque seguimos siendo griegos.

3. Aprende de los buenos

La inteligencia la conceden los dioses inmortales
a los mortales como un don excelente;
el hombre con ella abarca los extremos de todo.

Teognis, 1170-1

La educación de la mayoría de la población consistía en aprender de su padre las técnicas y habilidades de un oficio. Fue habitual en todo el mundo antiguo la tendencia a seguir el oficio del padre. Lo podemos ver en la famosa ley de Solón que permitía a un hijo no atender a su padre anciano, si este no le había enseñado un oficio[1]. Sócrates, por ejemplo, aprendió en un principio la profesión de su padre, que era marmolista, y luego, cuando se dedicó a la filosofía, bromeaba diciendo que seguía el oficio de su madre, que era matrona, porque sacaba a la luz las ideas de la mente de sus interlocutores.

De todas formas, en esta época arcaica el nivel de especialización era mínimo y una misma persona podía realizar diversos trabajos. Los médicos formaron casi el primer oficio especializado, pues ya lo menciona la epopeya homérica cuando habla de los demiurgos errantes. Solo podían ejercer esta profesión aquellos que adquirían una amplia experiencia; por tanto, se hizo preciso compilar datos y trasmitir conocimientos y técnicas a sus sucesores. En el *Juramento Hipocrático* percibimos esa estrecha relación entre maestro y discípulo que implicaba incluso a sus descendientes:

> Consideraré al que me enseñó esta ciencia con el mismo respeto que a mis padres. Y compartiré mi vida con ellos y los auxiliaré si están necesitados y tendré a sus hijos como hermanos y les enseñaré esta ciencia, si quieren aprenderla, sin recibir salario alguno.

El trabajo de los alfareros también fue de los primeros en especializarse. Era un oficio que requería conocimientos precisos y mucha práctica; de hecho, hacer una buena pieza de cerámica requería una gran experiencia, por eso las ciudades atraían con ventajas de todo tipo a los ceramistas ya consagrados (como hizo Atenas con los ceramistas de Corinto). El orgullo de estos artesanos por su trabajo queda reflejado en el hecho de que firmaran sus obras. En algún caso las piezas estaban firmadas por dos personas, el alfarero y el pintor de la decoración.

Pero los hijos de las clases elevadas se educaban de otra manera y con otros propósitos. En esta época arcaica las ciudades griegas estaban gobernadas por una oligarquía controlada por unas pocas familias. Conocemos en Atenas, por ejemplo, a los Eupátridas (es decir, 'los de buenos padres') y en Corinto a los Baquíadas que, según las fuentes antiguas, estaban formados por un grupo cerrado de 200 familias. Los aristócratas acaparaban las mejores tierras y se habían convertido en grandes terratenientes; además, se enriquecieron con las exportaciones de sus excedentes agrícolas gracias al auge del comercio marítimo. Con las ganancias que producía esta actividad importaban bienes de lujo con los que hacían ostentación de su posición. En principio, los aristócratas mostraban un fuerte sentido de clase y se vinculaban entre sí por medio de matrimonios, pero también había rivalidad entre ellos por el control de los cargos públicos. Para aliviar esa tensión se limitó temporalmente a un solo año la ocupación de esos cargos, de manera que todos los aristócratas pudiesen participar de tales honores.

Los hijos de esta clase privilegiada no tenían que trabajar para vivir y gozaban de mucho tiempo de ocio; ante ellos se abría un amplio horizonte vital. Su formación no estaba dirigida a aprender un oficio o habilidad, sino a convertirse en ciudadanos refinados y mantener el modo de vida de su clase.

Tal como escribe Marrou, en un mundo aristocrático no había necesidad de un saber técnico con el fin de ejercer un oficio y la educación era sobre todo moral[2]. Platón, que pertenecía a una de las familias de más solera de Atenas, mantuvo siempre ese punto de vista aristocrático sobre la educación que resumió en su famosa frase: Οὐκ ἐπὶ τέχνῃ, ἀλλ' ἐπὶ παιδείᾳ, que podemos traducir así: 'No para un oficio, sino para conseguir una educación'[3]. Por tanto, solo había que dar una formación moral que permitiera a los jóvenes convertirse en hombres virtuosos.

¿Cómo pasaba ese conocimiento de una generación a otra? Esta trasmisión de conocimientos sociales y morales fue posible por medio de la vinculación del muchacho con un hombre adulto de esa misma clase social. En otras palabras, los muchachos debían buscar el apoyo de otros miembros adultos con los que establecían una relación especial. El hombre adulto rondaba los 30 años y recibía el nombre de *erastés* ('amante') y el muchacho objeto de su amor *erómenos* ('amado'). El adulto lo introducía en la vida pública y le inculcaba los valores, las costumbres y las normas éticas propias de su clase. Así se convertía en un hombre de bien, un *kalokagathós*, término con el que la nobleza griega se refería a sí misma y que estaba formada por los adjetivos 'bueno' y 'hermoso'. Era una educación moral que solo se conseguía por el trato constante y próximo entre maestro y discípulo. La imitación era el medio por el que se aprendía, por eso los autores antiguos insisten tanto en el papel modélico que debían representar los adultos, de modo que nunca se les viese por parte de los jóvenes hacer o decir cualquier cosa vergonzosa; su propia vida era su enseñanza.[4] Es por eso que los estudiosos modernos lo han denominado «educación por asociación». Los antiguos sabían que la juventud por naturaleza está deseosa de admirar a alguien; en ese convencimiento se basaba su sencilla doctrina educativa, que proponía nobles ejemplos a imitar, exaltando la nobleza y ocultando lo feo y lo malo.

El adulto recibía una compensación por sus esfuerzos educativos, pues esa relación tenía una vertiente física en la que el adulto satisfacía su deseo sexual con el muchacho. Las fuentes escritas no hacen referencia a ningún tipo de relación física (salvo contadas excepciones en los versos de algún poeta), antes bien, insisten en un amor idealizado y puramente espiritual, que solo buscaba la formación moral del amado. En Atenas o Esparta esa relación pederástica se disfrazaba o embellecía con nobles palabras: por esa amistad íntima el alma del amado era conducida hacia la virtud por la belleza y carácter del amante. Sin embargo, los dibujos de la cerámica son más explícitos y no dejan duda sobre

la gratificación sexual que obtenían los adultos. El mismo
Platón reconoce que, en ciertos lugares de Grecia, como
Élide o Beocia, estaba socialmente admitido, sin reservas
ni engañosas palabras, que los jóvenes dieran placer físico
a sus amantes[5].

En los gimnasios, donde la juventud se ejercitaba desnuda, podían tener lugar de forma natural los acercamientos
hacia los jóvenes hermosos. Había como un cortejo en el
que los adultos seducían con su conversación y sus regalos
(gallos, liebres o perros). Esto explica que el dios Eros (el
Amor) presidiera de forma general todos los gimnasios del
mundo griego. El poeta Teognis de Mégara explicó en un
breve poema este tipo de vida:

> Dichoso el amante que se ejercita en el gimnasio y al volver
> a casa
> duerme con un hermoso joven toda la noche[6].

El simposio

Si había un lugar donde el muchacho recibía una educación más elevada y apropiada a su clase ese era el simposio.
Como su nombre griego indica, se trataba de una reunión
de bebedores; era un momento tras la cena que se dedicaba al ocio y al esparcimiento, mientras se entregaban los
cuerpos despreocupadamente a la bebida. La costumbre
parece que cristalizó como institución a finales del siglo VII
y se trata del último préstamo del Oriente[7], pues, sin duda,
la costumbre de tenderse en divanes para comer y beber
fue un hecho extraño a los antiguos griegos. En los poemas

Fig. 6. Jóvenes ejercitándose en el gimnasio.

homéricos los personajes siempre comen y beben sentados; tampoco se conocía por entonces la idea de una sepa-
ración entre la comida y la bebida. El testimonio más antiguo de que los comensales se reclinasen para comer aparece
en la cerámica corintia de finales del siglo VII y en la poesía
de Alcmán: «Siete lechos y otras tantas mesas llenas de pa-
nes con semilla de adormidera, de lino, de sésamo y en copas de madera...»[8]. En la época arcaica se crearon para este
evento unas pautas fijas, elaboradas y ritualizadas, y el simposio llegó a ser uno de los elementos fundamentales de la
sociabilidad (entre las clases nobiliarias) y se extendió por

toda Grecia, con la única excepción de Esparta, por razones que veremos en los capítulos siguientes.

Incluso se creó dentro de la casa una habitación especial, diseñada para esta finalidad de modo que pudiese albergar cómodamente los divanes que compartían los invitados. Por regla general había espacio para siete lechos que se colocaban junto a las paredes; en cada lecho podían recostarse dos invitados y, por tanto, se trataba de un grupo reducido donde todos podían participar y relacionarse con una agradable sensación de grupo. Esta sala se llamaba «andrón», es decir 'sala de los hombres' porque solo a ellos se les estaba permitida la entrada. Todos acudían perfumados y arreglados: un buen manto de lana y un calzado hermoso. Al llegar, la buena educación exigía (como ahora) que se alabase la casa del anfitrión, su gusto a la hora de adornarla con piezas de bronces, colgaduras y el artesonado del techo (en la sala de banquete se invertía mucho más tiempo y dinero que en el resto de la casa).

El centro de la reunión era, por supuesto, la bebida. En una gran vasija llamada cratera se mezclaba el vino con el agua. Los griegos nunca bebieron el vino puro, pues se trataba de mantener la mente despejada hasta bien entrada la noche para poder disfrutar con la brillantez de la charla, de las canciones y de la poesía. De esa cratera se llenaba una copa que circulaba hacia la derecha (*epidexía*) y que compartían todos los asistentes. Un joven esclavo se encargaba de llenarla de la cratera en cada ocasión. Además, durante el simposio, para despertar la sed, los invitados picaban de las mesitas frutos secos, habas o garbanzos tostados (estos aperitivos se llamaban *tragémata*). La *epidexía* aseguraba una posición igualitaria para todos los invitados, al tiempo que estimulaba y regulaba la competición en las diversas actividades. Algunas eran puramente de habilidad, como el famoso *cótabo*:

> Una vez vaciada su copa, el invitado la cogía con un dedo por el asa y le daba vueltas con la intención de lanzar los restos de vino que quedaban hacia un blanco fijado previamente, por lo general otra copa. Al tiempo que lo hacía, pronunciaba el nombre de la persona amada. Si lo conseguía, se consideraba un presagio favorable para sus pretensiones amorosas[9].

Pero los invitados debían exhibir principalmente sus habilidades sociales y artísticas: una buena conversación, improvisación para la poesía, gracia para los chistes e ingenio para los acertijos. Los griegos nunca presumieron de serios y aquí tuvieron la ocasión de un esparcimiento ordenado donde liberarse de las preocupaciones diarias. Sobre todo, se demostraba la buena educación recibida en dos actividades: el canto y la poesía. Se exigía siempre la participación de todos los invitados en una suerte de competición intelectual, donde la improvisación jugaba un papel importante. Casi todas las competiciones y actividades eran ejecutadas por turnos, del mismo modo que la copa llena de vino circulaba por el salón del banquete. El simposio mantenía la eterna tensión entre el espíritu de competitividad y el principio de igualdad en la sociedad griega (que tantos logros permitió alcanzar a esa civilización, que es la nuestra).

En las conversaciones se pasaba de un tema a otro; los invitados traían al recuerdo hazañas de la juventud o experiencias vividas de cierta importancia (por ejemplo, alguna embajada a un lugar lejano); claro que siempre se podía recurrir al tema más socorrido: la caza. Por supuesto, se podía permanecer callado todo el tiempo posible; aunque en una ocasión Teofrasto (el discípulo de Aristóteles) le dijo a un invitado que guardaba silencio todo el tiempo: «Si eres un simple, actúas sensatamente, pero si has recibido una educación, insensatamente»[10]. En otra ocasión Sócrates le dijo a un bello efebo que se mantenía en silencio: «Di también algo, para que yo te vea»[11], indicando así que se debía juzgar a los hombres por la agudeza de su mente y no por su apariencia exterior.

Cantar era el principal entretenimiento de la reunión. Había varios tipos de canciones, unas cantadas por todos de forma coral, otras por cada persona una después de la otra y una tercera, al azar, que era la que tenía un mayor nivel de exigencia. Se llamaba «escolio» que en griego significa 'oblicuo' o 'en zigzag', precisamente porque no se seguía el orden tradicional del simposio «hacia la derecha». Esto implicaba mayor atención y cultura musical para seguir de forma apropiada la canción, cuando de forma imprevista le tocaba el turno a un invitado.

En los escolios se contaban muchos acontecimientos que la nobleza consideraba dignos de recuerdo; por tanto, eran un medio de preservar la memoria, una forma de honrar el recuerdo de los nobles antepasados y mantenerlos vivos en la memoria colectiva. Un buen ejemplo es este escolio que recuerda Aristóteles:

Ay Lepsidrio, traidor de los amigos,
a qué hombres perdiste en la lucha,
buenos y nobles,
que entonces demostraron de qué padres venían[12].

Lepsidrio era un fuerte a 20 kilómetros de Atenas en el que buscaron refugio, sin éxito, unos aristócratas que intentaban derrocar a los tiranos. Sucedió posiblemente en el 514 y más de cien años después, en tiempos de Aristóteles, todavía se recordaba, gracias al poder de la poesía.

Otros escolios, siempre breves y sencillos, trataban sobre la amistad, sobre los placeres del vino y la camaradería; sobre los valores morales y la política (con el desdén por las clases inferiores) y sobre el amor homosexual.

Bebe conmigo,
pasa tu juventud conmigo,
ama conmigo,
ponte conmigo las guirnaldas,
vuélvete loco cuando yo esté loco,
cuando yo sea sensato sé sensato[13].

En primer lugar, dijo acertadamente que es lo mejor
    el tener salud,
y en segundo ser hermoso, y en tercer lugar ser rico.
Como puedes ver, desvariaba en esto,
que después de la salud importa el ser rico.
El hermoso que es pobre es una fiera desagradable[14].

Negarse a cantar, recitar o bailar era confesar que no se había recibido una buena educación. Esto le pasó al gran Temístocles, que había alcanzado la gloria por sus victorias en la guerra contra los persas, pero que tenía orígenes humildes (su madre procedía de Tracia). En un simposio le pidieron que cantara y tocara la lira (seguramente con intención de reírse a su costa) y Temístocles se negó diciendo que no había aprendido a cantar y a tañer, pero que, en cambio, sabía hacer una ciudad grande y rica[15]. De Cimón, uno de los principales promotores del imperialismo ateniense, también se dijo que no era instruido en la música; pertenecía a una familia aristocrática pero había nacido lejos de Atenas, en el Quersoneso tracio, donde gobernaba su padre, y en su infancia no tuvo oportunidad de recibir una educación adecuada a su clase.

El simposio no solo era un momento de diversión en el que los adultos exhibían la buena educación, sino que también era una ocasión propicia para el aprendizaje de los muchachos. No se reclinaban en los lechos; se sentaban modositos junto a su padre o su 'protector' (*erastés*) y así aprendían a escuchar las conversaciones de los adultos y las formas sociales apropiadas y comprendían los valores de una competencia educada. Todo eso no se podía aprender en un libro, sino que se trasmitía oralmente y por medio de la imitación continuada.

El valor educativo de estas reuniones estaba claro para todos; lo podemos ver en estos versos que un adulto dirige a un joven que comienza su educación en el simposio:

> Debes ser invitado a un banquete y sentarte junto a un noble
> hombre que sepa toda clase de conocimientos.
> Atiéndele cuando diga algo sabio, para que aprendas
> y vuelvas a casa con esa ganancia[16].

En otro poema muy similar se insinúa que el joven debe ser agradecido por esa educación que va a recibir; un agradecimiento que sabemos que era puramente físico.

> Bebe y come con esos, siéntate con esos
> y «gratifica» a esos cuyo poder es grande.
> Pues tú aprenderás cosas buenas de los buenos[17].

Teognis

Pronto se creó toda una literatura simposíaca que recogía, en poemas siempre breves y sentenciosos, los valores que se querían inculcar en la juventud. Teognis de Mégara fue el autor más representativo y bajo su nombre circuló una colección de poemas, muchos de ellos dedicados a un muchacho llamado Cirno con el que mantenía esa típica relación amorosa y educativa.

> Quiero enseñarte, Cirno, puesto que me dirijo a ti como un amigo,
> aquello mismo que yo aprendí de los nobles cuando era un muchacho[18].

¿Qué es lo que se aprendía exactamente en esta poesía? Pues, como se ha dicho, no eran cosas prácticas, sino los valores y los ideales de la aristocracia, sus modales y sus usos que se habían trasmitido oralmente durante generaciones con los que se reafirmaban en su concepto de clase. La educación era moral. Se trataba de formar la personalidad y conseguir la perpetuación de una clase social, de un grupo cerrado de elegidos, capaces de degustar la vida de forma especial. He aquí algunos ejemplos de esos valores morales:

> Elige una vida piadosa con pocos bienes en lugar
> de la opulencia[19].
> Para los hombres no hay límite en las riquezas[20].
> No seas en exceso afanoso, el término medio es lo mejor
> de todo[21].
> El noble soporta con aguante la desdicha[22].
> La gloria solo llega a costa de un duro esfuerzo[23].

También se exhortaba a la moderación y la contención (una idea que mantuvo la filosofía griega siempre):

No aflijas en exceso tu corazón en las dificultades ni te
regocijes en la dicha[24].

Aquel cuya razón no domina sus impulsos siempre se rodea
de calamidades y miseria[25].

Los buenos saben guardar la medida de todas las cosas[26].

La convivencia con los hombres buenos puede producir
una especie de práctica de la virtud, y, al contrario, la proximidad a los malos y perversos solo puede acarrear la perdición de los hombres:

De los hombres buenos aprenderás cosas buenas, pero si con
los malos
te relacionas, perderás hasta el entendimiento que tengas[27].

Sin embargo, Teognis, como buen aristócrata, cree que la
virtud solo está al alcance de unos pocos y que el poder de
la educación tiene grandes limitaciones. Es imposible enseñar a alguien a tener buen juicio o ser bueno: «Nadie hasta
ahora ingenió el modo de volver cuerdo al insensato y sacar
del hombre malo uno bueno»[28]. Hay una serie de cualidades que son innatas y esto se demuestra por sí solo: «Si la
razón se pudiera fabricar y depositarla en el interior del hombre, nunca de un buen padre habría salido un mal hijo»[29].
Solo los que poseen por naturaleza ciertas cualidades pueden aprovechar la educación y esto limita la enseñanza a las
personas de las clases superiores, a los que llama sencillamente los 'buenos' (agathoi). «La inteligencia y la lengua son
un don, y se dan por naturaleza en pocos hombres»[30].

Los poemas de Teognis siguieron siendo recitados en
los círculos aristocráticos hasta el final de la época clási-

ca. Teognis, Hesíodo y Focílides (que veremos más adelante) formaron un grupo de poetas que los antiguos llamaron «gnómicos» por sus enseñanzas morales. Isócrates, el gran educador del siglo IV, escribió al respecto: «Son los mejores consejeros para la vida humana»[31]. Por mucho que cambiara luego la educación, cuando el mundo aristocrático del arcaísmo desapareció, una cosa no sufrió alteración: la especial relación que se establecía entre maestro y discípulo; esa relación se fundamentaba en las buenas costumbres del maestro y la creación de una confianza y proximidad, imprescindibles para la óptima trasmisión de cualquier conocimiento.

Acertijos y enigmas

Las competiciones de 'acertijos' (*grîphos*) o enigmas fueron diversiones habituales en los simposios. Estas pruebas de ingenio respondían perfectamente a dos características del pueblo griego: el amor a la competición y el gusto por la especulación intelectual. Se proponían y todo el mundo daba una respuesta por turno (siguiendo el orden a la derecha típico del simposio). Los que los resolvían correctamente recibían besos, los perdedores debían beber vino puro, aunque algún autor antiguo nos cuenta que el ganador recibía una porción extra de carne y el perdedor una copa de salmuera[32].

Entre los poemas de Teognis se ha conservado un acertijo sobre la caracola de mar que nos puede servir de ejemplo:

Pues ya me ha llamado a casa un cadáver marino que está
muerto
pero que me habla por boca viva[33].

Pero se llegó a un nivel de sofisticación y oscuridad considerable del que es buen ejemplo el famoso acertijo de Platón; realmente solo está insinuado en el texto de su *República*, sin duda porque era muy conocido por entonces[34]. Según un escoliasta, el acertijo era: «Un hombre que no era hombre vio a un pájaro que no era pájaro, posado en un leño que no era leño y le disparó una piedra que no era piedra». Es una sucesión de sinsentidos que se explican así: el hombre no hombre es un eunuco; el pájaro no pájaro es un murciélago; el leño no leño es una caña y la piedra no piedra es una piedra pómez.

Se dice que Homero murió por culpa de un acertijo. Estaba sentado sobre una piedra en el puerto de Íos cuando vio a unos pescadores que atracaban su nave. Eran apenas unos muchachos y volvían molestos porque no habían capturado nada esa jornada. Por eso, cuando Homero les preguntó, como se suele hacer, cómo había ido la pesca, los muchachos respondieron con este enigma: «Cuantos cogimos los dejamos, cuantos no cogimos los llevamos». Homero se enfrascó en la resolución del enigma y dicen que al no poder descifrarlo murió de desánimo. Nunca pudo imaginar que los pescadores se referían realmente a los piojos que llevaban encima: los piojos que cogían los mataban y los dejaban atrás, pero los piojos que no cogían seguían llevándolos en sus cabezas.

Entre todos los creadores de acertijos destacó una mujer: Cleobulina. Su verdadero nombre era Eumetis, pero la llamaban así en honor a su padre Cleobulo (*ca.* 600) que era un aristócrata de Lindo, una de las tres *poleis* de la isla de Rodas. Gozó de una posición tan desahogada como para sufragar la restauración del templo de Atenea en su ciudad. Fue un hombre sabio que defendió las ideas tradicionales de este período histórico; así, por ejemplo, la moderación era una de sus lecciones básicas. Pero se distinguió entre todos por sus avanzadas ideas sobre la educación. Cleobulo decía que había que educar también a las mujeres y el propio sabio cumplió el precepto: educó con esmero a su hija que fue famosa por su agudeza, pues circulaban por todas partes los ingeniosos enigmas que había compuesto. Su fama rebasó las fronteras del mundo griego y llegó hasta Egipto[35].

Cleobulina compuso sus enigmas en hexámetros. Plutarco menciona uno: «Un asno muerto me golpeó los oídos con una tibia huesuda»[36] en el que se aludía enigmáticamente a una flauta, porque con los huesos de los asnos se hacían flautas. Y Aristóteles recoge este otro: «Vi a un hombre que había unido bronce con fuego sobre un hombre»; se trata de una ventosa (vaso de bronce) que se calentaba antes de aplicarla al cuerpo para succionar el tumor. Este enigma debió de ser muy famoso en la Antigüedad clásica, pues se conservan muchas referencias. Aristóteles lo cita en su *Retórica* porque quiere explicar que de los enigmas se obtienen metáforas perfectas.

Finalmente, los enigmas y acertijos quedaron asociados con los niños y con las mujeres. Con esa actitud de superioridad machista propia del mundo antiguo, un tal Cleodoro, que era médico, decía: «Son buenos para las chicas, pero es ridículo que hombres sensatos se ocupen mucho de ellos»[37]. Los hombres reconocidos como sabios no tomaban en serio los acertijos por considerarlos puro entretenimiento, sin más valor educativo, pero el hecho es que sabemos que un discípulo de Aristóteles, Clearco de Solos, escribió un tratado erudito sobre ellos.

Los griegos habían desarrollado el ingenio para estos acertijos en los mitos y en los oráculos. La palabra «enigma» (derivada de un verbo griego que significa 'hablar alusivamente u oscuramente') aparece por primera vez en la obra del poeta Píndaro[38] para referirse precisamente al famoso enigma que la Esfinge proponía a los habitantes de Tebas. La ciudad pasaba por un momento de debilidad, pues su rey Layo había muerto en misteriosas circunstancias y en el vacío de poder la Esfinge, con el beneplácito de Hera, había aprovechado para adueñarse de la ciudad. En los mitos es normal la aparición de monstruos que asolan las ciudades, enviados por los dioses como castigo de alguna falta; solían ser monstruos marinos (pues las ciudades griegas siempre estaban cerca de la costa) y exigían el sacrificio de doncellas. En este caso en particular, la causa era una falta muy lejana en el tiempo: Hera estaba irritada con los tebanos por haber aceptado a Layo a pesar de ser el responsable del rapto de un hijo de Pélope, llamado Crisipo, que finalmente se había suicidado por vergüenza. En el mundo antiguo Layo pasaba por ser el «inventor» de la pederastia.

La Esfinge había aprendido un enigma de las mismísimas Musas y todos los días se presentaba en el ágora y lo proponía (o lo cantaba, según Pausanias[39]) a los tebanos: «¿Cuál es el ser que con una sola voz tiene cuatro patas, dos patas y tres patas?». Había muchas versiones de este enigma que se convirtió en el más famoso de la historia. Debemos destacar la elaborada versión que hizo un anónimo comentarista de la obra de Eurípides titulada *Fenicias:*

> Hay sobre la tierra un ser con dos pies, tres pies, y cuatro pies,
> pero de forma única; y él solo cambia su naturaleza
>   de cuantos animales
> se mueven por el aire y por el mar.
> Pero cuando avanza apoyado en más pies
> entonces la fuerza de sus miembros es más débil.

Nadie en Tebas era capaz de resolverlo, ni siquiera el adivino oficial de la ciudad llamado Tiresias pudo hacerlo, a pesar de su sabiduría y de sus dotes proféticas. Y la Esfinge devoraba cada día a un habitante de Tebas. Se proclamó un bando en el que se prometía el reino a quien pudiera descifrar el enigma de la Esfinge. Edipo, que erraba por Grecia sin saber qué hacer con su vida, se presentó en Tebas y, aunque era un hombre corriente, encontró la respuesta: una persona. Dice el mito que la Esfinge, desesperada al verse vencida, se suicidó arrojándose desde la Acrópolis.

Por otra parte, los oráculos griegos eran frecuentemente equívocos y requerían una correcta interpretación. Este tipo de oráculos ambiguos dejaba desconcertados a los bárbaros. Ellos también tenían sistemas para sondear la voluntad de los dioses, pero seguían al pie de la letra las indicaciones del dios. Había en Grecia muchos santuarios oraculares, pero el de Delfos consagrado a Apolo, el dios de la adivinación, era con diferencia el más reputado de todos. Sus respuestas (que los sacerdotes ponían en verso) eran famosas por su oscuridad, hasta el punto que al dios se le daba el epíteto de *loxias*, palabra griega que significa 'torcido'. Sobre este carácter del oráculo délfico el filósofo Heráclito había escrito con acierto: «El señor que posee el oráculo en Delfos ni dice ni oculta, sino que indica»[40].

He aquí un ejemplo famoso de la ambigüedad del oráculo: el rey de Lidia, Creso, estaba preocupado por el creciente poderío de los persas en el este y tenía en mente iniciar una guerra para contenerlos. Preguntó al oráculo de Delfos sobre esta posibilidad y el dios respondió: «Si haces la guerra a los persas, destruirás un gran imperio». Pensando que aquella respuesta era favorable a sus pretensiones, atacó a los persas, pero fue derrotado. Ciro, el rey persa, tomó la capital de Lidia, Sardes, y capturó a Creso, al que perdonó la vida. Creso, con permiso de su nuevo señor, envió emisarios a Delfos con el fin de avergonzar al oráculo por su falsa predicción, pero la Pitia les respondió:

> Creso, ante esa respuesta, si quería decidir correctamente, debía preguntar de nuevo a qué imperio se refería, al suyo o al de Ciro. Si no entendió lo que se dijo, ni volvió a preguntar, que se eche la culpa a sí mismo[41].

Se ha dicho que este carácter abierto del oráculo tenía sentido en una sociedad como la griega, en la que los ciudadanos no estaban sometidos a un rey absoluto. Por eso Creso que toma la decisión personal al respecto, confunde totalmente el sentido del oráculo. Sin embargo, por el carácter competitivo de los griegos, una respuesta ambigua hacía despertar el ingenio y dejaba un margen amplio para los cambios políticos. Encontramos un buen ejemplo de esto con ocasión de la invasión persa de Grecia en el 480. Los atenienses, atemorizados, consultaron al oráculo de Delfos sobre la guerra inminente y la respuesta fue:

Un muro de madera dará Zeus, el de ancha vista, a Tritogenia, que sea indestructible en provecho de ti y de tus hijos[42].

Parecía que estaba claro: los atenienses debían protegerse con una muralla de madera. Incluso los intérpretes oficiales de los dioses, los cresmólogos, se inclinaron por una interpretación literal. Pero ese tipo de interpretación ya estaba descartada por la racionalidad de los griegos de esa época. Heródoto indica claramente que el oráculo sobre las murallas de madera se expuso ante la Asamblea de los ciudadanos atenienses para su comentario general. Se ofreció públicamente a la consideración de cualquier ciudadano que pudiera, según su inteligencia, interpretar las palabras del dios. Y un hombre corriente, Temístocles, se opuso a los cresmólogos, asegurando que los muros de madera no significaban otra cosa que las naves (que estaban hechas de madera)[43]. Como Heródoto escribe, para los atenienses fue preferible la interpretación de Temístocles que la de los expertos[44]. Igual que Edipo en Tebas, que fue más sabio que el adivino Tiresias para interpretar el enigma, ahora Temístocles fue más sabio que los profesionales y expertos en estos asuntos a la hora de interpretar el oráculo de Delfos.

Lo importante que nos trasmite todas estas historias es que, aunque había adivinos e intérpretes profesionales (muchas veces se trataba de familias que trasmitían ese don generación tras generación), un ciudadano corriente, como Edipo o Temístocles, podía superarlos si tenía claridad e inteligencia. Es la gran aportación de Grecia al mundo: el individualismo y la creación de una sociedad abierta, y todo esto creó en el hombre griego el gusto por la discusión y la polémica (que, a su vez, respondía a la competitividad inherente al hombre griego).

¿Qué es lo más...?

Pero en el simposio no solo había ingeniosos pasatiempos como acertijos y enigmas que satisfacían el gusto por discutir, propio de los pueblos mediterráneos. Se formulaban preguntas de más calado que tenían un propósito educativo. Plutarco escribe que los griegos acostumbraban a plantearse cuestiones unos a otros en el simposio siguiendo casi siempre la pauta de «¿Qué es lo más...?».

Por ejemplo, en una reunión se propuso la siguiente pregunta: «¿Qué es el mayor bien?». Un invitado respondió: «Conseguir lo que uno desea», pero fue rápidamente corregido por un filósofo (Menedemo) que estaba presente: «Un bien mucho mayor es desear lo que se debe». El primer invitado había respondido según los parámetros de pensamiento de la época arcaica; de hecho, sabemos por Aristóteles que en Delos había una inscripción en los propileos del templo de Apolo que decía:

> Lo más hermoso es lo más justo, lo mejor es estar sano,
> pero lo más agradable es lograr lo que uno ama[45].

Esta inscripción es de la misma época que Safo, quien también respondió poéticamente de forma parecida a esta pregunta:

Dicen unos que una tropa de jinetes, otros la infantería
y otros que una escuadra de navíos sobre la tierra
oscura es lo más bello, más yo digo
que es lo que uno ama[46].

En aquellos tiempos se consideraba importante plantear
la cuestión sobre cuál era el más valioso de los bienes o quién
era el más feliz o el más sabio. Según Bruno Snell, de estas
preguntas sobre cosas concretas y tangibles, que además admitían variadas respuestas (no hay una única respuesta correcta), surgirán posteriormente preguntas abstractas como
«¿qué es el bien?».

También debemos entender que, en ese momento, era la
forma en que se enseñaba y se trasmitían conocimientos.
Se servían de este tipo de cuestionarios, con preguntas que
comenzaban así: «¿Qué es lo más...?». Y a estas preguntas los
sabios respondían con brevedad. El mundo del arcaísmo no
era el mundo retórico y ampuloso de la época clásica, cuando los sofistas revolucionaron la educación; era un mundo
de frases breves e ingeniosas, donde se valoraba la concisión y la sentenciosidad. Los sabios surgieron como com-
plementarios de los poetas en la educación y escribieron sus
breves sentencias o máximas en lugares visibles, como en
las paredes de los templos de los santuarios. En Delfos se
grabaron las más célebres: «De nada demasiado» y «Conó-
cete a ti mismo». Aunque pueden tener una interpretación
más amplia y profunda, en su momento solo querían enseñar a los griegos que el ser humano debe mantenerse en sus
límites. Así se educaba a los visitantes y peregrinos. Estos
sabios estaban muy interesados en la educación de los ciudadanos, pero se involucraron, sobre todo, en los proble-

mas políticos y sociales de sus ciudades. Alcanzaron el poder, dieron leyes justas y abogaron por la concordia ciudadana.

En un momento dado se confeccionó una lista con los sabios más destacados. Para estar en la lista se valoraba la capacidad política para resolver los problemas de la comunidad, además de la inteligencia y la reflexión científica. La primera mención de tal lista se halla en el *Protágoras* de Platón:

> Entre estos se contaron Tales de Mileto, Pítaco de Mitilene, Bias de Priene, nuestro Solón, Cleobulo de Lindo, Misón de Quenea y el séptimo, Quilón de Lacedemonia[47].

La lista se limitó a siete nombres, por eso a este grupo se le llamó los Siete Sabios. El número 7 –de resonancia mágica, que posiblemente esté tomado de la tradición oriental–, era perfecto para crear un selecto grupo, fácil de recordar, donde todos los integrantes destacasen por igual. Pero los integrantes de la lista cambiaron con el tiempo. Diógenes Laercio nos informa de que se incluyeron a Anacarsis el escita, Ferécides de Siros y Epiménides de Creta, el que purificó Atenas. Incluso en alguna lista más antigua parece que estaban incluidos Pisístrato, el tirano ateniense, y Periandro, el tirano de Corinto. Pero los tiranos pronto fueron eliminados. El motivo es bien sencillo: tras las Guerras Médicas la tiranía alcanzó una consideración totalmente negativa; se olvidó el papel que habían desempeñado los tiranos arcaicos como instauradores de leyes y normas y como instrumentos para la nivelación social en las ciudades.

En alguna ocasión poeta y sabio coincidían en la misma persona, como en el caso de Solón el ateniense, que además fue político y legislador. Pertenecía a una de las familias más nobles de Atenas y actuó como árbitro en su ciudad para solucionar una grave crisis política en el 594. Luego viajó por el Mediterráneo con el único deseo de conocer nuevas cosas y visitó Chipre, Egipto y la zona costera de Asia Menor, tomando contacto con el agitado mundo intelectual de los jonios. Era hombre de talante optimista y exquisito degustador de los placeres de la vida. Su frase más célebre «envejezco aprendiendo siempre muchas cosas»[48] indica su curiosidad insaciable y su ausencia de miedo ante la vejez, que era consideraba por todos como el más aborrecible de los males y casi peor que la muerte.

En la isla de Lesbos, concretamente en la ciudad de Mitilene, el sabio Pítaco cumplió un papel similar al de Solón. Estuvo en el poder durante diez años (por eso sus enemigos llegaron a tacharlo de tirano) pero en el 580 renunció al cargo y se convirtió en un simple particular. Platón recuerda su máxima más famosa: «Es difícil ser bueno». Conocemos también su respuesta para las preguntas habituales de la época:

¿Qué es lo mejor? Hacer bien lo que se hace.

¿Qué es agradecido? El tiempo.

¿Qué es incierto? El futuro.

¿Qué es seguro? La tierra.

¿Cuál es el mayor poder? El de la tabla pintada[49].

Esta última requiere una pequeña explicación: las leyes antiguas se escribían sobre tablas que debían exponerse públicamente. La codificación legal fue un gran avance para superar la arbitrariedad de los jueces, que eran siempre los nobles. Solón también escribió sus leyes para Atenas y las grabó en 'tablones de madera' (*axones*) que se expusieron públicamente. Las enseñanzas de Solón y Pítaco exhortaban a la obediencia total a las leyes.

Cuentan que Pítaco resolvió un enigma que le había planteado Amasis, el rey de Egipto. Lo desafió a cortar de una víctima de sacrificio aquel trozo de carne que fuera al mismo tiempo el peor y el mejor. Pítaco cortó la lengua y se la envió. La explicación era sencilla: la lengua es un instrumento de bienes, pero también de los mayores males. El enigma se hizo famoso y se proponía así en los simposios: «¿Qué es entre los humanos un bien y un mal?».

En Esparta también contaron con un sabio propio. Se llamaba Quilón y fue éforo (la máxima magistratura de la ciudad) en el 556. Poca información conservamos de este sabio más allá de alguna sentencia célebre: «En el momento oportuno todo resulta hermoso». En Asia Menor destacó Bias (o Biante) de Priene que también acuñó frases lapidarias. Las más célebres son: «El poder mostrará al hombre» y «la mayoría son malos»[50]. También conocemos algunas respuestas:

¿Qué es dulce para los hombres? La esperanza.
¿De qué acción se alegra un hombre? De la que obtiene ganancia.
¿Cuál es el animal más fiero? De los salvajes, el tirano; de los domésticos, el adulador[51].

Tales, el sabio de Mileto, también intervino en los asuntos de su ciudad, pero fue realmente un hombre dedicado en cuerpo y alma a la investigación de la naturaleza. Vivió retirado y concentrado en sus estudios (por eso nunca se casó). Gracias a Diógenes Laercio conservamos un largo cuestionario con las respuestas de este sabio[52]:

¿El más viejo de los seres vivos? Dios, porque es ingénito.

¿Qué es lo más bello? El universo, porque es creación de dios.

¿Qué es lo más grande? El espacio, porque todo lo abarca.

¿Qué es lo más rápido? El pensamiento, porque todo lo atraviesa.

¿Qué es lo más fuerte? La necesidad, porque domina todas las cosas.

¿Qué es lo más sabio? El tiempo, porque todo lo descubre.

¿Qué fue primero, el día o la noche? La noche es anterior por un día.

¿Qué es fácil? Aconsejar a otro.

¿Qué es lo más agradable? Acertar.

¿Qué es lo divino? Lo que no tiene principio ni fin.

¿Cómo soportaría uno más fácilmente la desgracia? Viendo que tus enemigos lo pasan peor.

¿Cómo viviríamos de la manera más justa? Si no hacemos lo que censuramos a los demás.

¿Quién es feliz? El que tiene el cuerpo sano, el espíritu bien dispuesto y un natural bien educado.

¿Qué es más común? La esperanza.

¿Qué es más útil? La virtud.

¿Qué es más perjudicial? La maldad.

Como hemos dicho, las preguntas son abiertas y no hay para ellas una única respuesta correcta. Tenemos, por suerte, la posibilidad de comparar las respuestas de estos sabios a una misma pregunta: «¿Qué es lo más difícil?». Tales respondió: «Conocerse a uno mismo» remitiéndose a la máxima del santuario de Delfos; Pítaco dijo: «Llegar a ser un hombre bueno», muy en su línea de hombre político; el sabio de Esparta, Quilón, replicó: «Callar los secretos, disponer bien del ocio y saber soportar la injusticia», demasiado larga para ser de un espartano. Pero, en mi opinión, la respuesta más brillante, por su profundidad humana, fue la que ofreció Bias: «Soportar con dignidad la decadencia»[53].

Una nueva época

Los aristócratas dominaban la vida política de su ciudad y degustaban una cultura refinada alejados orgullosamente del pueblo llano, pero los conflictos sociales con las clases humildes no tardaron en estallar. Los tiranos fueron la solución provisional a ese mundo en conflicto. Según Tucídides, «Cuando Grecia se hizo más poderosa y se dedicó aún más que antes a la adquisición de riquezas, al compás del incremento de las rentas, surgieron las tiranías por todas las ciudades»[54]. La aparición de los tiranos destruyó, pero solo en cierto modo, el entramado cultural de los aristócratas. Los mismos tiranos procedían de la aristocracia (salvo rarísimas excepciones, como los Ortagóridas de Sición) y, en general, se comportaron de forma moderada y respetaron las leyes anteriores. Así se le reconoció a Pisístrato en su gobierno de Atenas, ya que administró todo de acuerdo a las leyes que estaban vigentes antes. Del tirano Cípselo el oráculo de Delfos aseguró que pondría Corinto en el camino de la justicia. Los propios Ortagóridas trataron a sus ciudadanos moderadamente y en muchos aspectos estuvieron sometidos a las leyes. En unos casos, el tirano (como noble que es) ya ostentaba alguna magistratura, lo que le permitía hacerse con el poder absoluto más fácilmente. En otras ocasiones, gozaban previamente de una fama especial por su actuaciones militares o atléticas. Por tanto, eran simples aristócratas que se negaban a ceder el poder a sus iguales porque querían detentarlo por tiempo indefinido rompiendo las reglas por las que se había decidido compartir el poder por turnos.

Los tiranos establecieron relaciones entre sí vinculándose por medio de enlaces matrimoniales y evitaron los conflictos con otros estados, pues, como escribe Tucídides, el primer interés de los tiranos concernía a su personal seguridad:

> Todos los tiranos que había en las ciudades griegas regían las ciudades del modo más seguro posible, preocupados solo de sus intereses particulares, los que atañían a su persona y al engrandecimiento de su propia casa y por eso no se realizó nada notable a no ser contra los propios vecinos[55].

Es cierto que se declaraban defensores de los humildes, pero no crearon un nuevo marco cultural; se limitaron a controlar las festividades (como vimos que hizo Pisístrato con las recitaciones de los rapsodos) y a favorecer los cultos más populares (como el de Dioniso en Atenas). Si atacaron el viejo ideal de ocio de los viejos aristócratas, estableciendo leyes contra los ociosos y fomentando el trabajo, no se debió a un prejuicio de clase, sino al peligro que representaba para el tirano una población inactiva. De hecho, ese ideal nunca fue desbancado en la mentalidad griega.

A finales del siglo VI la amenaza de los persas cambió radicalmente la situación y se abrió un período de crisis que afectó al mundo político, religioso y cultural de los griegos. Entre el 546 y el 540 los persas conquistaron por la fuerza (salvo Mileto, que se entregó) todas las ciudades griegas de Asia Menor. Estas ciudades disfrutaban de gran riqueza, pues se habían fundado en lugares fértiles en la desembocadura de los ríos y se dedicaban activamente al comercio aprovechando su buena situación geográfica. La mano de obra de las poblaciones autóctonas había permitido a sus ciudadanos disfrutar de un ocio que aprovecharon para dedicarse a la investigación en los más diversos campos de las artes, la literatura y las ciencias (astronomía y matemáticas). Precisamente el contacto directo con otras civilizaciones de Oriente favoreció ese enriquecimiento cultural. Es cierto que estas ciudades habían conocido ya la dominación de reyes orientales (de Lidia, concretamente), pero se endurecieron en principio las condiciones políticas cuando los persas se apoyaron en tiranos locales para sostener su dominio. Ya no eran los amables tiranos que habían servido para resolver los viejos conflictos, sino meros instrumentos de sometimiento y se hicieron, por tanto, rápidamente impopulares. Esto causó la fuga de sus gentes más preparadas hacia el oeste, hacia la Grecia continental, donde se vivía en relativa paz.

Atenas fue la ciudad más favorecida por esta emigración, pues se la consideraba el solar ancestral de la estirpe jonia y hablaba, por tanto, el mismo dialecto. Aquí se concentraron los grandes poetas del exilio. Desde el año 546 Atenas estaba gobernada por tiranos, primero por Pisístrato y luego por sus dos hijos, Hipias e Hiparco. Los tiranos se habían revelado como grandes mecenas de las artes: Pisístrato coleccionó oráculos y fomentó las fiestas religiosas; su hijo Hiparco destacó como un gran amante de las artes (se le ha llamado el ministro de cultura del régimen) y, siguiendo la estela de su padre, se convirtió en el impulsor del desarrollo cultural.

El propio Hiparco se sentía como un poeta más. Y dentro de la tradición de instruir por medio de la poesía sentenciosa, quiso educar a los ciudadanos y a los campesinos. Levantó «Hermes» en los caminos que llevaban de Atenas a los *demos*; estos Hermes eran pilares cuadrados rematados con la cabeza del dios que se ponían en las encrucijadas de los caminos; normalmente en su parte frontal aparecía tallado en bajorrelieve un falo en erección, signo de buena suerte y prosperidad. Sobre ellos Hiparco mandó grabar máximas con las que pretendía rivalizar con aquellas otras que los sabios antiguos habían grabado en Delfos. Eran normas de conducta colectivas y servían para propósitos políticos determinados (los tiranos buscaban ansiosamente la paz y la concordia social por su propio interés). En uno escribió: «Este es un monumento de Hiparco; camina con pensamientos justos»; y en otro: «Este es un monumento de Hiparco: no engañes a tu amigo». Hiparco estaba tan envanecido de su arte que acompañaba sus versos con su nombre para que, a manera de sello, quedara siempre vinculado aquel pensamiento con su persona. Esto lo había copiado a un poeta anterior llamado Focílides que había vivido en Mileto en la primera mitad del siglo VI (*floruit* 544). Sellaba sus sentencias en hexámetros con la siguiente fórmula: «También esto es de Focílides».

También esto es de Focílides: una pequeña y bien ordenada ciudad cuando está construida sobre una roca es mejor que Nínive[56].

Aristóteles nos ha trasmitido otra sentencia de Focílides en su *Política*: «Muchas ventajas tiene la posición intermedia: deseo estar en los del medio en mi ciudad»[57]. Aristóteles se sintió conectado con el viejo Focílides, pues también era un ferviente partidario de la clase media y de la moderación; por eso escribe en su comentario: «Lo moderado y lo intermedio es lo mejor; la ciudad debe estar constituida lo más posible de elementos iguales y semejantes»[58].

Aprovechándose del éxodo de artistas jonios, Hiparco quiso rodearse de un grupo de intelectuales que deberían dar brillo a su régimen. Primero llamó a un tal Onomácrito, que era el más famoso de los cresmólogos o estudiosos de oráculos del momento. Estaba relacionado con los adeptos al culto órfico, que eran conocidos como «las gentes del libro», y en tiempos de Platón se habla de sacerdotes que iban por las casas prometiendo la salvación con un montón de libros[59]. Onomácrito debía poner orden en la extensa colección de oráculos que Pisístrato y sus hijos habían reunido. Parece que se le encargó específicamente la tarea de editar las profecías de Museo (poeta legendario que procedía de Tracia y había sido discípulo de Orfeo). Se supone que también participó en la fijación del texto de Homero que se guardaba en Atenas con vistas a las recitaciones públicas en los festivales. Pero Onomácrito cayó en desgracia cuando fue sorprendido por Hiparco interpolando sus propios oráculos en los libros de Museo.

También acudió a Atenas Laso de Hermíone (una pequeña ciudad en el extremo sudoccidental de la Argólide), que había destacado por sus aportaciones a la teoría musical y sus innovaciones en el ditirambo, el canto coral en honor al dios Dioniso (el culto que los tiranos promovían para congraciarse con el pueblo llano).

Pero el mayor logro de Hiparco fue cuando consiguió que el gran poeta Anacreonte se instalara en Atenas. Anacreonte había nacido en Teos, pero tuvo que abandonarla cuando los persas atacaron su ciudad. Encontró refugio en Abdera, al norte del Egeo, donde pasó sus años de juventud, y luego pasó a Samos, a la corte de Polícrates. En los salones de su palacio cantaba sus poesías para deleite de los invitados. En cuanto Hiparco supo que Polícrates había muerto asesinado por los persas, mandó una nave en busca de Anacreonte y lo hizo traer a la ciudad[60]. Debió de llegar a Atenas hacia el 522 y trajo consigo ese refinado y decadente espíritu que lo había hecho famoso, con su poesía dedicada al goce y la despreocupación. En Atenas se hizo tan popular que su imagen se dibujó en los vasos de figuras rojas, donde se le retrataba como un cantor al son de la lira. En la Acrópolis se le levantó una estatua. A la muerte de Hiparco en el 514 se desplazó a Tesalia, pero las noticias sobre este período final de su vida son muy escasas. Solo se recuerda que murió atragantado por un grano de uva pasa y se convirtió, en consecuencia, en ejemplo de la fragilidad de la vida humana: «Puedes morir hoy mismo, como el poeta Anacreonte, por un grano de uva pasa»[61].

A fuerza de regalos y dinero Hiparco logró atraer a Atenas a otro gran poeta, Simónides. Había nacido hacia el 556 en Ceos, la isla más cercana a Atenas de todas las Cícladas. Comenzó su carrera componiendo cantos corales para el culto a Apolo en su isla y en cuanto alcanzó cierta fama se lanzó a una vida errante por todo el mundo griego. Se le puede aplicar, sin duda, el verso de la *Odisea*: «Recorrió muchas ciudades y conoció la mente de los hombres».

Tras la caída de la tiranía en Atenas, Simónides se trasladó a la corte de los Escópadas de Tesalia, donde pasó los años turbulentos de las guerras contra los persas. Allí se señaló por su portentosa memoria, que era el instrumento de los aedos y rapsodos. A este respecto se cuenta la siguiente anécdota:

> Cenaba Simónides en casa de Escopas. Tras recitar un poema que había compuesto en su honor y en el que, siguiendo la costumbre de los poetas, había muchas referencias a Cástor y Pólux, su anfitrión muy mezquinamente le dijo a Simónides que le daría la mitad de lo pactado por el poema y que el resto se lo reclamase a Cástor y a Pólux, a quienes tanto había alabado. Al poco tiempo se le anunció a Simónides que dos jóvenes preguntaban por él en la puerta. Salió del banquete y en ese momento se desplomó el techo y mató a todos los comensales. Quedaron tan desfigurados que fue imposible reconocerlos, pero Simónides los identificó al recordar el lugar exacto donde cada uno estaba recostado[62].

Al finalizar las Guerras Médicas volvió a su vida errante y regresó a Atenas, que lo perdonó por su vinculación con la tiranía. Sabemos que, en el 476, cuando tenía unos 80 años, preparó en Atenas un coro masculino y consiguió la victoria en un concurso[63]. Luego se trasladó a la corte del tirano Hierón en Siracusa. La gente criticaba su afición a tratar con los tiranos, pero Simónides se justificaba con estas palabras: «Yo alabo y amo a todo el mundo con mucho gusto, pero hay personas a las que alabo y amo a mi pesar»[64]. Como solía ser habitual, los poetas áulicos debían responder a las preguntas y retos intelectuales que les proponían sus protectores. En cierta ocasión, el tirano le preguntó a Simónides sobre la naturaleza de la divinidad. El tirano le dio un solo día para pensarlo. Cuando al día siguiente le preguntó, Simónides se excusó y le pidió dos días. Luego quiso ampliar de nuevo el plazo, y así una y otra vez. Finalmente, Hierón le preguntó por qué hacía eso y Simónides le contestó: «Porque, cuanto más tiempo considero el problema, tanto más oscuro se me ofrece»[65]. Cuando Simónides rechaza responder sobre la esencia de la divinidad, nos muestra claramente la corriente de escepticismo y relativismo que comienza a extenderse por Grecia entre las clases cultivadas. Su petición de más y más tiempo para responder a esa pregunta son un precedente de las palabras del sofista Protágoras de que la dificultad del asunto y la brevedad de la vida le impedían llegar al conocimiento de los dioses.

Una innovación de Simónides tendría repercusiones enormes en el futuro de la educación: fue el primero en trabajar por dinero. Todas las fuentes antiguas insisten en ese punto[66]. Simónides relacionó el éxito profesional con las posesiones materiales o el dinero y, en ese sentido, fue considerado un antecedente de los sofistas. Amaba el dinero y siempre repetía: «La ganancia es la única actividad que no cansa»[67]. Encontró en los epinicios una gran fuente de ingresos. Los epinicios eran poemas por encargo que se componían para ensalzar a los vencedores en los juegos atléticos griegos; sobre todo, en los grandes que configuraban el circuito: Delfos, Nemea, el Istmo y Olimpia. Se supone que Simónides inició este género literario de alabanza que le reportó pingües beneficios. En cierta ocasión, el dueño de una mula vencedora en una carrera ofreció a Simónides una cantidad de dinero para que lo inmortalizara en un poema. Simóni-des rehusó alegando que era un animal innoble que descen-día del asno, pero en cuanto se le ofreció más dinero com-puso de inmediato un poema que comenzaba: «Salud, hijas de yeguas de huracanados pies»[68]. A los que le acusaban de ambicionar riqueza, Simónides contestó que, aunque esta-ba privado por la edad de los otros placeres, todavía había uno que podía mantener en su vejez, el de la ganancia[69].

Aunque mantuvo el espíritu errante de los aedos y buscó el favor de los poderosos, Simónides fue un hombre ade-lantado a su tiempo, con nuevas ideas sobre el dinero y so-bre los dioses que van a chocar con los viejos valores. Inició nuevos caminos para la cultura y la educación en Grecia, caminos que luego, una generación después de su muerte, los sofistas terminarán de hacer amplios y transitables.

4. Discípulos demasiado obedientes

Los alumnos de Pitágoras le tributaban tal veneración
que consideraban un sacrilegio poner en tela de juicio
lo que le habían oído decir.

Valerio Máximo, 8.15.1

Cuando los griegos se sentían oprimidos por el hambre o por la tiranía, salían de su patria rumbo a nuevas tierras donde establecerse y fundar otras ciudades. El destino elegido era casi siempre Occidente, concretamente las costas (los griegos no podían vivir de espaldas al mar) de Sicilia y del sur de Italia. Esta última zona se llamó Magna Grecia por la extensión de su territorio frente a la estrechez que sufrían las ciudades de la Grecia continental. Ciertamente sus fértiles campos proporcionaron un nivel de prosperidad que no se pudo conocer en Grecia. Por desgracia, los griegos también se llevaron consigo su pasión por los conflictos políticos y nacieron rencillas y envidias entre ciudades; además, había que pelear duramente contra los indígenas de aquella zona, tribus salvajes y sanguinarias como los mesapios y los lucanos. Los griegos consiguieron relegarlos a las tierras altas, pero se convirtieron en una amenaza constante. En las costas del golfo de Tarento había tres ciudades de importancia; en primer lugar, la propia Tarento, que daba nombre a dicho golfo. Había sido fundada en el 706 por gentes de Esparta y contaba con el único puerto de importancia en toda esa zona. Tarento solicitó en muchas ocasiones la ayuda militar de su metrópolis para defenderse de los agresivos indígenas. Al oeste se encontraba la ciudad de Síbaris, en un enclave maravilloso entre los ríos Cratis y Síbaris (que sirvió para denominar a la propia ciudad). Fue famosa por sus vinos y por su trigo. En sus monedas estamparon un toro como símbolo de su riqueza ganadera. Sus habitantes, los sibaritas, se entregaron totalmente al lujo y al placer.

Rumbo al sur, siguiendo la costa del golfo, a 105 kilómetros de Síbaris, se encontraba la ciudad de Crotona (o Crotón)[1]. La había fundado un tal Míscelo en el 733. Contaba la leyenda que Míscelo acudió a Delfos para preguntar al dios sobre la posibilidad de tener descendencia, pero Apolo en su respuesta le encomendó fundar una ciudad en el sur de Italia junto al promontorio Lacinio. Míscelo acató la orden del dios y puso rumbo a Occidente. En su búsqueda por el golfo de Tarento llegó primero al emplazamiento de la futura Síbaris y quedó maravillado por aquella ubicación, de modo que regresó a Delfos y preguntó al dios si no sería más conveniente fundar su ciudad allí. Apolo le contestó enojado:

> Míscelo, corto de espalda, yendo en busca de otros objetivos, en contra de la orden del dios, buscas el llanto. Acepta de buen grado el regalo que el dios te da[2].

1. Sur de Italia y Sicilia

Miscelo soportó el insulto del dios por su espalda joroba-
da y tuvo que reemprender el viaje para fundar finalmente
Crotona, junto al cabo Lacinio. Tal vez Crotona no tenía tan
buenas condiciones para conseguir la prosperidad material,
pero, a cambio, el lugar parecía gozar de una predisposición
natural para la salud y el vigor corporales; por eso la ciudad
destacó por el cultivo de la medicina y las disciplinas atléticas. Esto quedó probado en las competiciones de Olimpia:
en una misma olimpiada los siete primeros clasificados en
la carrera del estadio procedían de Crotona. De hecho, la
ciudad contó con el mayor número de vencedores olímpicos.
Por toda Grecia corría el dicho: «Más sano que Crotona»[3].

De nuevo los crotoniatas explicaban este hecho por su leyenda fundacional, que tenía otra versión:

> Cuando Miscelo se acercó a Delfos a consultar el oráculo, coincidió allí con otro aventurero llamado Arquias. Apolo les pregunto qué preferían, la riqueza o la salud: Arquias eligió primero la riqueza y Miscelo se quedó con la salud; por eso el dios concedió a Arquias fundar Siracusa en Sicilia y a Miscelo, Crotona[4].

Cuando Pitágoras arribó al pequeño puerto de Crotona hacia el 530 era solo uno más de los griegos que buscaban el éxito y la fortuna en aquellas ricas regiones. Había nacido en la isla de Samos en Jonia, pero pronto se dedicó a viajar por todo el mundo, ansioso por aprender. Visitó Egipto para estudiar matemáticas y geometría: convivió con los sacerdotes y aprendió su lengua y los misterios de su cultura. Nadie discutía que los egipcios eran por entonces los más avanzados culturalmente. Muchos sabios del arcaísmo habían visitado Egipto en busca de ese saber ancestral que allí se custodiaba, como el ateniense Solón y el milesio Tales. Solón precisamente tuvo que sufrir el trato condescendiente que daban los sacerdotes a los griegos: «Vosotros los griegos solo sois niños», según escribe Platón, en una historieta que debe de ser ficción, pero que refleja muy bien el espíritu de aquella época y de las relaciones culturales con Egipto[5].

Los egipcios destacaban en todos los campos, pero, sobre todo, en medicina y en matemáticas. Sus médicos eran famosos desde tiempos de Homero: «Allí cada uno es médico que sobresale por encima de todos los hombres»[6]. Habían llegado a tal grado de especialización que cada médico cuidaba una sola enfermedad; incluso había una especialidad que se ocupaba de las enfermedades inciertas[7]. Los reyes persas tenían médicos personales egipcios. Las matemáticas se habían desarrollado por la necesidad de medir las tierras que se inundaban periódicamente con las crecidas del Nilo. Los griegos daban por hecho que muchos elementos de su cultura procedían de Egipto, aunque en ocasiones exageraban esa deuda, como hace el historiador Heródoto, que llegó a decir (equivocadamente): «Casi todos los dioses han venido de Egipto»[8].

Algunas fuentes antiguas hablan de otros viajes de Pitágoras a lugares remotos: a Babilonia (donde los caldeos le revelaron la ciencia de los astros) y a la India (donde los brahmanes le enseñaron la disciplina de la mente), pero estas noticias son muy discutibles. Sin embargo, podemos estar seguros de que Pitágoras viajó por Tracia, al norte del Egeo, donde entró en contacto con la cultura y los ritos de los chamanes. La palabra «chamán» procede de la lengua de los tunguses de Siberia. El chamán es, sobre todo, un mediador con lo divino; tiene la capacidad de ponerse en contacto con dioses y espíritus, así como de viajar al más allá, ya sea el cielo o el infierno. No debió de ser una figura tan extraña para los griegos de la época arcaica, pues no se había impuesto todavía el racionalismo. De hecho, pronto surgieron chamanes en la propia Grecia. El más famoso fue Epiménides. Nació en Cnosos, en la costa norte de la isla de Creta. Cuentan que en su juventud salió en busca de una oveja perdida de los rebaños paternos. Se echó a descansar dentro de una cueva y durmió durante 57 años. Cuando se despertó, pensó que solo había pasado un rato, pero al volver a su ciudad observó sorprendido que todo había cambiado; no reconocía a sus gentes ni era reconocido por ellas. Después de que todo se desveló, los griegos lo consideraron como un elegido de los dioses. Epiménides tiene todos los rasgos típicos del chamán: el período de retiro de la sociedad (necesario para conseguir sus poderes), su alimentación especial (solo se alimentaba de pequeñas dosis de un preparado especial que hacía con ciertos vegetales), su actividad como purificador y su sabiduría profética que ponía al servicio de los demás.

Tras sus largos viajes de aprendizaje Pitágoras volvió a Samos y fundó su propia escuela que luego se llamó Semicírculo de Pitágoras. En una cueva que se hallaba a las afueras de la ciudad pasaba con sus pocos discípulos gran parte del día y de la noche, dedicado a la investigación de los asuntos del cielo y a las demostraciones matemáticas y geométricas. Pero los samios no se mostraron muy interesados por sus novedosas doctrinas. Tampoco le favorecía el régimen tiránico que Polícrates había impuesto en la isla. Por todo ello, decidió trasladarse a Italia. Pitágoras tenía por entonces unos 40 años.

Pitágoras acertó, pues los griegos de las colonias de Occidente gozaban de prosperidad económica y sus mentes se habían liberado de las viejas ataduras y tradiciones. Había sin duda una mayor inquietud religiosa que les hacía muy receptivos a las novedades. Nada más desembarcar en Crotona, en su primera aparición pública, Pitágoras habló para 2.000 personas. Fue tal la impresión que causó que ya no quisieron irse a sus casas, sino que con sus mujeres e hijos decidieron construir un enorme auditorio para fundar una comunidad. Aquello llamó la atención de los magistrados de la ciudad. Crotona estaba gobernada de forma aristocrática por un 'consejo' o *sýnkletos* de mil personas (el Consejo de los Mil); había además un Consejo de Ancianos y una 'asamblea' (*ekklesía*). El Consejo de los Mil lo llamó ante su presencia y quedaron también impresionados por aquel hombre: todas las fuentes nos dicen que Pitágoras tenía una apariencia muy solemne; hablaba y actuaba con calma, con una tranquilidad inimitable, sin alterarse jamás por la risa o por la ira. Se abstenía de cualquier jolgorio con burlas y vulgaridades, bromas, bufonadas y chistes. Nadie lo vio jamás riendo o llorando. Al mismo tiempo, estaba muy dotado para la amistad y tenía unas maneras llenas de encanto y gracia y una gran capacidad de persuasión.

Los magistrados le animaron a que siguiera hablando a los crotoniatas. Esto se hizo extensivo a las mujeres (en el templo de Hera) y a los jóvenes (en el templo de Apolo). Los recintos sagrados en esta época arcaica eran ideales para dirigirse a la población. Pitágoras por su parte les pidió que construyeran un templo a las Musas. Siempre se mostró especialmente inclinado a estas diosas a lo largo de su vida. Gracias al apoyo de este grupo poderoso, Pitágoras se estableció firmemente en la ciudad y puso en marcha un ambicioso proyecto que era a la vez religioso y educativo.

La escuela de Pitágoras

Como Pitágoras defendía firmemente la idea de que «no todo podía comunicarse a todo el mundo», estableció un estricto sistema de admisión para su escuela-secta. El primer examen que debía pasar el aspirante era físico y moral. Según Porfirio, un filósofo neoplatónico del siglo III d. C. en su *Vida de Pitágoras,* «Nadie podía llegar a ser amigo ni conocido suyo sin pasar antes por un estudio fisiognómico y cualitativo»[9]. Pitágoras tomaba en consideración su figura, su manera de caminar y el movimiento de su cuerpo; por su fisonomía intentaba conocer la naturaleza de su carácter. Luego les hacía un examen en el que preguntaba al aspirante cómo se llevaba con sus padres y el resto de familiares; también preguntaba en qué empleaba el tiempo libre durante el día y qué amigos tenía, así como las cosas que le causaban tristeza o alegría. Durante ese examen observaba si reía en momentos inoportunos o callaba más de lo debido. Era muy importante que los aspirantes fueran respetuosos y de carácter amable porque Pitágoras pensaba que el principal enemigo de toda formación era la aspereza de carácter.

Después de superar con éxito el examen inicial, se sometía a los aspirantes a un período de prueba de tres años. Pasado ese tiempo, debían guardar silencio durante cinco años. Esta era la prueba más difícil, sin duda, y, al mismo tiempo, la mejor señal de su carácter dócil y contenido. Durante esos años asistían a las clases del maestro y escuchaban sus palabras, pero sin verlo, pues estaba oculto detrás de un velo. A estos discípulos se le llamaba *exotéricos* o *acusmáticos*, es decir 'los de fuera (del velo)' y 'oyentes', respectivamente.

Tras los cinco años de silencio pasaban a un nivel superior en el que podían ver a Pitágoras y seguían sus lecciones dentro del velo. Los que conseguían, por fin, ver al maestro, se lo comunicaban a sus familiares por carta como si hubiesen conseguido algo extraordinario. Estos discípulos recibían el nombre de *esotéricos* ('los del interior') o *matemáticos*. Este último término está relacionado con la raíz griega que significa 'aprender', porque eran los alumnos que aprendían mejor y con mayor exactitud las enseñanzas del maestro (frente a los *acusmáticos* que solo escuchaban). Para los *esotéricos* o *matemáticos* Pitágoras reservaba los conocimientos más profundos e intrincados. Sin duda, las matemáticas y la geometría fueron las piezas claves del sistema educativo de Pitágoras. Las matemáticas explicaban todas las cosas: el universo, la música y la religión. La frase preferida de Pitágoras era «los números son la esencia de las cosas», tal como la recuerda Aristóteles en su *Metafísica*[10]. Más que el fuego, la tierra o el agua (como pensaban otros filósofos) el número era el 'principio' (*arché*) de todas las cosas. Aristóteles mismo reconoce el enorme impulso en matemáticas que se produjo gracias a los pitagóricos.

Los números estaban también en la esencia de los dioses y por eso Pitágoras consideraba que era la forma apropiada de comprender la voluntad divina. Los griegos eran grandes apasionados de la adivinación; en líneas generales los vaticinios se realizaban por medio del sacrificio de animales y el examen de sus órganos vitales. Pitágoras alcanzó aquí un doble objetivo pues eliminó la matanza de animales y el derramamiento de sangre, que su doctrina prohibía, y puso a las matemáticas como razón de todas las cosas, porque ofrecían un medio más seguro: creó una regla matemática para este tipo de adivinación numérica a la que llamó *panalethés* o «verdad absoluta».

Pitágoras demostró que la música obedecía a razones matemáticas y le prestó una gran atención en su plan de estudios. La música era parte importante de la vida de los pitagóricos. El maestro estaba dotado de un oído prodigioso que alcanzaba a oír la melodía que producen los cuerpos astrales en el Universo. Pitágoras defendía que los astros en su movimiento producían una especie de melodía, pero ese sonido era tan fuerte que no puede ser captado por nuestros oídos. No obstante, él tenía un poder divino y secreto que le permitía escuchar el tintineo de los astros que giran alrededor y recorren sus orbitas. Solo él podía escuchar y comprender la armonía universal y la consonancia de las esferas. Platón mencionó esta idea en su *República*, en el pasaje donde habla de la reencarnación de las almas:

> Sobre cada uno de los círculos se mantenía una sirena que giraba con él y emitía una sola voz y de un solo tono; las ocho voces de las ocho sirenas formaban un conjunto armónico[11].

Siglos después el autor romano Cicerón retomó esta idea platónica en un texto que se hizo muy popular y conoció una gran difusión. Este texto se ha conocido, por lo general, con el título *Sueño de Escipión,* aunque, en realidad, era parte de una obra más amplia titulada *Sobre la república.* De esa forma, la idea del universo como un instrumento musical pervivió durante la Edad Media y llegó hasta la época de los grandes astrónomos: Kepler escribió una obra titulada *Harmonices mundi,* donde defendía que las velocidades angulares de los planetas producían sonidos.

Pitágoras estuvo también interesado en la medicina. Insistió, sobre todo, en la dietética. En ese punto coincidía con las ideas generales de medicina de su época y no suponía ninguna novedad. Los antiguos sostenían que la alimentación era la clave para la cura de casi todas las enfermedades. Además, Pitágoras advirtió que la música tenía un efecto calmante sobre los enfermos y la aplicó con valor terapéutico. Creó melodías que apaciguaban los padecimientos del alma como el desánimo o la angustia. Para estas canciones se acompañaba con la lira puesto que despreciaba la 'flauta' (*aulós*) por tratarse de un instrumento de carácter desenfrenado que se usaba en los ritos orgiásticos de Dioniso. Podemos asegurar que la existencia en Crotona de una escuela de medicina, que ya era famosa antes de la llegada de Pitágoras, contribuyó al interés del maestro por esa disciplina.

Por supuesto, también había enseñanzas de carácter general y moral. En estos casos, las lecciones de los pitagóricos tomaban la forma de un cuestionario: «¿Qué es lo más excelente?, ¿qué es lo más bello?», al estilo de lo que era común en la época arcaica. Se trataba de la sabiduría de los dichos, el mismo tipo de enseñanza que ya vimos en los sabios que precedieron a Pitágoras. Por eso Jámblico, autor también de una biografía de Pitágoras en el siglo III d. C., dice que «era la misma sabiduría de los Siete Sabios». He aquí algunos ejemplos:

¿Qué es lo más justo? Sacrificar.
¿Qué es lo más sabio? El número.
¿Qué es lo más bello? La armonía.
¿Qué es lo más poderoso? El saber.
¿Qué es lo más excelente? La felicidad.
¿Cuál es el dicho más verdadero? Que todos los hombres son malvados[12].

Resulta curiosa la respuesta a la última pregunta. Es posible que ese «todos» se refiera a aquellos que no pertenecían a la secta. En todo caso, tal pesimismo nos recuerda la reflexión de Maquiavelo en su *Discursos sobre la primera década de Tito Livio*: «Todos los hombres son malos y usarán su maldad cada vez que tengan oportunidad»[13].

Los pitagóricos recurrían a expresiones enigmáticas para trasmitir ocultamente sus preceptos morales. Eran frases sentenciosas similares a los dichos de los sabios y a los divinos vaticinios de Apolo en Delfos. De esa manera guardaban en secreto las cosas esenciales de la doctrina del maestro que se habían recibido oralmente. Por suerte, algunos de estos dichos enigmáticos han llegado hasta nosotros (con su debida interpretación)[14]:

No tengas golondrinas debajo de tu tejado = no convivas con personas habladoras.

Cuando viajes, no te vuelvas hacia tus fronteras = no te aferres a la vida cuando tengas que morir

No hieras el fuego con el cuchillo = no provoques la ira de los poderosos.

No cruces por encima de una balanza = no seas avaro.

No te sientes sobre el *quénice* (una medida de trigo) = no vivas sin trabajar o ten en cuenta lo presente y lo futuro.

No comas corazón = no consumas tu alma en penas ni tristezas.

No ayudes al hombre que descarga una carga, sino al que la toma = exhorta a esforzarse hacia la virtud no a la vida fácil.

No arranques la hoja de una corona = no violes las leyes (que son la corona de las ciudades).

No lleves la imagen de un dios en el dedo = no reveles las doctrinas sobre los dioses.

No andes por los caminos públicos = evita la opinión de la mayoría.

Al parecer, también usaban textos selectos de Homero y Hesíodo para la educación del alma. Pitágoras criticó ferozmente a estos dos autores, pero es posible que determinados pasajes o sentencias de sus obras pasasen su estricta censura y las usase para modelar el carácter de sus discípulos.

Un hombre divino

Los discípulos sentían tal veneración por Pitágoras que consideraban un sacrilegio poner en tela de juicio lo que habían escuchado de sus labios. Cuando alguien ajeno a la secta les preguntaba por las razones de su extraño comportamiento o por sus ideas, solo respondían: «Él lo ha dicho» (*ipse dixit*). La frase se convirtió en proverbio. Cicerón, que es el primer autor clásico que nos documenta esta expresión, desaprobaba firmemente tal comportamiento:

> A la hora de discutir no hay que buscar tanto el peso de la autoridad como el de la razón, porque la autoridad de los que profesan la enseñanza es incluso un obstáculo la mayoría de las veces para aquellos que quieren aprender[15].

Esta alabanza de Cicerón a la razón frente al principio de autoridad fue muy admirada por el humanismo europeo.

Pero lo cierto es que en vida de Pitágoras sus seguidores consideraban los preceptos del maestro como órdenes divinas. Se inclinaban ante sus palabras como si se tratase de un oráculo divino e intentaban preservarlas como doctrinas sagradas. Preferían morir a contradecir las reglas que les había fijado. Los discípulos creían que Pitágoras era, o bien el mismo Apolo, o bien un hombre divino al que relacionaban especialmente con Apolo Hiperbóreo. El país de los hiperbóreos era una tierra legendaria vinculada con Apolo, por eso se la denominaba *terra Apollini sacra* ('tierra sagrada de Apolo'). Se suponía que ese país estaba situado en el extremo norte del mundo, y sus habitantes vivían felices, desconocedores de la enfermedad y los estragos del paso del tiempo, entregados a fiestas y danzas, rindiendo culto a Apolo. El dios pasaba allí parte del año, durante los meses invernales, y solo volvía a Delfos al comienzo de la primavera. En la época de Pitágoras existía una fuerte corriente mística y religiosa que tuvo como especial protagonista a Apolo, el dios de la adivinación.

Como hombre divino Pitágoras tenía capacidades extraordinarias: podía predecir terremotos (con solo probar el agua de los pozos); podía eliminar epidemias y alejar vientos y granizadas. También podía estar en dos lugares al mismo tiempo (bilocación), pues en un mismo día se le vio en dos sitios a la vez conversando con sus seguidores, en Metaponto (cerca de Tarento, en el sur de Italia) y en Tauromenio (una pequeña ciudad en la costa siciliana a los pies del Etna). Algunos intentaron explicar este prodigio contando que Pitágoras poseía un dardo mágico que podía volar; montaba sobre él y se desplazaba rápidamente de un sitio a otro, sobrevolando ríos, lagos, pantanos y lugares inaccesibles. Este objeto maravilloso se lo había regalado un tal Ábaris, un escita que, tras su visita a Apolo en el país de los hiperbóreos, entró en relación con Pitágoras y lo reconoció como un ser divino. Además, Pitágoras poseía un rasgo físico especial: un muslo de oro que enseñaba en contadas ocasiones a algunos seguidores y que causalmente se pudo ver por el descuido del maestro en unos Juegos Olímpicos. Los griegos antiguos consideraban esto como un signo de su divinidad, aunque en ningún sitio se explica con claridad por qué motivo. Algunas noticias dicen que en ese muslo estaba impresa una imagen de Apolo.

Sin embargo, parece que Pitágoras nunca reclamó honores divinos. De hecho, se llamaba a sí mismo «filosofo» que quiere decir 'amante de la sabiduría', porque en su opinión «sabio» solo es la divinidad. Esto indica, por tanto, cierta humildad por parte del maestro. Para hacerse entender sobre lo que significa ser un filósofo, Pitágoras le gustaba poner el siguiente paralelismo: la vida se parece a un festival; en esos eventos hay unos que compiten en los juegos, otros que vienen a comerciar, pero los mejores son aquellos que asisten como espectadores. Así, en la vida unos son esclavos de la gloria, otros están a la caza de ganancias, y otros son los filósofos o esclavos de la verdad[16].

Las mujeres pitagóricas

Los hombres de Crotona, según dicen las fuentes, confiaron a Pitágoras a sus mujeres para que las instruyera en sus doctrinas. El maestro era un gran defensor del matrimonio y de la fidelidad conyugal. Insistía en que los hombres no debían tener relaciones con ninguna mujer que no fuera la suya propia. Debían alejarse de concubinas y prostitutas (a las que tan aficionados eran los griegos). De hecho, Pitágoras decía que la esposa recibida en el hogar era como una suplicante en presencia de los dioses; lo decía en su propio estilo arcaico: «No hay que expulsar a la mujer de uno, pues es una suplicante»[17].

La templanza obsesionaba a Pitágoras. A los muchachos les aconsejaba que no tuvieran relaciones sexuales antes de los 20 años y, en cierta ocasión, al peguntarle: «¿Cuándo hay que ir con una mujer?», respondió: «Cuando te venga en gana sufrir»[18]. Pensaba sobre los placeres sexuales que en todo momento eran cosa grave y nada beneficiosa para la salud. De todas formas, para concretar un tiempo, decía que conviene entregarse a ellos en invierno y no en verano. En esto coincidía con la idea generalizada del arcaísmo griego, que quedó plasmada en el famoso poema de Alceo sobre el verano:

Ahora son mucho más lujuriosas las mujeres y débiles los hombres,
porque Sirio abrasa su cabeza y sus rodillas[19].

No es extraño que las ideas de Pitágoras sobre la familia atrajeran de forma especial a las mujeres. Sin embargo, no debió de suceder lo mismo cuando el maestro las instó a despreciar el lujo. Aunque solo se concretó en una medida: ninguna mujer libre debía llevar oro. El control de la ostentación fue uno de los grandes temas que abordaron los sabios y legisladores del arcaísmo. Era muy importante porque tenía que ver con la paz social, pues la exhibición de riqueza solo podía crear disensiones y rencillas dentro de las comunidades. Todas las ciudades establecieron medidas para su control y estas leyes se dirigían, sobre todo, contra las mujeres. Las leyes espartanas lo llevaron hasta su máxima expresión, impidiendo que cualquier ciudadano fuese (externamente) diferente a otro. En Atenas actuó en el mismo sentido el legislador Solón:

Prohibió que la mujer saliera con más de tres mantos, llevando comida o bebida por valor superior a un óbolo o una vara de más de un codo y que viajara de noche, salvo conducida en un carro y con una antorcha por delante[20].

Fig. 7. Pitágoras.

Pitágoras creó una congregación femenina de la que se encargaron su mujer Teano y su hija preferida llamada Damo. Teano también filosofaba y dirigía sus enseñanzas a las mujeres casadas de Crotona. Al preguntarle: «¿Cuándo se purifica una mujer del trato con un hombre?», ella les respondía: «Al instante de su marido, pero nunca de un hombre extraño»[21]. Aconsejaba que al acostarse con sus maridos se despojaran al mismo tiempo del vestido y del pudor, pero que los recogieran nuevamente al levantarse. La hija, mientras fue doncella, estaba a la cabeza de las doncellas de Crotona y posteriormente, cuando se casó, de las casadas (tomando, tal vez, el relevo de su madre). Sin embargo, era impensable que las mujeres alcanzasen los puestos relevantes de la secta ni participasen de las enseñanzas más avanzadas; se las dirigía más bien en la parte moral y tenían grupos separados que diferenciaban, como solía ser habitual en el mundo griego, a doncellas y casadas.

Circuló en la Antigüedad una lista con 17 distinguidas pitagóricas. La más destacada fue Quilonis, que era hija de Quilón de Esparta. Lo más llamativo de la lista es que una tercera parte de las mujeres citadas eran espartanas. Tal vez se explique por la especial relación que el sur de Italia tenía con Esparta, que era (no lo olvidemos) la metrópolis de Tarento, la principal ciudad en aquella región. El resto de mujeres eran de las ciudades que rodeaban Crotona: Síbaris y Metaponto (ciudad cercana a Tarento y que fue otro gran centro del pitagorismo).

El papel de la mujer en la filosofía de Pitágoras se explica por la misma naturaleza de las sectas: uno de sus elementos más característicos es la necesidad de participación de ambos sexos en la vida y en las actividades. Así se consigue que la secta crezca de forma rápida y llegue a todas las clases sociales. Además, era casi obligado que los miembros de la misma familia (especialmente los esposos) se convirtieran a la vez en pitagóricos, puesto que la secta prescribía unas normas que afectaban a todas las facetas de la vida, incluso a las más íntimas. Era una forma de vida y, por tanto, debían ser incluidas las mujeres.

La vida en la secta

Conocemos un poco el tipo de vida que se hacía dentro de la secta. Para empezar, los discípulos no se alzaban del lecho hasta haber recordado para sí mismos todo lo que habían hecho el día anterior, desde el comienzo de la mañana hasta el final de la tarde. Y si tenían tiempo, añadían los hechos de días anteriores. De esa manera hacían un buen ejercicio de memoria, que Pitágoras valoraba de forma especial en sus discípulos. Para vestirse rechazaban cualquier ropa confeccionada con lana, el material con el que, por norma general, todos los griegos hacían sus ropas, pues era abundante y barato. Los pitagóricos justificaban esta norma de vestir afirmando que la lana era impura, ya que procedía de los animales. Solo llevaban vestidos blancos de lino siguiendo el ejemplo del maestro, que vestía siempre con túnicas y mantos hechos de lino de un color blanco inmaculado. Era una costumbre que había traído de Egipto, donde los sacerdotes únicamente llevaban ropas fabricadas con ese material porque estaba relacionado con la pureza. Según el historiador Heródoto, en Egipto no estaba permitido introducir vestidos de lana en los templos ni enterrarse con ellos[22]. El lino era un producto más caro para los griegos, aunque en Egipto había una gran producción y los fenicios comerciaban con él por todo el Mediterráneo. De todas formas, sobre el uso del lino o de la lana las fuentes no están totalmente de acuerdo.

Por la mañana daban paseos solitarios; después se encontraban unos con otros en templos o lugares similares para la enseñanza. Tras las clases, ejercitaban sus cuerpos en jardines o bosques, practicando la carrera, la lucha libre y el salto. Después de comer se dedicaban a los asuntos de la ciudad. Tengamos presente que los pitagóricos dominaban la política de la ciudad de Crotona imponiendo sus ideas aristocráticas. A la tarde se dedicaban otra vez a los paseos por lugares hermosos y tranquilos, pero esta vez en grupos de dos o tres, y aprovechaban para recordar las lecciones del día. Tras ese paseo se bañaban y luego hacían una cena en común en la que se agrupaban hasta diez hombres. Era una cena frugal y sin vino, porque Pitágoras desaprobaba firmemente la embriaguez. No era este el precepto más extraño de la secta, como podríamos pensar ahora; estaba en la misma línea que otros legisladores del arcaísmo que habían intentado poner coto al desenfreno en la bebida. Así, por ejemplo, el sabio Pítaco, en Lesbos, consideró la embriaguez como un agravante de delito. En Esparta se bebía con moderación y se mostraban esclavos borrachos a los jóvenes para enseñar las nefastas consecuencias de la bebida. De todas formas, parece que la prohibición absoluta del vino solo afectaba a los pitagóricos del nivel superior; para los demás solo prescribía la moderación. Por último, cuando regresaban a sus casas a dormir, purificaban su pensamiento con determinadas melodías y cantos que les procuraban sueños tranquilos. Además, por recomendación del maestro debían hacerse unas preguntas: «¿Qué precepto vulneré? ¿Qué conseguí? ¿Qué deber no llevé a cabo?». Es un claro antecedente del examen de conciencia cristiano. Séneca, que fue tan admirado por los primeros cristianos por muchas razones, también insistió en esa necesidad de reflexión cuando la persona se retira al final de la jornada y en la penumbra de su cuarto medita sobre lo que ha vivido ese día. Debemos preguntar a nuestra alma: «¿Qué maldad tuya hoy has curado? ¿A qué defecto hiciste frente? ¿En qué aspecto eres mejor?»[23]. Las clases cultivadas de Roma tenían esa grandeza de espíritu. Dicen que el emperador Tito, mientras cenaba al final de la jornada, se preguntaba si no había favorecido a nadie en ese día que ya terminaba. Y si no podía recordar haber hecho ningún favor, exclamaba: «*Amici, diem perdidi*»[24].

Aléjate de las habas

Aunque las reuniones eran comunes y pasaban el tiempo juntos, las dos clases de discípulos estaban sometidos a diferentes grados de exigencia en todos los órdenes, no solo en el plano intelectual sino también en lo que respecta a otras normas de vida de la secta que tenían que ver con la alimentación y el dinero.

Los discípulos de Pitágoras depositaban todas sus pertenencias en un único montón. Para controlar esas riquezas, que quedaban como un bien común, existía dentro de la secta un grupo de personas, expertas en administración de bienes y en leyes. Recibían el nombre de *oikonomikoí*. De todas formas, la comunidad de bienes solo era para el grupo de los escogidos o *esotéricos*, los otros conservaban su patrimonio como propio. Platón aprendió esto de los pitagóricos y lo dispuso para las clases privilegiadas de su república ideal: «No se permitirá que nadie posea nada en privado»[25]. Platón pensaba que la desunión de la sociedad procede de la pronunciación de las palabras «mío» y «no mío». En diversos pasajes nos recordó su máxima favorita del pitagorismo: «Las cosas de los amigos son comunes».

Es seguro que los pitagóricos no hacían sacrificios cruentos a los dioses, como era habitual en la religión griega. Pitágoras solo veneraba de todos los santuarios griegos el altar de Delos, porque allí solo se ofrendaban pasteles, trigo o cebada al dios Apolo. Se dice que cuando descubrió la demostración del famoso teorema que lleva su nombre (que el cuadrado de la hipotenusa es igual a la suma de los cuadrados de los dos catetos) sacrificó a los dioses un buey, pero hecho de harina. Pitágoras defendía que los animales son nuestros parientes y que hay una especie de alianza familiar entre todos los seres vivos. No era lícito maltratar y matar a los animales; tampoco consumir su carne, porque en definitiva eran criaturas como nosotros con un alma. Incluso intentaba que los animales irracionales se abstuvieran de comer carne. Cuentan que, en cierta ocasión, atrapó a una osa que devastaba una región llamada Daunia; la alimentó con trigo y frutas y luego, tras hacerle jurar que no tocaría más a un ser vivo, la dejó en libertad. Nunca la vio nadie en adelante atacando a otros animales.

Sobre la prohibición de comer animales las fuentes no se ponen de acuerdo. Parece que estaba prohibido tajantemente para los que estaban en lo más alto de la secta, pero los

discípulos del nivel inferior podían comer carne, con la única restricción de ciertas partes del cuerpo que estaban prohibidas: el corazón, los sesos, la matriz y los testículos. No
obstante, algunas fuentes incluyen entre los animales prohibidos para todos los pitagóricos el pargo (un tipo de pez
llamado *melánouros*), el salmonete (en griego, *erythînon,* que
algunos piensan que se trata de la perca), el mújol y la orti-
ga de mar. Hay ciertamente una gran confusión sobre este
punto.

Había una explicación religiosa para esta prohibición. Pitágoras tenía como principio fundamental la creencia en la
trasmigración de las almas: el alma muda de cuerpo tras
la muerte y se reencarna en otro ser vivo. Se dice que fue el
primero que lo difundió por el mundo griego. Seguramente, como otros aspectos de su secta, lo aprendió en su viaje
a Egipto, pues, según Heródoto, los egipcios fueron los primeros en afirmar que el alma es inmortal y que cuando el cuerpo muere entra sucesivamente en otro animal reciente[26].

Pitágoras, por un favor de los dioses, era el único hombre que podía recordar sus vidas anteriores. Hermes le concedió el deseo que pidiera salvo la inmortalidad y Pitágoras
pidió conservar la memoria de todo lo que le sucediese, y
así, tras su muerte preservaba esa memoria de modo que
podía acordarse de todas sus vidas anteriores. Y podía decir por cuántas plantas y animales había pasado, así como
las cosas que había visto en el Hades, remontándose a un
héroe llamado Euforbo, mencionado en los poemas homéricos (muere a manos de Menelao).

Pero la prohibición más chocante en lo que se refiere a la
alimentación de los pitagóricos no tenía que ver con la carne sino con una planta: las habas. En general se piensa que

esta idea la había tomado Pitágoras de los egipcios: durante su estancia allí observó que no plantaban habas y las que brotaban de forma espontánea no se las comían ni crudas ni hervidas. Los sacerdotes eran todavía más escrupulosos: no podían verlas siquiera, porque la consideraban una legumbre impura. Heródoto es quien nos ofrece esta valiosa información[27]. Pitágoras asumió igualmente esa prohibición. No obstante, sabemos que en el mismo mundo clásico las habas eran rechazadas en determinados contextos religiosos: en la antigua Roma, el *flamen dialis* o sacerdote de Júpiter, no podía tocar ni mencionar las habas (se decía que estaban relacionadas con la idea de impureza y con los banquetes funerarios) y en la religión órfica y en los ritos mistéricos de Eleusis, cerca de Atenas, también estaban prohibidas.

Los antiguos dieron diversas razones para esta aversión especial a las habas. Diógenes Laercio nos ofrece varias: se parecen a las partes pudendas; provocan gases; son como las puertas del Hades ya que la planta no tiene nudos; o bien, porque las habas se usaban en la democracia para votar (y los pitagóricos rechazaban ese sistema político)[28]. Una parte de los magistrados se elegían por el sistema del haba: se colocaban dos urnas, una con habas blancas y negras y otra con los nombres de los candidatos. Se nombraba a los que sacaban el haba blanca.

Pitágoras ni siquiera podía ver a los animales irracionales comiendo habas. Dicen que en cierta ocasión vio a un buey en Tarento paciendo en un campo de habas. Pitágoras se acercó al animal y le susurró unas palabras al oído. Inmediatamente el buey dejó de comer habas y nunca más tocó esa planta. Envejeció tranquilamente junto al templo de Hera y se le conocía popularmente como «el buey sagrado».

Los tabús alimentarios que imponía Pitágoras a sus seguidores chocaban con la cultura griega. Los griegos comían y bebían cualquier cosa. No existía en la sociedad ninguna prohibición expresa de algún alimento o bebida. La única excepción era la carne humana. Este tabú ya está presente en los mitos, como en el de Pélope: Sísifo era un hombre astuto que quiso probar la clarividencia de los dioses. Como tenía familiaridad con ellos, decidió invitarlos a un banquete en su casa. Mató a su propio hijo, Pélope, lo troceó y lo guisó. Se lo ofreció a comer a los dioses, que, por supuesto, reconocieron la carne y no probaron sus platos; pero una diosa, que estaba especialmente hambrienta, no dejó nada en su plato. Los dioses reconstruyeron al muchacho y le dieron vida de nuevo, pero la parte que había sido consumida tuvo que ser reemplazada por una hecha de marfil; por suerte, era solo el hombro. Circulaban por toda Grecia relatos horribles sobre las consecuencias de comer carne humana: quien lo hacía en el altar de Zeus Liceo en Arcadia se convertía en lobo y si, transcurridos diez años, no había probado la carne humana, podía regresar a su anterior forma[29].

La amistad pitagórica

Los seguidores de Pitágoras se sentían parte de una comunidad especial y ofrecían su ayuda desinteresadamente a todo aquel pitagórico que tenía dificultades, incluso si no lo conocían personalmente. Usaban signos secretos para reconocerse entre ellos. En un escolio a la obra de Luciano, *En defensa de un desliz de la lengua al saludar,* se nos dice que ese misterioso signo se llamaba *pentalpha*; se trataba de una estrella de cinco puntas donde se podían entrever cinco letras alfa escritas en mayúsculas. Precisamente conocemos la hermosa historia de amistad desinteresada entre dos pitagóricos que ni siquiera se conocían: se decía que un pitagórico había enfermado en una posada en el curso de un viaje. Al ver que su vida terminaba, el moribundo llamó al posadero y escribió cierto símbolo en una tablilla y le pidió que la colgase fuera de la posada, cerca del camino. Alguien la sabría entender y le pagaría los gastos que le había acarreado. Cuando el viajero murió, el posadero lo enterró a sus expensas sin mucha confianza en que recuperaría su dinero. Al poco tiempo pasó por allí un pitagórico que entendió los signos y le dio al posadero el dinero que había gastado[30].

La confianza que depositaban en la palabra de otro miembro de la secta era absoluta, como se puede comprobar en esta anécdota: un tal Eurífamo le pidió a su amigo Lisis que le esperase a la puerta del santuario mientras él entraba en el templo para rendir culto. Lisis se sentó en el zócalo de piedra y se puso a esperar. Eurífamo por su parte entró al templo, hizo sus oraciones con tan honda meditación que al terminar se había olvidado por completo de que Lisis le esperaba y salió por otra puerta. Lisis pasó allí esperando el resto de ese día, la noche y gran parte del día siguiente, sin moverse de aquel sitio. Eurífamo no se acordó de su cita hasta que oyó por la ciudad que todos buscaban a Lisis. Fueron en su búsqueda hasta el templo y lo encontraron esperando tal como se había comprometido. Eurífamo solo acertó a decir como disculpa: «Los dioses me han causado este olvido para poner a prueba tu firmeza en cumplir lo prometido»[31].

Pero la historia más famosa, sin duda, es la de Fincias y Damón que nos han trasmitido numerosas fuentes: Dionisio, el tirano de Siracusa, acusó a un pitagórico llamado Fincias de conspirar contra su persona y lo condenó a muerte. Fincias le pidió que le concediera el resto del día para poner en orden sus asuntos. En su lugar dejaría como prenda a un amigo suyo también pitagórico que se llamaba Damón. Dionisio le preguntó con una sonrisa si creía que existía un hombre que asumiría el riesgo de morir en su lugar. Pero hizo venir al tal Damón que aceptó quedarse en prenda hasta que regresase su amigo para la ejecución. Pasaba el tiempo y se acercaba la noche. Todos los presentes bromeaban y se burlaban de Damón diciendo que su amigo había salvado su propio pellejo y lo había dejado solo ante la muerte. Pero cuando el sol se ponía, apareció Fincias y todos quedaron atónitos. Dionisio, asombrado por tal grado de amistad, abrazó y besó a los dos amigos, y, por supuesto, los perdonó[32].

Este aspecto de la vida pitagórica fue el más alabado por los antiguos sin lugar a dudas. Aunque en general el pueblo griego siempre había demostrado una inclinación natural a la amistad y había ensalzado sus valores humanos, los pitagóricos lo llevaron a otro nivel de exigencia (como solían hacer con todas las cosas).

El final de la secta

Cuando Pitágoras llegó a la ciudad, conversaba con todos los que se acercaban a él, pero con el paso del tiempo se creó un grupo cerrado y exclusivo. Parece que existía dentro de la secta un círculo especialmente escogido de 300 personas. La rigidez y el hermetismo de la escuela despertó poco a poco el malestar entre los habitantes de Crotona. Los más hostiles a la secta eran precisamente aquellos a los que se les había negado la entrada. Si después de cinco años en silencio se hallaba que alguien seguía las doctrinas con torpeza o dificultad, le levantaban una estela como si estuviese muerto y lo expulsaban del grupo para siempre. Si algún pitagórico se encontraba con él por casualidad, lo trataba como si fuese un completo extraño, un hombre totalmente distinto a aquel que en su opinión había fallecido. Esto pasaba también con aquellos que se atrevían a revelar cualquier cosa de las enseñanzas de la escuela, pues Pitágoras había dado orden de que se debía guardar una reserva absoluta.

Con el tiempo fueron muchos los hombres rechazados, bien por carecer de inteligencia, bien por carecer de buen carácter. El número de tumbas o monumentos funerarios construidos fue creciendo de forma alarmante y se convirtió en una muestra escandalosa de soberbia, un exponente permanente de la vergüenza por el rechazo sufrido. Desde luego no sería agradable ver tu propia tumba con tu nombre.

Por si eso fuera poco, también los familiares de los adeptos pitagóricos estaban molestos. En primer lugar, por el carácter cerrado y el altivo aislamiento que exhibían sus parientes que habían ingresado en ella. Por precepto del maestro no podían estrechar la mano a ninguno de ellos salvo a sus padres. Pero, tal vez, pesaban más los motivos económicos, pues como los adeptos entregaban toda su fortuna a la secta, se veían privados de poder recibir cualquier herencia en el futuro.

Pronto comenzaron a burlarse de todas esas raras doctrinas y de sus costumbres, como beber solo agua y abstenerse de carne. Decían: «¿Quién probó alguna vez un ser que estuviera vivo, oh Pitágoras? Cuando lo comemos hervido, asado o en salazón podemos decir que no tiene hálito vital»[33]. También bromeaban sobre las exigencias intelectuales y los continuos exámenes:

> Agarran a un individuo que se inicia en la secta, lo someten a exámenes, lo zarandean con sus antítesis, definiciones y ecuaciones, desarrollos y magnitudes hasta confundir su mente[34].

Incluso les criticaban por su elevado concepto de amistad, creando un dicho a la manera pitagórica donde resumían el que era, en su opinión, el verdadero espíritu de la secta: «Honra a los amigos como dioses, pero a los demás somételos como a animales»[35].

Todas las clases sociales estaban en contra de los pitagóricos, los nobles que habían sido rechazados por algún motivo y los pobres que veían con malos ojos el régimen aristocrático que imponía la secta. En el grupo de los nobles destacaba un tal Cilón, que estaba lleno de resentimiento porque había sido rechazado por la comunidad pitagórica a pesar de que era de vieja estirpe y de gran riqueza. En el primer examen, que era fisiognómico, se reveló claramente que se trataba de un hombre cruel, violento y tiránico.

Las clases humildes tenían quejas más profundas y serias para oponerse a la secta. Había en la ciudad una guerra latente entre dos formas de gobierno, la oligarquía que defendían los pitagóricos y otras formas más participativas. Ninón, que era el líder de este grupo, aseguraba que el odio a las habas de Pitágoras se debía a que las habas se usaban en los sorteos y las votaciones de los gobiernos democráticos. El mismo Pitágoras sostenía que no debía tenerse en cuenta la opinión de la mayoría, porque solo unos pocos tienen la facultad de reflexionar y opinar de forma correcta.

Los rechazados estaban llenos de resentimiento y comenzaron a tramar la destrucción de la escuela. Parece que aprovecharon el momento en que Pitágoras se había ausentado de Crotona para visitar su otra comunidad más floreciente que se hallaba en Metaponto. Según Porfirio, Cilón con sus partidarios atacó la casa del luchador Milón, hombre destacado dentro de la secta y que había sido siete veces vencedor olímpico. Los dirigentes pitagóricos que estaban allí reunidos fueron lapidados o quemados. Solo lograron escapar dos: Lisis y Arquipo. En otra versión ligeramente distinta, el propio Pitágoras se hallaba presente en la reunión y consiguió escapar: primero se dirigió al puerto de Caulonia y desde allí embarcó hasta la ciudad cercana de Locros (que era enemiga de Crotona). No se quedó allí; navegó hasta Tarento, pero al ver la fría acogida, se instaló en Metaponto, donde los pitagóricos tenían mayor influencia. Pero la rebelión contra la secta se había extendido imparable por toda Italia. Cuando estaba reunido con sus seguidores, sus enemigos incendiaron la casa. Los adeptos se tiraron al fuego y tendieron así un puente con sus cuerpos para que el maestro pudiera escapar del incendio. Se refugió entonces en el templo de las Musas de la ciudad y allí se dejó morir de hambre. Tendría 80 o 90 años. Lo cierto es que Pitágoras murió en Metaponto (bien porque estuviera allí casualmente cuando se produjo la revuelta en Crotona, bien porque llegara allí en su accidentada huida). De hecho, en tiempos de Cicerón el gran atractivo turístico de la ciudad era la visita a aquel templo de las Musas, que pasaba por ser el verdadero lugar donde Pitágoras había fallecido. No obstante, se creó una versión más dramática, que cuenta Diógenes Laercio, en la que Pitágoras tiene que tomar una decisión terrible pero consecuente con su propia doctrina:

> Murió Pitágoras de este modo: cuando estaba reunido con sus seguidores en casa de Milón, ocurrió que la casa fue incendiada por despecho por uno de los que no habían sido considerados dignos en el proceso de selección... dicen que Pitágoras fue atrapado cuando escapaba: pues se quedó de pie, inmóvil, ante un campo lleno de habas para evitar atravesarlo, diciéndose que era mejor ser capturado que pisarlas. Sus perseguidores le dieron alcance y lo degollaron. También la mayoría de sus compañeros, que eran unos cuarenta, fueron asesinados; pocos consiguieron huir, entre los que se hallaban Arquipo y Lisis[36].

Después de Pitágoras

Podemos dar por seguro que Pitágoras no dejó nada por escrito. Sabemos que exhortaba a sus discípulos a que mantuvieran siempre en secreto su doctrina, guardándola en la memoria y trasmitiéndola oralmente a sus sucesores. Tras la destrucción de la secta en Crotona y Metaponto llegó una larga decadencia. Los pitagóricos que sobrevivieron se desperdigaron por el mundo; unos se dedicaron a la medicina y se ganaron la vida con comodidad, otros siguieron enseñando, caso de Lisis, que se refugió en Tebas. Un tal Hípaso fue más allá. Había sido un joven y aventajado discípulo que entró en la secta cuando Pitágoras ya era anciano. Tras sobrevivir a la destrucción de los círculos pitagóricos del sur de Italia, estuvo libre de la presión del grupo y se dedicó a difundir abiertamente y sin restricciones los conocimientos de la secta, escribiendo posiblemente algunos tratados. Recibió por ello la crítica furibunda de otros pitagóricos más estrictos, como Lisis, que supuestamente le escribió:

> Afirman que filosofas en público, algo que Pitágoras habría rechazado: recuerda que al confiar sus escritos a su hija Damo le encomendó no entregarlos a nadie de fuera de la casa. Y pudo haberlos vendido por mucho dinero y no lo hizo. Estimó que la pobreza y las instrucciones de su padre eran preferibles al oro[37].

Hípaso se convirtió en un pensador original que profundizó en muchas materias y realizó sus propias investigaciones. Pero lo más importante es que se apartó de la visión limitada y del oscurantismo de los pitagóricos. Según Aristóteles, defendía que el fuego era la causa de todas las cosas[38], enfrentándose en este punto también a las doctrinas pitagóricas sobre la naturaleza que defendían que el *arché* era inmaterial, solo números. Según Diógenes Laercio, Hípaso afirmaba que la duración del universo está sujeta a límites, y que el todo es limitado y que está en perpetuo movimiento. Tal vez fue suyo el descubrimiento de los números irracionales cuando intentó medir la diagonal de un cuadrado tomando como medida uno de sus lados: el resultado no se podía expresar como fracción de otros números; se trataba de un número irracional (la raíz cuadrada de dos) que chocaba con la visión del maestro. También se interesó por la música: inventó unos platillos especiales, cuatro platillos de bronce de igual diámetro, pero de diferente grosor, que al chocar producían «cierto acorde», descubriendo así las ratios musicales 4:3, 3:2 y 2:1[39].

En otras versiones se nos dice que Pitágoras había llegado al conocimiento de los números irracionales, aunque los había apartado al no encajar en su sólida construcción matemática. Dicen que Hípaso fue un discípulo rebelde que se atrevió a revelar estas ideas matemáticas del maestro. Durante un viaje por mar Pitágoras ordenó que lo arrojaran por la borda como castigo por ese crimen. Pero hay más versiones: que el propio Hípaso se suicidó al no soportar las implicaciones de su descubrimiento o que murió accidentalmente en un naufragio en el mar. La muerte en el mar es el castigo que, por regla general, esperaba a los impíos. En este último caso se explicaba porque existía una maldición que caía sobre los discípulos que difundían los conocimientos del maestro y la propia divinidad se encargaba de castigar debidamente a esas personas, como castigaba (supuestamente) a todos los impíos.

El caso es que algunos de los pitagóricos en el exilio se atrevieron a poner por escrito las enseñanzas del maestro. Eran comentarios resumidos que luego legaron a sus hijos con la condición de que no salieran nunca de la familia y solo pudiesen consultarlos los pertenecientes al reducido grupo de los pitagóricos. Pero todos estaban de acuerdo en que aquello solo eran chispas de la sabiduría de Pitágoras, destellos de la ciencia que se había atesorado secretamente en las mentes de los iniciados. Por todo ello, sus conocimientos en todos los campos, la música, la geometría, la naturaleza, se fueron perdiendo irremediablemente o se trasmitieron de forma equivocada y se malentendieron; de ahí la disparidad de opiniones de los autores antiguos sobre cualquier aspecto de la vida de la secta y sus prohibiciones.

En un principio nadie sacó a la luz las doctrinas pitagóricas, pero luego la pobreza obligó a muchos descendientes a poner esos comentarios a la venta. Se hicieron pasar por obras escritas por el propio maestro con el fin de obtener más beneficios (o bien porque era costumbre que los discípulos pusieran sus trabajos bajo el nombre del maestro, como pasó con frecuencia en el Perípato). Es por eso que muchas fuentes antiguas afirman que Pitágoras escribió, sin tener en cuenta el carácter oral de su escuela y el secretismo imperante en la misma. Si Pitágoras escribió algo, debió de ser tratados de muy breve extensión, como fue habitual en las primeras obras filosóficas de final del arcaísmo. Cualquier obra extensa debió de ser redactada sobre la base de sus enseñanzas siglos más tarde.

Dicen que fue Filolao de Crotona, filósofo contemporáneo de Sócrates, el primero que publicó las doctrinas de Pitágoras. Se trababa de tres libros con sugerentes títulos: *Sobre la educación*, *Sobre la política* y *Sobre la naturaleza*. Platón, que siempre estuvo muy interesado en las ideas pitagóricas, los compró por la astronómica cifra de 100 minas. Los viajes de Platón a Sicilia tuvieron como propósito conocer mejor a los pitagóricos que quedaban en el sur de Italia, pues la ruta de Atenas a Siracusa pasaba por el golfo de Tarento recalando obligatoriamente por las ciudades de la costa como la propia Tarento, Metaponto y Crotona.

Las ideas y costumbres de los pitagóricos comenzaron a hacerse conocidas por todos. Así se explica que una serie de obras de teatro cómico se centrara en los devotos del pitagorismo, insistiendo en sus aspectos más estrafalarios y religiosos. Por desgracia, solo conocemos los títulos: *Las chicas pitagóricas,* de Alexis, y *Los tarentinos,* de Alexis y Cratino. En estas obras son ridiculizados por su vegetarianismo, por despreciar el vino y por el voto de silencio. *Las nubes* del comediógrafo ateniense Aristófanes demuestra lo extendido que en ese tiempo estaban las ideas que sostenían los pitagóricos: al trazar la semblanza de Sócrates como educador, le adjudica algunos elementos claramente inspirados en los pitagóricos (pues en la comedia todo estaba permitido y era apropiado para recargar las tintas sobre el personaje).

Todo lo que sabemos sobre Pitágoras y su escuela está envuelto en una nube de dudas y suposiciones; en primer lugar, porque pesaba sobre los adeptos la obligación de un silencio total sobre sus ideas y su forma de vida; en segundo, porque la escuela tuvo su apogeo en un momento del arcaísmo del que no tenemos fuentes directas, por lo que se ha hecho difícil para los estudiosos profundizar de verdad en las claves del pensamiento pitagórico.

Por lo que aquí nos interesa, Pitágoras inventó los exámenes, los criterios de admisión de sus alumnos y estableció un sistema de enseñanza con niveles de dificultad; además, sentó el principio de autoridad del maestro (para bien o para mal) y situó a las matemáticas como la principal materia de sus estudios (como vemos en la actualidad de nuevo) al considerar a los números como la esencia de todas las cosas.

Por desgracia, todo el sistema educativo de Pitágoras (incluidas materias como las matemáticas) estaba imbuido de misticismo. Por si eso fuera poco, prohibió la difusión general de sus ideas («no todo puede comunicarse a todo el mundo» era una de las máximas de la escuela) y negó de ese modo toda posibilidad de progreso científico. El oscurantismo, sin duda, hacía atractiva a la secta, pues creaba la sensación de pertenecer a un círculo de escogidos que se situaba intelectual y moralmente por encima de todos los demás. Los pitagóricos lo defendían así:

> No es lícito hacer comunes los bienes de la sabiduría ni en sueños a aquellos que no están purificados en cuanto al alma; no es lícito ofrecer a cualquiera con quien te encuentres los dones obtenidos con diligencia después de tantos esfuerzos[40].

Esta prohibición de difundir conocimientos fue completamente ajena a la cultura griega, salvo en lo relativo a asuntos religiosos, como, por ejemplo, en las religiones mistéricas, donde estaba prohibido revelar sus ritos. Esto nos indica claramente que Pitágoras acentuó el valor religioso en su comunidad por encima de cualquier consideración educativa.

5. La ciudad enseña al hombre

Una buena educación enseña a cumplir las leyes
y a hablar y oír sobre cosas justas.

Jenofonte, *Cinegético,* 12.14

Durante la época arcaica Esparta había sido un centro de alta cultura, una ciudad hospitalaria y receptiva a las artes (música y poesía), pero a mediados del siglo VI la sociedad espartana cambió; se cerró al mundo y rechazó las innovaciones de cualquier índole. Por entonces Esparta controlaba todo el sur del Peloponeso y gozaba de una gran prosperidad económica, pero su riqueza estaba ligada a la explotación de grandes masas de esclavos que pertenecían al Estado. Recibían el nombre de ilotas y eran antiguos habitantes del Peloponeso que los espartanos habían esclavizado, a los que se sumaron posteriormente los vecinos mesenios que también fueron sometidos. Ilotas y mesenios cultivaban lotes de tierra para el sustento de sus amos. Para controlar el amplio territorio y el gran número de esclavos los espartanos se vieron obligados a entregarse a una incesante preparación militar. Se creó un rígido sistema educativo que solo tenía como finalidad hacer obedientes a los ciudadanos y convertirlos en fieros guerreros. La virtud militar tampoco era la individual y aristocrática de los poemas homéricos sino colectiva. Los espartanos luchaban en formación de falange, protegiendo a los demás compañeros y buscando no la gloria personal sino la salvación de la patria. Se sacrificaron todos los lujos y el individuo desapareció en interés de la comunidad. El Estado pasó a controlar toda la vida de los ciudadanos y, por supuesto, lo más importante, la educación.

Además de formar soldados obedientes, el sistema educativo tenía otro objetivo: crear la uniformidad en los ciudadanos. Así se evitaban las rencillas y las envidias que podrían poner en peligro al Estado. La cohesión social era imprescindible para hacer frente a las amenazas interiores (rebeliones de esclavos) o exteriores (la guerra contra ciudades vecinas). Al mismo tiempo se configuraba un grupo homogéneo de privilegiados del que se excluía a los no ciudadanos. Se trataba de conservar una casta y, por tanto, no debían mezclarse con otros grupos sociales inferiores ni con extranjeros. Se negó la posibilidad de recibir esa educación a otras clases sociales. Esto se llevó hasta sus últimas consecuencias: así, por ejemplo, prohibieron a los ilotas cantar los poemas de Tirteo, Alcmán y Terpandro. Dicen que cuando los tebanos invadieron Lacedemonia en el 370 capturaron a algunos ilotas; se les hizo ver que ya eran libres y se les animó a cantar esas canciones y poemas que sus amos espartanos les tenían prohibidos, pero se negaron rotundamente. Hasta tal punto habían asumido su condición de esclavos[1].

Estos dos objetivos explican que el sistema educativo tuviera un carácter obligatorio. Para ser ciudadano de pleno derecho un hombre debía haber nacido de padre y madre espartanos y haber recibido la educación del Estado. Así lo escribe el historiador Jenofonte: «El muchacho que no se sometía a este entrenamiento no gozaba luego de plenos derechos de ciudadanía»[2]. La educación, a diferencia del resto de ciudades griegas, se convirtió en un asunto político.

Los estudiosos suelen denominar al sistema educativo espartano con el término *agogé,* una palabra griega que está formada sobre el verbo griego *ágō* que significa 'conducir' o 'guiar', pues eso, en definitiva, era lo que se hacía con los niños. Aunque hay que señalar que como término aplicado a la educación no está atestiguado antes del siglo III. Nunca se encuentra en los autores del período clásico refiriéndose al sistema educativo espartano. Su significado verdadero era simplemente 'disciplina'. Fue *paideía* el término que se aplicó a la educación desde Tucídides en adelante y se convirtió en la palabra que se usó en todo el mundo griego para «educación».

La *agogé* era un largo período que se dedicaba a preparar militarmente y a modelar las actitudes morales correctas para ser miembro de pleno derecho de la sociedad. La educación se centró en la preparación militar y en la formación de un carácter aguerrido para soportar la dureza de la guerra. No consistía en la comunicación de una ciencia, sino en la adquisición de unos 'hábitos' o 'disposición natural' (que en griego se conoce como *héxis).* Plutarco lo llamó resumidamente «escuela de obediencia».

Se prohibió cualquier actividad que no fuesen las armas. Fue entonces cuando los espartanos se convirtieron en los primeros profesionales de la guerra, lo que explica su éxito en los campos de batalla cuando se enfrentaban a los ejércitos de ciudadanos de otras ciudades. Aristóteles dice que

ninguna polis griega, con la excepción de Esparta, entrenaba a sus hoplitas de una manera profesional y exclusiva[3].
Esparta se convirtió en un campamento bien administrado
y obediente a sus comandantes:

> Nadie tenía libertad para hacer lo que quisiera, sino como en
> un campamento, teniendo un régimen de vida fijado y ocupa-
> dos en las cosas públicas, vivían pensando totalmente que no
> se pertenecían a sí mismos sino a la patria[4].

Este entrenamiento produjo otro resultado: la creación
de ciudadanos sumisos a las leyes, como potros bien doma-
dos desde el principio. Por eso el poeta Simónides (que ya
hemos conocido en el capítulo anterior) dedicó a Esparta el
calificativo de *damasímbrotos,* es decir, 'domadora de hombres', entendiendo que el sistema educativo que se había
implantado para formar a sus ciudadanos surtía precisamente ese efecto: crear individuos dóciles a las leyes y a las órdenes de los superiores[5]. Simónides estaba familiarizado
con los espartanos; sabemos por Heródoto que había escrito diversos epitafios para los caídos en las Termópilas y fue
posiblemente el autor del más famoso epitafio conocido, el
que se dedicó a los trescientos espartanos que junto a Leó-
nidas habían sacrificado sus vidas en aquel lugar:

> Extranjero, anuncia a los lacedemonios que aquí
> yacemos obedeciendo a sus órdenes[6].

Licurgo, el mítico legislador espartano, había encomendado precisamente a la educación toda la obra de la legislación[7].
Por eso no había dejado por escrito las leyes, pues pensaba

que las normas más importantes para una ciudad debían in-
culcarse en los ciudadanos por medio de métodos educativos.
La educación (al ser obligatoria) serviría de instrumento para
cohesionar a los ciudadanos y hacerlos totalmente iguales.

La *agogé*

La educación comenzaba nada más nacer. Los más ancianos examinaban al niño y si era robusto daban orden de criar-
lo, pero si lo consideraban deforme o esmirriado ordenaban
que fuera abandonado en un lugar a las afueras de Esparta.
Era un barranco del Taigeto, la montaña cercana a Esparta, que
muy apropiadamente recibía el nombre de Apotetas, 'lugar de abandono'. La exposición de niños fue habitual en
el mundo antiguo. La novedad de la sociedad espartana ra-
dica en el hecho de que el Estado había usurpado al padre
la decisión sobre la vida y la muerte de sus hijos. Los niños
que superaban este primer examen recibían una primera
educación en casa por parte de las madres: les enseñaban a
no temer la oscuridad y la soledad, a no llorar y a no ser delicados con la comida. A los 7 años comenzaba la educación propiamente: los niños se integraban en grupos de la
misma edad (*agélai,* es decir 'rebaños') que compartían en
adelante los mismos juegos, comidas y entrenamientos. Todo
se dirigía a endurecer a los niños, enseñándoles a soportar
las fatigas y a obedecer ciegamente. Se les privaba de alimentos para que desarrollaran el ingenio y para encaminar-
los a que fuesen autosuficientes. Se les pelaba al cero y se
les daba solo un manto para todo el año con la finalidad de
que se habituaran a aguantar las inclemencias del tiempo;

andaban descalzos para que sus pies se acostumbraran a las largas caminatas de las campañas militares. Pensaban que, si practicaban ese entrenamiento, subirían y descenderían por los montes de forma rápida y segura. Todos los griegos estaban convencidos de que en un terreno difícil un hombre descalzo avanzaba con más seguridad, sobre todo en el barro[8].

Había en Esparta un magistrado especial que se encargaba de la educación de todos los niños, el *paidónomos*. Se elegía entre los más distinguidos ciudadanos (lo cual indica la especial importancia de su labor) pero desconocemos de qué manera. Su autoridad era absoluta sobre todos los niños y podía corregirlos duramente si observaba cualquier negligencia en su conducta. Tenía como ayudantes a un grupo de jóvenes provistos de látigos (*mastigophóroi*) que los castigaban cuando era preciso, imponiendo una férrea disciplina. Parece que el látigo tuvo un papel muy destacable en la educación espartana. Las fuentes antiguas nos dicen que cuando eran sorprendidos robando (comida, ya que se les daba escasas raciones) eran azotados:

> Os ejercitáis en el robo desde niños y no es vergonzoso sino honroso robar cuanto la ley no prohíbe y para que podáis robar con máximo celo y procuréis no ser vistos, la ley establece que, si sois sorprendidos robando, se os azote[9].

Los jóvenes que con 19 años ya estaban terminando su formación, los llamados *irénes*, se hacían cargo de los grupos de los más pequeños. Los tenían como sirvientes; les ordenaban traer leña y verduras y cualquiera otra comida que pudieran hurtar; vigilaban sus peleas y les dirigían preguntas que tenían que responder con justificación (si su respuesta era lenta o estaba fuera de lugar, el castigo era morderle en el pulgar).

Pero la educación era responsabilidad de la ciudad en su conjunto. Todos los adultos se consideraban padres, pedagogos y gobernantes de los niños. Por eso precisamente se aplica a Esparta el verso de Simónides: «La ciudad enseña al hombre»[10]. Quiso sintetizar en pocas palabras la idea de que toda la comunidad se implica en la educación de sus ciudadanos, posiblemente indicando que la formación completa solo se consigue con ese esfuerzo colectivo, inadvertido y latente, pero constante. Desde luego, si en algún lugar podemos ver con más claridad (casi con excesiva claridad) ese proceso fue en Esparta.

Los ancianos tenían más tiempo para observar a los niños en su proceso educativo, ya que no tenían que salir en campaña (según la ley, a los 60 años un espartano no estaba obligado a servir fuera del país). Además, gozaban en la ciudad de una consideración especial y disfrutaban del máximo respeto y autoridad (Cicerón dejó dicho que Esparta era el más honroso domicilio de la vejez[11]). Los ancianos acudían frecuentemente a los gimnasios y estaban presentes mientras los jóvenes luchaban y bromeaban unos con otros, como suelen hacerlo. Allí se ocupaban de enseñar y vigilar los progresos de los niños. No obstante, cualquier ciudadano que pasara podía tomar el mando y dar órdenes y castigar al que cometiera alguna falta, porque

En las demás ciudades cada uno manda en sus propios hijos, criados y bienes, [...] en Esparta cada uno manda en los suyos y ajenos sin distinción, [...] si alguna vez un niño que ha recibido azotes de otro padre, se lo cuenta luego al suyo, está mal visto si este no le aplica de nuevo más azotes a su hijo[12].

Jean Ducat entiende que se pretendía hacer comunitaria la autoridad paternal y por eso llama a este sistema «delegación de autoridad».

En todas las ciudades griegas estaba extendida la idea de que los hijos no pertenecían a los padres sino a la ciudad, por eso leemos en un discurso del ateniense Demóstenes en honor a los caídos en la batalla: «Sabemos que no habían nacido para sus padres o sus madres sino para la ciudad»[13], pero solo en Esparta se plasmó de forma real y tangible, más allá de la bella retórica de los discursos.

En Esparta pasaba con los niños como con los perros, los caballos o los esclavos: eran propiedad concreta de un ciudadano, pero cualquier otro, si lo necesitaba, podía servirse de ellos con total libertad:

(Licurgo) estableció que, si alguno lo necesitaba, pudiera usar los criados ajenos; promovió la propiedad en común de los perros de caza, de modo que los que los necesitaban invitaban al dueño a la partida de caza y este, si no tiene tiempo, se los cede con mucho gusto; usan los caballos de la misma forma: el que está enfermo o necesita un vehículo o quiere llegar pronto a alguna parte, si ve un caballo en cualquier sitio, lo coge y después de usarlo lo devuelve noblemente[14].

Los niños estarían, pues, en esa categoría de objetos y se sentirían como comunes a todos los ciudadanos, aunque en su caso para hacerse responsables de ellos, no para servirse de ellos. Según Jean Ducat, más que un sentido común de propiedad lo que subyace en este relato es la ansiedad por el control y vigilancia constante (el *paidónomos* no podía estar siempre junto a los niños). Tantos educadores hacían que la supervisión fuera rigurosa y no había lugar ni momento en que los jóvenes estuviesen a salvo de reprimendas y castigos de los adultos. Una parte del objetivo de esa educación era ese: acostumbrarlos a vivir siempre expuestos a las miradas. El control fue la gran obsesión de los espartanos, no solo por los niños sino por todos los adultos.

La pederastia

En tiempos de Jenofonte (el siglo IV) los grupos de edad eran los siguientes: de 7 a13 años, *paîdes*; de 13 a19, *paidískoi*; y de 20 a 29, *hebôntes* (más adelante se crearon subdivisiones). Es muy posible que durante la etapa como *paîdes* hasta los 12 años, los niños tuvieran períodos de descanso que pasaban con la familia, pero al pasar a la categoría de *paidískoi* se incrementaba el entrenamiento; el régimen de ejercicios se hacía más severo y estaban más tiempo separados de sus familias. Se les inculcaba especialmente la modestia, el pudor y el silencio. Según Jenofonte:

> (el legislador) les ordenó mantener las manos dentro del manto incluso en las calles, marchar en silencio, y no mirar en torno, sino solo ver lo que tenían delante de los pies... Tendrías menos probabilidades de oír su voz que la de las estatuas de piedra; tendrías menos probabilidades de hacer volver su mirada que la de las estatuas de bronce, y los podrías creer más respetuosos que las mismas novias en su cámara nupcial[15].

En el sistema educativo espartano siguió teniendo gran importancia un elemento de la educación arcaica, la pederastia. La norma era que todos los niños en torno a los 12 años se «vincularan» con un hombre adulto. Como ya hemos visto, el adulto recibía el nombre de *erastés* en el resto de Grecia, y el niño *erómenos*, pero en Esparta al primero se le llamó *eispnélas*, esto es, 'inspirador' y al segundo *paidiká* (relacionado con el grupo de edad al que pertenecía). Se supone que se establecía una profunda amistad que buscaba solamente el perfeccionar lo más posible a los niños. El adulto aportaba su experiencia y su conocimiento para introducir al joven en todos los aspectos de la vida ciudadana. Todas las fuentes insisten en el carácter platónico o espiritual de estas relaciones que solo tenían un propósito formativo. Eliano, autor del siglo I, nos habla de un *erastés* que fue hallado culpable de comportamiento deshonesto y especifica que la pena para los amantes que realizaban esos actos era el destierro o la muerte[16]. Plutarco nos refiere que el castigo era la privación de los derechos de ciudadano de por vida[17]; pero Jenofonte, que es nuestra fuente más antigua, solo dice que estaban mal vistas las relaciones físicas entre los amantes. Pocos griegos creían que en Esparta tales vínculos fueran solo espirituales. Esto se debía a que en muchos lugares de Grecia donde la pederastia seguía siendo práctica común las relaciones físicas estaban permitidas sin problemas, como dice Platón en uno de sus diálogos: «En Élide y Beocia la ley dice simplemente que es noble "gratificar" al amante»[18]. En Atenas, desde la mitad del siglo V, se habían impuesto los prejuicios contra la pederastia porque estaba asociada a las clases aristocráticas. El pueblo pasó a rechazarlas como parte de esos valores de los privilegiados.

Los atenienses, que fueron los grandes rivales de Esparta, se complacieron en atacarlos en ese punto y aseguraban que la sodomía era algo corriente en Esparta, por eso el verbo «laconizar» tenía ese sentido sexual en las comedias.

El *erastés* compartía con el muchacho su reputación en ambos sentidos y era reprendido por las faltas que cometía el joven a su cargo. Según cuenta Plutarco, cuando un niño cometió el error de proferir durante el combate un grito «indigno» (porque indicaba su poca capacidad de sufrimiento), fue su *erastés* el que recibió el castigo de los magistrados[19]. Algunos estudiosos piensan que la pederastia estaba institucionalizada como parte del sistema educativo, pues, según una noticia de Eliano, aquel espartano que no actuara como *erastés* de un muchacho sería castigado por los éforos[20]. Según Jean Ducat, las relaciones pederásticas no eran obligatorias; se trataba de una elección personal de un adulto que hacía atendiendo más a criterios sociales que a la belleza. En la sociedad espartana los ciudadanos solo eran iguales en su educación y en la apariencia exterior, pero existían diferencias de clase y fortuna. En cuanto a la naturaleza de esas relaciones, Jean Ducat aporta el testimonio de Cicerón, que dice que todo estaba permitido menos el coito (*stuprum*), de donde concluye que había una relación física, pero con esa limitación[21].

Las mesas comunes

La cena, la principal comida del día, no se hacía en el ámbito familiar sino en reuniones con otros ciudadanos. Tenían originariamente un sentido militar y servían para reforzar esos lazos de amistad y camaradería tan importantes para elevar la moral de combate. Se las conoce habitualmente como «mesas comunes» (en griego *syssitíon* o *phidítion*). Pero también tenían otro propósito: evitar el lujo y fomentar la igualdad de los ciudadanos. Eran grupos de 15 comensales y todos los integrantes aportaban obligatoriamente los mismos alimentos; el objetivo era que todos comieran raciones iguales. Era otro de los factores igualitarios y de control de la población espartana. Participar en las mesas comunes era el último requisito exigido para ser ciudadano de pleno derecho (el primero era haber nacido de padre y madre espartanos; el segundo, haber recibido la educación del Estado). Por supuesto, la asistencia a las mesas comunes era obligatoria. Solo había dos excepciones: porque un espartano estuviera realizando un sacrificio o porque se le había hecho tarde en su partida de caza. El «inspirador» invitaba (no sabemos con qué frecuencia) a su amado a la mesa común. Este no participaba, tan solo atendía y miraba. Solo hablaba cuando se le dirigía una pregunta concreta. Era como un capítulo más de su educación que les permitía asomarse al mundo de los mayores, por eso Plutarco las llamó «escuelas de cordura»[22]. Los jóvenes aprendían de la experiencia de los veteranos y se habituaban a oír hablar sobre temas serios e importantes relacionados con la ciudad; también aprendían a gastar bromas y a no enfadarse por recibirlas. Cuando entraban por primera vez, el más anciano del grupo les señalaba la puerta y decía: «Por estas no sale fuera ni una palabra»[23].

En las mesas comunes cada uno de los participantes bebía (moderadamente) de su propia copa, frente al simposio donde todos bebían de la misma que iba circulando hacia la derecha. Los espartanos rechazaron el simposio por cuestiones de seguridad: la embriaguez de los ciudadanos era evitada a toda costa porque suponía mostrar debilidad ante las posibles revueltas de esclavos. Platón escribe, en tono de alabanza, que «nadie encontrará entre ellos a un hombre embriagado y presto al desenfreno»[24]. Para mostrar a los jóvenes espartanos los peligros del vino, se emborrachaba a algunos ilotas y los llevaban por las mesas comunes para que vieran lo que es la embriaguez; además, obligaban a estos ilotas a entonar canciones y a bailar danzas indecentes y ridículas.

Los chicos seguramente también acompañaban a sus «inspiradores» en las interminables partidas de caza. En Esparta no había muchas diversiones y la caza se convirtió en la gran actividad de los hombres. De hecho, era de las pocas excusas que había para no llegar a tiempo a las mesas comunes. Los espartanos cazaban en las zonas bajas del monte Taigeto que por entonces estaban cubiertas de espesos bosques, donde podían cazar jabalíes, ciervos, osos y cabras. Como hemos visto, la caza fue un elemento clave de la educación arcaica y los espartanos se mantuvieron fieles a esa educación tradicional que además se insertaba a la perfección en su objetivo: crear fuertes y sacrificados soldados.

La música y la poesía

En el campo de la música los espartanos se cerraron también a cualquier innovación y se limitaron a los repertorios del pasado. Cuentan que los éforos le quitaron la lira al músico Timoteo y le cortaron las dos cuerdas que había añadido a la lira clásica de Terpandro; luego, le ordenaron salir de la ciudad, para que sus oídos no se volvieran más delicados de lo que convenía[25].

Sabemos que la música instrumental tenía mucho que ver con el entrenamiento militar. Los espartanos eran famosos por avanzar en la batalla al son de las flautas. A este tipo de música debió de limitarse la sociedad espartana cuando se cerró al exterior y se centró únicamente en la milicia. No tenemos información sobre si a los chicos se les enseñaba a tocar la lira o la flauta, aunque es seguro que una banda militar tocaba sus flautas en las batallas. Si esos flautistas eran profesionales es difícil saberlo. Muy posiblemente la juventud espartana se limitaría a cantar en los coros y tocar quedaría relegado a otras clases inferiores.

La danza y el canto serían las actividades principales de un espartano, pues eran precisas para los festivales religiosos. Pero en este caso se trataba de canciones y pasos que la tradición había fijado y que se repetían sin cambios. Platón no parece que valore mucho los coros espartanos: «No habéis llegado al canto más bello», escribe en *Leyes*[26]. Sin embargo, esta tradición musical que se repetía generación tras generación había creado un gusto musical en la población y proporcionaba una sólida formación para degustar la música sin necesidad de maestros profesionales como había en otros lugares. El propio Aristóteles se sorprende de que los espartanos «sin haber aprendido música, sean capaces de valorar la calidad de las composiciones»[27]. Esta sensibilidad de los espartanos se pone de relieve en esta anécdota (que seguramente es pura invención): Cuando los espartanos al terminar la guerra se propusieron destruir Atenas, cam-

biaron de opinión al escuchar a un hombre de Fócide recitar un coro de la *Electra* de Eurípides:

> Oh hija de Agamenón,
> Electra, he llegado a tu agreste morada[28].

En cuanto a poesía, el autor más querido por los espartanos
fue Tirteo. En sus elegías exaltó los valores guerreros al estilo
de Homero; de hecho, escribe en dialecto jónico, como Homero, sin usar el dialecto local dórico. Cuando Tirteo creó su
poesía, Esparta estaba inmersa en una dura guerra contra sus
vecinos mesenios (a los que acabaron esclavizando). Tirteo les
animó a luchar sin retroceder, manteniendo la posición, mor-
diéndose el labio, asentando los pies en la tierra y resistiendo
la visión de la matanza sangrienta del combate. No hay gloria
individual; el soldado está al servicio de la patria. Tirteo hace
una redefinición de la *areté* que ya no es puramente personal,
como en los poemas homéricos, sino colectiva. El esfuerzo
guerrero se pone al servicio de la comunidad; se transfiere la
gloria y la fama desde la esfera personal a la de la polis.

Tirteo se convirtió en el «poeta nacional» espartano. Sus
poemas se recitaban en las mesas comunes donde eran
aprendidos por los más jóvenes; se escuchaban también en
los campamentos cuando el ejército estaba en campaña.
Quedaron tan asociados al mundo marcial de los ciudadanos espartanos que los esclavos tenían prohibido siquiera
cantarlos. Tirteo enseñaba a ser un buen espartano. Así leemos en un autor antiguo:

> Pues les dejó las elegías que había creado, y al escucharlas se
> educaban en el valor; y no hacían ningún caso de los demás

poetas; se dedicaban a este con tanto empeño que establecieron la costumbre, cuando salían en campaña y estaban sobre las armas, de convocar a todos en la tienda del rey para escuchar los poemas de Tirteo, pensando que de ese modo estarían dispuestos a morir por la patria sin ningún reparo[29].

Ciudadanos iletrados

Esparta se cerró al mundo exterior para proteger a sus jóvenes de toda influencia potencialmente peligrosa que anulase o estropease su estricta formación. Por eso los jóvenes no podían salir de Esparta al extranjero hasta haber terminado su educación[30]. Se aplicó, además, una férrea censura a los libros e ideas procedentes del extranjero que fuesen contrarios al espíritu espartano. Uno de los autores más odiados fue Arquíloco. Natural de la isla de Paros, se ganó la vida como mercenario. Aunque, como muchos otros poetas, sintió la influencia de Homero, Arquíloco se dirigió por otro camino y su poesía expresó una radical individualidad (la gran novedad de la civilización griega). El poeta se resistió a ser modelo de cualquier otro ciudadano y sus poemas, sin valor educativo, se despojaron de cualquier función social. Un aspecto en concreto de su poesía hizo a Arquíloco odioso a los espartanos: se burlaba de los ideales del honor militar:

> Algún sayo se vanagloria con mi escudo, arma sin tacha que abandoné en un matorral muy a mi pesar. Pero me salvé. ¡Qué me importa aquel escudo! Compraré otro que no sea peor[31].

Huir del campo de batalla tirando el escudo era un signo evidente de cobardía y, al mismo tiempo, de insolidaridad, porque con el escudo se protegía, en la formación de combate, un flanco del compañero; pero, claro, sin esa pesada arma se podía huir más rápidamente. Todo esto era lo opuesto a la disciplina del mundo espartano. Recordemos que las madres espartanas despedían al hijo que iba por primera vez a la guerra y le decían siempre la misma frase: «Con el escudo o sobre él»[32], queriendo indicar que debía volver o vivo portando el escudo o muerto sobre él. En consecuencia, los espartanos echaron fuera de su país los libros de Arquíloco porque iban a corromper las mentes de los jóvenes. El individualismo era una idea peligrosa que tenía que ser erradicada de Esparta, por las circunstancias políticas y sociales que eran particulares de esa polis.

Durante los primeros años de la *agogé* seguramente se enseñaba a los niños a leer y escribir, como parte de su instrucción. Las fuentes no dicen nada al respecto, porque siempre están más interesadas en la instrucción militar. De todas formas, no se insistía mucho en una educación literaria que no tenía sentido en aquel mundo cerrado y siempre dirigido a la creación de fieros soldados. Hay tres fuentes, por lo menos, que nos informan de lo escueto de su educación en ese aspecto:

En un texto de un sofista anónimo leemos que «los lacedemonios ven con buenos ojos que los jóvenes no aprendan la música ni las letras; a los jonios, por el contrario, les parece chocante ignorar todas esas cosas»[33].

Isócrates, orador ateniense del siglo IV, escribe que los espartanos se han apartado de la educación generalizada en el mundo griego y que no aprenden ni las letras[34].

Plutarco, aunque sea una fuente más tardía, dice que aprendían lo justo para leer y escribir: «Aprendían las letras por su utilidad práctica, pero desterraban todo tipo de educación: de libros no menos que de hombres. Toda su educación estaba dirigida a obedecer bien, a esforzarse en ser fuertes y a vencer o morir combatiendo»[35]. Ciertamente, una cultura oral era más apropiada para producir homogeneidad social (que era lo que buscaba ansiosamente el Estado espartano) mientras que los libros fomentaban el individualismo y podían servir para introducir ideas peligrosas desde el exterior.

Por supuesto, los espartanos sabían leer y escribir. Se conservan inscripciones (aunque no demasiadas) y sabemos por los testimonios literarios que se exponían públicamente los tratados que se firmaban con otras ciudades (por desgracia, no se ha conservado ninguno). También sabemos que los reyes tenían como una de sus funciones principales custodiar las respuestas dictadas por los oráculos, cuyo contenido solo conocían ellos mismos y los *pitios* (ayudantes que consultaban el oráculo de Delfos). Incluso un rey llamado Pausanias (su reinado va del 408 al 395) escribió en el destierro un tratado contra las leyes espartanas[36]. Algunos espartanos destacados, como el navarca Lisandro, dejaron papeles escritos que fueron leídos tras su muerte. También escribían mensajes para comunicarse con sus tropas o con los embajadores en el exterior. Se usaba para encriptar esos mensajes un instrumento que se llamaba *escítala,* que consistía en dos bastones idénticos sobre los que se enrollaban cintas de cuero o papiro en las que se escribía el mensaje; solo podía ser leído de forma comprensible si se enrollaba en la otra *escítala* de iguales proporciones. Es evidente que los mensajes eran muy breves. Curiosamente se ha conservado uno de ellos, que fue interceptado por los atenienses en el 410 tras derrotar a los espartanos en una batalla naval. Decía así: «Las naves se han perdido. Míndaro ha caído. Los hombres pasan hambre. No sabemos qué hacer»[37].

En el período clásico Esparta fue la potencia hegemónica tras su victoria en la Guerra del Peloponeso y esto suponía administrar y dirigir la política de numerosas ciudades por todo el mundo griego. Por eso podemos concluir que todos los ciudadanos sabían leer y escribir de forma eficiente. Por supuesto, los más destacados socialmente disfrutaron de una mejor instrucción, como pasó con el general Brásidas, del que dijo Tucídides en tono elogioso: «Un orador nada malo para ser espartano»[38]. No carecían, por tanto, de formación literaria ni eran unos completos analfabetos.

Al final, los espartanos, cansados de las críticas, se defendieron convirtiendo su poca instrucción en una virtud. Aseguraban que de esa manera no estaban en condiciones de aprender todas las cosas que circulaban escritas y que eran nocivas para su régimen político: las novedades siempre eran peligrosas en un Estado que había decidido detenerse y conservar como fuera su modo de vida. Estaban orgullosos de su falta de instrucción, como vemos en las palabras que Tucídides pone en boca de uno de sus reyes, Arquidamo, al comienzo de la Guerra del Peloponeso: «Tenemos una educación demasiado escasa como para despreciar las leyes, y una disciplina demasiado estricta como para desobedecerlas»[39]. Platón llegó a pensar que los espartanos se fingían ignorantes para que solo les considerasen superiores en la guerra y en el valor[40].

Laconismo

La expresión oral estaba muy limitada. Según Plutarco, «se enseñaba a los niños a expresarse en un estilo agudo, pero mezclado con gracia y profundidad en su brevedad»[41]. Este estilo fue tan característico de los espartanos que recibió el nombre de laconismo, una palabra formada a partir de Laconia, que era otro nombre con el que designaban a la región de Esparta. Seguramente se popularizó gracias a Platón, que usó en su *Protágoras* la expresión: «brevedad lacónica». Platón admiraba esta forma de expresarse y reconocía que ese era el estilo de los sabios antiguos; así lo escribe en el *Protágoras*:

> Cuando uno entabla conversación con algún espartano, de entrada, comprueba que es bastante mediocre, pero lanza de improviso palabras chocantes, breves y llenas de sentido; hablar así es propio de un hombre perfectamente formado[42].

Este tipo de comunicación directa y concisa era resultado de la educación y el aprendizaje. Se les inculcaba desde la infancia, pues el *iréne* que estaba al frente de los grupos de niños los obligaba a responder a sus preguntas con fundamento y con lenguaje breve y conciso. A ser posible, esas respuestas tenían que tener gran sentido y una cierta ironía no exenta de gracia.

Se ha dicho que el laconismo es el compañero verbal del látigo. Es la forma en que un superior se dirige a sus subordinados sin esperar réplica alguna. En definitiva, nos encontramos con el lenguaje de la vida militar donde prima la claridad y la concisión para la trasmisión de órdenes que no admiten objeciones. Además, se correspondía el laconismo a la perfección con la austeridad que los espartanos predicaban para todo. Cuando le preguntaron a Licurgo por qué instruían a los jóvenes en la brevedad respondió: «Porque es lo más cercano al silencio»[43].

Esta forma de hablar era una costumbre arcaica que mantuvieron los espartanos. Así se expresaba la antigua sabiduría, la de los Siete Sabios, que escribieron sus máximas en los templos. Sencillamente los espartanos, como en otras muchas cosas, se mantuvieron fieles a la vieja tradición y se cerraron a las novedades de la retórica. Por eso ya no fueron comprendidos por los demás griegos, pues la sobriedad y la contención en el lenguaje, que eran propias del arcaísmo, desaparecieron totalmente cuando llegó la sofística. No se engañaba Gustav Flaubert cuando en su novela inconclusa *Bouvard et Pécuchet* escribe en el «Diccionario de ideas recibidas»: *laconisme: langue qu'on ne parle plus.*

Hay una historia muy graciosa que sirve de ejemplo de esa incomprensión: unos samios desterrados por el tirano de su isla llegaron a Esparta para solicitar su ayuda. Escogieron un orador que pronunció un largo discurso ante las autoridades espartanas. Pero los samios se sorprendieron cuando, al terminar ese discurso, los espartanos los despidieron diciendo: «No recordamos lo que has dicho al principio y el resto, simplemente, no lo comprendemos». Los samios no se desanimaron; eran hombres despiertos y comprendieron en qué se habían equivocado. Solicitaron nueva audiencia y esta vez se presentaron con un saco vacío y dijeron que necesitaban harina. Los magistrados espartanos les dijeron que con enseñar solo el saco ya lo habían explicado todo y lo demás sobraba, pero en esta ocasión se comprometieron a ayudarlos[44].

Nunca está de más recordar unos ejemplos de laconismo:

> En cierta ocasión los espartanos y los atenienses, que estaban enfrentados en una larga guerra, acudieron al mismo tiempo a la corte del sátrapa persa Tisafernes para solicitar su apoyo en la contienda. El embajador ateniense comenzó el primero su intervención y pronunció un discurso largo y florido. A continuación, se levantó el embajador espartano que se limitó a trazar con su bastón dos líneas en el suelo, una corta y recta y otra larga y retorcida, y dijo: «Soberano, elige la que quieras», queriendo significar con la línea larga y retorcida la cháchara vacía de la retórica y con la corta y recta el lenguaje directo, simple y conciso[45].

En el 404, después de treinta años de guerra, Atenas, que estaba sitiada por mar y por tierra por los espartanos, decidió rendirse. El general espartano que estaba al mando de la flota escribió a los éforos de Esparta: «Se ha tomado Atenas», a lo que los éforos respondieron corrigiendo su estilo: «Era suficiente con *se ha tomado*»[46].

Un tiempo después, cuando Filipo de Macedonia se involucró en los asuntos de Grecia, escribió a Esparta una carta para ver si le recibirían en la ciudad. Los espartanos devolvieron el papel con un «No» escrito en letras grandes. Cuando el rey macedonio les escribió amenazándoles esta vez con que, si invadía su tierra laconia, los expulsaría, los espartanos replicaron escuetamente: «Si», enfatizando el condicional[47]. Estas historias explican que en época helenística circulara un dicho popular para ilustrar con una hipérbole algo diminuto: «Más pequeño que una epístola lacónica»[48].

La educación de las niñas

Las chicas no realizaban la *agogé* y, por tanto, pasaban su infancia y adolescencia con la familia. Dentro de casa, sin duda, aprendían lectura, escritura y cálculo, aunque debemos advertir que ninguna fuente nos informa al respecto sobre las circunstancias en que recibían esas enseñanzas. Es muy posible que las chicas de buena familia (ya se ha dicho que dentro de la sociedad espartana existían diferencias notables en la riqueza) fueran capaces de leer y escribir.

Es comprensible que las mujeres espartanas, al establecer una comparación con las demás griegas, estuviesen orgullosas de su formación, como leemos en el *Protágoras* de Platón[49]. Sin duda, tenían más tiempo para instruirse, pues no se casaban hasta cumplir los 18 años y estaban liberadas de tareas penosas propias de mujeres, como tejer la lana para confeccionar las ropas de la casa. Esa era la actividad principal de una mujer en el mundo clásico, por lo que estaban obligadas a llevar una vida inactiva y sedentaria que no era nada favorable para la salud. Eso no pasaba en Esparta. Según escribe Jenofonte, «Licurgo pensó que las esclavas también bastaban para producir los vestidos»[50]. Si hubo una ciudad griega que cimentó toda su realidad en el trabajo de los esclavos, esa fue Esparta. En este caso las mujeres ilotas que trabajaban como esclavas domésticas se ocupaban de todas las tareas penosas. Así, las chicas espartanas podían dedicar más tiempo a su formación física o intelectual. La noticia había llegado a oídos de Platón, quien escribe en *Leyes* que en Esparta las niñas toman parte en la gimnasia y la música y están dispensadas del trabajo de la lana[51].

Pero tanto Jenofonte como Platón exageran sobre la poca dedicación de las mujeres a la tarea de tejer. Sabemos con seguridad que las niñas espartanas aprendían a tejer, puesto que confeccionaban los peplos y vestidos de las diosas. Así lo sugiere un testimonio tan antiguo como un *partenio* de Alcmán. El viajero Pausanias dice que cada año las mujeres tejían un quitón para Apolo de Amiclas en una sala llamada precisamente Quitón[52]. No era nada distinto a lo que sucedía en Atenas, donde las muchachas libres de buena familia confeccionaban un peplo a la diosa Atenea que luego se ofrecía en procesión. Por tanto, se puede concluir que las chicas se dedicaban a la tarea de tejer en ocasiones especiales relacionadas con el culto, pero las esclavas confeccionaban el ajuar de la casa, un menester que tampoco era tan pesado, pues en la austera Esparta la ostentación en el vestuario carecía de sentido.

Muy posiblemente los padres tuviesen una gran relación con sus hijas. El caso de Gorgo es el más significativo. Era hija del rey Cleómenes, el artífice de la expansión espartana por el Peloponeso. En cierta ocasión Cleómenes recibió a Aristágoras, el tirano de Mileto, que le solicitaba su ayuda para combatir a los persas. Aristágoras fue tan insistente que se presentó en casa del rey como suplicante y solicitó que lo escuchara. Gorgo estaba allí con su padre y el tirano pidió que la niña saliera para hablar libremente, pero Cleómenes se negó y le invitó a que expusiera su demanda en presencia de la niña. Aristágoras intentó sobornar con dinero a Cleómenes. Cada vez que el rey se negaba, Aristágoras subía la cantidad hasta que llegó a la exorbitante suma de 50 talentos. Entonces, en ese punto, Gorgo exclamó: «Padre mío, el extranjero te sobornará si no te alejas»[53]. El episodio demuestra la libertad con que se criaban las niñas y en concreto la inteligencia precoz de Gorgo.

Al ocupar parte del espacio público desde pequeñas, su papel dentro de la sociedad fue más relevante que en otras ciudades. Por ejemplo, en determinadas fiestas las chicas eran animadas a interactuar con los chicos: los criticaban usando chanzas para reprenderlos si habían errado en algo o bien les dedicaban alabanzas si lo merecían, fomentando la ambición y la emulación[54]. Esto despertaba la mentalidad crítica de las mujeres, que no se sentían tan sometidas a los hombres. Al hacerse mayores, las mujeres se convertían en dueñas absolutas de sus casas. Como el sistema hereditario en Esparta era muy favorable a ellas (a diferencia de lo que pasaba en el resto de Grecia), administraron sus propios bienes y llegaron a ser grandes terratenientes. Por si eso fuera poco, las constantes expediciones militares de los hombres lejos del país las obligaban a tomar parte en la vida política:

> Por lo que se dice que han llegado a ser más atrevidas y viriles con respecto a los mismos hombres, porque ciertamente gobiernan sus casas con energía y en los asuntos públicos participan de las decisiones y de la libertad de palabra sobre materias de gran importancia[55].

Tras la victoria de Esparta en la Guerra del Peloponeso la coyuntura favoreció todavía más a la mujer. Los espartanos sin gran preparación (fuera de las armas) se encontraron en la tesitura de gobernar como árbitros de todos los griegos. Su hegemonía duró desde el 404 al 371 y durante ese tiempo los hombres comprendieron la gran utilidad de sus mujeres y se acostumbraron a consultar con ellas acerca de todos los asuntos públicos. Aristóteles nos lo confirma: «Muchas cosas eran administradas por las mujeres en la época de la hegemonía»[56].

Por supuesto, las niñas aprendían música y danza para poder participar en los festivales religiosos, enseñanza que se trasmitía oralmente de generación en generación, escuchando y aprendiendo de sus mayores. Los coros debían de estar organizados por la ciudad, pues estaban destinados a las festividades religiosas. Lo que está claro es que la enseñanza de la música estaba considerada de especial interés por la ciudad. La pregunta a la que no podemos responder es si todas las chicas de Esparta recibían la misma educación. Lo más probable es que el acceso a la educación de las chicas fuese desigual, como pasó en las demás ciudades griegas, y que solo determinadas chicas, las hijas de las mejores familias, tomasen parte en los coros y en las actividades del culto.

No obstante, el Estado estaba muy interesado en la educación física de las chicas y es posible que lo impusiese a todas las espartanas. Esta preocupación por la formación de las niñas fue una rareza en el mundo griego. Jenofonte, que es nuestra fuente más antigua, habla de carreras y pruebas de fuerza (sin más precisión), pero Plutarco nos ofrece más detalles: lucha, disco, jabalina, carrera; resulta curioso que todas ellas sean pruebas del pentatlón (solo falta el salto). Ciertamente, hay una serie de estatuillas de bronce de la segunda mitad del siglo VI que representan a mujeres luchando, pero ninguna otra fuente escrita o representación artística sirve de apoyo a estas palabras de Plutarco en lo que se refiere al lanzamiento de jabalina y de disco, que son dos actividades que tienen más que ver con la preparación militar.

Sin duda, la carrera tenía un papel especial en la educación de las chicas, pues estaba relacionada con los festivales religiosos. Sabemos que en las fiestas dedicadas a Dioniso como parte del culto las chicas realizaban una carrera en la que competían. A las muchachas se las llamaba *dionisíades*. En la fiesta dedicada a Helena (que recibía culto en Esparta como una diosa más) 240 chicas de la misma edad corrían por la orilla del río Eurotas. Pero hay que decir que Esparta no tenía el monopolio de las carreras femeninas. Fueron habituales en todas las ciudades y con parecida finalidad: cumplir con ritos de iniciación o elegir a la sacerdotisa del templo o a la muchacha que iba a desempeñar un papel destacado en algún acto concreto del culto. Sabemos que las niñas de Atenas, en el culto a Ártemis, también realizaban estas pruebas de carrera dentro de determinados rituales. En definitiva, como la carrera es la más natural de las actividades, los niños y niñas corren de una forma natural. Hay un valor iniciático en esta prueba de carrera que implica la capacidad de transformarse de niña en mujer y madre de futuros ciudadanos. Los mitos recuerdan la especial habilidad de las mujeres en la carrera, en especial de Atalanta: esta rechazaba el matrimonio; si se presentaba algún pretendiente lo obligaba a competir con ella en una carrera. La muchacha les concedía un buen trecho de ventaja y salía corriendo detrás, armada con una lanza y, cuando les daba alcance, los mataba. Así esperaba disuadir a otros pretendientes.

Las mujeres espartanas practicaban un ejercicio (algunos autores lo consideran como una especie de danza) conocido como *bíbasis*, en el que saltaban para golpearse el trasero

Fig. 8. Muchachas espartanas provocando a los muchachos.

con los talones. Fue bien conocido en toda Grecia hasta el punto de que aparece en una comedia del ateniense Aristófanes donde Lampito, una espartana, justifica así su buena forma física: «Por los dos dioses, pues hago gimnasia y salto hasta darme con los pies en el trasero»[57]. Lampito es una mujer ya casada, por lo que podemos imaginar que las mujeres seguían ejercitándose incluso después del matrimonio, siguiendo los hábitos adquiridos en la juventud (como los hombres, que debían seguir en forma). Parece que llegaron a organizarse competiciones en esta clase de ejercicio y una muchacha alcanzó el sorprendente récord de 1.000 golpes[58].

Para realizar deporte usaban un vestido especial: un quitón corto y ligero que era más apropiado para correr. Les llegaba un poco por encima de la rodilla y mostraba el hombro derecho hasta el pecho. Esta prenda especial se llamaba *quitón exomis*. Algunas estatuillas de bronce representan a las mujeres con este vestido; el British Museum conserva uno especialmente hermoso que se ha fechado en el siglo VI.

La desnudez completa de las chicas solo está atestiguada en ciertos festivales y procesiones. Esa desnudez solo tenía como finalidad promover el deseo del matrimonio. Era una incitación erótica. Según Plutarco, «(el legislador) habituó a las jóvenes a que desnudas desfilaran, danzaran y cantaran en ciertos cultos ante la presencia de los muchachos; y entre los grupos se lanzaban burlas, críticas o alabanzas»[59]. Precisamente, como se especifica, se hacía delante de los chicos para estimular el deseo de belleza y despertar el interés por el matrimonio.

Aunque la ciudad estaba cerrada al mundo exterior, los espartanos invitaban a sus festivales religiosos a hombres importantes de otras ciudades que tenían simpatías a Esparta. De ese modo se pudo extender por toda Grecia la idea de la indecencia de las mujeres espartanas. Es muy posible que extrapolaran esa desnudez de las chicas, que se realizaba en determinadas fiestas, a toda su actividad física y a sus entrenamientos. Imaginaron que realizaban la actividad deportiva desnudas, al igual que los hombres. Y no debe extrañaros la confusión, pues daban por sentado que Esparta era un mundo donde las mujeres tenían gran libertad. Por si eso fuera poco, corrían noticias de que los espartanos tenían la costumbre de mostrar a sus chicas desnudas a los visitantes[60], lo que se explicaba por el deseo orgulloso de exhibir la belleza de sus mujeres superior al resto de Grecia. El resultado de la vida al aire libre, de la buena alimentación y del ejercicio era un aspecto saludable y hermoso. Con mucha razón las espartanas pasaban por ser las mujeres más hermosas de Grecia. Los poemas homéricos ya se refieren a Esparta como «la tierra de las hermosas mujeres»[61]. La bella Helena es el exponente máximo. En la *Ilíada*, los ancianos troyanos, al verla, justifican todas las penalidades de la guerra:

> No es extraño que los troyanos y los aqueos de hermosas glebas
> aquí sufran dolores durante mucho tiempo por una mujer;
> terriblemente se parece en su semblante a las diosas inmortales[62].

En la época clásica quedó patente esa fama cuando en la comedia de Aristófanes la mujer espartana recibe las palabras de admiración de las otras mujeres:

> Oh queridísima laconia, salud, Lampito. ¡Qué hermosura la tuya, cariño!
> ¡Y qué buen color! Tu cuerpo está rebosante de fuerza. Ahogarías a un toro[63].

Incluso cuando estaban vestidas las espartanas no eran recatadas como las otras mujeres griegas, que se cubrían de pies a cabeza con largas túnicas. Su quitón dorio no estaba cosido por abajo y los volantes se abrían de forma sugerente cuando andaban, dejando a la vista sus hermosos muslos. Por eso el poeta Íbico las llamó *phainomerídes,* es decir, 'enseñamuslos', con tono de reprobación. El trágico ateniense Eurípides las llama «perseguidoras de hombres» y con evidente exageración antiespartana escribe en una de sus tragedias:

Fig. 9. Muchacha espartana bailando o corriendo.

Ni, aunque quisieran, podrían ser castas las muchachas de Esparta, las cuales, tras dejar abandonadas sus casas, con los muslos desnudos y los peplos sueltos, tienen carreras y palestras en común con los jóvenes, algo intolerable a mi parecer[64].

Estos versos de Eurípides han llamado la atención de los estudiosos y algunos han supuesto que los espartanos eran tan innovadores y avanzados para su tiempo que permitieron que chicos y chicas entrenasen juntos. No obstante, Eurípides solo indica que chicos y chicas frecuentaban los mismos lugares de ejercicio, pero uno después de otro, no simultáneamente. No existió nunca una educación mixta en Esparta;

cada sexo recibió una educación de forma diferente y con unos propósitos diferentes. Si las chicas hubiesen recibido la misma educación habrían estado preparadas para la guerra. Y no fue así. Esto quedó demostrado claramente cuando el tebano Epaminondas atacó la ciudad de Esparta en el 369. Las mujeres espartanas «no fueron útiles en nada como en otras ciudades, y causaron más confusión que los enemigos»[65]. Lo habitual era que las mujeres combatieran valerosamente desde las azoteas lanzando tejas cuando el enemigo ya había penetrado en la ciudad. Las mujeres espartanas entraron en pánico y su alboroto no contribuyó nada a la desesperada situación, solo aumentó la confusión general. No habían sido preparadas para la guerra.

Y esto nos lleva, de nuevo, a especificar el verdadero objetivo de su actividad deportiva: mejorar la salud de las mujeres para afrontar la gestación y el parto en buenas condiciones y dar a luz hijos sanos y robustos. Todo estaba orientado a potenciar el único papel que debía cumplir la mujer espartana, su capacidad para engendrar niños hermosos y fuertes. Su trabajo en el parto es el punto culminante para la mujer como la lucha en la guerra lo es para el hombre; allí consiguen dar ellas la suprema prueba de su *areté*, que las pone al mismo nivel que los hombres; por eso las mujeres que morían en el parto tenían el derecho a tener su nombre sobre la tumba, como los guerreros que caían en batalla. Las propias mujeres habían asumido que esa era su función en la vida. Según la anécdota recogida por Plutarco, a una mujer jonia que se enorgullecía de sus lujosos vestidos, una espartana, señalando a sus cuatro hijos, le dijo sencillamente: «Tales deben ser las obras de una mujer noble»[66].

Críticas al sistema

Platón admiró sinceramente el sistema espartano y lo convirtió en su referente, en gran medida, para el sistema educativo que ideó para su república. Y fue así por dos motivos: en primer lugar, el propio Platón era un aristócrata que sentía gran simpatía por su forma de gobierno; y, en segundo, porque en su tiempo Esparta se había convertido en la gran potencia hegemónica tras su victoria en la Guerra del Peloponeso. Esa victoria, como ha pasado con todas las victorias, daba por supuestas las bondades de su régimen político. ¿Acaso no pasó algo parecido con el comunismo, cuando la Rusia soviética derrotó al nazismo? Pero Platón no estaba ciego ante los defectos del sistema espartano. Criticó, en primer lugar, su pedagogía basada en la violencia y la brutalidad y, en segundo lugar, advirtió serias lagunas en sus contenidos: «Honraron más la gimnasia que la música»[67].

Su discípulo Aristóteles nunca simpatizó con el sistema político espartano ni con su forma de vida tan alejada de la actividad intelectual, la única que interesaba al filósofo. Además, en su tiempo, la grandeza de Esparta había pasado ya irremisiblemente. Como Aristóteles era un gran misógino, mostró su rechazo hacia la excesiva libertad de las mujeres en ese régimen. No se fijó especialmente en la educación (pues no debe creer que fuera necesaria), sino en la forma de vida de las mujeres en Esparta. Según Aristóteles, su intervención en los asuntos públicos y las cosas del Estado las hizo especialmente responsables de la decadencia y la pérdida de la hegemonía, por culpa de su egoísmo y avaricia. Desde el punto de vista del filósofo, Esparta cedió la hegemonía sobre Grecia por la escasez de ciudadanos (oligantropía). Suponía una paradoja que en un sistema donde las mujeres tenían como función primordial engendrar hijos sanos y fuertes para la ciudad, el número de ciudadanos fuese disminuyendo paulatinamente. Según Aristóteles, todo se explicaba por la avaricia de las mujeres, que, al controlar sus propios bienes, se inclinaban a tener escasa descendencia para concentrar la propiedad. Al final Aristóteles concluye: «La licencia de las mujeres es perjudicial para el régimen político, pues viven sin freno toda clase de intemperancia y de molicie»[68].

También Aristóteles pensaba que los espartanos educaban por medio de la violencia a sus hijos, como si fueran animales. Escribe en su *Política*:

Los embrutecen a costa de trabajos, pensando que es muy conveniente para el valor. Ciertamente, como se ha dicho muchas veces, la educación no debe ir encaminada hacia ese objetivo ni de forma exclusiva ni principal; y si tienden a ello, tampoco lo logran.[69]

Los espartanos destacaron en la guerra por encima de todos los griegos, pero solo porque eran los únicos que se dedicaban profesionalmente a ello. Cuando los demás griegos hicieron lo mismo, los espartanos comenzaron a sufrir derrotas en los campos de batalla:

Superaron a los demás mientras fueron los únicos en entregarse a severos ejercicios, pero ahora son inferiores a otros, tanto en los certámenes gimnásticos como en la guerra. Pues no se distinguían por ejercitar a los niños de esa manera, sino únicamente por entrenarlos, frente a los que no los entrenaban[70].

Aristóteles (que tiene más perspectiva histórica que Platón) señaló que los defectos de esa educación se vieron claramente cuando Esparta se hizo con la hegemonía de Grecia tras la Guerra del Peloponeso. Como no habían sido educados para el ocio, cuando consiguieron la hegemonía se destruyeron, pues no sabían estar ociosos ni habían practicado ningún ejercicio superior al de la guerra. Advirtió que la *agogé* se dirigía únicamente a preparar físicamente al joven para la lucha en la falange, de modo que, al poner el énfasis en la dureza física, dejaron de lado las demás enseñanzas.

> Los que permiten a los niños entregarse en exceso a estos ejercicios y los dejan sin educación en las cosas necesarias, los convierten en realidad en trabajadores serviles, puesto que los hacen útiles solamente para un aspecto de la vida política[71].

Esta mala educación fue una de las causas de su decadencia, pues no supieron administrar sabiamente sus asuntos cuando lograron la hegemonía. Aristóteles, con buen sentido, defendía que la educación tiene que tener en cuenta que la vida tiene variados elementos: la guerra y la paz, el trabajo y el ocio; y hay que educar en todos ellos sin dar prioridad a uno solo. Por eso, los espartanos se mantuvieron a salvo mientras luchaban, pero cuando conquistaron el imperio, sucumbieron, por no haber sido educados para llevar una vida de ocio.

No obstante, tanto Platón como Aristóteles coincidieron en alabar el sistema educativo espartano en un punto: su carácter obligatorio para todos los ciudadanos. Es una novedad revolucionaria que debemos admirar: el Estado imponía un programa educativo obligatorio para niños y también, en cierto modo, para las niñas. El Estado era el pedagogo de todos los jóvenes, como dice Plutarco[72]. Es cierto que ese programa educativo era muy limitado y se centraba solo en la actividad física; además, con un interés muy particular: en el caso de los niños, crear fieros soldados y en el caso de las niñas, crear futuras madres robustas. Pero fue en Esparta donde comienza esta idea que hoy día es un valor fundamental de la cultura occidental: la educación es competencia del Estado, que obliga a escolarizar a los niños y que impone el contenido, los tiempos y las formas de aprender.

Los Estados modernos han comprendido el poder de la educación dirigida y controlada, y lo usan de forma descarada con el mismo propósito que en Esparta: crear una población uniforme y diferenciada de otros grupos humanos a los que son hostiles. Controlar la educación se ha convertido especialmente en el objetivo principal de determinados grupos políticos que quieren también adoctrinar a la población. Pero no debemos sobreestimar la fuerza de una educación obligatoria. La tiene, sin duda, pero es la sociedad en su conjunto la que debe, en la vida y en la política, realizar la cohesión social. Si funcionó en Esparta fue porque se desvinculaba al niño de la familia y porque, además (y es muy importante) en Esparta se seguía practicando ese control en toda circunstancia[73]. Ni siquiera cuando terminaba su etapa educativa un espartano podía vivir como quisiera: es famosa la anécdota de un ciudadano que había engordado y que fue amenazado por los éforos con el destierro. Tengamos presente que todos los espartanos vivían de puertas afuera (las mesas comunes tenían ese propósito, por ejemplo). El derecho de fiscalizar a los ciudadanos en todos los niveles era la clave del correcto funcionamiento del sistema.

La tiranía de la mirada en una sociedad como la espartana era más fuerte que cualquier amenaza de castigo legal. Dos eran las potencias terribles que operaban en el cuerpo social: la alabanza y la desaprobación. Sin esa presión brutal y constante no se producía el fruto buscado. De hecho, en cuanto los espartanos salían al exterior, se corrompían con increíble facilidad. La avaricia fue uno de los peores defectos de los espartanos y muchos hombres importantes fueron acusados de aceptar sobornos. Esto indica que su educación y su forma de vida solo resistían dentro de Esparta, donde había una enorme presión social y se vigilaba atentamente los comportamientos de todos. El rey Agesilao fue el único que no sufrió ningún cambio en sus costumbres y forma de vida. Su caso fue muy señalado, precisamente por tratarse de algo excepcional:

> Pues no volvió nuevo del extranjero, como la mayoría de los generales, cambiado por las costumbres ajenas y despreciando las de su patria, sino que, respetando y amando las cosas habituales, como los que jamás habían atravesado el Eurotas, no hizo cambios en su comida, ni en su baño, ni en el tocado de su mujer, ni en el adorno de sus armas, ni el ajuar de su casa[74].

6. El cimiento de oro

Heródoto escribe que, en la ciudad de Quíos, poco antes de la batalla de Lade, a unos niños que aprendían las letras se les cayó encima el techo; de 120 niños solo uno escapó con vida. La batalla tuvo lugar en el 494 cerca de una pequeña isla, llamada precisamente Lade, que se situaba delante del puerto de Mileto. Se enfrentaron los griegos de Jonia contra la flota persa (sobre todo formada por naves fenicias) y terminó con la derrota total de los griegos. Por entonces, Quíos era una ciudad rica, pues ella sola dominaba la totalidad de la isla con su mismo nombre (842 km^2). Los quiotas eran famosos por el elevado número de esclavos que poseían, por sus vinos y por sus higos. Aun así, tal pérdida debió de significar un duro golpe al frágil equilibrio demográfico de una ciudad antigua. La tragedia tuvo tal resonancia como para que Heródoto la mencione en su obra histórica y nos ha ofrecido así el primer testimonio de la existencia de escuelas en el mundo griego.

Los estudiosos modernos consideran que 120 alumnos es un número excesivo para una escuela. Piensan que se trataría más bien de alguna agrupación coral que se reunía en aquel local para recibir instrucción musical para determinada festividad religiosa. El problema es que Heródoto escribe claramente que allí aprendían las letras (*grámmata*). ¿Esos niños eran de la misma edad? ¿Estaban divididos en grupos y había varios maestros? No lo sabemos. El caso es que en otras menciones a escuelas en el mundo griego podemos encontrar cifras muy elevadas de alumnos. Así, por ejemplo, Astipalea, una pequeña isla del Dodecaneso, contaba con una escuela a la que asistían 60 niños. Lo sabemos porque sucedió otra tragedia: un hombre entró en la escuela y derribó la columna que sostenía el tejado causando la muerte de todos los niños[1]. Era un atleta local que había competido en los Juegos Olímpicos del 492 en la disciplina del pugilato. Los jueces lo acusaron de haber cometido una falta y le privaron de la victoria; aquello le trastornó y cuando volvió a su ciudad cometió tal atrocidad. Como se puede ver, la atracción que ejercen las escuelas en las mentes desequilibradas comenzó en el mismo momento que existieron. Hay sin duda un deseo de hacer el supremo mal, que es arrebatar la vida a los niños inocentes.

En estos primeros momentos no había palabra para «escuela»; se decía simplemente que los niños iban a casa del maestro. La escuela era una empresa privada. Pero en tiempos de Tucídides ya encontramos un término específico para designarla: *didaskaleîon* (claramente derivado de *didáskalos* 'maestro'). De nuevo, es un terrible suceso el que motiva que el historiador nos trasmita esta valiosa noticia sobre la enseñanza en su época: en el año 413 un pequeño ejército de mercenarios tracios atacó de improviso una pequeña ciudad de Beocia llamada Micaleso. Saquearon las casas y los templos y mataron sin excepción a todos los que se encontraron. Pero dentro del horror de la guerra hubo un acto especialmente horrible para Tucídides:

> Cayeron sobre una escuela, que era la mayor del lugar y en la que precisamente acababan de entrar los niños, y los degollaron a todos[2].

El texto de Tucídides nos permite también deducir que el nivel de escolarización en ese momento ya era muy alto, pues Micaleso, una ciudad pequeña y apartada, contaba con más de una escuela.

La educación en la escuela se había convertido en parte fundamental de la forma de vida de los griegos. A partir de los 7 años cumplidos, en todas las ciudades, grandes o pequeñas, los hijos de los hombres libres acudían a casa del maestro. En cuanto amanecía, hiciera el tiempo que hiciera, los niños de un mismo barrio salían a las calles y recorrían su camino habitual para recibir una instrucción básica en lectura, escritura y cálculo. Completaban su formación con clases de música y de gimnasia, ya que estas dos actividades, tan tradicionales desde el arcaísmo, nunca fueron abandonadas. Por tanto, eran tres los pilares del sistema educativo. Los niños pasaban la mañana yendo de un lugar a otro para dar clase en cada una de las tres disciplinas. Aunque las imágenes de la cerámica parecen indicar que la música y las letras se impartían en el mismo lugar, seguramente es solo por el deseo del artista de sintetizar en la misma escena dos lugares diferentes y resumir la educación de los niños.

Este tipo de educación dedicada a las letras, la gimnasia y la música y que se servía de un solo maestro para muchos niños, buscando que se criaran unos con otros desde el principio, es el que otros pueblos llamaban con mucha propiedad «estilo griego».

El *grammatistés*

Al maestro de primeras letras se le llamaba *grammatistés*. En sus clases los niños aprendían, en primer lugar, las letras: el maestro trazaba unas de muestra y los niños debían copiar su trazado una y otra vez hasta aprenderlo. Es Platón en el *Protágoras* el que nos informa:

> A los niños que no son todavía capaces de escribir el *grammatistés* les traza los rasgos de las letras con un punzón y luego les entrega la tablilla y les obliga a dibujar siguiendo el trazado de las letras[3].

Luego practicaban con silabarios para que los niños percibiesen las distintas posibilidades de la lengua. Silabear fue una actividad muy común en las escuelas, pues la lengua griega por su misma naturaleza se prestaba a ello. El maestro hacía leer a toda la clase incansablemente hasta que sabían leer. A continuación, los estudiantes aprendían listas de palabras y, por último, memorizaban máximas morales y pasajes de poetas. Los métodos didácticos no hacían las cosas muy atractivas para el niño. Según Marrou, «el maestro se limitaba a repetir y repetir ante sus alumnos y esperaba que los niños acabasen por aprender y memorizar»[4].

El autor más usado en estos primeros niveles enseñanza fue Homero, el poeta por antonomasia; en estudios realizados en papiros escolares encontrados en Egipto (que nos ofrecen información de primera mano sobre las escuelas en el período helenístico, pero que se pueden extrapolar a la época anterior) es Homero el autor que más veces se encuentra. Le sigue de lejos Eurípides, que fue el más popular de los trágicos (por eso precisamente, por su uso abundante en las escuelas, un mayor número de sus obras ha llegado hasta nuestros días). Y mucho más atrás encontramos al orador Isócrates y al comediógrafo Menandro. La preeminencia de Homero en la educación fue indiscutible durante toda la Antigüedad clásica. Un escritor del siglo I d. C. escribió:

> Desde su más temprana edad los niños que hacen sus primeros estudios son alimentados con las enseñanzas de Homero y amamantados con sus palabras como si absorbiéramos la leche de sus versos[5].

Fue la *Ilíada* la obra más empleada en las aulas griegas. Podemos suponer que el maestro elegía las partes más adecuadas para la formación de los niños, episodios señalados como la embajada a Aquiles, el encuentro de Glauco y Diomedes (oda a la amistad desinteresada) o el combate singular de Héctor y Aquiles. El hecho de que estuviesen llenos de violencia no era en aquellos tiempos un factor negativo; antes bien, se pensaba que animaban al valor guerrero, que siempre fue algo buscado en las sociedades griegas que estaban en continuas guerras con sus vecinos. Tampoco sus valores aristocráticos fueron obstáculos para que se difundiera. En todas las ciudades, fuera cual fuese su régimen político, Homero fue el autor preferido en las escuelas. Como hemos visto, solo los regímenes tiránicos fueron hostiles a los poemas y en la medida de lo posible intentaron controlar su difusión, pero a comienzos del siglo V el período de la tiranía había concluido.

Además, en los poemas no había nada vergonzoso. Homero evita las partes escabrosas de los mitos y trata todos los temas con delicadeza, sin caer en la vulgaridad, por eso fueron sus versos perfectos para la educación de los niños. Tanto por su contenido como por su elevada poesía se convirtieron en manual de instrucción de la juventud griega.

Esta insistencia en Homero desde la más tierna infancia explica que algunos terminaran aprendiendo de memoria los dos poemas homéricos. «Mi padre, que se preocupaba de que llegara a ser un hombre de bien, me obligó a aprender todos los versos de Homero y aun ahora sería capaz de recitar enteras de memoria la *Ilíada* y la *Odisea»,* dice un joven en el *Banquete* de Jenofonte[6]. Y tengamos presente que la primera tiene 15.693 versos y la segunda 12.110 versos. No era un problema, pues siempre existió la creencia de que aprender de memoria los versos de Homero contribuía a la educación moral.

Hay dos famosas anécdotas que dejan clara la enorme presencia de los poemas homéricos en la escuela primaria y las dos tienen como protagonista a Alcibíades. Era sobrino de Pericles y fue el *enfant terrible* de la juventud dorada de Atenas. Estaba dotado de una inteligencia y una hermosura corporal que lo habían convertido en un líder carismático. En la primera anécdota Alcibíades se presenta en una escuela y le pide al maestro un libro de Homero. Cuando el maestro le responde que no tiene nada de Homero, Alcibíades le da un puñetazo y se marcha. En la segunda, cuando un maestro le dice que tiene un Homero corregido por él mismo, le replica: «¿Y enseñas a los niños siendo capaz, como dices, de corregir a Homero, y no educas a los jóvenes?»[7].

De estas anécdotas, que retratan bien al soberbio joven, podemos sacar valiosas conclusiones: de entrada, podemos decir que cada maestro tenía su propio sistema; el primer maestro seguramente no veía necesario a Homero para las primeras letras en la infancia; posiblemente fuera un maestro adelantado a su tiempo, que pensaba que Homero era mejor para alumnos más avanzados. El segundo contaba con una edición de Homero que él mismo había preparado; sería lo habitual en el mundo antiguo (Aristóteles preparó una para Alejandro), pero Alcibíades considera que, si puede atreverse a corregir el texto, es que debe dar clase a niveles superiores (donde no solo se leían los versos, sino que se comentaban y se hacía exégesis, como los rapsodos).

Una cita de Homero en el momento oportuno

El conocimiento de Homero era un requisito imprescindible para ser un hombre educado. La mejor forma de demostrar una inteligencia despierta y la exquisita educación recibida en la infancia era acertar a decir el verso de Homero más adecuado para la ocasión. Podemos entenderlo con estos pocos ejemplos:

Cuando el general romano Mumio conquistó Corinto en el año 146 ordenó a los niños libres que escribieran un verso para saber cuántos sabían las letras. Uno de ellos escribió un verso de Homero muy oportuno, señal de que había aprovechado el tiempo en la escuela: «Tres y cuatro veces felices los dánaos que entonces perecieron». Son las palabras que exclama Odiseo cuando teme alcanzar una muerte anónima en el mar por culpa de una tempestad que amenaza con destruir su balsa. Dicen que Mumio se conmovió y dejó libre al muchacho y a su familia[8].

El filósofo Jenócrates (396-314) fue como embajador ante Antípatro para negociar el rescate de unos prisioneros atenienses en la guerra Lamíaca (año 322). Cuando se presentó en el banquete y le fue ofrecido el asiento, dijo de pronto unos versos de Homero: «¿Qué hombre de recto entendimiento se decidirá a gustar de la comida y de la bebida antes de ver con sus ojos a sus compañeros?», que son las palabras que Ulises le dirige la hechicera Circe cuando lo invita al banquete mientras sus compañeros siguen en las pocilgas de la mansión convertidos en cerdos. Dicen que Antípatro, que era un hombre muy duro, se admiró de la oportunidad de la cita y los liberó enseguida[9].

Usar los versos de Homero para hacer gracia a costa de otros sería un gran pasatiempo en el civilizado mundo griego. Los griegos nunca fueron famosos por su seriedad. He aquí un caso especialmente cruel que le ocurrió a un gramático que hacía una demostración en el teatro de Rodas. Cuentan que pidió al público que le recitara un verso para pasar a explicarlo. Entonces alguien del público gritó este verso de la *Odisea*: «Sal de pronto de la isla, el más miserable de los seres vivos». Por supuesto, todo el teatro rompió a reír[10].

Cuenta Eliano que el filósofo cínico Diógenes usó un verso homérico para burlarse de un hombre afeminado que le había dado limosna: «Que los dioses te otorguen cuanto deseas en tu corazón: un marido y un hogar». Son las palabras que Ulises le dirige a la joven Nausícaa cuando se presenta como un desnudo náufrago y pide su compasión y ayuda[11]. El agradecimiento no estaba en el sistema de valores de Diógenes, que consideraba como cometido principal de un filósofo meterse con las personas.

Pero, por lo general, la burla inteligente se conseguía alterando ligeramente alguna palabra para causar la risa por el giro inesperado, como hizo Heráclides de Licia. Había sido condenado a la confiscación de sus bienes como castigo por haber talado unos cedros sagrados. Cuando regresaba del juicio, sus alumnos le intentaron consolar diciendo que nadie podía arrebatarle ni su talento ni su gloria. Uno de ellos empezó a citar un verso de Homero: «Uno solo queda retenido en el vasto...», y Heráclides lo interrumpió diciendo «fisco», en lugar del «mar» como estaba escrito en el poema. Todos se rieron y el sofista demostró que sabía sobreponerse a sus desgracias[12].

Un caso parecido se recuerda de un tal Arcadión que se había autoexiliado de Macedonia por odio hacia el rey Filipo. En una ocasión, coincidió con Filipo en el santuario de Delfos y el rey lo hizo llamar con el deseo de buscar una reconciliación. Cuando se presentó, el rey Filipo le preguntó amablemente: «¿Hasta cuándo vas a vivir en el destierro?», y Arcadión recitó un verso: «Hasta que llegue a los hombres que no conocen a Filipo», que era una cita ligeramente alterada de un verso de la *Odisea* donde aparecía la palabra «mar»[13]. Son las palabras que pronuncia el adivino Tiresias a Ulises en el infierno prediciendo su destino. Dicen que Filipo, que era un hombre jovial por naturaleza, se rio ante esta contestación y lo invitó a cenar y consiguió que depusiera su enemistad.

La riqueza de Homero era tal que siempre había un verso apropiado para todo. Por ejemplo, para expresar la fugacidad de la vida se declamaba este verso de la *Ilíada:* «¡Como la generación de las hojas, así la de los hombres!»[14], que pronuncia en el poema un tal Glauco antes de contar la historia de su familia; para ensalzar las bondades de la familia se usaba el verso, «¡Qué bueno es para un hombre dejar un hijo!», que encontramos en la *Odisea* para alabar la conducta de Orestes que venga la muerte de su padre[15]. Cuando se quería elogiar a alguien como una persona excepcional, siempre se recitaba este verso de la *Odisea*: «Solo él es inteligente, los demás son sombras que revolotean»[16], que realmente se refiere a las almas que vagaban en el infierno. Los aristócratas se apropiaron de aquel otro que decía: «Ser siempre el mejor y destacar por encima de los demás»[17]; hasta los tiranos habían encontrado un verso que los justificaba: «No es bueno el gobierno de muchos, que mande uno solo»[18]. Aunque se decía que el tirano Pisístrato lo había intercalado en el poema con ocasión de las recitaciones oficiales que tenían lugar en las Panateneas.

Muchos grandes personajes tenían preferencia por un verso en particular que habían convertido en lema de su vida. Alejandro Magno había hecho suyo: «Las dos cosas es, buen rey y esforzado combatiente»[19]. Y el verso que más le gustaba a Sócrates era: «Cuánto de bueno y de malo ha sucedido en tu casa»[20]. Estas palabras las dice la hija de Proteo a Menelao que está retenido en una isla sin poder volver a casa. Proteo, como es un dios, podrá indicarle todo lo que ha sucedido en su casa durante su ausencia. Sócrates lo entendía metafóricamente: quería indicar que no le interesaba la investigación de la naturaleza sino los problemas morales que se debaten en nuestro interior, en nuestras almas.

Los versos fueron usados en encantamientos y grabados en amuletos; podían incluso tener la consideración de oráculos divinos. Sócrates soñó en la cárcel con una hermosa mujer que le decía un verso de Homero: «Al tercer día llegarás a la fértil Ptía». El propio Sócrates lo interpretó correctamente: solo le quedaban tres días de vida[21]. Alejandro fundó Alejandría porque durante un sueño un hombre de aspecto venerable y cabellos blancos (tal vez el mismo Homero) le susurró estos dos versos: «Una isla hay en el tempestuoso mar / delante de Egipto; Faro la llaman»[22]. Ciertamente todo verso podía ser recontextualizado para la adivinación. No es de extrañar que más adelante se creara un libro con una selección de versos de Homero que se usó como mecanismo para conocer el futuro. Se llamaba *Homeromanteion* y se ha conservado en tres manuscritos. El interesado realizaba una oración a Apolo (el dios de la adivinación) y mientras la recitaba pensaba en su pregunta. A continuación, tiraba tres veces un dado lo que daba como resultado un número de tres cifras que indicaba el verso de la selección que debía ser considerado apropiado para la pregunta[23].

Incluso hoy podemos hallar en los poemas homéricos un verso que resulte adecuado para cualquier circunstancia, tal es la grandeza de estas obras. Me pasó a mí con ocasión de la jubilación de un buen amigo y compañero de clásicas; por esas fechas releía el canto 23 de la *Ilíada* cuando di de pronto con un verso oportunísimo para despedirlo: «Que los jóvenes ahora se ocupen de tales asuntos», que son las palabras que pronuncia el anciano Néstor porque no va a participar en los juegos fúnebres de Patroclo.

Se tenía a Homero por el más sabio conocedor de los asuntos humanos y en sus poemas, por tanto, se podían encontrar enseñanzas valiosas sobre todos los ámbitos de la vida. El héroe homérico es un ejemplo tanto en la guerra (donde se exalta el valor y la búsqueda de gloria personal) como en la paz (donde manifiesta una caballerosidad y humanidad que se sostienen en el convencimiento de la fragilidad de la vida humana).

Por supuesto, los griegos apreciaron sobre todo el espíritu militar de su obra (principalmente la *Ilíada*). El comediógrafo Aristófanes asegura que Homero enseñó la formación de las líneas de combate, las virtudes guerreras y las diferentes formas de armamento[24]. Pero había mucho más en su poesía. Trataba, literalmente, sobre todos los asuntos humanos, por lo menos los tres fundamentales para la educación de un hombre libre, así lo reconoce Jenofonte en su *Banquete*: hacerse administrador de bienes, llegar a ser orador político y mandar ejércitos[25].

Y si Homero no lo sabía todo, por lo menos había sido el iniciador de todos los saberes. Por supuesto, nadie discutía su influencia en la literatura; su lengua especial se siguió cultivando hasta el final del mundo antiguo e influenció a otros géneros literarios. El gran dramaturgo Esquilo llegó a afirmar que sus obras solo eran «bocados del festín de Homero». Como las dos epopeyas están llenas de parlamentos y discursos de los personajes se vio en Homero al primer retórico[26]. Como en algunos versos expresaba la idea de que «ningún hombre puede escapar de su destino», un escolio nos dice que Homero era astrólogo. Crates de Malos, el gramático y filósofo estoico de mediados del siglo II, defendía a ultranza la omnisciencia de Homero y un geógrafo tan serio como Estrabón sostenía el valor de los poemas homéricos para su materia. Estrabón entendía que en Homero hay cosas para el goce y otras para la enseñanza, pero incluso así debíamos considerarlo el fundador del estudio empírico de la geografía. Para Estrabón la poesía es una primera manifestación de la «ciencia» y desde jóvenes nos introduce en la vida y nos enseña experiencias y acciones siempre con placer: «Por eso las ciudades de los griegos educan a los niños ante todo mediante la poesía»[27].

Platón admite en un pasaje de su *República*, que había por todas partes grandes panegiristas de Homero. Estos consideraban que su poesía debía ser tomada con atención para el gobierno y para la dirección de todos los asuntos humanos, hasta el punto de que adecuaban su propia vida a los preceptos de su poesía; por eso Platón concluye con una rotunda afirmación que nadie después ha discutido: «Ese poeta ha educado a Grecia»[28].

La pasión por Homero fue inextinguible hasta el final de la Antigüedad. Un buen ejemplo de la vigencia de Homero es Sinesio, escritor nacido hacia el 370 de nuestra era en la ciudad de Cirene que llegó a ser obispo hacia el final de su vida. Hoy en día es famoso por su epistolario y su relación estrecha con Hipatia de Alejandría, de la que fue alumno y por la que sentía gran devoción. Comienza una de sus cartas con dos versos de la *Ilíada* de Homero para expresar la nostalgia por un amigo:

Aunque en el Hades uno se olvida de los muertos,
incluso allí yo me acordaré de mi querido compañero[29].

El autor, aunque era cristiano, no tuvo problema en recordar las palabras que Aquiles dedica al alma de su querido

Patroclo y que representan la primera aparición en la literatura del tópico del amor constante más allá de la muerte.

Los críticos de Homero

También Homero cometió errores en su obra. Los antiguos lo percibieron como nosotros. El poeta latino Horacio escribió en *Ars poetica* a este respecto: *et idem indignor, quandoque bonus dormitat Homerus*[30] que podemos traducir: 'y exactamente igual me indigno cuando el buen Homero dormita'. Este verso se convirtió en un dicho que servía para disculpar a un escritor cuando cometía algún error en su obra. Pero eran pequeños detalles que no empañaban la grandeza de la obra ni su sentido global ni su valor poético. Se ha señalado como más evidente el de un héroe llamado Pilémenes que muere en el canto II para reaparecer vivo más adelante en el canto V. Pero solo hay que mirar el índice de nombres propios de las ediciones de la *Ilíada* para darse cuenta de que pocos podrían tener en la cabeza con orden tal cantidad de personajes. Estos errores con los nombres se cometen incluso cuando se trata de obras modernas; es famoso el caso de Cervantes, que en su *Quijote* llama de dos maneras diferentes a la mujer de Sancho Panza.

Pero había personas que sentían recelos y hostilidad hacia Homero por otras razones. Existía un punto que era especialmente delicado, el relativo a los dioses. Como hemos dicho, todos coincidían en que fue Homero quien había creado para los griegos una teogonía, había dado sus nombres y había repartido entre ellos honores, habilidades y había descrito sus figuras[31]. En el siglo VI surgieron pensadores que tenían una nueva sensibilidad ante el hecho religioso y criticaron abiertamente la frivolidad, la amoralidad e incluso el antropomorfismo de los dioses homéricos. En primer lugar, Pitágoras. Gracias a sus poderes místicos había podido bajar al Hades y allí vio el alma de Homero colgada de un árbol con serpientes alrededor por todo lo que había dicho acerca de los dioses[32]. A pesar de sus críticas, que tienen que ver con el concepto de la divinidad en la epopeya homérica, se dice que Pitágoras usaba versos de Homero cuidadosamente seleccionados para la educación de las almas.

Homero también recibió por esa misma época la dura crítica de Jenófanes. Le llamaron «el demoledor del engañoso Homero». Había nacido en Colofón, una ciudad jónica a orillas del Egeo, pero en el 540, cuando los persas amenazaron seriamente la libertad de las ciudades griegas de esa zona, decidió emigrar. Tenía 25 años. Desde ese momento y hasta su muerte 67 años después anduvo errante sin descanso por todo el mundo griego. Se convirtió en un poeta itinerante que cantaba sus propios poemas, seguramente en círculos más bien escogidos de las clases elevadas. Tenía ideas radicales que se oponían a lo establecido (por ejemplo, su rechazo a la exaltación del atletismo) y fue un pensador original que nunca se consideró discípulo de nadie. Sentía (y esto le llenaba de doloroso resentimiento) que no había alcanzado la fama, el reconocimiento y la riqueza que se merecía por su arte y su inteligencia.

Jenófanes atacó duramente a Homero por su concepción de los dioses, porque los presentaba frívolos, lujuriosos, crueles y sometidos a todas las demás pasiones humanas. Pero fue más allá y criticó su antropomorfismo. En uno de sus poemas escribe que, si los bueyes y los leones tuviesen ma-

nos, fabricarían a sus dioses a su imagen y semejanza[33]. Esto
es un buen ejemplo del relativismo de las clases superiores
griegas desde épocas tempranas (producto de sus viajes y
conocimientos de otras culturas). Había también cierta in-
satisfacción religiosa. Jenófanes solo creía en un dios supremo que era todo mente y todo espíritu[34]. Pensaba que había mundos infinitos y que los entes estaban formados por
cuatro elementos. Eran nuevas concepciones religiosas que
chocaban con la religión ya demasiado primitiva (aunque
hermosa) que reflejan los poemas homéricos.

Jenófanes pasó al final de su vida por la corte de Hierón, el
tirano de Siracusa, donde continuó con sus críticas a los poemas homéricos. En cierta ocasión, el poeta se quejó ante el tirano de que apenas podía mantener a dos siervos. Entonces
Hierón le replicó con ingenio: «¡Pero si Homero, al que tú ri-
diculizas, aun estando muerto mantiene a más de diez mil!»,
aludiendo a todos los rapsodos ambulantes que vivían de recitar los poemas homéricos por todas las ciudades griegas[35].

Platón, como hombre de espíritu sublime y de gran sensibilidad, profesaba una enorme admiración por Homero
desde niño y sabía que había sido el primer maestro de los
griegos. Ese amor se demuestra en el simple hecho de que
los diálogos de Platón están llenos de citas homéricas. Y,
sin embargo, fue Platón el que dirigió el ataque más duro a
la epopeya homérica. En principio, por la forma en que Homero nos presenta a los dioses: son seres que se hacen la
guerra, se tienden acechanzas, sienten odio y se muestran
desvergonzados. Son, en definitiva, rabiosamente humanos
en todas sus pasiones y deseos, solo diferentes a los hombres en su inmortalidad, su eterna juventud, su fuerza y su
belleza. Platón ya no comprendía a estos dioses tan primi-

tivos, dioses que incluso se ablandan con los sacrificios que hacen los hombres injustos. Le parecía especialmente equivocado ese verso que dice: «Los presentes ganan a los dioses y a los reyes venerables»[36]. Además, según Platón, Homero había forjado fábulas que representaban a los dioses de forma indecente. Puede servir de ejemplo el episodio en el que Hefesto descubre que su esposa Afrodita lo engaña con Ares. Para atrapar a los amantes les prepara una trampa en el lecho y quedan presos en una red invisible. Luego, convoca a los demás dioses para que los contemplen «y una risa inextinguible se alzó entre los dioses bienaventurados al ver la habilidad del ingenioso Hefesto»[37]. Platón no comprende cómo los dioses pueden reír al ver ese espectáculo. En esa misma línea el moralista Platón menciona otra escena en la que Zeus desea a Hera con la misma intensidad con la que se unieron de jóvenes sin saberlo sus padres:

> Y en cuanto la vio, el amor nubló su sagaz mente,
> como cuando por primera vez se unieron en el amor
> al acostarse en el lecho, a escondidas de sus padres[38].

Para Platón los dioses solo pueden ser responsables de las cosas buenas y, por tanto, no pueden hacer la guerra, ni encenderse de odio, ni tramar engaños (por ejemplo, cuando Zeus envía a Agamenón un sueño pernicioso en el que le promete la conquista de Troya si ataca de inmediato la ciudad). También merece su crítica el hecho de que Homero presente a Aquiles y a otros héroes llorando o entregados desaforadamente al dolor. Le parece indecoroso. La moral y el comportamiento de los héroes homéricos ya no es comprensible para Platón, que escribe sobre Aquiles: «Reunía dos vicios: miserable afán de riqueza y soberbia con respecto a los dioses y los hombres»[39]. Platón no comprende la altivez de un héroe que no conoce la falsa modestia ni la piedad con el enemigo. Esto procedía de una íntima desesperación por su vida efímera, pues sabía que iba a morir sin entrar en Troya. Tampoco comprende lo que significa la riqueza en la epopeya: para Aquiles su honor está ligado a la parte del botín que recibe en cada campaña; así se medía de forma eficiente y visible. No había satisfacciones espirituales (como le gustaría a Platón), sino materiales.

Desde el siglo VI algunos autores habían intentado soslayar estas críticas haciendo uso de una interpretación alegórica: tras los dioses se escondían los poderes de la naturaleza y todas las acciones de la epopeya podían entenderse en un sentido figurado que apuntaba a algo más profundo y filosófico. Esta interpretación alegórica llegó a su cima con la obra de un tal Heráclito en el siglo I d. C. que se tituló precisamente *Alegorías de Homero*. Pero Platón también dice de forma expresa que la explicación alegórica con la que se pretendía disculpar al poeta no sirve, pues los muchachos todavía están incapacitados para comprenderlas. Platón sabe que Homero se usaba con los niños de corta edad, desde los primeros pasos del sistema educativo, precisamente los que son más importantes para modelar el alma de la forma deseada. Pensemos que Platón incluso quería controlar los cuentos que las nodrizas y las madres contaban a los niños pequeños en casa: «Trataremos de convencer a la madres y nodrizas para que relaten a los niños mitos escogidos y modelen sus almas con más cuidado»[40].

Por todo ello, Platón no tiene más remedio que desterrar a Homero de su sistema educativo: «No permitiremos que los maestros se sirvan de sus obras para instruir a los jóvenes»[41]. Había que arrebatar a Homero su papel como educador privilegiado de la juventud griega. En su ciudad ideal solo se admitirán himnos a los dioses y elogios de los hombres ilustres. Siguiendo el modelo espartano, insistió en la educación como forma de control de la población y esto pasaba por imponer una férrea censura a la poesía. Platón no oculta esa relación con el mundo espartano pues pregunta retóricamente a Homero en *República*: «Querido Homero, ¿qué ciudad mejoró por ti su constitución, como en Lacedemonia por obra de Licurgo, a qué ciudad aprovecharon tus dotes de legislador?»[42].

El *paidotriba*

El otro pilar de la educación era la gimnasia. El deporte fue una de las grandes creaciones del hombre griego. La idea de competir en actividades físicas sin más propósito que recibir el reconocimiento de los demás es un invento griego. En Homero ya encontramos las primeras referencias al mundo deportivo. Se mencionan las disciplinas que serán típicas del olimpismo: salto, carrera, pugilato y lanzamiento de peso, disco y jabalina. En unas ocasiones tienen lugar con motivo de funerales, en otras, sin embargo, solo sirven como distracción y entretenimiento. El hecho de que apareciesen en los poemas homéricos, que servían de manual de instrucción de la juventud, contribuyó a su gran difusión y su valoración positiva en todo el mundo griego.

La juventud entrenaba en las palestras y en los gimnasios bajo la supervisión de un maestro de gimnasia que se llamaba *paidotriba.* Nuestra palabra «palestra» procede del griego *palaístra*, formada a su vez sobre el verbo griego que significa 'luchar'. Era un edificio con un gran patio cuadrado rodeado por pórticos con columnas. Por su parte, «gimnasio» está relacionado con el adjetivo *gymnós* que significa 'desnudo', ya que así se practicaba el ejercicio físico. La propia ciudad los construía con la finalidad de que los jóvenes pudieran mantenerse en forma. Contaba con un gran espacio a cielo abierto y pistas para la carrera, y estaba rodeado de pórticos y salas (de aseo y baños). En la ciudad de Atenas había tres gimnasios construidos a las afueras (pues necesitaban espacios amplios para la práctica de los ejercicios): el Liceo, el Cinosarges y la Academia. Los gimnasios estaban bajo la supervisión de la ciudad, que nombraba anualmente a un magistrado llamado *gimnasiarco* que se ocupaba de su correcto funcionamiento en todos los sentidos, pero, al parecer, las palestras eran instituciones privadas.

La práctica de ejercicio físico se consideraba un privilegio de los hombres libres. No se permitía la entrada a extranjeros ni a esclavos; la ley establecía: «un esclavo no podrá ejercitarse ni untarse de aceite en la palestra»[43]. A los 14 años los chicos salían fuera del cuidado del *paidotriba*, pero los hijos de las clases pudientes podían seguir sus entrenamientos en gimnasios y palestras bajo la supervisión de entrenadores privados.

¿Por qué estaban los griegos tan interesados en el deporte? Es posible que en un principio tuviera que ver con los valores militares: era importante mantener la forma física de la juventud para que estuviese preparada para la guerra (que era un mal endémico en la antigua Grecia). La educación que proporcionaba el *paidotriba* garantizaba que los jóvenes tuviesen recursos en el campo de batalla (lanzamiento, carrera y agilidad). El deporte también contribuía a socializar y dar cohesión a la población, ya que se formaba un grupo de la misma edad, que practicaba las mismas actividades juntos, sometido a las mismas reglas y normas de convivencia. Platón todavía sostenía la idea de que la educación física era un medio de formar a los ciudadanos para afrontar los peligros de la guerra[44], pero lo cierto es que en su época el propósito principal del entrenamiento en palestras y gimnasios era conseguir la gloria en las competiciones atléticas. Por entonces, se había instituido con éxito un sistema de cuatro grandes certámenes panhelénicos, Olímpicos, Píticos, Ístmicos y Nemeos, que se denominó el «período» (lo que llamaríamos hoy día, el circuito). Además, cada ciudad, a su vez, celebraba algún certamen local de menor importancia. Existía, por tanto, un amplio calendario de eventos en los que los jóvenes deportistas depositaban sus esperanzas de lograr la ansiada fama.

Los ejercicios que se realizaban en los gimnasios estaban completamente centrados en ese fin y de poco podían servir para las circunstancias de la guerra real. Los espartanos lo comprendieron enseguida y abandonaron ese tipo de entrenamientos porque no eran apropiados para el combate; en la época arcaica los espartanos habían participado en los juegos de Olimpia y lograron contar con numerosos vencedores olímpicos, pero a mediados del siglo VI dejaron de acudir. Pero los demás griegos no hicieron de sus ciudades un cuartel en permanente estado de guerra y se entregaron con entusiasmo al deporte. Ser atleta y competir en los certámenes fue considerado el elemento clave de la identidad de los griegos. La competición en los juegos por la gloria era un refinamiento de cultura incomprensible para los pueblos bárbaros, como pone de relieve esta famosa anécdota:

> Cuando Jerjes pasó a Grecia, se presentaron ante él unos desertores griegos. Se les preguntó qué hacían los griegos y ellos respondieron que celebraban «las fiestas de Olimpia», es decir, que asistían a certámenes atléticos e hípicos (era la Olimpiada 75). El persa preguntó por qué premio competían, a lo que respondieron que al vencedor se le concedía una corona de hojas de olivo. Entonces un noble persa sin poder contenerse, exclamó: «¡Contra qué clase de hombres nos llevas a combatir que no compiten por dinero, sino por la gloria de la fama!»[45].

El citarista

Al maestro de música se le llamaba *citarista*. Según nos dice Platón en el *Protágoras*, primero enseñaba a tocar el instrumento (no nos dice cómo) y luego daba a conocer obras bellas. La música también ejercía, según los griegos, una acción moralizante que conseguía inspirar sabiduría y apartar al niño del mal. Por eso se les consideraba también a los maestros de música educadores y enderezadores de las costumbres:

> Y por su parte el citarista se preocupa de la sensatez para que los jóvenes no hagan nada malo; y además de eso, cuando aprenden a tocar la cítara, les enseña poemas de los buenos poetas líricos, adaptándolos a la cítara y obliga a las almas de los niños a familiarizarse con los ritmos y armonías, para que sean más suaves y más rítmicos y armoniosos a la hora de expresarse y actuar[46].

El hecho de que se llamara citarista nos sugiere que el instrumento empleado en la educación musical era la cítara, pero, por las imágenes de la cerámica pintada, podemos ver claramente que era una «lira de tortuga». Su invención se remontaba ni más ni menos que al dios Hermes. Según el mito, el pequeño Hermes encontró una tortuga, la vació y tensó sobre su caparazón hueco siete cuerdas hechas con tripa de oveja. Pasaba por ser el inventor mítico de este instrumento, aunque más adelante se la entregó a Apolo, que la consideró como uno de sus atributos principales[47].

Esta lira de tortuga fue el instrumento oficial de las escuelas. Tenía siete cuerdas, aunque en algún momento entre finales del siglo V y principios del siglo III se incrementó su número. Los alumnos estudiaban las escalas de oído. El sistema de enseñanza era tedioso y repetitivo y el maestro era estricto con los alumnos que se tomaban libertades en la ejecución[48].

La lira en época clásica en Atenas desbancó en la educación musical al *aulós*. Era este un instrumento de viento con una lengüeta que vibraba al soplar (no era una flauta dulce), por lo que podríamos considerarlo mejor como un oboe. Se usó siempre en los gimnasios para acompañar los ejercicios gimnásticos y en el simposio para amenizar las veladas (en principio, por los propios participantes y, luego, cuando declinaron las habilidades musicales en este instrumento, por mujeres expertas que se contrataban a este efecto, a las que se llamaba *auletrídes*). Si la cítara se asociaba con Apolo, el *aulós*, por su lado, quedó asociado con los cultos orgiásticos como los de Dioniso. Estaba admitido por todos que escuchar la música del *aulós* causaba el entusiasmo en los oyentes.

Fig. 10. Apolo con su lira de tortuga.

La oposición entre la lira y el *aulós* se podía remontar a la mitología. La flauta había sido inventada por la diosa Atenea[49], quien la había fabricado a partir de un hueso de ciervo. Estaba muy complacida con su invento hasta que, por casualidad, alcanzó a ver en las aguas de un estaque su reflejo mientras tocaba. Al observar que los rasgos de su hermosa cara se deformaban al tocar, se deshizo de inmediato de su creación, que fue recogida por un sátiro de Frigia llamado Marsias. Llegó a dominar aquel instrumento con tal perfección que se atrevió a retar a Apolo y su cítara a una competición musical. Las Musas serían las jueces del concurso en el que se jugaban el todo por el todo: el perdedor quedaba a merced del vencedor. Marsias resultó vencido y Apolo lo ató a un pino y lo desolló. Luego colgó la piel en una gruta donde nacían las fuentes de un río que pasó a denominarse Marsias (un afluente del Meandro). Los habitantes de una ciudad cercana llamada Celenas mostraban con orgullo a sus visitantes una venerable reliquia: un odre confeccionado con la piel de Marsias[50].

Además, la lira estaba vinculada con Aquiles. El héroe había recibido una buena educación musical por parte de su maestro Quirón y distraía sus penas tocando la cítara. Una imagen atractiva de héroe melancólico:

> Y encontraron a Aquiles deleitándose con una hermosa lira labrada,
> con su puente de plata, que había tomado de entre los despojos cuando destruyó la ciudad de Eetión; con ella recreaba su ánimo, y cantaba las hazañas de los hombres[51].

Es cierto que Paris, al que la tradición mitológica considera afeminado y poco guerrero, también se dedicaba a tocar la lira en el poema homérico, pero su imagen fue convenientemente relegada y Aquiles se convirtió en el único modelo positivo que influyó en la extensión de la cítara entre las clases elevadas, que eran en principio las que tomaban lecciones de música. En ese sentido es relevante esta anécdota de Alejandro Magno:

> Mientras paseaba por la ciudad de Troya y contemplaba sus ruinas, alguien le preguntó si quería ver la lira de Paris, pero Alejandro le contestó que esa lira no le interesaba en absoluto, sino que buscaba la de Aquiles, con la que aquel cantaba las hazañas y las gestas de los valientes[52].

El caso es que en la época de las Guerras Médicas la mayoría de los atenienses libres sabía tocar el *aulós*, pero con el tiempo pasó a segundo plano y la lira se afianzó como instrumento preferente. Las clases aristocráticas de Atenas despreciaron el *aulós* y se inclinaron por aprender a tocar solo la lira. Cuenta Plutarco que el gran aristócrata Alcibíades (nacido hacia el 450) se resistía a tocar el *aulós* porque era impropio de los hombres libres. Con su ejemplo apartó a sus coetáneos de las clases superiores del estudio del *aulós*. El mismo Platón escribe en un diálogo: «Tú, Alcibíades, has aprendido a leer, a escribir, a tocar la cítara y a luchar, pero no has querido tocar el *aulós*»[53]. Así quedó el *aulós* desterrado del número de ocupaciones de los hombres libres en Atenas. La política también desempeñó un papel importante en este asunto: en Tebas y en Esparta, que eran las dos ciudades más hostiles a Atenas, el *aulós* fue el instrumento principal de la educación musical. En Esparta, como hemos visto, los ejércitos avanzaban al son del *aulós* y Tebas era la reconocida cuna de grandes intérpretes de *aulós*, como Prónomo, que fue especialmente famoso a finales del siglo V. No solo cautivaba a las masas con su técnica musical, sino que divertía a los espectadores con la expresión de su rostro y el movimiento de todo su cuerpo. Además, realizó algunas innovaciones musicales. Hasta ese momento había tres clases de flautas, con una se tocaba el modo dorio, con otro el frigio y con otro el lidio. Prónomo fue el primero que ideó flautas apropiadas para todo tipo de música. Por todo esto, la fama de Prónomo, un simple flautista, se hizo enorme y compitió incluso con la de generales y políticos ilustres. En Tebas le dedicaron una inscripción honorífica en la que se escribió: «Grecia juzgó que Tebas superó a todos en tocar el *aulós*; y Tebas que Prónomo, el hijo de Oeníades».

Los filósofos también se involucraron en esta disputa entre instrumentos. Los pitagóricos, como se ha dicho, trataban algunas enfermedades del cuerpo mediante la música, pero Pitágoras había repudiado la música del *aulós* y solo empleaba la lira. Platón se mantuvo fiel a esta idea pitagórica y también rechazó el *aulós*. Su discípulo Aristóteles fue igualmente tajante en ese punto:

> No se usarán en la educación flautas, la razón es que se trata de un instrumento orgiástico, persigue la purificación más que la enseñanza e impide servirse de la boca. Por eso hicieron bien los antiguos en prohibir su uso a los jóvenes[54].

Aristóteles estaba convencido de la necesidad de que la música formase parte de la educación de los jóvenes. La música infunde ciertas cualidades al carácter y contribuye a la diversión y al cultivo de la inteligencia. Su función es preparar a los ciudadanos para saber disfrutar de su ocio de una forma apropiada a hombres libres. Aristóteles recomienda que los niños estudien la lira o cítara lo suficiente como para ser jueces de la técnica de los otros. Por esa época había una clara distinción entre el profesional y el aficionado (como ya había pasado en el atletismo). El profesional, por maravilloso que fuera su don, era mirado con desdén como hombre a sueldo de otros y su persona no era valorada en sí misma. En ese sentido es reveladora la anécdota de Filipo II que se había educado de joven en Tebas donde había adquirido una gran educación musical.

En otra ocasión, Filipo discutió con un tañedor de arpa sobre la técnica del instrumento. El músico, parando la discusión, le dijo sonriendo: «¡Ojalá, oh rey, no llegues a ser tan desgraciado como para saber de esto más que yo!»[55].

Filipo trasmitió a su hijo este gusto por la música, aunque un hombre noble no debía dedicarse a tales menesteres más que como afición en los momentos de ocio y nunca de manera seria; por eso, cierta vez que Alejandro había tocado con arte y gusto en presencia de su padre y de un grupo de amigos, le dijo Filipo: «¿No te da vergüenza tocar tan bien?»[56].

El pedagogo

Un fiel esclavo de la casa acompañaba al niño en sus salidas diarias a casa del maestro y del citarista, así como a palestras y gimnasios. Recibía el nombre de «pedagogo», palabra griega que está formada por el sustantivo *paîs*, 'niño', y el verbo *ágo*, 'llevar', y significaba, por tanto, 'el que lleva al niño'. Su misión principal era protegerlo de cualquier adulto que lo abordase. Recordemos que en casi todas las ciudades griegas se admitía que hombres adultos entablasen relaciones (supuestamente nobles y espirituales) con muchachos imberbes; sin embargo, el pedagogo, como dice Platón, lo ponían los padres atenienses para impedir esos acercamientos.

Desde el momento en que los padres ponen pedagogos al cuidado de los muchachos objeto de amor para que no les permitan hablar con sus amantes –y esto se les encarga muy especialmente–, parece que tal práctica (el amor pederástico) se tiene como sumamente vergonzosa[57].

El pedagogo esperaba al niño en todos esos lugares donde se educaba. En los dibujos de los vasos vemos al niño tomando la lección con el maestro bajo la atenta mirada del pedagogo, que está sentado a un lado con el bastón en la mano; muy posiblemente se trate de una convención de la pintura, pues sabemos por un testimonio de Demóstenes[58] que había una sala especial en la escuela donde esperaban los pedagogos. Esa sala se llamaba *paidagogeîon*. No obstante, Marrou no cree en la existencia de esa sala y considera más valioso el testimonio de las imágenes de la cerámica donde el pedagogo asistía a clase sentado aparte[59]. En las palestras y los gimnasios, que eran recintos a cielo abierto, había sitio de sobra bajo los soportales para que los pedagogos esperasen a que los niños terminaran sus ejercicios.

Al parecer también acompañaba al niño a otros lugares. Sabemos que Demóstenes, siendo un muchacho, asistió a una sesión de los tribunales populares en compañía de su pedagogo. Sin duda, debió de ser un pleito que había suscitado una gran expectación en Atenas; según su biógrafo, Demóstenes tuvo que convencer a su pedagogo para que lo llevara. Tanto acusador como acusado se jugaban mucho con sus discursos, una fuerte multa, el destierro o incluso la muerte. Todo dependía de unas palabras expresadas de forma apropiada y convincente. La emoción del momento despertó en el joven Demóstenes su ambición por convertirse en un gran orador y alcanzar la gloria en esa actividad[60].

En la Atenas de la época clásica, el pedagogo era un esclavo sin instrucción alguna; normalmente tenía una edad avanzada que le impedía realizar otras tareas pesadas en la casa. En el largo período de servidumbre el amo había podido constatar su fidelidad y sus buenas costumbres y por eso podía confiarle a sus hijos. Precisamente la primera referencia al pedagogo se encuentra en un pasaje de Heródoto donde se menciona al pedagogo de los hijos de Temístocles, un tal Sicino, que era un esclavo de origen persa (estamos en el 480)[61]. En un diálogo platónico, Sócrates dice que Pericles, tutor legal del joven Alcibíades, le puso como pedagogo a un tal Zópiro, un esclavo tracio, inservible ya por la edad[62]. Plutarco lamenta en sus escritos el hecho de que los padres emplearan a los esclavos menos útiles para esta tarea[63]. Pero tampoco es tan criticable, si en esos tiempos el pedagogo solo tenía como ocupación principal vigilar la buena conducta de los niños fuera de casa y protegerlos de los adultos y de otros peligros.

Al ser esclavos extranjeros ni siquiera dominaban la lengua griega, como leemos en un diálogo platónico que se localiza en una palestra de Atenas:

> Entonces, como algún tipo de divinidad, se acercaron los pedagogos [...] llamaron a los niños y les ordenaron volver a casa, pues ya era tarde [...] En un primer momento nosotros intentamos apartarlos, pero no nos hicieron caso y nos increpaban, enojados, en un mal griego y no dejaban de llamarlos[64].

Es interesante ver con qué dureza tratan los pedagogos (que son esclavos) a los varones libres que intentaban retener con su charla a los jóvenes que se ejercitaban en la palestra. Pero ya sabemos que apartar a los admiradores era una de las funciones esenciales de los pedagogos. Seguramente en los primeros momentos de la infancia el poder de los pedagogos era enorme. En otro pasaje, Platón critica ese poder excesivo:

Sócrates: ¿Quién tiene poder sobre ti?

Lisis: Este, el pedagogo.

S: Pero ¿no es un esclavo?

L: Pues sí, ciertamente. Uno de los nuestros.

S: En verdad, es terrible que un esclavo tenga poder sobre ti que eres un hombre libre. ¿En qué consiste el trabajo de ese pedagogo que te domina?

L: Me lleva a casa del maestro[65].

Platón prefería el sistema de educación en Esparta, donde no había pedagogos comprados o a sueldo que se encargaran de los niños. La educación era obligatoria y todos los ciudadanos colectivamente se consideraban responsables de la educación de la juventud. De todas formas, poco papel podían desempeñar allí los pedagogos cuando los niños desde los 7 años pasaban sus días en los campamentos, controlados al máximo.

No sabemos si el pedagogo tenía autoridad suficiente como para castigar físicamente a los niños. Eliano nos cuenta que un pedagogo de Síbaris golpeó a un niño por coger un higo del suelo[66]. Más bien debemos pensar que los pedagogos, como eran viejos, tendrían que soportar las bromas y crueldades de los niños de buena familia en cuanto llegaban a la adolescencia. Plutarco compara la alegría de los tebanos al vencer a los espartanos en la batalla de Leuctra, a la que sentían los niños que presumían de haber pegado a su pedagogo (los espartanos eran como pedagogos de los tebanos porque tiempo atrás les habían enseñado a luchar y ahora recibían ese ingrato pago)[67].

En época helenística la función del pedagogo se desarrolló. Seguramente tomaba la lección a los niños y les ayudaban en la pesada tarea de memorizar (pues la memoria era la base de toda la educación). Pero fue en tiempos romanos cuando surge la figura del pedagogo como instructor de la juventud. En las clases superiores de Roma se impuso la costumbre de dar un pedagogo griego a los hijos con la idea de que este esclavo le enseñara griego al niño. Fue la segunda lengua del Imperio, pues en Oriente nunca acabó por imponerse el latín. En ese sentido, el pedagogo realizaba ya la función de un educador, pues enseñaba. Desde el final de la República, todos los niños de las buenas familias aprendieron de esclavos griegos que actuaron como pedagogos.

La figura del pedagogo se hizo popular entre los romanos. Al general Fabio Cunctator sus soldados lo llamaban despectivamente «el pedagogo de Aníbal», señal de que el papel del pedagogo era ya muy conocido en la sociedad romana. Le llamaban así porque, consciente de su inferioridad en táctica militar, evitaba la batalla campal con el cartaginés y apostaba por una guerra de desgaste de baja intensidad. Esto significaba que las legiones de Fabio se limitaban a seguir los movimientos del ejército de Aníbal de aquí para allá por la zona sur de la península itálica. Es un ejemplo de que el término griego ya estaba muy extendido en la sociedad romana.

Aunque hay que decir que algunos romanos rechazaban estas novedosas costumbres. Y, entre todos, hay que destacar al severo Catón que se resistía a la influencia griega por considerar que solo podía debilitar las recias costumbres de Roma. Catón dio ejemplo y educó a sus hijos sin pedagogo porque no consideraba apropiado que un esclavo le tirase de las orejas a un niño libre:

Catón educó a su propio hijo en las primeras letras, aunque tenía un esclavo ejercitado para esa enseñanza[68].

El gran pedagogo romano Quintiliano, que nació en Cala-gurris (la actual Calahorra), hacia el 35 d. C. y fue autor de un famoso tratado de retórica titulado *Instituciones oratorias,* escri-be que el pedagogo no se separa del niño ni en casa y puede ayudar al estudio del niño como *studiorum exactor* ('repetidor') colaborando con los deberes y las lecciones[69]. Como hemos dicho, la educación se apoyaba únicamente en la memoria, por lo que necesitaba muchas repeticiones. De todas formas, el pedagogo estaba subordinado a las directrices del maestro de escuela. En ese sentido, Marrou considera al pedagogo un preceptor o tutor y no un educador. Como si fuera una espe-cie de ayo al estilo de los héroes homéricos, inicia en los bue-nos modales y enseña a comportarse en el mundo y en la vida.

Cuando se impuso el cristianismo, el término se hizo aún más popular. De hecho, aparece en el Nuevo Testamento como algo conocido que no requiere más explicaciones a los lectores. En una carta de San Pablo leemos: «La ley se ha convertido en pedagogo nuestro hacia Cristo»[70]. Clemen-te de Alejandría en el siglo II d. C. escribió una obra titula-da precisamente *El pedagogo*, en la que lo define del mismo modo que pensamos en la actualidad:

> La pedagogía es, según se desprende de su mismo nombre, la educación de los niños, porque es la conducción de los niños hacia la virtud[71].

Clemente se sirve del valor etimológico de la palabra y tras-ciende su valor concreto (la tarea que hacía el viejo esclavo ateniense) hacia un valor moral superior. Por supuesto, para Clemente el único verdadero pedagogo se llamaba Jesús: «Pues es quien ha diseñado el modelo de la verdadera vida»[72].

Aspecto de una escuela

El maestro se sentaba en una silla con respaldo, mientras los alumnos ocupaban taburetes o sencillos bancos. Platón nos ofrece en *Protágoras* esta valiosa información sobre las escuelas de primaria: «Colocan a los niños en los bancos para leer a los buenos poetas»[73]. Es muy posible que los bancos de los alumnos se colocaran en círculo; por lo menos Diógenes Laercio cuenta sobre el filósofo Menedemo (350-278) que era tan desordenado en su casa que ni siquiera los bancos estaban en círculo, sino que cada discípulo escuchaba las lecciones desde donde casualmente se encontrase ya fuera paseando o sentado, siguiendo el comportamiento del propio Menedemo[74]. Platón en su diálogo *Protágoras,* cuando habla de Hipias, escribe que el sofista para su lección magistral se instalaba en un alto asiento bajo el pórtico y a su alrededor en bancos se sentaban sus oyentes. Es muy posible que esta fuese la disposición que los maestros de escuela habían adoptado desde el principio como más idónea. Por su lado, en casa del citarista el maestro y el alumno se sentaban uno frente al otro con sendas liras en las manos.

Los niños aprendían a escribir usando tablillas (*déltos* o *pínax*). Consistían en una pequeña plancha de madera enmarcada por todos sus lados que se cubría de cera. Se escribía sobre esa superficie usando un punzón (*stylos* o *graphís*). Eran materiales muy fáciles de encontrar y baratos. Los alumnos o sus padres debían ocuparse de mantener las tablillas en buenas condiciones, pues la cera debía ser sustituida periódicamente, por lo menos una vez al mes. Los estiletes o punzones estaban hechos de diversos materiales, según el nivel económico de los niños. Los había de simple madera, pero los alumnos más ricos y ostentosos portaban estiletes de marfil o de bronce. Todos los niños iban al colegio con su conjunto de tablilla y estiletes. En algunos dibujos de la cerámica podemos observar que las tablillas estaban formadas por varias secciones superpuestas como nuestros cuadernos de anillas de hoy día: se llamaba díptico (*díptycha*) si tenían dos tablillas unidas, tríptico (*tríptycha*) cuando se unían tres tablillas y políptico (*polýptycha*) si se juntaban más de tres. Términos que se forman sobre la palabra griega *ptyché*, que significa 'lámina'.

Los niños díscolos solo encontraban en la tabilla una ocasión para el juego. Le sacaban la cera y con ellas modelaban pequeñas figuritas de caballos y hombres[75]. Era un instrumento aborrecible que les recordaba los malos momentos que pasaban en la escuela; por eso cuenta el poeta Herodas que un niño rayaba con saña la tablilla y su madre preocupada por su actitud dice:

> Y la desdichada tablilla, que me tomo la molestia de encerar cada mes, ahí está, huérfana en un rincón, junto a la cama. Aunque a veces, mirándola como si fuera el propio Hades, escribe en ella, pero todo mal y la raya por completo[76].

Más adelante se pasaba a la tinta y al papiro. El maestro tenía que ocuparse de los tinteros (*melanodocheîon* o *melanobaphon*) y de la tinta con la que los alumnos ya mayores aprendían a escribir en los papiros. La tinta se producía a partir de hollín y resina de pino mezclada en proporción de tres a uno. Para escribir con tinta en los papiros usaban una caña o cálamo.

Pero las tablillas se usaban a lo largo de toda la educación, porque el papiro era caro y escaso. Dicen que Cleantes, cuando escuchaba las lecciones del filósofo Zenón, tomaba sus notas sobre conchas y paletillas de vaca porque era demasiado pobre como para comprar papiro. Al parecer la tablilla servía para tomar apuntes en las lecciones de sofistas y filósofos. El filósofo Antístenes, cuando un muchacho le preguntó qué necesitaba para ser su discípulo, le respondió: «Un librillo nuevo, un estilete nuevo, una tablilla nueva», y ponía énfasis en esta última palabra. Se trataba de un juego de palabras muy ocurrente, pero intraducible a nuestro idioma: 'nueva' es *kainoû* que suena igual que *kaì noû*, que significa 'e inteligencia'. No había una gran diferencia en cuanto a los instrumentos de escritura entre la escuela primaria y la superior.

Las primeras representaciones de tablillas aparecen en el *kylix* del pintor Evérgides (fechado en el 520) que fue hallado en la necrópolis de Vulci. Pero fue en Atenas donde se hallaron los restos más antiguos de tablillas y rollos de papiro: en mayo de 1981 salieron a la luz dos tumbas en Daphne (un suburbio a 2 kilómetros al sur de la Acrópolis) donde se supone que existió el cementerio del antiguo *demo* ateniense de Alópece. Por los lécitos de la primera tumba donde reposa una persona de unos 40 años se pudo fechar con exactitud en el 430-20. En la segunda tumba se encontró el esqueleto de una persona joven (poco más de 20 años) del que todavía no se sabe con certeza el sexo. Como fue normal en la Antigüedad, fue enterrado con los objetos que le habían sido más preciados en vida: una lira de tortuga, un arpa, un *aulós*, un rollo de papiro, un estuche de escritura con estilete y tintero de bronce y diversas tablillas de madera; tres de ellas estaban unidas por anillas en sus lados formando lo que se conoce como *polýptycha*. También había nueve tabas o astrágalos. Por el carácter acentuadamente musical de los restos que acompañaron al joven, los arqueólogos llamaron a este descubrimiento «la tumba del músico de Daphne». Los rollos de papiro serían usados para las recitaciones musicales de poesía: tendrían como fin la memorización, mientras que las tablillas se usaban con propósitos más efímeros cuando se tomaba nota en las lecciones. Todo indica que la educación literaria y la instrucción musical estaban muy relacionadas.

Podemos hacernos una buena idea sobre el aspecto de las escuelas gracias a las escenas escolares que se pintaron en la cerámica ateniense. Fueron un motivo popular desde principios del siglo V hasta el 450. Un ceramista llamado Duris parece que se especializó en estas escenas, pues aparece en ocho de sus *kylices* o copas para beber. El más famoso, fechado hacia el 485, se halló en una tumba etrusca de Caere y en la actualidad se conserva en el Berlin Staatliche Museum. En este vaso el artista dibujó a un joven y a su maestro tocando la lira uno frente a otro; en el centro hay una clase de recitación con el profesor desenrollando el papiro para que lea el alumno; en la otra cara posiblemente se representa una lección de escritura con el maestro sentado con su estilete sobre un *tríptycha,* mientras otro alumno está tomando la lección de *aulós*. Parece que reciban la lección de música y letras en el mismo lugar y a la misma edad, pero es posible que el artista intentase en su dibujo representar al mismo tiempo los dos estadios del proceso educativo. Por los rincones hay cajas o arquetas para guardar los rollos de papiro; en las paredes cuelgan de los clavos las liras y un instrumento en forma de cruz que debía de servir como regla para marcar los renglones en las tablillas de cera o en los papiros; también están colgados de la pared unos saquitos con tabas.

Las tabas eran el juguete preferido de los niños. Estaban hechas de huesecillos de cordero o cabra, pero también se hacían de materiales más costosos; al final de la infancia se ofrecían a los templos como señal del paso a la edad adulta, lo que implicaba el abandono de tales actividades tan pueriles. Tras la lección o en los períodos de recreo los niños salían a la calle con sus saquitos de tabas para jugar con sus amigos. Eliano cuenta que Timesias gobernaba en Clazómenas y que allí había despertado muchas envidias por su actuación política. Sabía que aquello era parte de la vida pública y no le daba más importancia, pero cierto día pasó junto a unos niños a los que el maestro había dejado libres. En ese momento dos niños empezaron a pelearse en el juego y uno de ellos dijo: «Así pudiera yo estrujar el cerebro de Timesias». Este quedó consternado al oírlo, al comprobar que sus conciudadanos lo detestaban tan profundamente que incluso los niños se expresaban de esa forma. Entonces por voluntad propia se exilió de su patria[77]. También había otros juegos habituales como las peonzas; así se puede ver en esta famosa anécdota:

> Un hombre de Mitilene tenía dos posibles enlaces matrimoniales: la primera novia estaba a su nivel en riqueza y linaje y la segunda por encima. Mientras pensaba sobre el asunto, se acercó a unos niños que jugaban, muy concentrados, a la peonza. De pronto los niños dijeron (a la peonza): «Mantén tu propia línea». El hombre comprendió el presagio y se casó con su igual[78].

Un elemento decorativo que no podía faltar en las escuelas eran las imágenes de las Musas, diosas que presidían todo el conocimiento. Posiblemente se trataba de simples bustos sobre columnas. Los niños se refugiaban bajo su protección para escapar a la cólera del maestro: «Te lo suplico por las Musas», dice un niño en un poema de Herodas, «ya no voy a hacer nada, te lo juro por la Musas queridas». En una famosa anécdota, el filósofo Diógenes se asoma a una escuela (era un entrometido pues, como veremos, las leyes prohibían a los hombres adultos entrar en ellas cuando estaban los alumnos dentro) y al observar el escaso número de alumnos que tenía aquel pobre maestro, pero muchas estatuas de Musas, le dice con su malicia habitual: «Gracias a las diosas, maestro, tienes muchos discípulos»[79]. Esta anécdota de Diógenes nos hace pensar que las puertas de la escuela estaban siempre abiertas, de modo que adultos con mejores o peores intenciones se asomaban a mirar dentro del colegio. Incluso podían entrar animales, como leemos en esta curiosa historia sobre Gelón, el que sería famoso tirano de Siracusa:

A este le salvó de la muerte en cierta ocasión un lobo. Pues cuando estaba sentado en la escuela, siendo todavía un niño, un lobo se acercó y le arrebató su tablilla. Mientras él corría en persecución del lobo y de la tablilla, se produjo un terremoto y la escuela se vino abajo de modo que murieron todos los niños junto con el maestro. En cuanto al número de niños, los escritores Timeo, Dionisio, Diodoro y Dion insisten en que fueron más de cien, pero yo no lo sé exactamente[80].

Para el funcionamiento de una escuela el maestro contaba con un ayudante (que se llamaba *hypodidáskalos*) que controlaba la clase y preparaba las cosas del aula. En las imágenes de la cerámica lo vemos sentado con una tablilla en el regazo y el estilete en la mano, tal vez, escribiendo algún modelo de escritura para los alumnos. Las ocupaciones del ayudante las conocemos por Demóstenes, que se refiere a ellas de forma despreciativa (por ser una ocupación servil) para atacar a su rival Esquines, que de joven había tenido que ayudar a su padre en la escuela: «Estabas sentado junto a tu padre, moliendo la tinta, fregando los bancos, barriendo el aula»[81].

Leyes sobre escuelas. Calendario

Aunque la educación no era competencia del Estado, había leyes que se ocupaban sobre ciertos aspectos del funcionamiento de las escuelas. Conocemos algunas, gracias a una breve mención en un discurso de Esquines titulado *Contra Timarco* que hace referencia a la ciudad de Atenas (en el año 345), pero que podemos extrapolar al resto de ciudades de Grecia. Esas leyes fijaban el número de alumnos (no lo especifica, por desgracia) y el horario, prohibiendo que los maestros y *paidotribas* abriesen las escuelas y las palestras antes de la salida del sol, y ordenando que las cerrasen antes de caer la noche, porque el legislador, siempre preocupado por la seguridad moral de los niños, consideraba peligrosas la soledad y las tinieblas. Con esa misma idea establecía que los adultos no podían entrar en las escuelas cuando se estaban dando las clases, con la excepción del hijo, el hermano y el yerno del maestro. Como puede verse, el legislador se preocupaba más de la moralidad que del contenido y forma de la instrucción.

Las leyes también regulaban las funciones del pedagogo (aunque, por desgracia, no se entra en detalle en esta cuestión) y los días de fiesta. En el caso de las escuelas el día festivo más importante era el que estaba consagrado a las Musas, como no podía ser de otra manera. Parece que ese día los niños también iban a casa del maestro, pero para realizar algún tipo de sacrificio o actividad que requería una pequeña aportación económica de los alumnos. Por eso el padre tacaño no mandaba ese día al niño al colegio pretextando que estaba enfermo. Ese mismo padre tacaño, si sus hijos no iban a la escuela por enfermedad durante el mes completo, descontaba al maestro una parte proporcional de su sueldo, y en el mes de Antesterion (febrero-marzo), que sabía que había muchas fiestas en la ciudad (el calendario de festividades ateniense no era muy racional y a veces las fiestas se acumulaban), no los mandaba a clase para ahorrarse pagar al maestro ese mes. Todo ello indica que los niños tenían muchos días de vacaciones.

En el caso de las palestras, donde daba clase el *paidotriba*, el día festivo estaba dedicado a Hermes, el patrón de los gimnasios. Platón recrea de forma magistral ese momento en uno de sus diálogos:

> Al entrar nos encontramos allí a los niños que habían realizado el sacrificio y las cosas relativas a la víctima ya casi habían sido hechas. Todos jugaban, muy arreglados, a las tabas. Por un lado, muchos jugaban en el patio fuera, por otro algunos en una esquina del vestuario jugaban a pares y nones con muchísimas tabas, que sacaban de unas canastas; a su alrededor se situaban otros que miraban[82].

Cuenta Diógenes Laercio que Anaxágoras huyó de Atenas, acusado de impiedad, y se retiró a Lámpsaco, una rica ciudad del Helesponto. Los magistrados de la ciudad, felices por contar con una eminencia de tal categoría, le preguntaron muy solícitos qué podían hacer por él. Anaxágoras, que, sin duda, ya sentía que le quedaba poco tiempo, hizo una única petición: «Que a los niños se le den vacaciones cada año en el mes en que yo muera»[83]. Esta costumbre se mantenía todavía en tiempos del autor. Pero en la versión de Plutarco, Anaxágoras pidió que los niños jugaran y descansaran de las lecciones solo aquel día en el que él muriera[84]. Por cierto, la ciudad lo enterró con grandes honores y escribió su epitafio: «Aquí yace Anaxágoras, tras haber recorrido hasta el último límite de la verdad del cosmos celeste»[85].

Se ha conservado un calendario escolar grabado en una inscripción de la isla de Cos de mediados del siglo II[86]. Podemos ver que había un día dedicado a las Musas, así como días dedicados a otras divinidades como Poseidón o Zeus, y a los reyes de Pérgamo que se habían convertido en protectores de la ciudad por aquellos tiempos. En ese calendario se han reflejado también los días de las pruebas escolares diferenciadas en dos categorías de edad: niños y jóvenes. Los alumnos competían en todos los aspectos de su formación: canto, recitación, lectura y caligrafía. En un poema de la *Antología Palatina* leemos esta dedicación realizada por el vencedor en uno de esos concursos:

> Por haber vencido a los niños en caligrafía, Cónaro recibió
> ochenta tabas
> y consagró a las Musas, agradecido, mi máscara cómica,
> uniendo al anciano Cares con el pueril bullicio[87].

El escolar, agradecido, ha ofrendado a las Musas, en el altarcillo situado en la escuela, una máscara cómica (en teoría, podría ser también un cuadro), que representaba a uno de los personajes típicos de las comedias leídas sin duda en clase, el viejo Cares, probablemente un gruñón y un avaro (que, por cierto, no figura en ninguna obra conservada de este tipo). Así el anciano que aquí habla va a encontrarse siempre rodeado de la barahúnda de los muchachos.

Los profesores se veían implicados en esa rivalidad. Por una inscripción de Priene sabemos que la ciudad hacía exámenes sobre las materias educativas estableciendo premios magníficos para los niños y también premios para los profesores. Parece que la ciudad, por medio de estas pruebas oficiales que llevaban a cabo los magistrados, intentaba controlar la calidad de la educación de su juventud y mejorarla por medio de la emulación y la rivalidad entre los maestros. La competencia era la base de la civilización griega y es una de sus herencias más importantes para nuestra cultura.

Ricos y pobres

Todos los niños libres se educaban por igual en los tres apartados básicos que hemos repasado: música, gimnasia, y letras (cálculo). A los 7 años los niños atenienses comenzaban el colegio y salían a los 14 o 15 años ya formados. Pero realmente el final dependía de su nivel de riqueza. Los ciudadanos pobres, que no podían contar con esclavos, necesitaban a sus hijos para que les ayudaran en sus negocios y oficios. Aristóteles escribe: «Los pobres por su falta de esclavos se ven obligados a servirse de los niños como servidores»[88]. Por tanto, esos niños salían antes de la escuela, en cuanto tenían una formación básica en lectura y cálculo. El impacto negativo del trabajo infantil en la educación lo tuvieron ya en cuenta los antiguos:

> Cuando me convertí en un joven, mi padre, no pudiendo alimentar a un ocioso, me llevó al campo y me ordenó trabajar allí[89].

Isócrates nos cuenta que los ciudadanos de Platea, refugiados en Atenas por la destrucción de su ciudad, se quejaban amargamente porque la pobreza no les dejaba darles a sus hijos una educación:

> Pues ¿qué pensáis que sentimos al ver que nuestros padres envejecen indignamente y nuestros hijos no se educan en las esperanzas que habíamos depositado, sino que muchos están esclavizados por pequeñas deudas, otros se han puesto a sueldo y otros se buscan la vida cada día como cada uno puede?[90].

Los hijos de los ricos atendían regularmente a la escuela y la dejaban en el punto más alto de su formación ya que no tenían necesidad de trabajar para vivir. Como dice Platón en el *Protágoras*: «Sus hijos empiezan a frecuentar las escuelas a edad más temprana y las dejan más tarde»[91]. El éxito en la vida dependía de las relaciones sociales y las conexiones familiares. Los niños de las familias nobles podían instruirse con otro adulto, pero era una educación moral y ética que tenía que ver con las formas y etiquetas que definían su clase social. En una sociedad aristocrática en la que sus miembros no debían ganarse el sustento ni disputar en las asambleas populares para imponer sus opiniones, una sabiduría práctica era innecesaria; solo se requería una educación moral con valores éticos que estaban además asociados a su clase y los convertía en diferentes. Más allá de los primeros pasos en esas tres disciplinas solo las clases elevadas podían seguir formándose.

Es posible que los ciudadanos más pobres no acudiesen a la casa del *citarista* y del *paidotriba*. El caso de Temístocles, que era un bastardo, puede ser un buen ejemplo de que solo los hijos de buena familia tenían tiempo para educarse en esas disciplinas, la música y la gimnasia, con buenos resultados. Plutarco nos dice que Temístocles «no tuvo una gran educación» pero su inteligencia política lo hizo destacar; sus humildes orígenes se dejaban notar en su desconocimiento de la música: «El gran defecto de su educación fue no haber aprendido a tocar bien la cítara»[92]. Con Sócrates pasó otro tanto; como era hijo de un simple artesano, no había podido recibir una buena educación musical; por eso, ya a edad avanzada, comenzó a recibir clases para tocar la lira[93]. Aunque su amor a la música la había encauzado a la danza, a la que llamaba «ejercicio de todos los miembros»[94].

Nivel de alfabetización

En Atenas, todos los ciudadanos libres, en la medida de sus posibilidades, daban una educación a sus hijos, por lo menos en la escuela primaria. El nivel de alfabetización era muy alto en la sociedad ateniense, debido al papel activo que los ciudadanos debían desempeñar en la vida política de una democracia: servía para leer los decretos y las leyes que se exponían, así como para formar parte de los tribunales de justicia o de los órganos políticos. Hay que tener en cuenta que muchos de los cargos públicos recaían por sorteo entre los ciudadanos, por lo que era inevitable la participación; además, en los pleitos el acusador y el acusado debían hablar personalmente ante los tribunales populares, pues no había abogados ni fiscales.

Siempre se ha considerado el ostracismo ateniense como un ejemplo del alto nivel de alfabetización de la ciudadanía. Una vez al año la Asamblea (la reunión de todos los hombres mayores de edad con derechos cívicos) se reunía para votar el destierro de un ciudadano. Los ciudadanos debían escribir en un trozo de teja (*óstrakon*) el nombre de aquella persona que consideraban peligrosa para el sistema democrático. El nombre que más veces apareciera escrito en esos *óstraka* era castigado con el destierro por 10 años de la ciudad, aunque se le respetaban sus bienes y su familia podía seguir residiendo en Atenas. A este castigo se le llamó ostracismo, precisamente por el nombre de los trozos teja donde se escribían los nombres.

Era una forma de deshacerse de ciudadanos que se hacían demasiado eminentes por algún motivo. La primera vez que tuvo lugar fue en el año 487 y el sistema estuvo vigente hasta el año 417 cuando los atenienses comprendieron que no era el medio más adecuado para proteger el sistema democrático: al final se convirtió no en miedo a la tiranía, sino en castigo del orgullo y envidia de la gloria.

Había un día fijado en el año para la votación del ostracismo. Era una sesión extraordinaria de la Asamblea que necesitaba de un *quorum* determinado para que la votación tuviera efectos legales: debían asistir por lo menos 6.000 ciudadanos. Ese día se levantaba en torno al ágora una barrera de madera con diez puertas, una por cada tribu (la sociedad ateniense se dividía de forma artificial y a efectos administrativos en diez secciones llamadas tribus). Dentro del recinto es muy posible que los hombres se distribuyesen ordenadamente por tribus para que todo fuese más eficiente. Los ciudadanos podían traer de su casa un trozo de teja ya escrito (de ahí la gran variedad de *óstraka* que se han hallado), aunque para los olvidadizos y los que se decidían a asistir en el último momento habría alguien que les podría suministrar ese trozo. Para los iletrados (que los había) el Estado ponía a su disposición escribas públicos. Cuando terminaba la sesión los numerosos trozos de teja donde los ciudadanos habían rayado los nombres eran inservibles y se arrojaban a la basura. Los arqueólogos descubrieron muchos de ellos en las excavaciones y han sido una gran ayuda para estudiar la escritura y la lengua griega de esa época, pues se tratan de testimonios de primera mano.

Si se había creado ese sistema era, sin duda, porque se tenía conciencia de que la inmensa mayoría de atenienses sabía leer y escribir. Y, sin embargo, hay dos hechos, relacionados precisamente con el ostracismo, que parecen contradecir la idea de una gran extensión de la alfabetización.

En primer lugar, una anécdota sobre el político Arístides que nos ha trasmitido Plutarco. Arístides era conocido por su rectitud, su moderación y su patriotismo. Tanto era así que en Atenas todos le llamaban «el justo». Cuando estaban reunidos todos los atenienses en la Asamblea para decidir el ostracismo en el año 482, el hombre que estaba sentado junto a Arístides le dijo que no sabía escribir y le pidió a este que le hiciera el favor de escribir en el *óstrakon* el nombre de la persona que había elegido como más peligrosa para la democracia. Arístides se mostró encantado de poder ayudarle, pero cuál fue su sorpresa cuando el desconocido le pidió que escribiera el nombre de Arístides. «¿Qué te ha hecho ese hombre para que tú quieras ponerlo en el *óstrakon?*», le preguntó. Y el hombre le respondió: «Nada. Ni siquiera lo conozco, pero me da mucha rabia que todos en Atenas lo llamen justo». Arístides, entonces, escribió su propio nombre en el *óstrakon* y cuando al final se hizo el recuento, su nombre apareció más veces y tuvo que salir al destierro[95].

Que este hombre no conociera a Arístides es difícil de explicar. Arístides era un hombre inmensamente famoso en Atenas. Había sido el artífice de la victoria de los atenienses sobre los persas en Maratón; una victoria mítica que había pasado tan solo ocho años antes; se ha intentado explicar diciendo que dicho hombre vivía fuera de Atenas; en efecto, el Estado ateniense, la polis, no era solo el núcleo urbano de Atenas, sino que tenía una extensión de territorio a su alrededor que ocupaba casi toda la península del Ática, unos 2.500 kilómetros cuadrados. Es probable que ese iletrado ciudadano procediera de los campos y se acercara a la ciudad en contadas ocasiones a lo largo del año. Pero todo nos hace pensar que se trata de una bonita fabricación para insistir en la idea de rectitud y justicia del personaje; tengamos presente que Plutarco cuenta unos hechos que habían pasado 600 años atrás. La anécdota de Arístides es preciosa pero falsa.

En segundo lugar, el hallazgo en un pozo en la colina norte de la Acrópolis de un conjunto de 190 *óstraka*. Todos llevan el nombre de Temístocles y probablemente se escribieron en el año 482. Deben de haber sido preparados de antemano por cierto grupo político con la idea de repartirlos entre los votantes iletrados. Estaban escritos con bastante cuidado y muchas piezas por la misma mano. A pesar de que este hallazgo puede ser tomado como evidencia de poca extensión de la alfabetización, lo más posible en este asunto es que determinados partidarios de un grupo político aprovecharan para repartirlos a los ciudadanos indecisos o a aquellos que no querían tomarse la molestia de traer su *óstrakon* de su casa y escribir. Además, por el lugar en el que se encontraron sabemos que no fueron usados. Si tenemos en cuenta que se han hallado en las excavaciones del ágora unos 1.500 *óstraka*, la variedad de escritura que se observa en estas piezas nos hace ver que había muchos ciudadanos que sabían escribir.

Enseñanza obligatoria

La educación no estaba organizada por el Estado, sino que era una empresa puramente privada y dependía de la voluntad de la familia. Así sucedía en todo el mundo griego con la notable excepción de Esparta. Allí, como vimos, la educación estaba controlada por el Estado hasta el más mínimo detalle y era condición necesaria haberla recibido para gozar de los derechos de ciudadanía; bien es cierto que esa educación no era propiamente literaria sino marcial. Platón, que era un gran amante de las cosas espartanas, también quiso establecer la educación obligatoria para su proyectada república: «Obligaremos a instruir a todo el mundo porque (los niños) pertenecen a la ciudad más aún que a sus padres»[96]. Prescribe que se construyan gimnasios y también escuelas públicas en tres lugares del centro de la ciudad. Es la ciudad la que debe pagar a los maestros. Pero Platón tiene ideas todavía más avanzadas: las mujeres también deben ser educadas como los hombres, incluso en la preparación para la guerra; rechaza firmemente los castigos físicos y apuesta por el valor pedagógico del juego.

Pero hay algo que no debemos olvidar, cuando Platón reclama una educación obligatoria tiene en mente un programa totalitario. En un pasaje escribe: «Es necesario establecer una reglamentación que prescriba a todos los hombres libres la manera de emplear cada una de las horas de su tiempo sin interrupción desde el alba hasta la madrugada»[97]. No fue casualidad que el único Estado griego donde existió esa obligación fuese Esparta, un lugar donde se había llegado a la anulación del individuo en favor de la colectividad. En el mundo de hoy día se plantea la educación del mismo modo que Platón: más que trasmitir valores culturales o instrumentales se ha convertido en un adoctrinamiento político de la juventud; por eso en España lo primero que solicitaron determinadas comunidades autónomas del Estado central fue disponer de sus propias competencias en materia educativa.

Aristóteles defendió como su maestro la obligatoriedad de la enseñanza, pero su interés por la educación no descansaba sobre ninguna motivación ideológica. Pensaba simplemente que los ciudadanos tienen el deber de estar instruidos para poder ser útiles a su ciudad. Criticó todos los aspectos de la vida y la política de los espartanos, pero los alabó porque dedicaban la mayor atención a los niños y hacían de esto un asunto de interés público. Solo tuvo palabras de elogio para su sistema educativo obligatorio:

La ciudad de los lacedemonios es la única o casi la única en la que el legislador parece que se ha preocupado de la forma de vida y de la educación; en la mayoría de las ciudades se ha despreocupado de tales cosas y cada uno vive como quiere, gobernando sobre sus mujeres e hijos al modo de los cíclopes; ahora bien, lo mejor es que exista una dirección común y correcta[98].

En su *Política* llama democrática a la educación (*trophé*) espartana, pues los ricos se educaban igual que los pobres[99]. Los espartanos habían entendido que para que perdurase su régimen político debían educar a los ciudadanos de acuerdo con ese régimen. Por eso, Aristóteles pensaba que la democracia ateniense se equivocaba permitiendo que cada uno aprendiera como quisiera. Lo expresó de una forma directa: «La educación se adapta al régimen de la ciudad, y si no ocurre así, hay problemas»[100]. No se podía llamar «vida de servidumbre» a «vivir de acuerdo con el régimen». En consecuencia, defendió que la ciudad controlase el sistema educativo de los ciudadanos. Era un error, a su parecer, que los padres fuesen libres y cada uno se cuidase de sus propios hijos instruyéndolos de forma privada como les pareciese: «La educación debe ser única y la misma para todos y debe ser vigilada como algo común y no privado»[101], y lo argumenta con las mismas palabras de Platón: «Porque ningún ciudadano se pertenece a sí mismo sino todos a la ciudad».

Pero Aristóteles era realista y reconocía la dificultad de imponer un mismo sistema educativo a toda la población. Ni siquiera en su tiempo había acuerdo en si había que enseñar lo mismo a los jóvenes o si era más conveniente atender a la inteligencia que al carácter o si debía insistirse en las disciplinas útiles más que en las que solo forman en la virtud. Desde su punto de vista personal, «buscar la utilidad en todo es lo que menos se adapta a las personas magnánimas y libres»[102]. Además, Aristóteles, siempre tan serio para todas las cosas, volvió al tradicional modo de educar desprendiéndose del idealismo platónico sobre las posibilidades de aprender jugando: «El aprendizaje está acompañado del dolor, por eso no juegan mientras aprenden»[103].

Aunque dos filósofos de la talla de Platón y Aristóteles propusieron que el Estado pagase la escuela a todos los ciudadanos, nunca se plasmó en la realidad en el mundo antiguo. La educación siguió siendo siempre una iniciativa privada. Es cierto que a partir de la época helenística diversos benefactores patrocinaron escuelas pagando el sueldo de los maestros. Sabemos por una inscripción que un tal Politro a finales del siglo III hizo una donación a la ciudad de Teos de 34.000 dracmas para pagar los sueldos del equipo docente: menciona a tres profesores de literatura, dos de gimnasia, uno de música, uno de armas en general y uno más específico de tiro (jabalina y arco). En el caso de los maestros de letras se especifica que enseñarán a los niños y a las niñas, lo cual es un magnífico testimonio de que en esa época las niñas ya iban a la escuela. Estos profesores cobraban entre 500 y 700 dracmas al año. Su trabajo sería supervisado por el *paidonómos* y el *gimnasiarco*, aunque toda la ciudad podría controlarlo cuando se celebrasen los exámenes (*epideixeis*) de letras en el gimnasio y de música en el edificio del Consejo[104]. Otra inscripción nos informa que en el año 199 un tal Eudemo dispuso un legado para su ciudad natal de Mileto de 60.000 dracmas cuyos intereses debían emplearse en mantener una escuela; estos profesores eran elegidos por la asamblea de los ciudadanos entre los candidatos que se habían presentado debidamente ante el *paidonómos*. Es significativo que no se mencione al maestro de música, una señal de que la enseñanza musical iba en decadencia[105]. El historiador Polibio nos cuenta que en el año 160 el rey Eumenes de Pérgamo regaló 28.000 medidas de trigo a la ciudad de Rodas con el fin de conseguir un capital con su venta; ese dinero se dedicaría a hacer préstamos cuyos intereses servirían para pagar a los maestros de la ciudad[106]. Por los mismos años, Atalo de Pérgamo donó a la ciudad de Delfos, que pasaba por serios problemas financieros, 18.000 dracmas «para la educación de los niños». A un interés del 7 % este capital sería suficiente para mantener el sueldo de los maestros[107].

También una ciudad corría con los gastos de la educación en situaciones excepcionales; tenemos dos buenos ejemplos de ello:

> Durante las Guerras Médicas, los atenienses se vieron obligados a abandonar su ciudad ante el ataque inminente de los persas. Se refugiaron en Trecén cuyos habitantes pagaron la educación de los niños atenienses: «Sus habitantes los acogieron con los brazos abiertos facilitándoles todo tipo de ayuda. Incluso decidieron por decreto que la ciudad pagara un maestro para los niños»[108].

> Mucho tiempo después, a finales del siglo II la ciudad de Astipalea (una pequeña isla en el centro del Egeo) se ocupó igualmente de unos niños efesios refugiados casualmente en su ciudad. Los piratas habían atacado la costa de Éfeso y habían

secuestrado a parte de la población con la idea de venderlos como esclavos; pero los habitantes de Astipalea salieron al encuentro de los piratas, los detuvieron y liberaron a los cautivos. Se preocuparon de los niños efesios «como si fueran sus propios hijos», dice la inscripción, y les dieron educación hasta que fueron devueltos a su patria[109].

¿Educar a una niña?

«¿A quién confiaremos los niños pequeños para que sean educados, a quién las vírgenes para que sean custodiadas?» Esta pregunta, que se hace un ateniense del siglo IV, resume los caminos bien diferentes que recorrían niños y niñas desde su infancia[110]. Mientras los niños con 7 años se iban a la escuela acompañados por un fiel esclavo, las niñas permanecían en casa bien custodiadas. Dentro de la casa recibían su instrucción en los saberes más tradicionales que se podían trasmitir oralmente de madre a hija: correcto comportamiento y actuaciones en las festividades religiosas; muy posiblemente recibían un gran caudal de mitos y narraciones populares, pues Platón recuerda que las viejas podían estropear la mente de los niños a su cargo con esas historias:

> Convenceremos a las nodrizas y a las madres para que cuenten a los niños historias escogidas y modelen sus almas con esos relatos mucho más que sus cuerpos con las manos[111].

No obstante, una niña despierta podía aprender mucho en casa de forma oral de sus mayores, sus padres y abuelos.

Eso es lo que dice la ateniense Lisístrata en una obra de Aristófanes:

> Yo soy una mujer, pero tengo talento. No carezco de entendimiento por mí misma. Tampoco soy una persona poco instruida después de escuchar las palabras de mi madre y de los más ancianos[112].

Como en todas las culturas antiguas el matrimonio y la procreación eran las finalidades principales de la vida de una mujer. El matrimonio era la verdadera escuela de las mujeres. Hasta ese momento las muchachas no sabían nada. Solo había una enseñanza reconocida en el hogar paterno según confesión de una muchacha: «Mi madre me dijo que mi obligación era la de ser discreta»[113]. Ese estado de ignorancia parece el natural y esperado en la sociedad de aquel tiempo. Todo eso era necesario, si los esposos querían modelarlas a su manera, partiendo de una tabla rasa. Esto había sido así desde los tiempos arcaicos, pues un autor como Hesíodo escribe en su obra *Los trabajos y los días*: «Cásate con una doncella para que le enseñes buenos hábitos»[114]. Nadie pensaba que había que educar a las mujeres para que llegasen instruidas al matrimonio. Por eso, un hombre de Atenas llamado Isómaco escribe sobre su esposa:

> Cuando vino a mi casa aún no había cumplido los 15 años y antes vivió sometida a una gran vigilancia, para que viera, oyera y preguntara lo menos posible[115].

Los hombres presumían de educar personalmente a sus nuevas esposas a su manera. Pero, por desgracia, era poco lo que aprendían las mujeres en esa escuela del matrimonio. El esposo enseñaba a llevar las cosas de la casa y todo se limitaba a la intendencia doméstica. Inculcaba a su esposa la idea de que una familia era como una empresa y de que realizar esas tareas con eficiencia redundaría en beneficio de todos. En este sentido se entiende por qué no hacía falta que las mujeres tuvieran ningún tipo de educación, pues no eran más que un mayordomo o un intendente de las cosas materiales (y esto incluía a los esclavos, como bien se especifica). En una obra de Eurípides una esposa, que asume su condición, le dice a su esposo: «Tú ve a cuidar de los asuntos externos y yo me cuidaré de los domésticos»[116].

No obstante, podemos asegurar que las niñas de clase social elevada recibían cierta educación en lectura y escritura dentro de la familia. Esto significa que pocas mujeres podían leer y escribir, aunque con el paso del tiempo esta capacidad fue extendiéndose y se hizo cada vez más normal. Podemos tomar como prueba las tragedias que, aunque de tema mitológico, nos presentan el mundo material de la Atenas del siglo V. En una obra de Eurípides, el personaje de Ifigenia, hija del rey Agamenón, no sabe escribir; para mandar un mensaje a su tierra tiene que valerse de un hombre: «Es una tablilla que me escribió un prisionero que se compadeció de mí»[117]. Pero el personaje de Fedra que aparece en el *Hipólito* de Eurípides, antes de suicidarse, deja escrita una tablilla en la que culpa de su muerte a su hijastro Hipólito. Cuando la encuentra dice Teseo:

¿Qué es esta tablilla que pende de su mano?
¿Quiere indicarme algo nuevo?
¿Acaso la desdichada me escribió la carta
con alguna petición para sus hijos o su lecho?[118].

En otra obra de Eurípides, *Ifigenia en Áulide,* Agamenón envía una tablilla a su esposa, de lo que se puede deducir que podía leerla. Por desgracia, en la obra esa tablilla es interceptada y no asistimos a una escena en la que ella lea[119].

En época helenística un personaje de una obra de teatro de Menandro exclama: «¿Enseñar a una mujer a leer y a escribir? ¡Qué error más grande! Es como alimentar con otro veneno a una horrible serpiente»[120]. Teofrasto, el discípulo de Aristóteles, opinaba que en el caso de las mujeres: «es necesario que aprendan a leer y a escribir, en la medida en que les resulte útil en la administración de su casa; más allá, se hacen charlatanas, perezosas y entrometidas»[121]. Estos comentarios misóginos nos indican que las mujeres en esa época empezaban a tener esas capacidades.

Diversos testimonios epigráficos de época helenística nos sugieren que las niñas ya acudían a la escuela de primeras letras. Ya hemos mencionado la escuela en Teos, que era frecuentada por alumnos de ambos sexos; allí, según Marrou, funcionaba una coeducación, pues un mismo magistrado, conocido como *paidonómos,* se encargaba de los dos sexos[122]. En otras ciudades (Pérgamo y Esmirna) el registro epigráfico ha aportado información que sugiere la creación de un magistrado especial para las niñas, que recibe el pomposo título de «el encargado de la buena educación de las jóvenes». Precisamente sabemos que en la ciudad de Pérgamo las niñas participaban en los concursos de recitación poética y de lectura.

Las muchachas no realizaban ejercicio o deporte de ningún tipo (a diferencia de las mujeres espartanas). El confinamiento de las mujeres en sus casas les impedía disfrutar de actividades al aire libre que no fuesen las estrictamente

relacionadas con las fiestas religiosas (que seguramente serían una válvula de escape necesaria para las mujeres). Sabemos que había ritos de iniciación femeninos en algunos
santuarios de Ártemis donde la danza tendría un papel primordial, como pasaba en el de Braurón al norte de Atenas.
En este lugar se encontraron vasijas votivas donde se pintaron escenas con niñas de unos diez años que corren desnudas
o con una túnica corta cerca del altar. Pero una vez casadas,
todo cambiaba: los hombres pensaban que el esfuerzo que
realizaban las mujeres en las tareas diarias de casa ya se podía considerar suficiente ejercicio, como escribe Jenofonte:
«Es buen ejercicio humedecer y amasar la harina, sacudir
los vestidos y las mantas»[123].

En las escenas pintadas en la cerámica se observan algunas
escenas con mujeres tocando instrumentos, pero no tenemos seguridad de que las muchachas recibiesen algún tipo
de instrucción musical. Los estudiosos se inclinan a pensar
que en tales escenas se representan a heteras o prostitutas
(que tenían como principal ocupación amenizar los banquetes masculinos con esta habilidad, incluso había una categoría especial conocida como *auletrídes*, o 'mujeres flautistas',
que se podían contratar para esos banquetes). En otras escenas vemos a mujeres leyendo rollos de papiro; algunas veces
están etiquetadas como Safo o las Musas, pero en otros casos
parecen representar a mujeres libres de Atenas. La más antigua representación de una mujer leyendo se encuentra en un
lécito de fondo blanco fechado en el 460-450. Esto significa-
ría que las muchachas recibían en casa la suficiente instrucción como para saber leer y escribir. Es muy posible que la
mujer, limitada a la vida doméstica en el interior de sus casas,
se distrajera con esas actividades, la lectura y la escritura.

Figura 11. Mujer tocando la lira.

Es interesante precisar que nunca vemos en la cerámica escenas similares con hombres adultos. Considerarían esas actividades como propias de la infancia y juventud, limitadas a ese momento de etapa escolar. De mayores los hombres (a diferencia de las mujeres) tenían otras actividades, como el simposio o las reuniones en el ágora o el teatro, donde podían seguir aprendiendo. Además, estaban en una Atenas democrática, dedicados a la vida pública en las asambleas, en los tribunales y en las magistraturas. No dedicarían el tiempo libre a ese tipo de cosas. Por supuesto, hablamos

Fig. 12. Mujer leyendo un rollo de papiro en una escena doméstica.

siempre en términos generales, pues había ciudadanos entregados a la literatura en cuerpo y alma como los autores teatrales (Eurípides) o los fanáticos de los rapsodos y la poesía épica (que ya hemos visto).

Lo que parece claro es que en la época clásica las niñas no iban a la escuela; ni las fuentes escritas ni la pintura de los vasos nos indican eso, aunque hay un vaso muy curioso, fechado hacia el 460, que ha llamado la atención de todos los estudiosos; en la escena vemos a dos chicas cogidas de la mano con instrumentos de escritura en la mano (el típico paquete escolar donde se metían los estiletes y las tablillas); caminan con prisas como si se hiciese tarde para la escuela; es una estampa única y la interpretación más admitida es que se trata de una escena de humor, donde las niñas (posiblemente, heteras) acuden al colegio como si fueran niños.

Podemos dar por seguro que las mujeres de buena familia recibían instrucción en las letras y podían adquirir un buen conocimiento del mundo literario. Esto explica que la literatura fuese la principal actividad hacia la que las mujeres dirigieran su atención. Las mujeres encontraron en la poesía su campo natural para poder expresarse y mostrar sus cualidades artísticas. Ser poeta requería conocimientos de la tradición poética que tenían difusión oral principalmente y, por tanto, estaban al alcance de las mujeres, que

Fig. 13. Dos chicas corriendo a la escuela.

entraban en contacto con formas de expresión poética durante de la tradición poética que tenían difusión oral principalmente y, por tanto, estaban al alcance de las mujeres, que entraban en contacto con formas de expresión poética durante su asistencia a los festivales religiosos. En la época helenística las mujeres de las clases elevadas se dedicaron con más interés a la poesía, pues, como hemos dicho, las niñas empezaron por entonces a recibir una buena educación de forma más general. Para estas poetisas Safo fue el gran referente femenino, la cima poética que todas querían alcanzar, el modelo a imitar.

Antípatro de Tesalónica, poeta de la primera mitad del siglo I d. C., recogió en un poema una lista de nueve grandes poetisas desde Safo a su tiempo. El número nueve está buscado intencionadamente para relacionarlas con las nueve Musas. Este famoso poema se denomina *El canon de poetisas*:

> Estas mujeres de lenguas divinas crio el Helicón
> y la macedonia roca de Pieria con himnos:
> Práxila, Mero, la voz de Ánite, la Homero femenina,
> Safo, adorno de las lesbias de hermosos peplos,
> Erina, la muy gloriosa Telesila y tú, Corina,
> que celebraste en tus cantos el violento escudo de Atenea,
> Nóside de femenina voz y Mírtide de dulce canto,
> todas ellas creadoras de obras inmortales.
> Nueve Musas el gran Urano engendró, y otras nueve Gea,
> para que sirvieran de inmortal gozo para los mortales[124].

A excepción de Safo, que recibe de Antípatro el máximo reconocimiento al considerarla la versión femenina de

Homero, todas las poetisas de la lista son apenas conocidas y sus obras solo sobreviven en fragmentos o poemas muy breves.

Telesila vivió en Argos en la primera mitad del siglo V. Su poesía estaba relacionada con el culto y su estilo era muy sencillo. Solo conservamos nueve fragmentos que pertenecen casi con seguridad a himnos. Lo más destacado de Telesila es su propia vida, pues se reveló como una mujer decidida y guerrera. Durante la guerra entre Argos y Esparta su ciudad fue atacada por los espartanos. Como todos los hombres en edad militar habían perecido en una batalla previa, Telesila organizó la defensa: reunió las armas de las casas y los santuarios y armó a las mujeres, a los ancianos y a los esclavos y los hizo subir a las murallas. No se asustó de los gritos y el tumulto de la guerra, sino que defendió con valor su ciudad. Los espartanos ordenaron la retirada del asedio considerando que una victoria sobre las mujeres sería odiosa y una derrota deshonrosa. La ciudad recordó siempre con orgullo a esta poetisa lírica convertida en guerrera: cuando Pausanias, el gran viajero del siglo II d. C., visitó la ciudad de Argos, halló en el teatro una estela conmemorativa donde estaba representada Telesila en el acto de arrojar los libros y calarse el yelmo. Pausanias recuerda que su poesía gozaba de mucha estimación[125].

De Mírtide de Beocia no ha sobrevivido ningún fragmento de su obra. La tradición nos dice que fue maestra de Corina. Esta posiblemente vivió entre el siglo VI y V sin que podamos precisar la fecha exacta. Era natural de Beocia al igual que uno de los mayores poetas de la Antigüedad, Píndaro. De hecho, algunas fuentes aluden a que existía cierta rivalidad entre ellos. Incluso afirman que lo venció en un concurso poético local. El acierto de Corina fue tratar como tema principal de su poesía los mitos de su tierra natal. Según Plutarco, Corina aconsejó a Píndaro que introdujera temas mitológicos en sus poemas[126]. Pausanias vio su sepulcro en Tanagra y en el gimnasio de esa ciudad se la honraba con una pintura en la que aparecía atándose una cinta en la cabeza por su victoria. Se conservan solo fragmentos de su poesía; en uno de ellos ataca a otra poetisa llamada Mirtis, lo que indica la existencia de más mujeres dedicadas a la poesía en aquella época.

Práxila era natural de Sición, una pequeña ciudad junto al istmo de Corinto. Su *floruit* se sitúa en torno al 451. Compuso todo tipo de poesía: himnos, epitalamios y canciones de simposio, pero nada se ha conservado.

Mero era natural de Bizancio. Su vida transcurrió entre finales del siglo IV y principios del III. Se casó con un filólogo llamado Andrómaco con el que tuvo un hijo al que llamaron Homero. No defraudó a sus padres, pues se convirtió en escritor de tragedias con cierto renombre. Mero escribió epigramas, versos épicos e himnos, pero solo conservamos dos brevísimos poemas.

Erina nació en Telos, una pequeña isla cerca de Rodas, en la primera mitad del siglo III. Escribió en el dialecto dorio de aquella zona, donde gozó de una gran fama. Incluso conservamos tres breves poemas y algunos versos de un largo poema en hexámetros (que era el metro de la épica) titulado *La rueca,* que dedicó a una compañera de sus juegos infantiles que murió prematuramente. Este poema recibió muchos elogios en su momento, hasta el punto de que se llegó a decir que se equiparaban a Homero. La ensalzaron diciendo que «Safo era mejor en sus poemas líricos, pero Erina la aventajó en los hexámetros»[127].

Ánite nació en Tegea, ciudad de Arcadia, y se especializó en composiciones breves, sobre todo melancólicos epigramas funerarios, como este dedicado a un delfín:

> Presumiendo en los mares navegables
> ya no sacaré el cuello lanzándome desde el fondo del mar,
> ni resoplaré junto a los hermosos labios de la nave
> complaciéndome en mi propia figura.
> Ahora, en cambio, las oscuras aguas del mar
>   me han empujado a tierra
> y estoy tendido en esta estrecha orilla[128].

Nóside nació en Locros, en el sur de Italia, en el siglo III. Solo se han conservado 12 poemas muy breves (epigramas de cuatro versos); en uno de ellos Nóside imagina que le trasmite un mensaje a Safo, el referente poético para todas las mujeres:

> Oh extranjero, si navegas rumbo a Mitilene, la de hermosos
>   coros,
> para encender a Safo, la flor de las Gracias, ve y diles
> que la tierra de Locros me engendró, amante de las Musas
> y semejante a aquella, y que mi nombre es Nóside[129].

El solo hecho de que Antípatro elaborara este canon sugiere que habría muchas más mujeres dedicadas a esta actividad y, lo que es más importante, que las mujeres podían alcanzar renombre y recibir también reconocimiento por parte de la sociedad en general. Es una buena prueba de que las mujeres de buena posición económica podían conseguir una educación y de que fue algo común en todo el mundo griego, como se demuestra por la variedad de lugares de nacimiento de las poetisas; muchos de ellos, pequeños y sin importancia política, como Telos o Locros.

* * *

Los maestros de escuela desempeñaron un papel importantísimo en el sistema educativo. Fueron hombres anónimos para nosotros, mal pagados y peor considerados socialmente. Lograron con su esfuerzo enseñar a todos y animar a los alumnos mejor dotados para perseguir elevadas metas. Es maravillosa la anécdota del maestro de Temístocles que nos recuerda Plutarco: el pequeño Temístocles (que de mayor sería el héroe de las Guerras Médicas) en las horas de recreo no jugaba ni se entretenía como los demás niños, sino que imaginaba discursos en los que defendía o atacaba a sus condiscípulos. No pasó desapercibido esto al maestro que adivinó un futuro extraordinario para ese niño y solía decirle: «Tú, niño, serás algo grande, para bien o para mal»[130].

Aunque los griegos entendieron que los primeros pasos en la enseñanza eran cruciales para el desarrollo de un joven, sin embargo, las escuelas de primaria fueron un tanto desdeñadas, no solo por parte de los padres, sino también por parte de los profesores. Estos últimos, nos dice Quintiliano en el proemio de sus *Instituciones oratorias:*

> desprecian como si fueran cosa insignificante los estudios que aprendemos al principio [...] tal vez porque no esperan ningún crédito de su esfuerzo por una ocupación que, aunque necesaria, está muy lejos del lucimiento, del mismo modo

que se contemplan con admiración los techos de los edificios, pero los cimientos quedan ocultos.

Solo unos pocos pensadores alcanzaron a reconocer el trabajo que suponía construir esos cimientos que iban a sentar las bases de una buena educación. Pocos entendieron que en esos días de la tierna infancia se fabricaban los cimientos de oro para el resto de la vida. Esta idea tan hermosa del «cimiento de oro» la podemos encontrar por primera vez en un fragmento de Píndaro: «Se ha construido el cimiento de oro con sagrados cantos»[131], y el moralista Plutarco en el siglo II d. C. la recogió y desarrolló con gran acierto, recreando hasta el final esa comparación entre la enseñanza y la construcción de un edificio:

Aquellos, para los que ya se ha fabricado el cimiento de oro de su vida, como el de un templo o un palacio, progresan y no se someten al azar en ningún acontecimiento, sino que aplican la balanza de la razón y colocan cada cosa en su sitio[132].

7. La violencia del maestro

Todos los jóvenes son incapaces de mantener en reposo sus cuerpos y sus voces.

Platón, *Leyes,* 654b

Los maestros no cobraban mucho por su trabajo. Esto explica que tuviesen numerosos alumnos por clase, muy posiblemente algunas docenas, aunque los testimonios más antiguos sobre la existencia de escuelas nos ofrecen un número muy alto: Heródoto habla de 120 alumnos en una escuela de Quíos, Pausanias de 60 en una escuela de Astipalea y Diodoro de más de 100 en la escuela de Gelón en Siracusa. Como el maestro cobraba poco por alumno, el precio de escolarizar a un niño no era prohibitivo y estuvo al alcance de casi todos los ciudadanos. La parte negativa era que esa gran cantidad de alumnos juntos en el aula obligaba al maestro a imponer una durísima disciplina si quería dar clase con normalidad.

Sin embargo, no se sintió esto como un problema en el mundo antiguo. En general se pensaba que un gran número de alumnos no impedía recibir una educación en buenas condiciones. Quintiliano, el gran pedagogo romano, lo dejó dicho con una bonita imagen:

No sucede con la voz del maestro con lo que pasa en un convite, donde, cuantos más son los convidados, tocan a menos, sino como el sol, que, siendo uno solo, alumbra y calienta a todos por igual[1].

Un maestro ganaba un poco más que cualquier trabajador cualificado. Así se deduce de algunas inscripciones de las ciudades de Mileto y Teos donde se especificaba el sueldo de los maestros públicos: en Mileto 40 dracmas mensuales y en Teos 500 dracmas por año. Con ese estipendio se vivía de una manera sencilla, como se atestigua en los textos clásicos, por ejemplo, en un discurso de Demóstenes que alude despectivamente al padre de su oponente político: «Enseñando las letras junto al santuario del Héroe Médico, ha vivido como ha podido»[2]. En comparación con otros trabajos menos importantes para la sociedad, el de maestro siempre estuvo mal pagado en la Antigüedad. Ocurrió lo mismo en Roma, pues el poeta satírico Juvenal decía que un auriga del circo ganaba en un día lo mismo que un maestro de escuela en todo un año: «Cuando el año haya vencido, cobrarás en oro lo que el pueblo reclama para un auriga victorioso»[3].

El trabajo tampoco estaba bien considerado. No era muy digno porque para los griegos un maestro enseñaba, pero no educaba; es decir, no aportaba nada a la verdadera educación que era moral, según la vieja mentalidad griega del arcaísmo. Paradójicamente el hecho de cobrar acentuó más su escasa consideración social. Era el clásico prejuicio contra el trabajo remunerado: estar a sueldo de otro siempre fue considerado como un oprobio, de acuerdo con el sentido aristocrático que dominó toda la cultura griega. Por eso, solo se dedicaba a la enseñanza la gente humilde o personas que se veían en situación de necesidad. Era un oficio al que podían recurrir exiliados políticos o apátridas, «obligados a enseñar debido a la miseria»[4]. Plutarco afirma que: «Si no tienes dinero, te pongas a trabajar como maestro de escuela, preceptor, portero o navegante», lo que, en suma, indica que no tenía en alta consideración ese trabajo[5].

Realmente era una tarea sencilla la que debían realizar: enseñar a leer y a escribir a los niños, con un trabajo rutinario y una pedagogía nula. Por extraño que nos parezca ahora, en ningún sitio se exigió una acreditación profesional o una formación especial. Las leyes escolares que conocemos no piden ningún requisito específico, solo buscan «a quienes sean más capaces de ocuparse de los niños»[6].

La elección de un maestro por parte de los padres se basaba más en su honestidad y buenas costumbres que en sus dotes magistrales o sus conocimientos. En el siglo IV el orador Esquines dejó claro que los maestros debían el pan «a la honestidad de sus costumbres»[7]. En el siglo II d. C. el polígrafo Plutarco seguía pensando que eso era lo principal cuando un padre pensaba en la educación de su hijo: «Hay que buscar maestros irreprochables por su género de vida e irreprensibles en sus costumbres»[8]. En el mundo romano pasó lo mismo: Plinio el Joven entiende que estas deben ser las principales cualidades de un maestro:

> Ha llegado el momento de que sus estudios se continúen fuera del umbral, y ahora debemos buscar un maestro de retórica latina de cuya escuela nos conste su austeridad, su discreción y, sobre todo, las buenas costumbres[9].

Educar por la violencia

En el mundo antiguo estaba generalizada la creencia de que los niños eran como criaturas salvajes que necesitaban ser domesticadas. Poseían una índole bestial y primitiva que tenía que ser corregida por medio de la instrucción. Platón escribe en su diálogo *Leyes:*

> El niño es de todas las fieras la más difícil de manejar; pues, en tanto que tiene mayormente la fuente de su pensamiento todavía sin disciplinar, se convierte en insidioso, áspero y la más insolente de las fieras[10].

Es natural, por tanto, que todos los filósofos y oradores comparasen la educación de los niños al adiestramiento de los animales, sobre todo el de perros y caballos. Platón llegó a decir que del mismo modo que los ganados no pueden vivir sin pastores, los niños no pueden vivir sin pedagogos[11]. Había que entrenar a los niños de forma apropiada para que se convirtiesen en seres útiles para la sociedad.

La educación de los niños comenzaba en sus casas donde también se aplicaba una dura disciplina. Según el *Protágoras* de Platón, se le mandaba de forma imperiosa y se le castigaba físicamente: «Haz esto, no hagas aquello. Y si (el niño) obedece por sí mismo nada mejor, y si no, se le endereza con amenazas y con golpes como si fuera un bastón retorcido y curvado»[12].

La sandalia era el instrumento de castigo más empleado en las casas, como podemos comprobar en las imágenes de la cerámica griega y en algunas estatuas. En *Las nubes* de Aristófanes se enfrenta un padre con su hijo, ya mayor, que le recuerda el maltrato de su infancia:

–¿Cuándo era pequeño me pegabas?

–Así es, pero con buena intención y porque me preocupaba de ti –responde el padre.

–¡Y yo nací libre! Ahora me dirás que hacer eso con los niños es lo que está establecido por la costumbre[13].

En la antigua Grecia los niños, aunque nacidos libres, no eran del todo ciudadanos. Aristóteles dice en su *Política*: «En el caso de los niños no inscritos (como ciudadanos) a causa de su edad y de los ancianos liberados de todo servicio, se deberá decir que son ciudadanos *en cierto modo*»[14]. Platón, en su imaginada república, que tiene muchos puntos en común con Esparta, establece que cualquier hombre libre puede castigar al niño «como si de un esclavo se tratara». Y, al parecer, eso es lo que se hacía en la vida diaria de Atenas (la ciudad que mejor conocemos). Allí, precisamente, a los esclavos se les llamaba, de forma general, *païs* (es decir, 'niño'), aunque tuvieran muchos años. El comediógrafo Aristófanes lo deja bien claro: «Es justo llamar *païs* a quien recibe golpes, aunque sea viejo»[15].

Es posible que los niños fueran solamente ciudadanos en potencia, situados en una zona imprecisa entre los esclavos y los hombres libres. Pero el caso es que los adultos también podían ser corregidos con castigos físicos, por más que los estudiosos modernos siempre insistan en que un hombre libre no podía ser castigado más que por la acción de la ley. No estamos aquí hablando de castigos legales; había ocasiones en que hombres hechos y derechos, gozando de la plenitud de sus derechos políticos, podían sufrir en sus propias carnes un castigo corporal para corregir alguna conducta: en los Juegos Olímpicos, el corredor que hacía una salida en falso era golpeado con varas por los ayudantes de los jueces; sabemos de un hecho puntual que sucedió en la Olimpiada del año 420 cuando los jueces golpearon a un espartano eminente llamado Licas, sin respetar siquiera su edad avanzada. Ese año los espartanos tenían prohibido participar en los juegos y Licas había inscrito sus caballos a nombre de otra ciudad; cuando vencieron, saltó a la pista, lleno de emoción, con la intención de coronar al auriga para demostrar que los caballos vencedores eran de su propiedad. Fue en ese momento cuando los jueces intervinieron sin contemplaciones. Sabemos, además, que en las representaciones teatrales los acomodadores portaban varas con las que golpeaban a los espectadores que hacían ruidos o alborotaban. Platón, que despreciaba a la «chusma» que asistía al teatro, nos da esta valiosa información.

Para corregir el mal comportamiento e inculcar los conocimientos, no se conocía otro medio que la violencia física. Se admitía sin discusión que todo aprendizaje implicaba sufrimiento y que el conocimiento solo podía adquirirse tras un doloroso proceso. Esquilo en su obra dramática titulada *Agamenón* escribió «aprendizaje por el sufrimiento»[16], que bien podría haberse escrito sobre el dintel de las escuelas griegas. Aristóteles, que se preocupó enormemente por la educación, no encontró en el aprendizaje lugar para juegos y alegrías: «No juegan mientras aprenden, pues el aprendizaje está ligado al sufrimiento»[17]. Los malos tratos en las escuelas para aprender se consideraban tan naturales por todos (padres y niños, la sociedad en general) que el escritor de comedias Menandro concluía: «El que no ha sido golpeado, no ha sido educado»[18]. En las escuelas helenísticas se usaba el verbo *týpto* (que significa 'golpear') para explicar los paradigmas verbales, lo que puede considerarse como una advertencia para los estudiantes.

Era el maestro quien se encargaba personalmente de administrar el sufrimiento necesario para conseguir una educación. Su figura se convirtió en un símbolo de la opresión de la infancia. Los maestros corregían con castigos corporales tanto el mal comportamiento del alumno como sus errores. No había otra pedagogía. Aristófanes escribe en una de sus obras de teatro: «Y si alguno de ellos hacía bufonadas o soltaba alguna inflexión como las de ahora, esas tan difíciles de modular al estilo de Frinis, recibía una buena paliza por atentar contra las Musas»[19]. En una obra de teatro romana, que debe reflejar las maneras educativas griegas, un personaje recuerda los buenos tiempos, cuando los niños por pronunciar mal una sola sílaba recibían un severo castigo[20]. Ya sabemos que en las escuelas los niños dedicaban mucho tiempo, al principio de su educación, a recitar sílabas con las que se entrenaban para la lectura oral. La dureza y la severidad con la que el maestro daba sus clases e imponía su autoridad sobre los niños hizo posible que se usase como término de comparación con otros ámbitos: Tucídides escribe en una de sus frases más recordadas: «La guerra es un maestro severo»[21] (en griego, el término «guerra» es de género masculino). Por esa misma época, Jenofonte escribe sobre un tal Clearco, un espartano que dirigía tropas mercenarias al servicio de un príncipe rebelde en Asia: «Era siempre severo y rudo, de modo que la relación de sus soldados con él era la misma que la de los niños con su maestro»[22]. Jenofonte lo conoció personalmente y lo describió como un hombre de semblante tenebroso y voz áspera; un fanático de la guerra que daba miedo a sus propios soldados, a los que castigaba con gran dureza, pues, según sus propias palabras, un soldado debe temer más a sus jefes que a sus enemigos.

Un maestro era como un padre y, por tanto, estaba autorizado a corregir a los niños con castigos corporales. Los padres permitían la violencia contra sus hijos en las escuelas. El padre entregaba a su hijo al maestro por primera vez con estas palabras programáticas: «Enséñale y castígale»[23]. En un poema griego escrito por Herodas en la primera mitad del siglo III se describe una escena en la que una madre acude a la casa del maestro para que meta en cintura a su hijo, un niño díscolo que hace novillos continuamente y que no ha progresado nada en sus estudios (según la madre, no sabe ni distinguir la alfa). En casa también los conflictos son continuos y la pobre mujer se siente desbordada, pues su marido es mayor y no está en condiciones de disciplinar al niño. La madre, tras contar su desoladora situación, autoriza expresamente al maestro para que castigue duramente a su hijo. El maestro, entendiendo que todo esto es parte de su trabajo, decide aplicarle el más severo castigo físico, el que se conocía en griego como *katomizein,* palaba griega que significa 'sobre los hombros' (en Roma se le llamó *catomidiare*): el alumno díscolo se echaba desnudo a las espaldas de un compañero de clase mientras otro le sujetaba los pies para que no se moviese; en esa posición era golpeado violentamente por el maestro[24]. Para azotar, el maestro tenía a su disposición dos tipos de látigos, el primero se llamaba «cola de buey» y el segundo era cortante o punzante (seguramente porque tenía al final de las tiras de cuero nudos que se clavaban en la carne y dejaban grandes marcas). Los castigos se administraban delante de toda la clase para lograr el efecto intimidatorio sobre el alumnado.

Hay una serie de poemas de la *Antología Palatina* donde las personas que se retiraban de su oficio por la edad ofrecían simbólicamente a los dioses los elementos de los que se habían servido durante tantos años y que ahora se disponían a abandonar. Un escriba, por ejemplo, dedicaba su cortaplumas, la tinta negra, la esponja y la piedra pómez; un labrador, sus aperos de labranza. Una cortesana ofrenda a Afrodita sus rizos postizos, sus sandalias, su espejo de bronce y su preciosa faja. Esto es lo que dedicaba un maestro cuando se retiraba:

> El bastón que sostenía sus pasos y la correa
> y la fiel palmeta que golpeaba las sienes infantiles
> y la flexible fusta de dulce silbido y la sandalia de una sola suela
> y el gorro que cubría su cabeza calva,
> Calón, ya vencidos sus miembros por la fatiga senil,
> ofreció a Hermes como distintivos de su magisterio educativo[25].

Como podemos ver en el poema, los útiles que más caracterizaban el oficio de maestro eran los terribles instrumentos de castigo: la fusta, la correa y la palmeta; además, menciona la sandalia, que era el instrumento más habitual para castigar a los niños por parte de los mayores en sus casas.

El sistema escolar griego se introdujo sin cambios en el mundo romano. El maestro de primaria abría su escuela en los soportales de la calle, en cuanto rompía el alba; allí reunía a un grupo heterogéneo de niños con edades comprendidas entre los 7 y los 15 años. El mobiliario era mínimo: la cátedra del maestro (silla con respaldo) y los taburetes de los alumnos. Aunque nos pueda parecer increíble, el maestro daba sus clases soportando el ruido de la calle (muy transitadas y ruidosas, porque las clases humildes hacían toda su vida en la calle). El orador Dion Crisóstomo (*ca.* 44-111 d. C.) se preguntaba con incredulidad cómo se podía enseñar o aprender en tales condiciones[26]. Por supuesto, el maestro controlaba a sus alumnos empleando la violencia física sin contemplaciones.

La llegada de la aurora significaba para los poetas el momento odioso en que debían separarse los amantes tras una noche de pasión, por eso los autores latinos dirigían sus reproches a la aurora. El poeta Ovidio (43 a. C.-17 d. C.) añadió un nuevo motivo, solidarizándose con otro colectivo desdichado:

> Tú (aurora) quitas el sueño a los niños y los entregas
>   a los maestros
> para que sus tiernas manos soporten crueles palmetazos[27].

Pero es un poema del escritor latino Marcial (siglo I d. C.) el que ilustra a la perfección este tipo de escuelas y la pedagogía basada en la violencia:

> ¿Qué tienes contra nosotros, malvado maestro de escuela,
> persona odiada por los muchachos y las doncellas?
> Aún no han roto los gallos crestados el silencio y
> ya truenas con tu furioso bramido y tus azotes.
> Tan molesto resuena el aire, al golpear los yunques,
> cuando el artesano pone a horcajadas del caballo la estatua
>   de un abogado.
> Es más llevadero el clamor que estalla en un gran anfiteatro,
> cuando la multitud anima al vencedor.
> Los vecinos te pedimos dormir –no toda la noche;

pues es llevadero estar en vela, pero molesto desvelarse–. Despide a tus alumnos. ¿Quieres, charlatán, cobrar por callarte lo mismo que cobras por gritar?[28].

Horacio, el gran poeta romano, contemporáneo de Augusto, recuerda la dureza de su maestro, un tal Lucio Orbilio Pupilo al que califica como *plagosus*, esto es, 'amigo de pegar'. El caso es que conocemos algo de este maestro: había nacido en Benevento, en el sur de Italia; primero se empleó como alguacil y más adelante se hizo soldado y prestó servicio en Macedonia, donde ejerció como agregado del centurión con la misión de trasmitir órdenes al resto de la tropa. Cuando terminó su servicio, volvió a Italia y estudió con cierta aplicación hasta abrir una escuela en su ciudad natal. Con 50 años cumplidos en el 63, se fue a Roma en busca de mejores oportunidades, pero parece que no tuvo mucho éxito, pues al final de su vida escribió: «Soy pobre y vivo en un desván». Incluso publicó un libro sobre educación en el que se quejaba de la indiferencia y las falsas esperanzas de los padres. De sus alumnos no tendría queja pues imponía la disciplina más severa, sin duda aprendida en sus tiempos de milicia. En todo caso, sabemos que la ciudad de Benevento le dedicó una estatua, señal de que su carácter violento con sus alumnos no estaba mal visto socialmente.

Es muy posible que muchos maestros tuviesen un espíritu sádico. Tal vez se vengasen por su inferior condición social maltratando a los hijos de los hombres libres. Juvenal, poeta latino del siglo I d. C., escribe que los maestros parecían gozar más con el restallido de la fusta que con el canto de las sirenas:

Lo que enseña es crueldad, pues se goza con el salvaje estrépito de los flagelos y piensa que el restallido de los azotes es más dulce que el canto de las sirenas[29].

La sensación de poder sobre las criaturas que tenían a su cargo les embriagaba hasta el punto de convertir sus centros educativos en escuelas de crueldad. Sobre este punto es interesante la noticia que nos ha trasmitido Cicerón; cuenta que Dionisio, el tirano de Siracusa, cuando fue expulsado de su ciudad en el 343, se retiró a Corinto, donde se puso a ejercer de maestro, «hasta tal punto era incapaz de dejar de mandar»[30].

Pero en el mundo romano empezamos a detectar nuevas ideas sobre las formas de educar y sobre los castigos corporales a los alumnos. Los romanos de las clases superiores (los mismos que habían mostrado su reticencia a poner a sus hijos bajo la supervisión de un pedagogo, que en definitiva era un esclavo al servicio de la casa) no veían tan natural que sus hijos recibiesen los azotes de los maestros. Pensaban que los castigos y los azotes eran para los esclavos y, por tanto, era indigno que los sufriera un niño libre.

Quintiliano criticaba duramente la brutalidad de las escuelas romanas; pensaba que el castigo físico era servil (es decir, propio de esclavos), que endurecía a los niños y que estaba fuera de lugar si existía una correcta supervisión de los alumnos. Se preguntaba qué podría aprender de mayor un niño que solo hubiese sido educado en el miedo a los azotes. Además, ese clima de terror destruía moralmente a los alumnos: «El dolor y el temor obligan a los niños a hacer cosas que nos parecen impropias de ellos y que terminan cubriéndoles de vergüenza»[31]. Quintiliano apostó por una nueva pedagogía más humana: prometía premios y convertía el aprendizaje en un juego. Horacio escribe en uno de sus poemas que algunos maestros atraían a los niños a sus lecciones ofreciendo como premio galletas (*crustula*)[32]. Una nueva pedagogía hacía su aparición, intentando enseñar con medios más atractivos. Pero debemos reconocer el antecedente de Platón que ya dejó escrito, siglos atrás, que hay que enseñar jugando y aseguraba que para el cálculo se habían inventado métodos para hacer que los niños aprendan con placer:

> Toda esta didáctica no deberá en modo alguno hacer uso de la fuerza. No habrá que emplear la fuerza para la educación de los niños, muy al contrario, deberá enseñárseles jugando[33].

En el siglo II d. C. el escritor griego Plutarco insiste en el rechazo a los castigos físicos a los alumnos. Piensa que la reprimenda verbal es más efectiva y vuelve a insistir en que los azotes solo son adecuados para los esclavos. Los jóvenes son inquietos y rebeldes por naturaleza, pero también tienen un alma sensible y flexible que no debe ser endurecida por la violencia física; pues del mismo modo que en la cera se graban los anillos de sello así también las enseñanzas se imprimen en el corazón de los niños. Los alumnos solo deben ser guiados con la esperanza de honor y reconocimiento:

> Los niños son conducidos por consejos y razonamientos y no por golpes y ultrajes que convienen a los esclavos más que a los hombres libres[34].

Es posible que en este siglo II d. C., época de esplendor del Imperio romano, las clases elevadas estuvieran convencidas de las nefastas consecuencias del castigo físico en los métodos de aprendizaje, pero lo cierto es que siguió siendo lo habitual en las escuelas de primaria hasta las postrimerías del Imperio. Artemidoro de Daldis escribió en el siglo II d. C. un famoso manual sobre el significado de los sueños, donde quedaba claro lo que todos entendían sobre la vida de los niños en las escuelas:

> Soñar con aprender las letras siendo analfabeto anuncia la consecución de un bien, pero con esfuerzo y temor porque quienes asisten a la escuela soportan miedos y fatigas, pero el aprendizaje reporta beneficios[35].

Los niños sensibles sufrieron enormemente, como fue el caso de San Agustín (354-430 d. C.). En sus memorias, tituladas *Confesiones*, nos cuenta sus miedos a la hora de ir a la escuela donde podía ser azotado por cualquier falta; añade, con amargura, que los padres no le daban importancia a eso y ridiculizaban los sufrimientos de los niños y los tormentos con los que los maestros afligían a sus alumnos. Es normal que San Agustín llegara a decir, a sus 72 años, al recordar esos años tristes en la escuela: «¿Quién no retrocedería horrorizado y preferiría morir, si se le diera a elegir entre la muerte o un retorno a la infancia?»[36].

Tal vez se ha dibujado un panorama demasiado sombrío. No cabe duda de que muchos maestros alcanzaron el respeto de sus ciudadanos y el afecto de sus discípulos. Como muestra, tenemos el encantador epitafio de un maestro de Rodas que se había dedicado a la docencia durante 52 años; la inscripción está fechada a principios del siglo:

Este que aquí yace enseñó las letras durante 52 años
y el coro de los piadosos lo acoge,
pues Plutón y Core lo han hospedado allí;
y Hermes y Hécate, portadora de antorchas,
lo nombraron, al ser noble para todos,
presidente de los Misterios gracias a su total confianza.
Extranjero, entra tú mismo y aprende con claridad qué gran
        cantidad
de alumnos coronaron mis blancas sienes[37].

La venganza del discípulo

Para Platón un mundo de libertinaje intolerable es aquel en el que un maestro teme a sus alumnos y los alumnos desprecian a sus maestros y pedagogos[38]. Parece que era frecuente que los muchachos pegasen a sus pedagogos, algo no tan grave pues en definitiva eran esclavos de la casa (ya lo hemos comentado al hablar de los pedagogos), pero son contadas las fuentes antiguas que nos recuerdan comportamientos violentos de los alumnos hacia los profesores. Es muy posible que algún padre no viera con buenos ojos que un maestro pegase a sus hijos en la escuela y los apoyaba cuando se defendían, si llegaba el caso. En una comedia romana de Plauto titulada *Báquides* un padre amenazaba así al maestro: «Eh viejo imbécil, no toques al niño por ese motivo, porque actuó con valor»[39]. En esa misma obra dice un preceptor:

Ahora los chicos antes de cumplir 7 años, si les pones un dedo encima, enseguida le rompen al maestro la cabeza con la tablilla[40].

En tiempos del Imperio, la pérdida de respeto a los maestros se generalizó, si creemos a autores satíricos, pero parece más una exageración de esos escritores que echaban de menos la mano dura de otras épocas.

De todas formas, estamos convencidos de que los maestros siguieron imponiendo su autoridad con dureza y violencia durante toda la Antigüedad, y que los niños, en la práctica totalidad, soportaron como pudieron y sin poder encontrar remedio aquella situación que toda la sociedad veía como algo natural.

Solo vamos a destacar tres casos de naturaleza bien distinta (en tiempo y en espacio) en los que los alumnos se tomaron cumplida venganza de un profesor cruel.

Heracles y Lino

En la mitología Heracles aparece como un jovencito rudo, solo preocupado por satisfacer su deseos más básicos y primarios, sobre todo la comida. La figura del «Heracles glotón» era muy popular en el mundo griego. Esa ansía de comer la había demostrado desde la más tierna infancia: según el mito, Heracles solo podría convertirse en dios si tomaba el pecho de la mismísima Hera. Parecía algo imposible ya que Heracles era hijo bastardo de Zeus y Hera odiaba con toda su alma a los vástagos que su esposo Zeus tenía fuera del matrimonio. Como Zeus deseaba conseguir la inmortalidad para su hijo, recurrió a un engaño: puso al niño en el camino por donde debía pasar su esposa. Cuando Hera vio al niño Heracles abandonado, sintió lastima por él y le dio el pecho. Heracles mamó con tal violencia que la diosa sintió dolor y lo retiró rápidamente, pero la leche siguió saliendo de su pecho y dio origen a la Vía Láctea. Un cuadro de Rubens, que hoy se conserva en el Museo del Prado, plasmó de forma genial este momento.

Heracles destacó ya en su niñez en todas las cosas relativas a la guerra y honró a sus maestros: su propio padre le enseñó a conducir el carro, Radamantis a tirar con el arco, y Cástor a manejar las armas. Pero en la parte intelectual se reveló torpe y de poca paciencia. Heracles tomó lecciones de música junto a su hermano Ificles con el mejor profesor de su época. Se llamaba Lino y era hijo del mismísimo Apolo. Lino se había encargado de la educación musical de su propio hermano Orfeo, aquel que con su música amansaba las fieras, apaciguaba los mares, detenía el curso de los ríos y movía los árboles y las rocas.

Lino era un maestro sin paciencia y Heracles un joven duro de oído y poco dispuesto a recibir regañinas y amenazas de nadie. Un día en que Lino enseñaba los rudimentos de la música a Heracles y este se mostró más torpe e indisciplinado de lo habitual, Lino lo reprendió con dureza e intentó golpearle (siguiendo la pedagogía de la época). Heracles montó en cólera, agarró el taburete en que se sentaban los alumnos y se lo rompió en la cabeza a Lino, causándole la muerte. Dicen que Heracles fue juzgado por el homicidio, pero se defendió alegando que había actuado en legítima defensa; así que, apelando a las leyes que proclamaban inocente al que repeliese una agresión injusta, fue absuelto.

Las historias relativas a Heracles fueron de los motivos más frecuentes para la decoración de la cerámica griega y este episodio en concreto de su educación empezó a aparecer en la cerámica pintada no más tarde del 500. Curiosamente no fue omitido, aunque no era muy edificante para la juventud. Hay dos representaciones especialmente famosas: la primera la hallamos en un vaso (del tipo *skyphos*) de figuras rojas fechado en torno al 470 obra del pintor Pistoxenos, que se conserva en el Staadlitche Museum de Schwerin. El artista dibujó a los dos hermanos, Heracles e Ificles, como si fueran dos jóvenes atenienses recibiendo lecciones de música del viejo Lino. El profesor está sentado en una silla con respaldo (como corresponde a un maestro) y frente a él vemos a Ificles que atiende a la lección. En la otra parte del vaso, Heracles espera su turno de pie, acompañado por un viejo pedagogo (un esclavo tracio con tatuajes) que lleva su cítara. El pintor tuvo el cuidado de etiquetar todas las figuras del vaso con sus nombres por lo que no hay ninguna duda sobre la escena.

La segunda la encontramos en otro vaso aún más famoso en el que se representa el momento en que Heracles da muerte a su maestro Lino. Es un *kylix* de figuras rojas atribuido a Duris, fechado hacia el 480, que se conserva en el Staatliche Antikensammlungen de la ciudad de Múnich. Podemos ver a un joven Heracles, sin barba, que se dispone a golpear con un taburete a su profesor que ya ha doblado la rodilla pero que aún quiere defenderse, precisamente con su cítara. Los demás alumnos se muestran sobresaltados, por ello el artista los representa con los brazos en alto.

Heracles es el héroe por excelencia en el mundo griego, pero reflejaba un mundo arcaico y primitivo, sin refinamiento de ningún tipo; un mundo donde todo se resolvía con violencia y por la fuerza. Es un héroe anterior al homérico Aquiles que también es violento, pero demuestra una educación más completa en varias facetas (no en vano había sido educado por el centauro Quirón): sabe hablar y actuar, pero

Fig. 14. Heracles mata a su maestro Lino.

además es un buen intérprete musical que se deleita con la ejecución de la lira para apartar de su mente las cuitas de la guerra y su triste destino.

Camilo y el maestro

Este episodio tiene un contexto menos pedagógico, pues sucede en el torbellino de la guerra, pero es famoso porque se encomienda a los niños el castigo de un maestro traidor a la patria. En el 394, Roma hacía la guerra a los faliscos, en la zona de Etruria. Camilo dirigió el ejército romano contra la ciudad de Falerios; devastó sus campos y obligó a los faliscos a refugiarse detrás de sus murallas. Los niños de la ciudad sitiada se educaban juntos, al cuidado de un maestro. Seguían una costumbre griega, como señalan los autores latinos, que se explica porque la zona de Etruria había recibido desde muy antiguo la influencia helénica. Durante la paz el maestro solía sacar a los niños fuera de los muros para jugar y hacer ejercicio. Los faliscos estaban tan confiados que incluso en estos momentos de guerra no habían interrumpido esta práctica.

El malvado maestro de los faliscos, cuyo nombre ha ignorado la historia por fortuna, decidió por motivos oscuros (el maestro desesperaba de la salvación de la ciudad frente a los romanos, o bien buscaba una ganancia material) entregar a sus alumnos a Camilo. Los sacaba cada día fuera al pie de las murallas y después de los ejercicios los hacía entrar. Pero poco a poco los fue llevando más lejos, haciéndoles creer que había seguridad. Hasta que finalmente los alejó de las murallas y los metió entre las avanzadillas de las tropas romanas, que los capturaron y los condujeron directamente ante Camilo. Sin duda, Camilo debió de recibir sorprendido aquel grupo: el mismo maestro se presentó como educador y explicó que venía a entregarle en persona a los hijos de las mejores familias de la ciudad de Falerios. Era cosa segura, afirmó el maestro, que sus padres preocupados por la suerte de sus hijos entregarían la ciudad sin pensarlo.

Según Livio y Plutarco, Camilo quedó horrorizado ante aquel hecho y exclamó: «¡Qué cosa más terrible es la guerra!». Recriminó con duras palabras al maestro: «No has venido tú, un infame con un infame ofrecimiento, ni a un pueblo ni a un general semejante a ti»[41]. De inmediato, ordenó a sus guardias que le rasgaran los vestidos y lo azotaran con saña, luego entregó varas a los niños y les ordenó llevarlo a la ciudad con las manos atadas atrás, golpeándolo y maltratándolo de todas las formas posibles. En la versión de Dionisio de Halicarnaso, que me parece más realista y acorde con la forma en que los romanos hacían la guerra, Camilo puso bajo custodia al maestro y sus alumnos y consultó al Senado lo que debía hacer. El Senado dejó la decisión en sus manos. Esta versión, menos loable en principio para Camilo, encaja mejor en la dinámica de la guerra antigua, donde toda traición era bienvenida; pero todas las fuentes coinciden en que Camilo, ya sea de forma inmediata o tras pedir consejo al Senado, devolvió sin daño a los niños. Los faliscos quedaron tan agradecidos a Camilo que entregaron su ciudad a los romanos (aunque el Senado exigió un tributo para pagar la soldada de su ejército).

Casiano de Ímola

Aurelio Prudencio Clemente nació en el 348 d. C. en Calahorra, la pequeña ciudad de Hispania que ya había dado hombres ilustres a Roma como el mencionado Quintiliano. Prudencio es uno de los grandes poetas cristianos de la Antigüedad. Escribió una obra en verso titulada *Peristephanon (Sobre las coronas de los mártires),* que era una colección de historias sobre mártires cristianos. En ella incluyó el martirio de Casiano, un caso curioso que había conocido cuando, de camino a Roma, se detuvo en la ciudad de Forum Cornelii. La ciudad estaba situada precisamente en la vía Emilia en la ruta entre Milán y Roma y recibía ese nombre por su fundador, el famoso Cornelio Sila (138-78). Hoy día se conoce por el nombre de Ímola, como la bautizaron en el siglo VII los invasores lombardos. Allí se veneraban las reliquias de un santo llamado Casiano que había sufrido el martirio en una fecha indeterminada (puede ser el siglo III o el siglo IV). Prudencio visitó su tumba y observó sobre ella un mural donde se representaba la muerte del santo a manos de una turba de niños que lo pinchaban con sus punzones de escribir.

No debería ser infrecuente que una turba de niños cometiera fechorías y travesuras, amparados en su número y su aparente inocencia. Ya sabemos lo que escribió Galdós en su novela *Miau* sobre la infancia: «¡Dichosa edad sin entrañas!». Suetonio nos cuenta que en tiempos del emperador Calígula, un hombre juró morir por el emperador. Calígula lo hizo coronar como una víctima de sacrificio y lo entregó a un grupo de niños que debía perseguirlo por las calles de Roma recordándole su promesa, cosa que hicieron hasta que se precipitó por la roca Tarpeya[42]. También sabemos de un grupo de niños que se divertían pinchando con sus estiletes a un elefante. El animal agarró con su trompa a uno de aquellos bribones y cuando parecía que lo iba a estrellar contra el suelo, mientras los demás niños gritaban asustados, volvió a dejarlo suavemente en el suelo, seguramente porque el inteligente animal consideraba que el susto era suficiente castigo para aquella edad[43].

El estilete no dejaba de ser un arma. También los adultos se servían de ellos en momentos de necesidad. Cuentan que Julio César, cuando recibió la primera herida a manos de Casca, intentó defenderse clavando su estilete en el brazo del agresor, aunque por supuesto tuvo que sucumbir ante el elevado número de oponentes[44]. El emperador Calígula para asesinar a un senador apostó hombres armados con estiletes que debían atacarlo cuando entrase en el Senado[45].

El sacristán de la iglesia observó el asombro de Prudencio y muy amablemente contó su terrible historia (que más tarde Prudencio puso en verso con gracia y buen estilo para nosotros): Casiano era maestro de *ars notaria*, es decir, no era un simple maestro. Su trabajo consistía en enseñar a los niños pequeños el arte de la escritura taquigráfica. En la antigua Roma se habían usado unas notas para escribir rápidamente lo que se decía en los juicios y en las asambleas. Cuenta Plutarco que Cicerón, el gran orador del siglo I, como deseaba conservar por escrito el discurso que se disponía a pronunciar contra Catilina, repartió por el Senado a unos escribanos instruidos en este sistema taquigráfico que «con figuras pequeñas y cortas comprimían el contenido de muchas letras»[46]. Un liberto de Cicerón llamado Tirón reunió y clasificó estas notas (hasta 1.100) de modo que llevaron su nombre en adelante y se las conoció como «notas tironianas». Más adelante Séneca el Viejo compuso una obra sobre este tema ampliando aún más su número. Las notas eran letras deformadas del alfabeto latino con un trazo cursivo para facilitar la rapidez de su ejecución, aunque también había formas arbitrarias. Los sofistas del siglo II d. C. usaron taquígrafos para recoger sus improvisaciones, como nos cuentan de Herodes Ático, quien en cierta ocasión le regaló diez taquígrafos a otro sofista llamado Alejandro Peloplatón (por tanto, esos taquígrafos eran esclavos especializados)[47]. Los emperadores romanos prohibieron que se usaran estas notas en los códices legales y, para evitar que gentes maliciosas engañasen a los ignorantes, ordenaron que los contratos escritos en sistema taquigráfico por los notarios (así se llamaban muy apropiadamente los expertos en las notas para escribir rápidamente) solo tendrían valor cuando las palabras se escribiesen con todas sus letras. Las «notas» siguieron usándose durante la Edad Media, con modificaciones, por supuesto. San Isidoro de Sevilla nos informa de algunas típicas abreviaturas como BF en lugar de «*bonum factum*». Otro buen ejemplo es el signo & que solo es una forma cursiva y ligada de escribir la conjunción latina *et*; de hecho, este signo se llama en español «et» (en inglés *ampersand* que es una abreviación de *and per se and*).

Los alumnos de Casiano se preparaban de forma específica para convertirse en escribanos de la justicia o de la administración. Suponía un empleo seguro y lucrativo en el futuro, pero era un aprendizaje difícil, sin duda, y los niños sufrían enormemente en la escuela. Por si esto fuera poco, Casiano era un maestro muy severo. En muchas ocasiones su aspecto grave y sus ásperas recriminaciones habían suscitado miedo e ira entre sus alumnos. El propio Prudencio tiene que admitir que «el profesor siempre es amargo para el que aprende y no es grata la disciplina para ninguna infancia»[48].

Casiano era cristiano y durante una de las persecuciones se negó a ofrecer culto en los altares paganos. Fue detenido y compareció ante el gobernador para que le impusiera un castigo. Cuando el gobernador preguntó qué oficio ejercía aquel hombre tan rebelde y orgulloso, le explicaron: «Gobierna una tropa joven y tierna inculcándoles la notación de palabras con ingeniosos signos». En cuanto el gobernador supo que aquel hombre ejercía como maestro, ordenó que de inmediato se le entregase a sus mismos discípulos para que lo hirieran y se impregnaran de la sangre del maestro. El gobernador tenía un sentido del humor peculiar: «Es un placer que el mismo severo profesor ofrezca diversión a los discípulos a los que reprimió en exceso». Desnudan a Casiano y le atan las manos a la espalda, y convocan a la tro-

pa de sus alumnos armadas con sus tablillas y estiletes para
que desaten toda su ira acumulada. Rompen las tablillas en
su rostro y clavan los estiletes en su cuerpo. Con la parte
punzante que servía para escribir pinchaban y con la parte plana que se usaba para borrar y alisar las tablillas, corta-
ban la carne del maestro. Doscientas manos infantiles tor-
turan así a Casiano pero ninguna herida era mortal y el tormento se alargaba. Casiano exclama: «Sed fuertes y venced
los años con las fuerzas; que la crueldad sustituya lo que falta
en edad». Pero los niños se muestran inflexibles y se burlaban diciendo:

¿Qué gimes? Tú, el mismo maestro, nos has dado este hierro
y has armado nuestras manos; he aquí que te devolvemos
tantos miles de caracteres cuantos recibimos de ti, llorando,
cuando nos enseñabas. No puedes enfadarte, pues escribi-
mos. Tú mismo lo ordenabas, que nunca la diestra dejara
quieto el estilete. No pedimos ya vacaciones de la escuela,
tantas veces negadas por ti, mezquino profesor, cuando nos
enseñabas. Nos gusta clavar las puntas, insertar líneas en las
líneas, ligar signos curvos con las cadenas. Te está permitido
que corrijas los versos examinados en larga sucesión, si casualmente una mano se equivocó en algo. Ejerce tu autoridad. Tienes el derecho a castigar un error, si alguno de tus
discípulos ha escrito sobre ti descuidadamente[49].

Así murió, en este largo tormento, el severo profesor Casiano, mártir de la Iglesia. Se convirtió en santo y su festividad se celebra el 13 de agosto. Sus reliquias están deposita-
das en la catedral de Ímola, en el centro de la ciudad.

8. Cuando educa un extraño

En primer lugar, hallamos que se trata de un cazador por salario de jóvenes ricos, y en segundo, de un mercader de los conocimientos relacionados con el alma.

Platón, *Sofista,* 231d.

Los ricos pasaban más tiempo en la etapa educativa de la escuela primaria, pero al salir no había posibilidades de seguir educándose. Sencillamente no había nada. Los jóvenes quedaban libres para hacer su capricho sin recibir demasiada atención de sus padres, que estaban ocupados en las tareas del Estado. En un diálogo de Platón (*Laques*) dos ciudadanos atenienses, Melesias y Lisímaco, que se muestran como padres responsables y preocupados por la formación de sus hijos, se lamentan de que en su juventud sus propios padres no se ocupasen de su educación. Pero debemos decir que no fue culpa de sus padres, puesto que en ese tiempo no existía todavía en Grecia una formación superior.

Una nueva clase de maestros vino para llenar la necesidad de una educación superior: los sofistas. Este término deriva de *sophía* que significa 'sabiduría', 'conocimiento' o 'habilidad especializada', al que se ha añadido el sufijo de agente. Por tanto, su significado propio es 'el que practica la sabiduría'. En efecto, los sofistas eran hombres inteligentes y memoriosos que gozaban de unas dotes naturales que los elevaban por encima de la inmensa mayoría de la población. Hicieron de esa inteligencia su modo de vida y convirtieron la sabiduría en su oficio. La diferencia fundamental con los antiguos sabios (que también eran muy memoriosos e inteligentes) fue que los sofistas se pusieron por completo al servicio de todos los griegos y se convirtieron en maestros profesionales. Por eso el sofista Trasímaco hizo escribir en su tumba: «Mi patria era Calcedonia y mi profesión (*téchne*) el saber (*sophía*)»[1].

Los sofistas, por tanto, no son poetas ni filósofos ni sabios; son profesores que declaran como su misión «educar a los hombres». Son maestros de la virtud, entendiendo virtud en sentido político: el arte de administrar bien la casa y la ciudad. Los sofistas se sentían continuadores de una larga tradición que se remontaba a Homero, pero declaraban sin falsa modestia que la habían superado. Protágoras, que fue el más grande de los sofistas, dice:

> Yo afirmo que el arte de la sofística es antiguo, pero que los hombres antiguos que la practicaron, temiendo el odio que podía suscitar, la enmascararon y la ocultaron, unos bajo la poesía como Homero, Hesíodo y Simónides; otros bajo los misterios religiosos y las profecías, como Orfeo y Museo... todo ellos, temerosos de la envidia, disimularon su actividad bajo diferentes apariencias[2].

Es significativo que mencione a Simónides, el gran poeta, que como hemos visto en un capítulo anterior, era por su pensamiento y por su actitud vital el más claro antecedente de los sofistas. Otro sofista llamado Hipias también se comparaba con los sabios del arcaísmo. La única diferencia radicaba en que aquellos creían que no debían hacer dinero con su ciencia; eran hombres ingenuos que ignoraban el valor del dinero. Está claro que se trataba de otros tiempos: en la Grecia del arcaísmo no existía una economía tan monetarista como en el siglo V, ni, por supuesto, un gran nivel de riqueza. Además, los sabios y poetas eran, por nacimiento, ya sobradamente ricos. Se ponían al servicio de las ciudades sin pedir nada a cambio. Recordemos, a modo de ejemplo, el caso del sabio y hombre divino Epiménides, que acudió a Atenas para purificarla: solo pidió como recompensa un ramo de olivo. También es cierto que muchas veces no se pedía nada para no despertar la envidia de los ciudadanos. De nuevo Simónides fue la excepción a esta norma, pues era famoso por su amor al dinero y en este sentido vuelve a ser el referente principal de los sofistas.

Los sofistas incluso copiaron de los viejos sabios y aedos el aire doctoral y el tono solemne; así lo hizo, por ejemplo, Hipias, del que Platón dice que lanzaba sus sentencias desde un alto trono[3]; y vistieron alguna vez la indumentaria de manto de púrpura de los rapsodos, según escribe Eliano[4]. De hecho, como herederos de los ·rapsodos, los sofistas dedicaron una gran atención a Homero. Nunca quitaron a Homero de su posición privilegiada dentro de la educación. Hicieron, además, lectura crítica de otros poetas y escribieron tratados sobre gramática y lengua, situando de ese modo el estudio de la literatura en la base de su sistema educativo. Esa educación literaria es la que ha conformado la sociedad occidental hasta el día de hoy (y está en trance de desaparecer por el utilitarismo al que se han entregado los gobiernos actuales).

Siguiendo la vieja costumbre de aedos, rapsodos, sabios y poetas, los sofistas iban errantes de ciudad en ciudad. Viajar abría los horizontes. Muchos procedían de ciudades realmente pequeñas, en las que un cerebro bien dotado debía de sentirse como en una cárcel. Las propias ciudades lamentaban la marcha de estos hombres tan valiosos, pero lo comprendían. Al viajar se ponían en relación con otras gentes y tenían la posibilidad de seguir aprendiendo y conociendo más cosas. Es posible que estuvieran convencidos de que no serían tan valorados entre los suyos, pues, según el refrán, «nadie es profeta en su tierra». Un sofista del siglo II d. C. llamado Escopeliano, cuando su ciudad de Clazómenas le suplicó que declamara en su patria pues la ciudad progresaría si un hombre de sus cualidades impartía allí sus enseñanzas, rehusó diciendo: «El ruiseñor no canta en su jaula»[5]. La propia estructura política del mundo griego, donde numerosas ciudades independientes convivían participando de una misma cultura y lengua, hizo posible ese continuo trasiego de genios de un lugar a otro. Los sofistas preferían vivir como extranjeros viajando de ciudad en ciudad, libres de ataduras sociales y morales. De ese modo, si surgía algún problema cuando expresaban ideas novedosas, pasaban a otra ciudad (evitando el recelo que despertaban en los sectores tradicionales). Los viajes los convertían en hombres sin familia, por eso se hacían acompañar por discípulos fieles y especialmente brillantes que deseaban aprender todo del maestro para convertirse en el futuro ellos mismos en sofistas profesionales. Por ejemplo, a Protágoras, el gran sofista, le acompañaba un tal Antímero de Mendes, que era su más distinguido discípulo y que a su lado aprendía la profesión de sofista.

Por sus constantes viajes no prestaron atención alguna a las posesiones materiales (tierras, esclavos, casas). No tenían tiempo para dedicarse al cuidado de los bienes como las personas corrientes. No es que se mostraran desinteresados por las riquezas en bienes inmuebles, es que las veían como una pesada carga para su carrera y su desarrollo intelectual. Por otro lado, gracias a su inteligencia podían procurarse dinero allá donde fueran. Tenían en sí mismos su capital. Su patria era más extensa, abarcaba toda la tierra en donde vivieran griegos; se hicieron «cosmopolitas», es decir, ciudadanos del mundo. Como escribió Eurípides, «para el hombre sabio su patria es el mundo».

Los sofistas ofrecían sus lecciones a todos, a cambio de un salario previamente fijado. Nada más llegar a una ciudad se daban a conocer entre las gentes de la buena sociedad, que eran los únicos que tenían suficiente tiempo y dinero como para seguir educándose. Hipias, por ejemplo, se anunciaba a sí mismo enumerando sus aptitudes en el ágora junto a la mesa de los cambistas. Pero, en general, ofrecían lecturas de sus obras, charlas y presentaciones en salones privados o gimnasios donde exhibían su capacidad y sus conocimientos. En ocasiones buscaban impresionar a su auditorio, asegurando que podrían convencerlos de cualquier cosa y lo desafiaban con discursos dobles: dos discursos sobre el mismo asunto, pero adoptando una postura diferente en cada ocasión. Protágoras afirmaba que sobre cualquier asunto era posible defender con la misma validez una tesis como la contraria, incluso a propósito de esa misma proposición[6]. Aristóteles consideró más adelante que esto era uno de los fundamentos del buen orador: «El orador debe ser técnicamente capaz de persuadir de una cosa y la contraria»[7].

Allá donde iban, los sofistas encontraron una juventud entusiasmada. Atenas no fue una excepción. Allí había dinero de sobra para pagar el sueldo de estos nuevos maestros y un gusto casi morboso por las novedades. La llegada de un sofista como Protágoras a Atenas en su segundo viaje, allá por el año 432, fue un emocionante acontecimiento para la juventud, como demuestra el diálogo de Platón titulado precisamente *Protágoras,* donde un joven llamado Hipócrates va a despertar a Sócrates antes del amanecer para que le presente al sofista. Sócrates llamaba a Protágoras (seguramente con ironía) «el más sabio de los hombres de nuestro tiempo». Había nacido en Abdera, una avanzadilla de la cultura griega en tierras bárbaras de Tracia. De fértil suelo y viñedos en abundancia, su riqueza se puede constatar por el hecho de que contribuía con una gran suma a la Liga de Delos. De Abdera era también Demócrito, que difundió el atomismo, lo que indica la elevada vida cultural de la ciudad. Dicen que Protágoras fue discípulo de Demócrito, pues le llamó la atención la inteligencia con la que ataba los haces de leña. Era tan inteligente que le llamaban «Sabiduría» (*sophía*)[8]. Hizo un primer viaje a Atenas en la década del 450-440 y entonces conoció a Pericles, el gran estadista, y al trágico Eurípides. Pericles le confió la educación de sus hijos y le encargó la redacción de una constitución para la colonia de Turios (situada cerca de la ciudad de Síbaris, que había desaparecido). Se dice que en esa constitución imponía la escolarización obligatoria para todos los ciudadanos a costa del Estado. En su segundo viaje se hospedó en la casa del dramaturgo Eurípides.

Estos hombres extranjeros se convirtieron desde ese momento en los responsables de la educación de la juventud. Esto sacudió los cimientos de los sectores más tradicionales, que consideraban que la juventud exponía su alma a un peligro. Sócrates advierte a un joven sobre los sofistas:

> No consultas ni a tu padre, ni a tu hermano, ni a ninguno de los que somos tus amigos, a fin de saber si debes confiar tu alma al recién llegado. Un hombre que afirmas que no conoces ni has hablado nunca con él[9].

El peligro procedía de su falta de ataduras sólidas con la comunidad y de su escaso compromiso con la ciudad cuya juventud, sin embargo, estaban educando:

> En cuanto a la clase de los sofistas, considero que es muy experta en grandes discursos y otras cosas hermosas, pero temo que, al ir errantes de ciudad en ciudad y sin haber de ninguna manera fijado residencia, no puede entender todo lo que filósofos y políticos pueden hacer y decir, luchando en la guerra y en los combates, y relacionándose con otros con su conversación[10].

Pero los sofistas conocían los peligros y los celos a los que se enfrentaban cuando llegaban a una ciudad nueva; por ello, intentaban establecer relaciones sólidas con los ciudadanos más destacados y se mostraban siempre muy cuidadosos con su actitud y sus maneras. El mismo Protágoras dijo:

> Cuando un extranjero llega a una ciudad poderosa y persuade a los jóvenes más selectos a que abandonen las demás rela-

ciones para unirse exclusivamente a él, debe obrar con mucha prudencia. Pues provoca celos, rivalidades y enemistades[11].

¿Qué enseñaban?

Protágoras decía que enseñaba a sus discípulos el talento político, es decir, el arte de administrar bien su casa y su ciudad. Pero, en general, casi todos los primeros sofistas hicieron gala de un saber enciclopédico. Un tal Dionisodoro de Quíos presumía de saber construcción, coser y remendar zapatos; es posible que fuera el mismo Dionisodoro que es mencionado en las *Memorables* de Jenofonte de quien se dice que empezó dando clases de arte militar en Atenas. Pero el sofista que demostró más amplios conocimientos fue sin duda Hipias, que procedía de Élide, ciudad del Peloponeso cerca de Olimpia. Recibió el apodo de *polymathés,* 'el que posee múltiples conocimientos'. Todas las fuentes recuerdan la variedad de sus intereses: geometría, astronomía, música, ritmo, pintura y escultura. Como era tan polifacético podía adaptarse al gusto de sus oyentes allá adonde fuera. Este sofista estaba dominado por el ansia de conocimientos y siempre buscaba cosas nuevas. Por eso, cuando regresaba a Atenas y escuchaba a Sócrates, le echaba en cara que siempre estaba hablando de lo mismo. Hipias fue, sin duda, el más inquieto, intelectual y físicamente, de los sofistas. Tras sus muchos viajes por ciudades y santuarios panhelénicos pudo decir que «nunca me he encontrado con un hombre que me fuera superior en nada»[12].

Como era de Élide, que es una ciudad muy cercana a Olimpia, visitó a menudo los juegos y allí solía ponerse a disposición de todos para razonar sobre temas que llevaba preparados, aunque siempre estaba abierto a responder a cualquier cuestión que le planteasen los asistentes. Fascinaba a los griegos allí reunidos con sus discursos llenos de matices y hacía exhibición de su portentosa memoria. Cuentan que tenía una memoria tan excepcional que incluso en su vejez con oír una sola vez 50 nombres los repetía en el mismo orden que los había oído. Platón lo describe así:

> Llegaste a Olimpia un día y no llevabas sobre tu persona nada que no fuera obra de tus manos: el anillo, las sandalias, el manto y la túnica y el cinturón. Traías poemas, ditirambos, tragedias y discursos. Entendías de todas las ciencias, música, gramática y en lo que más sobresalías según tú mismo Hipias presumías, era la mnemotecnia[13].

La memoria explicaba sus amplios conocimientos, así como su facilidad en exponer e improvisar. La memoria es el elemento fundamental del arte, por eso Plutarco escribe: «No hay nada como la memoria para crear»[14]. No es por casualidad que en la mitología griega Mnemosine ('la Memoria') sea la madre de las Musas.

Es cierto que la memoria es una cualidad superior de la naturaleza, pero los griegos conocían los medios para desarrollarla. Ya vimos cómo los pitagóricos habían creado ejercicios específicos para ello, pues consideraban a la memoria como algo fundamental en su sistema educativo. Simónides fue el inventor oficial del arte de la memoria (la mnemotecnia) y casi todos los sofistas la incluyeron entre sus muchas enseñanzas.

Hoy la memoria está un tanto desprestigiada, algo explicable porque disponemos de muchas formas de acceder rápidamente a los datos más variados (libros, páginas web, enciclopedias y diccionarios), pero en el mundo antiguo era mucho más necesaria y, por tanto, se fomentaba en todos los sentidos. Lo habitual es que se aprendieran de memoria los discursos (los oradores no hablaban con un papel en la mano); incluso los asistentes conseguían sin mayor dificultad retenerlos en la mente si no eran demasiado largos: Fedro en el diálogo de Platón dice que le gustaba oír los discursos de Lisias y fijarlos en la memoria, y otros personajes de sus diálogos refieren con gran detalle conversaciones que habían tenido con Sócrates. La anécdota más famosa con respecto a la memoria es la que cuenta Plutarco: muchos soldados atenienses que habían sido capturados en Sicilia fueron liberados de la esclavitud porque enseñaron a sus dueños todos los poemas de Eurípides que se sabían de memoria.

> Fue para estos (cautivos) de gran socorro su educación, porque alcanzaron la libertad o fueron bien tratados, pues conocían de memoria los coros de Eurípides o ganaban el alimento cantando sus versos[15].

Los griegos de aquellas regiones eran grandes admiradores del trágico y se dice que en cuanto alguien llegaba a Sicilia con algún poema suyo se lo aprendían de memoria y se lo enseñaban unos a otros con satisfacción. Todo esto es comprensible en un mundo sin libros.

Poseer una buena memoria es el requisito indispensable de todo buen estudiante. Según Quintiliano, es la principal señal de talento ya que tiene como misión aprender con facilidad y retener fácilmente lo aprendido. Los maestros avanzados solo querían alumnos con buena memoria y comprobaban de entrada en los aspirantes si tenían esta cualidad. El cómico Aristófanes imagina en su obra *Las nubes* un examen de ese tipo y, por supuesto, es la primera pregunta que se hace:

Sócrates: Quiero hacerte unas breves preguntas. ¿Eres memorioso?

Estrepsíades: Depende, por Zeus. Si me deben algo, me acuerdo perfectamente, pero si soy yo el que debe, me olvido completamente[16].

Los sofistas siempre estaban dispuestos a discutir sobre cualquier materia y exhibían un saber absoluto sobre todas las cuestiones, de modo que producían el efecto en sus discípulos de ser omniscientes. Pero Platón, siempre tan crítico con ellos, no se dejaba impresionar; comprendía que todo aquello solo era posible porque tenían un conocimiento superficial: «Cuando alguien afirma que lo sabe todo y que se lo va a enseñar a los demás a cambio de casi nada y en poco tiempo, ¿no hay que pensar que lo dice en juego o broma?»[17].

Tras una primera etapa de ansia enciclopédica, los sofistas se centraron en la educación general de los ciudadanos con mayor énfasis en la retórica: el arte de hablar en público y exponer de forma convincente y ordenada nuestras ideas, con el fin de influir en los demás. Dejaron los estudios más profundos de otras disciplinas en manos de maestros más técnicos de los que no tenemos, por desgracia, muchas noticias. Pronto se especializaron en la palabra y se convirtieron en maestros de retórica, bien de forma exclusiva o bien como ocupación principal. Era lo más apropiado para formar a las clases superiores que tenían como futuro gobernar ciudades y actuar en política. Todos los jóvenes de buena familia querían saber y poseer esa habilidad mucho más que conocimientos técnicos de otras materias como ciencia, astronomía o matemáticas, que eran menos prácticas para las élites de las ciudades y mucho más difíciles. Además, los mismos sofistas aseguraban que hablar bien era el principio de todos los conocimientos.

En definitiva, los sofistas deseaban hacer fortuna con su prodigiosa mente y respondieron a la demanda del mercado. Era la retórica la materia que más se demandaba: el dominio de la palabra para influir en las asambleas, las reuniones políticas y tribunales de justicia. Incluso el famoso Protágoras, que educaba en la virtud política, tenía como lo principal de su sistema hablar en público. De hecho, Protágoras presumía de poder defender cualquiera cosa.

Gorgias se reía de los demás sofistas; él no prometía grandes cosas a sus discípulos, solo se limitaba a enseñar retórica; reivindicaba el título de orador. Aunque algunas fuentes nos dicen que en sus comienzos estuvo interesado en la física y la astronomía, parece que muy pronto comprendió que debía centrarse en la retórica. Gorgias llegó por primera vez a Atenas en el 427. Su ciudad, Leontinos, en Sicilia, le había enviado como embajador para que defendiera sus intereses: buscaba la protección de Atenas para contrarrestar la superioridad militar de su vecina Siracusa. La novedad de su estilo y la brillantez de sus discursos despertaron la admiración de los atenienses. Exhibía un insólito empleo del lenguaje, con frases cortas y vibrantes, juegos de palabras, antítesis, ecos sonoros y giros inesperados. Gorgias había aprovechado los avances de los rétores sicilianos que en un principio se habían creado para los discursos judiciales. Aristóteles vinculó el desarrollo de la retórica y su nacimiento en Sicilia a los numerosos procesos por la propiedad de bienes que tuvieron lugar tras la muerte de Hierón, el tirano de Siracusa (año 467). Allí, precisamente, se compuso el primer tratado técnico de retórica que fue obra de Tisias y Córax. Tisias había sido maestro de Gorgias.

Para la generación siguiente las figuras gorgianas se habían hecho tan comunes que ya parecían un artificio excesivo. Así pensaba Aristóteles, para quien todo el estilo de Gorgias era demasiado poético y ponía como ejemplos expresiones ridículas y carentes de claridad como «pálidos y anémicos sucesos»[18]. Pero en tiempos de Gorgias el impacto sobre el auditorio fue impresionante. Estas novedades asombraron a los atenienses, que eran grandes amantes de los bellos discursos, y pronto comenzó Gorgias a dar lecciones privadas y conversaciones a jóvenes con las que pudo reunir grandes sumas de dinero que se llevó de Atenas.

Con el tiempo Gorgias se dedicó a la profesión de sofista de forma profesional. Cuando volvía a Atenas se hospedaba en casa de ricos llenos de inquietudes culturales y en las reuniones invitaba a los presentes a preguntar lo que quisiesen con la promesa de responder a todo. Aseguraba: «Nadie me ha hecho una pregunta desusada desde hace muchos años»[19]. Con la edad se adquiría una experiencia que era, sin duda, una gran ayuda para los sofistas. Gorgias fue el iniciador del discurso improvisado, una modalidad de la retórica que solo estaba al alcance de hombres excepcionalmente dotados. Dicen que una vez se presentó en el teatro de Atenas y dijo «proponedme un tema», dando a entender que lo sabía todo y que hablaría de cualquier asunto.

El éxito y la fama de Gorgias en su tiempo fueron inmensos, como recuerda su discípulo Isócrates:

No se encontrará que ninguno de los llamados sofistas haya reunido una gran fortuna, sino que unos han pasado su vida con poco y otros muy medianamente. El que más consiguió adquirir, de los que nosotros recordamos, fue Gorgias de Leontinos, que vivió en Tesalia cuando sus habitantes eran los más dichosos de los griegos. Vivió mucho tiempo y dedicó su vida a ganar dinero. No habitó ninguna ciudad de forma fija, ni tuvo que gastar en asuntos públicos, ni se vio forzado a pagar impuestos, y, aún más, no tuvo ni mujer ni hijos, sino que se vio libre también de esta carga, la más duradera y costosa. Y aunque superó tanto a los otros en sus ganancias, solo dejó a su muerte unos miles de monedas[20].

Cuando la Guerra del Peloponeso puso muy difíciles las condiciones de vida en la ciudad de Atenas, Gorgias se desplazó a Tesalia. Se instaló en su capital Larisa y consiguió el favor de la poderosa familia de los Alevadas[21]. Tesalia fue un lugar de refugio durante toda la guerra. Sus amplias llanuras trigueras y su ausencia de conflictos políticos hicieron que vivieran prósperamente en aquellos tiempos difíciles de guerra generalizada. Aunque Gorgias era ya anciano siguió enseñando y, según escribe Platón, los tesalios, aleccionados por él, solían responder sin temor y con elevación, cuando alguien les preguntaba, como debían hacer las personas instruidas[22]. Murió en Larisa con más de 100 años, gozando siempre de buena salud y agudeza juvenil en sus sentidos. Se consideró siempre feliz y aseguraba que no tenía motivos para quejarse de la vejez. Cuando le preguntaban por el motivo de su longevidad decía: «Jamás he hecho nada por placer», aunque otros lo atribuían a una vida que había transcurrido sin preocupaciones ni cargas (sin ciudad y sin familia) y que había dicho realmente: «Jamás he hecho nada por otro»[23].

El poder de la palabra

Gorgias definía la retórica como el arte de hacer grandes las cosas pequeñas y pequeñas las grandes y creía que superaba a todas las demás materias, pues sin ella no podían desplegarse o desarrollarse en su plenitud. Les decía a los atenienses: «Esos arsenales, esas murallas y esos puertos no se deben a los obreros sino a los consejos de Temístocles y Pericles». Gorgias, de hecho, se consideraba superior a su hermano, que era médico, pues eran sus palabras las que convencían al enfermo a tomar los remedios más dolorosos, aunque el saber curar estaba en manos de su hermano. Esta idea se impuso en toda la Antigüedad y se sentó así la base firme de una creencia en la superior condición de una educación retórica para todos los hombres libres que Gorgias había resumido poéticamente en una frase: «La retórica retiene bajo su dominio todos los demás poderes»[24].

Gorgias comprendió mejor que nadie el poder de la palabra. Lo explicaba con claridad en una de sus obras:

La palabra es un poderoso soberano, que con un cuerpo invisible y muy pequeño realiza empresas absolutamente divinas. Pues puede eliminar el temor, suprimir la tristeza, infundir alegría, aumentar la compasión[25].

Se convirtió en un tópico que repitieron autores posteriores como Eurípides en su obra *Fenicias,* «la palabra lo vence todo e iguala en fuerza al enemigo acero» o en Roma siglos después, donde Cicerón aseguraba que «la palabra tuerce voluntades y reina sobre todas las cosas»[26]. Cicerón lo explicaba porque el ser humano toma sus decisiones más por odio, por pasión, por deseo o por ira que por la verdad o por una regla o principio jurídico.

Había un sofista que literalmente ponía en práctica estas cosas, según cuenta Platón en el *Fedro*[27]. Se trataba de un tal Trasímaco de Calcedonia, que era capaz de enfurecer a la multitud para luego calmarla con el ensalmo de sus palabras. Otro caso destacado fue el sofista Antifonte, al que llamaban «Néstor» por su capacidad para convencer; puso en Corinto una consulta en una casa cerca del mercado y escribió en la puerta que curaría con sus palabras a todos los que se sintieran agobiados por las penas. Haciendo preguntas encontraba las causas y consolaba a los deprimidos[28]. Eran sesiones de alivio del sufrimiento por medio de la palabra, en las que aseguraba que no había un dolor tan terrible que él no pudiera expulsarlo de la mente. Sin duda, es el precedente más antiguo del psicoanálisis moderno.

Curiosamente los médicos nunca consideraron la palabra como parte del tratamiento del enfermo, ni siquiera en enfermedades como la melancolía. Siempre se limitaron a lo físico y solo empleaban la palabra para lograr la confianza del enfermo. Por su parte, los curanderos y sanadores usaban palabras mágicas desde tiempos de Homero. Recordemos a Quirón, cuyos conocimientos médicos tenían en gran parte ese componente: eran fórmulas verbales de carácter mágico, palabras con poderes secretos. Se usaron durante toda la Antigüedad (por ejemplo, como nos dice Platón, los usaban las parteras para calmar los dolores del parto) pero nada tenían que ver con el verdadero poder de la palabra.

Los filósofos, a pesar de su hostilidad a la retórica, también admitieron en la práctica la enorme fuerza de las palabras y su capacidad para persuadir a las gentes. Platón la definió como una cierta forma de conducir las almas mediante discursos (*psykhagogía*)[29]. Crates, filósofo de la escuela cínica, tuvo grandes dotes de persuasión y recibía por ello el sobrenombre de «Abrepuertas» porque podía entrar en cualquier casa y reconciliaba a las gentes[30]. Hegesias, filósofo de la escuela cirenaica (*ca.* 290), empleó esas dotes para otros fines; se le llamaba «el inductor de la muerte» (*peisithánatos*) ya que, según decían, con sus palabras incitaba a los enfermos a suicidarse. Hegesias declaraba que la felicidad (que Aristóteles había considerado como la finalidad de nuestra existencia) era inalcanzable, por eso, con su poderosa elocuencia al describir los males de la vida, animaba al suicidio. Decía que la muerte nos aleja de los males, no de los bienes. El rey Ptolomeo le prohibió dar conferencias y cursos.

Pero fue en la vida política de las ciudades democráticas como Atenas donde el poder de la palabra se manifestó en su verdadera dimensión y fue Pericles el representante más destacado. Gobernaba la ciudad gracias a su capacidad retórica, según escribe Tucídides, el gran historiador:

> Siempre que advertía que los ciudadanos estaban excesivamente confiados para la ocasión, los espantaba con sus discursos y a su vez, cuando sentían miedo de forma irracional, de nuevo les infundía confianza[31].

Fig. 15. Pericles.

Eran, ni más ni menos, los efectos que causaban los discursos de los sofistas. Sin duda, Pericles poseía buenas dispo-
siciones naturales, pero si alcanzó en la oratoria política tales niveles de perfección fue gracias a sus maestros. Las
fuentes hablan de un tal Damón que le enseñaban música,
pero que era también un consumado sofista que siempre estuvo al lado de Pericles (lo comparaban a un entrenador con
su atleta) hasta que este sofista fue condenado al ostracismo. Pero si alguien influyó en Pericles con sus enseñanzas
fue Anaxágoras. Era un jonio de la ciudad de Clazómenas,

que muy joven salió de su patria sin preocuparse en nada de sus bienes y su herencia. Cuentan que volvió en cierta ocasión a su ciudad natal y encontró sus posesiones abandonadas y sus campos yermos; entonces Anaxágoras dijo: «No me habría salvado yo si estas no se hubiesen perdido»[32]. Anaxágoras llegó a Atenas hacia el 480 con 20 años y trabó gran amistad con Pericles. Anaxágoras enseñó retórica a Pericles. Se supone que le enseñó una altivez de espíritu y una majestad con la que dominaba a las muchedumbres. De esa forma convirtió sus discursos en formas de encantamiento con los que se hacía querer por la ciudad. Por eso llamaban «Olímpico» a Pericles, por su manera de hablar[33], aunque sus enemigos llamaban a la gravedad de Pericles arrogancia y soberbia. Platón, que era hostil a la democracia, tiene que reconocer las cualidades de Pericles y las vincula con Anaxágoras:

> Pues creo que, al encontrarse con Anaxágoras, que era un hombre de tales condiciones, tras saturarse de «meteorología» y llegar a la naturaleza de la inteligencia (lo que constituía el tema principal de Anaxágoras), Pericles tomó para el arte de sus discursos lo que le pareció conveniente[34].

Los discursos que el gran historiador Tucídides pone en boca del político son de una gravedad como corresponde a las noticias que tenemos de su estilo. Diodoro escribe que, incluso cuando se pronunciaba contra la opinión del pueblo, sus palabras sonaban cordiales y complacientes. Tucídides afirmaba que Atenas era, de palabra, una democracia, pero, de hecho, el gobierno del primer ciudadano, por la forma en que Pericles conducía a la población con sus palabras por los derroteros que él marcaba.

Pericles también adquirió conocimientos de los fenómenos celestes. Anaxágoras se había dedicado a ello de forma especial y había escrito un pequeño libro donde reflejó sus ideas. Comenzaba así: «Todas las cosas estaban confundidas unas con otras, llegó la Inteligencia (*Noûs*) y las ordenó». Posiblemente por eso llamaron a Anaxágoras «Noûs» porque consideró a una inteligencia pura como la organizadora del cosmos[35]. Anaxágoras intentaba explicar todos los fenómenos de la naturaleza de manera racional. Ese fue su gran logro, por más curiosas (para los hombres del siglo XXI) que fuesen sus explicaciones, como que los terremotos eran causados por el aire que corre por debajo de la tierra. De esa manera Anaxágoras eliminó de Pericles todo pensamiento supersticioso. Cuentan que cuando un eclipse asustó a la tripulación de la nave de Pericles, los contuvo gracias a su poder de persuasión y su educación con Anaxágoras, que le había enseñado astronomía. Era el verano del 430 y Pericles acababa de subir a su nave en el Pireo para emprender la navegación, cuando se produjo el eclipse. El piloto entró en pánico y se negó a zarpar. Pericles entonces tapó con su capote los ojos del piloto y le preguntó si eso era algo terrible. Como el piloto dijera que no, Pericles le dijo: «¿Y cuál es la diferencia entre este hecho y aquel?»[36].

Pericles y Anaxágoras forjaron una gran amistad, aunque las constantes y acuciantes obligaciones públicas del primero terminaron alejándolos. Como Pericles había descuidado últimamente su trato porque no tenía tiempo, Anaxágoras decidió envolverse en su manta para dejarse morir de viejo. Cuando Pericles se enteró, acudió a verlo lleno de sobresalto y le rogó de mil maneras que no lo hiciera, porque a quien más lástima le daría no sería a Anaxágoras sino a él

mismo si perdía tan excelente consejero político. Anaxágoras se destapó y le dijo: «Pericles, los que necesitan lámpara
le echan aceite»[37]. Y le recordó así a Pericles que la amistad
exige dedicación, que hay que estar pendiente de los amigos para no perderlos. Como dijo el gran Aristóteles en su
Ética a Eutidemo: «No hay amigos sin tiempo»[38].

Los enemigos políticos de Pericles intentaron desacreditar-
lo ante el pueblo atacando a sus colaboradores (que eran extranjeros en Atenas y, por tanto, más expuestos en todos los
sentidos). Anaxágoras fue acusado de impiedad por haber dicho que el sol era una masa de hierro incandescente y, al parecer (porque hay diferentes versiones), tuvo que salir al destierro (posiblemente en el 433). Para los antiguos, el cielo era un
ámbito divino, imagen visible de la perfección de la divinidad.
Las acusaciones de impiedad contra los que se atrevían a explicar la naturaleza de los astros nos permiten comprender por
qué la astronomía griega quedó estancada en un sistema
geocéntrico, cuando hombres como Heráclides del Ponto y
Aristarco de Samos habían concluido de manera clara que los
planetas no giraban en torno a la Tierra y que la Tierra se movía sobre su eje. Anaxágoras se refugió en la ciudad de Lámpsaco, donde fue muy honrado por sus habitantes hasta su muerte. Cuando alguien le comentó que era una desgracia morir
en tierra extraña, le tranquilizó con estas palabras: «Desde todas partes el camino para bajar al Hades es el mismo»[39].

El dinero

Recibir una remuneración por enseñar fue la gran novedad
de la sofística; una novedad escandalosa para los aristócratas

que habían concebido la educación como una trasmisión de valores entre los miembros de su clase que debía hacerse desinteresadamente. Jugaron en contra de los sofistas los prejuicios aristocráticos contra el trabajo remunerado; estos prejuicios se afianzaron en la misma medida en que el mundo griego se convirtió en una sociedad esclavista (tras las victorias sobre los persas en las Guerras Médicas). Desde ese momento trabajar al servicio de otro, aunque fuera por un salario, estaba muy cerca de la esclavitud. Los artistas, músicos, escultores y pintores lo sufrían en sus propias carnes a pesar de sus hermosas creaciones que todos admiraban. Apenas eran mejor considerados que cualquier artesano, puesto que, al igual que ellos, trabajaban para ganar dinero. En alguna ocasión los artistas intentaron superar ese prejuicio social trabajando sin cobrar.

El historiador Jenofonte, que es un buen exponente de esos principios aristocráticos, escribe sobre los sofistas: «Aceptar dinero del primero que llega es ponerlo de dueño de uno mismo»[40]. El mismo Jenofonte escribe que Sócrates acusaba de venderse como esclavos a los que aceptaban salario por su conversación, porque de ese modo quedaban obligados a conversar con aquellos de quienes recibían dinero. Para Jenofonte el trabajo de los sofistas se podía comparar con el de aquellos jóvenes que prostituían sus cuerpos por dinero (*pórnos*)[41]. Era, ciertamente, una comparación muy ofensiva.

Pero los sofistas lucharon valientemente contra tales prejuicios aristocráticos. Incluso se mostraron orgullosos del dinero que conseguían con sus lecciones y charlas; consideraron esa riqueza un signo definitivo de su valía. El sofista Antifonte decía sobre el dinero: «Da alegría al recibirlo y su posesión permite vivir con más libertad y más agradablemente»[42]. También Hipias, como hemos visto, criticaba a los antiguos sabios por ignorar el valor del dinero y presumía abiertamente del gran capital que conseguía con su trabajo; cierta vez que fue a Sicilia reunió más de 150 minas y de esa cantidad 20 minas procedían de una pequeña aldea llamada Inicos. Esto es indicio del interés general por la educación en el mundo griego; que Inicos fuera pequeña no quiere decir que no tuviera interés en la educación, sino que no tenía muchas posibilidades económicas, lo que nos hace admirar aún más a los habitantes de esa aldea.

En cuanto a precios, había de todo. Como suele pasar en todas las actividades, solo unos pocos cobraron cifras astronómicas. La gran mayoría se conformaron con sueldos modestos. Así, por ejemplo, sabemos de un tal Eveno de Paros que enseñaba por cinco minas (500 dracmas)[43], pero Pródico (*ca.* 460-390) daba una lección completa por 50 dracmas y una resumida por una dracma solamente; esta es la que pudo pagarse Sócrates[44]. Pródico procedía de Ceos (la patria de Simónides) y mientras viajaba como embajador de su ciudad se ganaba bien la vida como sofista; tenía una edad parecida a la de Sócrates y daba la impresión de ser un hombre extraordinario, aunque tenía una voz difícil de oír y profundamente grave; además, era enfermizo y estaba casi siempre en cama por su mala salud. Pero, sin duda, el sofista de más éxito fue Protágoras. Se decía que por sí solo había ganado con su talento más riquezas que Fidias[45]. Protágoras llegó a hacerse pagar 100 minas (es decir, 10.000 dracmas). Los maestros lo convirtieron en el referente de su profesión y se le consideró el iniciador de la enseñanza retribuida. Un autor posterior, Filóstrato, hizo su semblanza en tonos elogiosos por haber superado los prejuicios contra el trabajo remunerado porque «apreciamos más lo que pretendemos con gasto que lo gratuito»[46].

Esto quiere decir que había en principio un precio fijo por curso o por período de aprendizaje. Pero los sofistas, sobre todo los más renombrados, eran flexibles y sabemos que muchas veces se cobraba en función de las posibilidades económicas de cada alumno. Protágoras decía:

> Cuando un discípulo ha acabado de recibir mis lecciones, me paga, si lo tiene a bien, el precio que he pedido, de lo contrario declara en un templo bajo juramento el precio en el que evalúa mis enseñanzas y no me da más que aquello[47].

Parece que este sistema por el que se acordaba un precio fue lo habitual hasta el final de la Antigüedad; sabemos que Escopeliano (sofista del siglo I d. C.) daba clases de declamación a cambio de un salario que era diferente de uno a otro, según las posibilidades económicas de cada alumno. Al final, en definitiva, se aplicaba la costumbre griega que se había establecido en tiempos de Hesíodo: «El salario convenido con un hombre amigo sea suficiente». Eso sí, la mayoría cobraba su salario nada más presentarse los discípulos y esto daba pie a numerosas reclamaciones cuando finalmente los discípulos se sentían defraudados en sus expectativas.

Cuentan que en cierta ocasión un joven adinerado llamado Evatlo, ansioso por instruirse en la elocuencia y la oratoria judicial, buscó a Protágoras para que le enseñara. Le prometió que le pagaría el precio que pidiera: una mitad al principio y la otra cuando ganara su primera causa ante los jueces. Evatlo hizo grandes progresos y enseguida dio por terminados sus estudios. Pasaba el tiempo y el joven no demostraba intenciones de encargarse de ninguna acción judicial. Entonces Protágoras le llevó a pleito por los honorarios que quedaban por pagar. Le dijo a su discípulo: «Aprende, mi muy estúpido joven, que del modo que fuera me pagarás lo que pido, ya sea que se pronuncien contra ti o a tu favor; pues si fallaran contra ti, me darás la paga por sentencia, porque yo habré vencido. Pero si este juicio te resultara favorable, me darás mi paga por el pacto que hicimos, ya que habrás ganado». A lo que respondió Evatlo: «Tengo tanto mayor placer en esta victoria, no tanto en la causa contra ti, sino porque también te venceré en este argumento. Aprende, así pues, sapientísimo maestro, que del modo que fuera no te daré lo que me pides, ya sea que se pronuncien los jueces contra mí o a mi favor; pues si los jueces estuviesen de mi parte, nada te deberé por sentencia, porque he vencido, pero si se pronunciasen contra mí, nada te deberé por nuestro pacto, porque no habré ganado»[48].

Además de los cursos, los sofistas podían hacer dinero con otras actividades: lecturas públicas y conferencias. El gran historiador Heródoto ya había hecho lecturas públicas de su obra, pues en su época no había otras posibilidades de difundirla ampliamente. Lo mismo hicieron los sofistas que inauguraron el género literario de la conferencia que ha llegado con plena vigencia hasta nuestros días. Esas conferencias de pago tenían lugar en casas de hombres notables para pequeños grupos, pero también en las palestras para grupos más amplios. Sabemos del caso de Hipias que hizo una lectura pública en una escuela (la de un tal Filóstrato); así como el de un sofista llamado Mico que daba clases en una palestra. Los gimnasios, sin embargo, fueron el lugar preferido para las clases abiertas en las que todos podían participar. Allí estaba gran parte del día la juventud adinerada y además ofrecían unas instalaciones ideales, bien acondicionadas y amplias, con sus pórticos y sus salas. Así vemos en el *Eutidemo* de Platón que Sócrates, como se halla casualmente en un gimnasio, puede discutir con dos sofistas (Eutidemo y Dionisodoro) que daban clase paseando por el pórtico. Esto también tenía sus inconvenientes, porque los sofistas (y, luego, los filósofos) podían interferir con las actividades físicas: se dice que el director del gimnasio llamó la atención a Carnéades (*ca.* 213-129) porque este filósofo tenía una voz muy profunda y potente. Cuando le dijo que no gritara tanto, el filósofo contestó: «Dame entonces una medida para la voz» y el director del gimnasio, que ya estaría avezado en tratar con los filósofos que acudían a su centro, le replicó: «Como medida tienes a tus oyentes»[49].

Los sofistas podían ganar dinero con el incipiente mercado de libros en Atenas. Casi todos los primeros libros a la venta eran de sofistas o filósofos. El libro de Anaxágoras con sus enseñanzas sobre los cuerpos celestes se podía comprar en el ágora de Atenas por una dracma[50], un precio asequible, pues era lo que ganaba un trabajador por día de trabajo. Platón se refiere a la obra como «libro», pero debía de ser más bien un rollo. Se trataba, sin duda, de una obra breve. Las primeras obras filosóficas eran breves y el escaso precio del libro de Anaxágoras indica su corta extensión[51]. También sabemos que Sócrates leyó los libros de Anaxágoras sobre la naturaleza. Inició su lectura, animado por la máxima de Anaxágoras de que es la mente la que pone todo en orden y es la causa de todas las cosas (que era el punto central de su doctrina), pero pronto se sintió decepcionado por su contenido. También leyó el libro de Heráclito, famoso por la oscuridad de sus palabras. Por Jenofonte sabemos que algunos entusiastas de la educación coleccionaban libros de los poetas y sofistas más famosos[52].

Pronto el coleccionismo de libros hizo furor en la buena sociedad ateniense. El trágico Eurípides se convirtió en un gran bibliófilo, lo que le acarreó serios ataques de sus enemigos, que le echaban en cara su cultura libresca. Aristófanes le acusaba de sacar el jugo de sus tragedias de los libros, criticando al ratón de biblioteca que solo vive de los libros. Filósofos como Sócrates llegaron a temer el efecto de esas lecturas, si se realizaban sin un estudio profundo y serio. Para Sócrates, que no dejó nada escrito, no era correcta esa aproximación a la sabiduría. No obstante, su discípulo Platón se dedicó al coleccionismo: como hemos dicho anteriormente, compró por un precio exorbitante los libros que supuestamente había escrito Pitágoras. Cuando visitó al tirano Dionisio en Siracusa, mientras los demás filósofos pedían dinero, Platón se conformaba con libros.

Algunos llegaron a creer que era posible educarse tan solo por medio de los libros prescindiendo de los maestros; un tal Eutidemo llegó a ser un gran coleccionista de libros y los leía y estudiaba en casa para dar la impresión de que no había aprendido nada de nadie[53].

Formación deportiva o intelectual

En la época arcaica apareció una nueva forma de combatir con la falange de hoplitas que estaba formada por un amplio número de ciudadanos que podían pagarse su armamento. El mundo griego siempre estaba inmerso en una lucha permanente, pero de baja intensidad, entre ciudades vecinas y, por tanto, se exigió un buen entrenamiento a los ciudadanos. Fue entonces cuando la gimnasia alcanzó la preeminencia en el sistema educativo de las ciudades. Con este tipo de educación, se conseguía, además, una meta que no podía alcanzar el saber intelectual: la cohesión de la juventud y su socialización, de modo que se podía inculcar la idea de que el individuo debía estar subordinado al grupo en el que se había criado.

El hombre griego solo entendía la vida en términos de competición y en ese sentido el deporte se convirtió en parte fundamental de su idiosincrasia. Como ya dijimos, competir por la gloria deportiva era un refinamiento de cultura incomprensible para un bárbaro.

Los griegos de la época arcaica tenían en mayor estima las cualidades físicas y las habilidades manuales que las ideas nacidas de la educación intelectual. Estaban fascinados por los espectáculos deportivos y los vencedores olímpicos recibían el aplauso y la gloria. Se les erigían estatuas y se les escribían poemas; al volver a casa eran recibidos como héroes; se hacía una brecha en la muralla para que entraran por una puerta por donde no había entrado otra persona o bien para indicar que con atletas así la ciudad no necesitaba de muros. Algunas ciudades establecieron recompensas en dinero o decretaron que fuesen mantenidos a costa del Estado el resto de sus días; también se les reservaban los mejores puestos en las asambleas, en los consejos y en los teatros. No es de extrañar que se convirtiesen en ciudadanos orgullosos y soberbios, y algunos, tras su éxito deportivo, intentaron convertirse en tiranos de su ciudad, como pasó con un tal Cilón en Atenas. Los sabios de esa época ya alzaron sus voces contra esa adoración a hombres que no hacían mejor la ciudad ni a sus ciudadanos y, cuando legislaron en sus ciudades, pusieron límites a los premios y honores que tenían que recibir, como hizo Solón en Atenas. El poeta Jenófanes se lamentaba de ese entusiasmo por las competiciones deportivas:

> Pues, mejor que la fuerza
> de los hombres y potros es nuestra sabiduría,
> pero sobre este punto se piensa muy a la ligera,
> y no es justo que se prefiera la fuerza a la noble sabiduría[54].

Con la llegada de los sofistas se intensificó la pugna entre la educación intelectual y el deporte. Como eran profesores de amplios grupos en la ciudad, esta pugna que estaba limitada antes al reducido grupo de los sabios se extendió ampliamente. Los sofistas se desentendieron de la educación tradicional, de modo que, de un énfasis en la gimnasia y la música, se pasó a un énfasis en la cultura retórica y literaria (todo puramente intelectual). W. Nestlé resumió de esta manera el cambio de parámetros educativos que ocasionó la nueva educación sofística: «Con la sofística se produjo un desplazamiento de lo físico a lo espiritual y de lo religioso a lo racional»[55]. Aristófanes, que defendía la educación tradicional, dice que la juventud de Atenas abandonó la palestra y el gimnasio por la nueva educación. En una de sus comedias (*Las nubes*) llama a los sofistas «charlatanes de caras pálidas» y describe a sus discípulos «pálidos y demacrados como prisioneros de guerra» que no podían permanecer mucho tiempo fuera al aire libre. Jenofonte también creía fir-

memente que la educación sofística, que daba preeminencia
a lo cerebral frente a lo deportivo, estropeaba a la juventud:
«Tienen los peores cuerpos y los más torpes para la guerra,
y son incapaces de esfuerzos»[56]. ¡Qué diferencia con los alumnos que habían recibido la educación tradicional! Esos eran
sanos y fuertes y además útiles para la ciudad en caso de
guerra. Aristófanes resumió magistralmente los efectos que
causaba en los muchachos la vieja educación (frente a la nueva de los sofistas) en un solo verso: «Las espaldas anchas, la
lengua corta»[57].

La creencia de que estos nuevos estudios solo servían para
crear jóvenes pálidos y débiles queda patente en esta curiosa anécdota: Menedemo y Asclepíades, que eran discípulos
de Platón, pasaban el día entero estudiando con los filósofos y no tenían posesiones, pero estaban muy saludables físicamente. Las autoridades de Atenas se extrañaron y llenos de sospecha los convocaron para que explicaran la razón
de ese misterio (pues se daba por hecho que los estudiantes
tenían poca forma física). Los muchachos dijeron que cada
noche bajaban a un molino y recibían dos dracmas por moler. Tuvieron que traer al molinero para que atestiguara sus
palabras.

El profesionalismo en el deporte fue también un motivo
de que la educación física pasase a un segundo plano. Tras
las Guerras Médicas fue desapareciendo el ciudadano libre
que por afición se entrenaba para brillar en las competiciones panhelénicas, como Olimpia. Hubo una especialización
y una preparación intensiva desde la más tierna infancia para
forjar campeones, con dietas y ejercicios especiales, exactamente como sucede en la actualidad. Un tal Dromeo descubrió las ventajas de una dieta rica en carne y desde entonces

se creó la imagen más bien desagradable de los atletas como hombres sobrealimentados. Diógenes el cínico decía: «¿Por qué son insensibles los atletas? Porque están hechos de carne de cerdo y buey»[58].

Eurípides pasó los años de su infancia en los gimnasios ejercitándose en la lucha y el pugilato, porque su padre había recibido un oráculo según el cual ganaría en competiciones de coronas (la verdad del oráculo se desveló más tarde, cuando Eurípides logró la victoria en las competiciones teatrales)[59]. De aquellos años de entrenamientos en los gimnasios y palestras el sensible muchacho no guardó buen recuerdo; en una de sus obras escribió: al hacerse viejos los atletas son «como mantos raídos que van perdiendo sus colores»; y en el drama satírico *Autólico* sentencia: «La peor de todas es la raza de los atletas»[60].

Filipo II de Macedonia compitió en los Juegos Olímpicos (seguramente para mejorar su imagen pública entre los griegos más que por otra cosa) pero cuando animó a su hijo Alejandro a que siguiera su ejemplo, este se negó diciendo: «Cuando compita con reyes»[61]. También favoreció el profesionalismo la existencia de pruebas infantiles en todas las competiciones, lo que exigía la preparación desde muy pequeños. Se creaba una carrera profesional hasta llegar a las pruebas de adultos que era interesante sobre todo para las clases desfavorecidas. Los jóvenes de buena familia no podían competir contra ese profesionalismo, y los estudios con los sofistas exigían de por sí mucho tiempo y atención por sus dificultades intelectuales. Se necesitaba tiempo para adquirir una buena formación intelectual y esto se hizo en detrimento de la educación física, que había dejado de ser atractiva debido al profesionalismo de los atletas.

Los antiguos llegaron a pensar que, a cierto nivel de dedicación, estas dos facetas eran, de alguna manera, irreconciliables en el joven y que el desarrollo de una siempre se producía en detrimento de la otra. Por ejemplo, Aristóteles escribió en su *Política*:

> No se puede trabajar duramente a la vez con la mente y con el cuerpo, pues cada uno de estos ejercicios produce resultados opuestos: el trabajo del cuerpo es un obstáculo para la mente y el de esta para el cuerpo[62].

Los autores romanos estuvieron de acuerdo con el genial filósofo Valerio Máximo, quien decía: «La excesiva fuerza física debilita la agudeza mental; la naturaleza se niega a prodigarnos ambos bienes»[63], y el filósofo Séneca declaraba en sus cartas: «El amor a las letras me vuelve perezoso y despreocupado del cuerpo»[64]. Por eso concluyó que «hay un limitado esfuerzo del hombre en su educación, el tiempo que dedicas al deporte lo pierdes en entrenar tu mente»[65]. Se veía como una fatalidad, como un hecho incontestable contra el que no se podía luchar, y en ese sentido se entienden las palabras de Séneca.

Es muy posible que existieran una fiebre y una pasión por la novedad que traían los sofistas, pero en cuanto pasó el primer momento, la gimnasia y la música se hicieron con un lugar junto a ella sin problemas. Bien es cierto que perdieron el papel predominante de antes. De todas formas, hay que decir que los gimnasios siguieron siendo, hasta el final del mundo antiguo, el centro de la vida juvenil de los griegos allá donde se asentaron. Es por eso que nosotros continuamos valorando la formación física en nuestro sistema educativo y por eso mismo concedemos tanta importancia a las competiciones deportivas. No hubo nunca una ruptura total con el sistema educativo anterior y, por suerte, la larga tradición, aunque se vio interrumpida en algunas ocasiones, ha pervivido entre los habitantes del mundo occidental criados en la admiración por la Grecia Antigua.

Los sofistas y la democracia

En el pasado solo los aristócratas podían recibir una educación suplementaria tras la escuela primaria (por asociación con ciudadanos adultos). Las clases inferiores estaban privadas de la posibilidad de educarse. Esto cambió con la llegada de los sofistas. Tener que pagar por recibir una enseñanza abrió nuevas posibilidades. Cualquiera, en la medida en que su situación económica se lo permitía, podía buscar un maestro, aunque no perteneciese a las clases superiores. Desde ese momento, la educación dejó de ser patrimonio exclusivo de la aristocracia y por eso se ha dicho siempre que la sofística es un movimiento fundamentalmente democrático; en eso radicó la verdadera revolución educativa[66].

Los sofistas ofrecían por un precio, como una mercancía, su sabiduría, pero la pusieron a disposición de todos. Su vocación didáctica y formativa fue más clara que la de los anteriores sabios y poetas. No creían en verdades absolutas ni principios morales inmutables. Para los sofistas la opinión de la mayoría era aval suficiente para asegurar la validez de las ideas. Platón, que era un aristócrata, lo veía de otra manera y pensaba que los sofistas eran unos oportunistas:

> Cada uno de los particulares a sueldo, a los que esos llaman sofistas y consideran como rivales, no enseña otra cosa que

las opiniones adoptadas por la mayoría en sus asambleas a lo cual atribuyen el nombre de sabiduría[67].

Los aristócratas creían que la virtud política no podía enseñarse y como prueba indiscutible recordaban los casos de políticos destacados del pasado como Pericles, Temístocles o Arístides, que no pudieron hacer a sus hijos hombres de mérito. La conclusión era que el hombre es incapaz de proporcionar conocimiento de la virtud a otros hombres. En uno de los primeros diálogos de Platón Sócrates se expresa así: «He llegado a la convicción de que la virtud no puede enseñarse»[68]. Aquí Sócrates, que es un defensor de la educación tradicional, opina como los aristócratas. La educación es una cuestión de dotes naturales y está reservada a una clase social. Se asombraba Sócrates de que, cuando se trata de los intereses de la ciudad, se levantasen en la Asamblea herreros, curtidores y comerciantes, todos sin estudios previos. Esto era una buena prueba de que nadie consideraba necesario saber nada ni recibir una enseñanza sobre este punto. Protágoras, en cambio, decía que con sus enseñanzas se formaban buenos ciudadanos; pensaba que la política es un conocimiento que los dioses entregaron a los hombres por igual; si solo algunos tuvieran esa virtud política, las ciudades no podrían subsistir. De modo que su conclusión era: «Cuando se trata de aconsejar sobre una cuestión de virtud política, es lógico que dejen hablar a cualquiera»[69].

En ese sentido, con respecto a la educación tradicional el movimiento sofístico fue esencialmente democrático: puso al alcance de mayores capas de población una educación para el triunfo social y político. Estaba abierta a quien pudiese pagarlo independientemente de su clase social.

No fue por casualidad que Atenas acogiese con más entusiasmo que otras a estos nuevos educadores. La tiranía había desaparecido de la ciudad en el 510 con la expulsión de su último tirano, Hipias, y se había creado un sistema político que permitía la participación de todos los ciudadanos. En este nuevo sistema, llamado democracia, cualquier ciudadano, independientemente de su condición social o su riqueza, podía participar en las instituciones políticas y en la administración de justicia. Algunas magistraturas eran adjudicadas por sorteo y por ello cualquier ciudadano debía asumirlas. En la Asamblea ciudadana (*ekklesía*) la libertad de expresión, una de las bases del sistema político, permitía a cualquiera hablar ante sus conciudadanos para proponer medidas. Otros cargos de mayor importancia se elegían por el voto de la mayoría y en estos casos había que competir dialécticamente con otros candidatos. Además, el poder judicial estaba también en manos del pueblo y se crearon los tribunales populares ante los que los ciudadanos debían presentarse personalmente, ya fuera para acusar ya fuera para defenderse. En todos los casos, era necesario el dominio de la palabra, que es el instrumento por excelencia de un político en democracia. No en vano en Atenas se levantaron altares para la diosa «Persuasión» y la ciudad le hacía sacrificios cada año.

Tras las Guerras Médicas Atenas había creado una liga con otros Estados griegos con el fin de seguir luchando contra los persas. Gracias a su poderosa flota se puso a la cabeza, pues la gran mayoría de los integrantes eran ciudades pequeñas que se limitaban a aportar una contribución en dinero (*phóros*) a un fondo común para la defensa. En principio, este tesoro se depositó en la isla sagrada de Delos, pero poco tiempo después (año 454) se trasladó a Atenas. La ciudad se sirvió de aquellas riquezas (entre otras cosas para realizar un ambicioso programa de construcción) y poco a poco convirtió la liga en un imperio, alcanzando una prosperidad que no se había conocido hasta entonces. Su papel como cabeza del imperio la convirtió en un gran centro de comercio que atrajo a extranjeros que se afincaron allí para aprovechar sus ventajas.

El dinero y la democracia atrajeron como un imán a todos los talentos del mundo griego. Esto explica que los grandes sofistas enseñaran en Atenas y que pasaran allí largas temporadas. Sabemos que muchos coincidieron algunas veces, pero, al parecer, no nacieron especiales rivalidades entre ellos.

La ventaja de la Atenas democrática era que no se impuso un modelo unitario de la educación (esto, por cierto, lo criticó Aristóteles, que opinaba que cada ciudad debía crear su sistema en función del tipo de gobierno). Nunca ofreció a los ciudadanos una concepción unitaria de lo bueno, como en Esparta. Se limitó a apartar (sin prohibirla) la educación de los aristócratas que inculcaban valores de clase en su educación por asociación. La ciudad infundía sus valores políticos de otras maneras: en el teatro, donde tanto las tragedias como las comedias insertaban comentarios claramente políticos (tengamos presente que las obras que se representaban eran seleccionadas por un magistrado, el arconte) y en los discursos oficiales, como los que tenían lugar en los funerales por los caídos en la guerra.

¿Sofistas en Esparta?

Lo que sucedió en Atenas (ciudad de la que estamos bien informados) se repitió en la casi totalidad del mundo griego. Los sofistas recorrieron todas las ciudades y en todas ellas la juventud acomodada se interesó enormemente. Sin embargo, Esparta, como hemos visto, había creado su particular sistema educativo, más físico que intelectual, que respondía a sus necesidades de defensa y cohesión social. Los espartanos se resistían ferozmente a cualquier novedad. Aun así, algunos sofistas probaron suerte en aquellos lugares. Ese es el caso de Hipias, natural de Élide, en el Peloponeso. Conocía bien a los espartanos porque había representado a su ciudad en calidad de embajador en diversas ocasiones:

> Cada vez que Élide tiene algún asunto que arreglar con otra ciudad es a mí a quien primeramente elige como embajador entre todos[70].

Sabemos que acudió allí en varias ocasiones, pero siempre sin éxito. En Esparta no faltaba dinero ni deseo de hacerse mejores, pero sus ciudadanos no querían apartarse de la tradición e insistieron en educar a sus hijos según lo acostumbrado. Era contrario a sus leyes enseñar a sus hijos según un método extranjero. Hipias, que tenía una gran visión comercial, se limitó a hacer lecturas públicas de aquellas obras suyas que mejor se adaptaban al carácter de los espartanos, como un bello discurso sobre los ejercicios de la juventud en el que imaginaba al sabio Néstor aconsejando a Neoptólemo. Se había dado cuenta de que a los espartanos no les gustaban los discursos sobre astros y movimientos celestes; tampoco estaban atraídos por la aritmética («es para ellos un misterio», dice) ni por la gramática. Solo se interesaban por las genealogías de los héroes y los dioses, la fundación de viejas ciudades, y, en general, por todo lo que se refería a la Antigüedad. Esto dice mucho sobre el carácter espartano: solo miraban al pasado. Como los espartanos prohibieron ese tipo de educación sofística, se quedaron anticuados. Siguieron cultivando la brevedad y las frases sentenciosas del arcaísmo y despreciaron la preparación retórica que los sofistas impulsaron en el resto del mundo griego (incluso en las ciudades más pequeñas). Por tanto, fueron incapaces de valorar o comprender los largos y elaborados discursos y los pensamientos expuestos de forma compleja. El choque cultural con los demás griegos fue inevitable. No es de extrañar que los atenienses insultaran a los espartanos llamándolos ignorantes.

Sin embargo, los sectores tradicionales de las otras ciudades admiraban a Esparta precisamente por no haberse dejado seducir por los nuevos profesores. Sócrates le preguntó con malicia a Hipias:

> ¿Cómo se explica que no te hayan cargado de tesoros? ¿Es que tu ciencia no tiene capacidad para hacer avanzar en la virtud a los que la estudian? ¿Es que no hay dinero en Esparta? ¿Cómo no has sabido convencerlos (como has hecho en otras partes) de que te frecuentaran a ti, en lugar de a sus parientes y allegados?

El mismo Sócrates da la respuesta:

> Los lacedemonios saben educar a sus hijos mejor que tú[71].

La ruptura de los esquemas

La palabra «sofista» solo significaba 'experto en algún arte'. Pero en un momento determinado comenzó a usarse con un valor peyorativo, para referirse a estos hombres brillantes, expertos en todo tipo de conocimientos, que iban errantes como los aedos antiguos y que se hacían pagar por sus enseñanzas. El testimonio más antiguo de este uso se encuentra en el comediógrafo Aristófanes, un tradicionalista que odiaba a los nuevos maestros y sentía nostalgia de la antigua educación. Pero fue Platón quien lo generalizó y debido a la inmensa influencia de sus escritos así ha llegado hasta nosotros. Platón no entendió que no eran pensadores ni buscadores de la verdad sino profesores que tenían como misión enseñar a los hombres[72], por eso los criticó por su falta de profundidad o por su nula preocupación moral. Platón no aceptaba que se pudiese enseñar a los alumnos sin un sentido ético. Los sofistas eran un nuevo tipo de maestro que no trasmitía valores morales a sus alumnos, sino conocimientos, herramientas para la vida práctica y el triunfo en la sociedad. No eran dogmáticos sino acomodaticios a diferentes sociedades y sensibilidades. Esta novedad chocó enormemente en un mundo griego que había considerado la enseñanza de la juventud siempre desde un punto de vista moral, de formación de carácter. Cuando Platón niega que los sofistas posean sabiduría (o capacidad para enseñar la virtud) realmente lo que quiere decir es que no poseen conocimientos éticos o morales.

En opinión de los tradicionalistas, por culpa de las enseñanzas de los sofistas, los jóvenes ya no respetaban a sus padres: en primer lugar, porque, como hemos visto, reverenciaban más a sus maestros, y en segundo, porque los jóvenes se habían hecho demasiado listos y empezaron a mirar con desprecio a la generación anterior, que no había recibido ninguna formación. Ese choque generacional es el que refleja Aristófanes en su obra *Las nubes*: en esta comedia de tintes sombríos el hijo tras recibir la educación sofística comienza a avasallar a su padre e incluso llega a pegarle (un acto que se consideraba especialmente reprobable en la sociedad ateniense). La conclusión a la que quería que su público llegara es que los sofistas habían alterado todos los viejos (y nobles) valores de la sociedad griega.

A Platón le molestaba de forma especial que los sofistas cobraran por enseñar. Le parecía sencillamente intolerable (y pensaba lo mismo sobre el hecho de cobrar por ejercer en la política algún tipo de cargo). Por eso los comparaba con simples comerciantes; con el valor despectivo que puede tener esa palabra en una sociedad aristocrática:

> Los sofistas son comerciantes, tenderos que venden un género del que se alimenta el alma. Sin saber si son malos o buenos para nuestra salud (moral), los sofistas lo van vendiendo de ciudad en ciudad, sin saber ellos mismos qué cosas son buenas para el alma o cuáles son malas[73].

También los llamaba «cazadores de jóvenes ricos» y aquí estaba pensando, sobre todo, en el sofista Pródico que solía seguir el rastro de los jóvenes de buena familia, hasta el punto de tener a gente encargada de ese acoso, pues estaba obsesionado con el dinero y era muy dado a los placeres.

> El sofista y el pescador se hacen compañía [...] el sofista se encamina hacia la tierra, donde abunda la riqueza y la juventud. A la caza de jóvenes ricos y de buena condición es la que con razón hay que llamar sofística[74].

Y, sin embargo, los sofistas establecieron fuertes vínculos con sus discípulos que los adoraban, como tiene que reconocer el propio Platón: «Eran amados (se refiere a Protágoras y Pródico) hasta tal punto que por poco sus discípulos no los paseaban sobre sus hombros»[75]. En ese sentido la estrecha relación entre maestro y alumno, que tiene que existir para que la trasmisión de conocimientos sea plenamente fructífera, siguió con los sofistas como antes había pasado en la educación moral del arcaísmo.

Los estudios sobre el cielo y los fenómenos atmosféricos que los sofistas realizaban se percibieron como un serio peligro por parte de los sectores más conservadores de la población. Los sofistas habían puesto de moda esta clase de estudios que antes solo eran accesibles a una minoría (y, por eso mismo, los primeros presocráticos, como Tales de Mileto, se habían dedicado a esto sin despertar el recelo de sus conciudadanos).

Los tradicionalistas pensaban que fomentaba el descreimiento entre la población, con el peligro que comportaba para la ciudad, si se descuidaba el culto de los dioses que la protegían. Es cierto que el relativismo de los sofistas contribuyó a que se extendiera el escepticismo en capas más amplias de la población. Aunque no era una novedad: la ilustración (en el sentido de racionalismo) no fue iniciada por los sofistas; como dice Dodds, ilustración y sofística no son la misma cosa[76]. El escepticismo es más antiguo y hunde sus raíces en la Jonia del siglo VII. Un sabio del arcaísmo como Biante de Priene tenía una sentencia muy reveladora al respecto: «Sobre los dioses, tú afirma que existen»[77]. Obsérvese que no afirmaba categóricamente su existencia; solo aconsejaba sobre lo que había que expresar en público sobre ese asunto. El poeta Jenófanes había polemizado sobre el aspecto de los dioses en un poema:

Si los bueyes, caballos y leones tuvieran manos
para pintar con ellas o realizar obras como los hombres,
pintarían la imagen de sus dioses y harían sus cuerpos,
los caballos semejantes a caballos, los bueyes semejantes
a bueyes[78].

El filósofo Heráclito negó valor a la adivinación y atacó el culto a las imágenes. Decía que «era hablar a la casa de un hombre en lugar de hablar a su dueño»[79]. Lo hizo curiosamente en una ciudad, Éfeso, donde existía un culto especialmente señalado hacia la Ártemis Efesia. Ya hemos visto que Simónides también se mostró escéptico sobre nuestro conocimiento en todo aquello que escapa al control de nuestros sentidos.

El escepticismo aumentó con la frecuencia de los viajes y el conocimiento de otras culturas muy diferentes. Esto llevó a los griegos a considerar de forma relativa todas las cosas, como podemos observar en la obra del incansable viajero Heródoto. Una de sus historias lo demuestra claramente:

Durante el reinado de Darío, este monarca llamó a unos griegos que estaban presentes y les preguntó por cuánto dinero estarían dispuestos a comerse a sus padres cuando murieran, y estos respondieron que por nada harían tal cosa. Luego Darío llamó a unos indios llamados calatias, que se comen a sus padres, y les preguntó (los griegos estaban presentes y podían seguir la conversación por medio de intérpretes) por cuánto dinero permitirían que quemaran en una pira a sus padres muertos, y estos comenzaron a gritar pidiéndole que no blasfemara[80].

Es muy posible que estos pensadores arcaicos (que criticaban los valores tradicionales) fueran solo figuras aisladas sin demasiada influencia, pero con los sofistas estas ideas se extendieron gracias a su labor educativa. Según Diógenes Laercio, Protágoras leyó su obra *Sobre los dioses* en casa de Megáclides o de Eurípides (otros dicen que fue en el gimnasio Liceo)[81]. Es posible que no lo leyera él en persona sino un discípulo de mejor voz y presencia. Este tratado se iniciaba con estas palabras:

> Sobre los dioses no puedo saber si existen o no existen, ni qué forma es la suya; me impiden saberlo la ausencia de datos sensibles y la brevedad de la vida[82].

Lo que nos recuerda a las palabras de Simónides, que tampoco quiso pronunciarse cuando fue interrogado por el tirano Hierón.

Todo dependía para Protágoras del conocimiento individual y de las sensaciones, por eso decía: «El hombre es la medida de todas las cosas, de las que son en tanto que son, y de las que no son en tanto que no son»; una cita que nos trasmite Platón precisamente en su *Teeteto* para criticarla con dureza, pues esto significaba que no existía ninguna realidad firme e inmutable[83]. Gorgias se expresaba de modo parecido: «Tal como las cosas me parecen, así son para mí»[84]. Por supuesto, si nuestro conocimiento dependía de las sensaciones, poco se podía conocer de los dioses. Con relación a ellos, los sofistas, en principio, solo negaban la posibilidad de conocimiento. Protágoras dejaba a un lado en sus charlas y en sus escritos toda cuestión que afectase a la existencia o inexistencia de los dioses[85]. Nunca hallamos en sus palabras una negación clara de su existencia, ya que esto suponía declararse ateo y el ateísmo era un delito grave en todas las comunidades griegas. Si algún ateo existía en una ciudad, disimulaba. Todo lo más, reían por lo bajo cuando asistían a las ceremonias y les susurraban a sus íntimos que los que hacían los sacrificios y los demás actos de culto estaban ciegos y locos. Algunos en reuniones muy privadas se atrevían a decir: «Si existen y en realidad se preocupan de los hombres, no sabemos ni hemos oído de ellos como no sea por los escritos de los poetas»[86]. La religión era una religión cívica, no un asunto privado. Atenea, por ejemplo, recibía en Atenas el sobrenombre de *Políade* ('protectora de la ciudad'); debía ser adorada por el conjunto de ciudadanos. Como escribe Dodds, la religión era una responsabilidad colectiva y se debía vigilar y castigar al ciudadano que fuera contra la religión porque la ira de la divinidad caería sobre todo el colectivo; también pensaban, siguiendo esa lógica, que los dioses hundían los barcos en los que viajaba un impío (sacrificando a todo el pasaje). Cuando la ciudad atravesaba momentos difíciles (como consecuencia de una guerra o una epidemia), la persecución de esos elementos se incrementaba para aplacar el supuesto malestar de los dioses. Según Dodds, los griegos más conservadores usaron las viejas leyes contra la impiedad (*asebeía*) que existían desde siempre (dirigidas contra los que robaban o atentaban contra objetos sagrados) para perseguir a aquellos que descuidaban el culto o realizaban enseñanzas contrarias a la religión. Así, en el año 415, Protágoras fue acusado de impiedad por leer su libro *Sobre los dioses*. Huyó a Sicilia, pero su nave naufragó y murió.

La influencia y el arte de los diálogos platónicos nos han hecho olvidar el verdadero resultado en esa pugna que se entabló entre Platón (representando a los tradicionalistas) y los sofistas. Estos últimos vencieron y la educación superior de nuestra sociedad es heredera directa de los sofistas. Además, los sofistas pusieron sus grandes dotes a disposición de todos los ciudadanos, rompiendo con la educación clasista y cerrada de la aristocracia. Antes de ellos, cuando las ciudades estaban dominadas por las oligarquías, la diferencia cultural era una cuestión de clase, con la sofística se inició una nueva época donde esta oposición no será de clase sino de instrucción: los cultivados frente a los no cultivados. Dicen que le preguntaron en cierta ocasión a Aristóteles qué diferencia existía entre los que habían sido instruidos y los que no habían recibido ninguna instrucción. Y el filósofo respondió tajante: «La misma que hay entre los vivos y los muertos»[87].

9. Maestro de nadie

El campo y los árboles no me enseñan nada,
mientras que los hombres de la ciudad son muy instructivos.

Platón, *Fedro,* 230d

En el año 423 Aristófanes puso en escena su comedia *Las nubes*. En ese momento Atenas había pactado una tregua en la guerra contra Esparta y estaba en negociaciones para firmar una paz duradera que pusiera fin a un conflicto que desde el 431 había arrebatado la prosperidad material de la ciudad y se había cobrado un alto precio en vidas humanas. Aristófanes dejó los temas políticos a un lado y compuso una obra sobre su otra gran preocupación: la educación de la juventud. Los sofistas habían introducido novedades peligrosas para un tradicionalista como era Aristófanes, añorante del pasado. Pero el propio Aristófanes comprende que su lucha está perdida y cuando se refiere a la educación tradicional de los atenienses antes de la llegada de los sofistas usa la expresión 'la antigua educación' (*archaía paideía*).

Aristófanes pensaba que Sócrates era un sofista más o, por lo menos, un hombre que con sus enseñanzas había perturbado la paz social. En *Las nubes* Sócrates dirige una escuela.

Como no había palabra todavía para designar una institución de tal clase más allá de la casa del maestro, Aristófanes la llama con una palabra cómica: el «pensadero» (*phrontistérion*). Allí Sócrates se dedica a las investigaciones más extravagantes sobre la naturaleza. También domina la dialéctica y puede enseñar la manera de salir airoso en cualquier enfrentamiento: enseña el argumento fuerte con el que vencer al débil. Un hombre de Atenas llamado Estrepsíades, agobiado por las deudas que ha contraído para mantener el tren de vida de su familia, quiere mandar a su hijo para que aprenda ese razonamiento fuerte y consiga librarle de sus deudas. Como el hijo se niega, Estrepsíades en persona se presenta en el «pensadero» a pesar de su edad. Sócrates lo rechaza como alumno, pero finalmente Estrepsíades convence a su hijo, que resulta ser un estudiante muy aplicado. Gracias a sus nuevos recursos dialécticos, logra que su padre se quite de encima a los acreedores. Pero la alegría de Estrepsíades dura poco. El hijo se ha hecho soberbio y engreído y por una insignificante discusión apalea al padre; es un crimen imperdonable, pero el hijo domina el arte de la dialéctica y le convence de que está haciendo lo correcto. Estrepsíades, desengañado y encolerizado, le pega fuego al «pensadero».

Sin duda, Aristófanes cargó las tintas a la hora de retratar a Sócrates. Hizo una amalgama con los sofistas y los pitagóricos, buscando la comicidad, aunque fuese en detrimento de la verdad. El resultado es una caricatura con elementos reales y otros que pertenecen claramente a la secta pitagórica que ya era conocida en Atenas y que había sido satirizada en otras comedias. Si Aristófanes pudo hacer tal relación fue porque Sócrates contaba con seguidores fanáticos como los de Pitágoras. Los elementos pitagóricos de la obra son el respeto religioso por el maestro, pues en un verso el protagonista dice: «Yo no puedo causar daño a mis maestros; es preciso rendir honores al maestro»[1]. Hay un examen previo de ingreso a la escuela en el que Sócrates hace preguntas a su posible discípulo: si tiene buena memoria y si hablar es parte de su naturaleza (el viejo responde con ingenio: «el hablar no, pero el robar sí»). También se expresa en la obra la prohibición de revelar a otros no iniciados lo que se aprende: «No está permitido decirlo, excepto a los discípulos»[2]. Es muy posible que el incendio del «pensadero» con el que concluye la comedia sea una réplica de la historia del final de Pitágoras, cuando la casa donde se reunía con sus seguidores fue pasto de las llamas.

En la obra Sócrates se dedica a la investigación de las cosas celestes. Las primeras palabras del personaje son: «Navego por el aire y reflexiono sobre el sol»[3]. De ese modo Aristófanes quería relacionarlo con otros sofistas y filósofos jonios que habían investigado los astros; en concreto con Anaxágoras, que había hecho afirmaciones sobre el sol y la luna por las que había sido acusado de impiedad, como hemos visto. Para el ateniense corriente la investigación de los cielos y el ateísmo estaban íntimamente relacionados, por eso la obra de Aristófanes insiste en el descreimiento de Sócrates, que llega a afirmar tajante: «Zeus ni siquiera existe». Inculca el ateísmo en sus discípulos, pues el viejo Estrepsíades, que ha pasado escaso tiempo con Sócrates, declara: «Por culpa de Sócrates volví la espalda a los dioses»[4].

Esta obra nos demuestra que Sócrates debió de ser un hombre conocido ampliamente en la ciudad de Atenas por su actividad educadora, pues de otro modo no se entiende que Aristófanes lo haya convertido en personaje principal de su comedia. Por entonces Sócrates era un hombre de mediana edad (había nacido en el 469). No sabemos el momento exacto en que comenzó esta labor ni cómo fue posible que un hombre de tan humildes orígenes pudiera alcanzar esa fama. Como ya se ha dicho, su padre Sofronisco era marmolista (un simple artesano) y su madre Fenareta, comadrona. Es casi seguro que aprendió el oficio de su padre (recordemos que las leyes de Solón obligaban a los padres a instruir a sus hijos) y durante su infancia y primera juventud no tuvo ni tiempo ni oportunidades para educarse correctamente. Como pasaba con otros niños pobres, Sócrates no acudió a la casa del citarista y carecía, por tanto, de educación musical (en su vejez quiso ponerle remedio). Cuando llegaron los primeros sofistas a Atenas a mediados del siglo tampoco pudo tomar sus lecciones: en el *Laques* de Platón, Sócrates dice que no ha tenido medios para pagar a los sofistas, «que eran los únicos que se comprometían a hacerme un hombre como es debido»[5].

Su inteligencia excepcional le animaba a aprender. En principio se interesó por la física, como él mismo dice en el *Fedón*:

> Cuando era joven deseé extraordinariamente ese saber que llaman investigación de la naturaleza; me parecía espléndido conocer las causas de cada cosa, por qué se producen, por qué se destruyen y por qué es cada cosa[6].

El naciente comercio de libros en Atenas le ayudó a completar su formación. Sabemos que leyó el famoso libro de Anaxágoras y que quedó impresionado por su idea del *noûs* que es causa de todas las cosas y pone en orden el mundo. También leyó el libro de Heráclito. Una copia había llegado a Atenas desde Éfeso, donde el filósofo había depositado su libro en el templo de Ártemis. Dicen que fue Eurípides quien le dio el libro a Sócrates y luego le preguntó qué le parecía, a lo que Sócrates respondió con gracia: «Lo que he entendido excelente, y lo que no he entendido, creo que también»[7]. Se decía que Heráclito había expresado su pensamiento intencionadamente de forma oscura, pero debemos entender que seguía el estilo arcaico con frases breves y en forma de enigma. Lo podemos ver en una de sus sentencias más famosas: «En un mismo río dos veces nos metemos y no nos metemos».[8] Así por lo menos la recuerda Séneca, aunque es más conocida por la versión más prosaica que hizo Platón: «No es posible entrar dos veces en el mismo río».[9] Por esa razón posteriormente Heráclito fue llamado *skoteinós*, 'el oscuro'.

Es muy posible que, por la época del estreno de la comedia, Sócrates, cansado de las investigaciones sobre la naturaleza, ya hubiera centrado su interés en la ética. Había dejado su trabajo como marmolista y vivía muy modestamente de una pequeña renta; seguramente la herencia que había recibido de su padre: una casa y un capital de 70 minas que había confiado a su amigo Critón. Este lo gestionaba para que fuese productivo, ofreciendo préstamos a sus conciudadanos por un interés que luego entregaba a Sócrates. Sabemos que en la Atenas del siglo V los intereses se abonaban mensualmente y su tipo rondaba el 1 %. Seguramente esto fue suficiente hasta que Sócrates se casó, ya a una edad avanzada, con Jantipa y nacieron sus hijos. A partir de ese momento tuvo que recibir la ayuda económica de sus amigos ricos. Pero no admitía grandes regalos: cuando Cármides le ofreció dos esclavos para que sacara un buen sueldo

339

con el producto de su trabajo, se negó a aceptarlos; del mismo modo rechazó un amplio terreno que le ofreció Alcibíades para hacerse una casa. «Si necesitara zapatos y me dieras toda una piel curtida para que me los hiciera, resultaría ridículo aceptarla»[10], le dijo Sócrates disculpándose. Las ayudas puntuales procedieron, sobre todo, de Critón, que era de la misma edad que Sócrates y de su mismo *demo* ('barrio'). Según Diógenes Laercio, gracias a este amigo, a Sócrates nunca le faltó nada de lo necesario[11]. Critón, aunque no brillante intelectualmente, era rico y muy devoto de Sócrates.

Sócrates empezó a hablar con libertad a todo el mundo, pero sin establecer ningún vínculo especial. Sócrates no colocaba bancos ni se sentaba en una cátedra ni tenía hora fija para la instrucción o el paseo con sus discípulos, sino que filosofaba en todas partes. Aunque tenía una rutina: de mañana iba a los gimnasios (le gustaba, sobre todo, el gimnasio del Liceo a la orilla derecha del río Iliso) y al ágora (en la hora que estaba llena se le podía ver junto a las mesas de los cambistas)[12]. Todo el mundo podía escucharle. El propio Sócrates no ponía obstáculos a ello, pues hablaba en espacios públicos, pero el caso es que solo estaba rodeado de los jóvenes ricos de la ciudad. Sócrates se refería a ellos como «esos jóvenes que espontáneamente me siguen». Platón y Jenofonte evitan la palabra «discípulo» para referirse a ellos (ya que eso implicaría que Sócrates era «maestro») y usan palabras como «acompañantes» o giros como «los que estaban con él» y «los que pasaban el tiempo con él».

Los primeros discípulos eran, sobre todo, atenienses, esos jóvenes ricos que tenían suficiente tiempo libre para acompañarlo. La terrible Guerra del Peloponeso había comenzado, pero en esos momentos Atenas no había sufrido demasiados reveses militares y su economía seguía intacta. Entre esos jóvenes de buena familia se encontraban dos personas, excepcionales en muchos sentidos, que andando el tiempo tuvieron un papel muy importante en la historia de la ciudad: Alcibíades y Critias.

Alcibíades

Pertenecía a la más antigua aristocracia de Atenas. Quedó huérfano muy pequeño y se crio en casa de su tío Pericles. Era rico y hermoso y, además, estaba dotado de una mente privilegiada y una gran capacidad de adaptación. Sócrates cayó, como todos, bajo su embrujo y lo amó platónicamente. Como casi todos los jóvenes aristócratas, Alcibíades quería dedicarse a la política. Fue un firme defensor de la guerra contra Esparta. Su encanto personal y sus habilidades retóricas cautivaron al pueblo ateniense, que lo siguió en la arriesgada empresa de atacar la lejana Siracusa, en Sicilia, en el año 415. La expedición fracasó y Alcibíades se pasó al bando espartano. Su buena educación sofística se demostró cuando intentó justificar esa traición a su patria (según el discurso que Tucídides pone en su boca) con estas sutilezas retóricas que había aprendido:

> No creo que vaya ahora contra la que aún sea mi patria, sino a recuperar la que no lo es; en sentido estricto, no es un patriota el que no ataca a su patria, a pesar de perderla injustamente, sino el que, por añorarla, intenta recuperarla del modo que sea[13].

En el año 411 se reconcilió con los atenienses y volvió a actuar como estratego, pero al sufrir una derrota naval ante los espartanos, cayó en desgracia y fue desterrado. Nunca más volvió a Atenas. Alcibíades era una personalidad desbordante que se alzaba por encima de regímenes políticos y normas sociales, y que, de alguna manera, anticipó las grandes figuras del helenismo. Pero supuso una ruptura brutal en la sociedad de su tiempo donde ese individualismo era desconocido.

Critias

Primo de la madre de Platón y, por tanto, de noble linaje, Critias era un hombre culto y refinado, con múltiples intereses. Fue poeta y dramaturgo. Se conservan los títulos de una trilogía y de un drama satírico, *Sísifo*, donde exponía una teoría racionalista sobre el origen de la religión. Algunos sofistas, como Pródico, pensaban que los hombres consideraron dios a aquello que les beneficiaba, otros sostenían que son producto del miedo de los hombres a determinados fenómenos naturales, pero Critias fue más allá y aseguró que eran una creación artificial para infundir miedo a los hombres: mediante la invención de los dioses se intentaba atemorizar a los malvados para que no cometiesen sus fechorías en secreto. La justicia divina es un mito, porque no hay prueba alguna de que se haya cumplido alguna vez. Por estas ideas fue incluido en la lista de los ateos famosos, junto a Diágoras de Melos y Teodoro de Cirene.

En política se manifestó como un extremado defensor de la oligarquía y enemigo acérrimo de la democracia. No tenemos noticias de su actividad política hasta el año 411, cuando propuso en la Asamblea de Atenas el regreso de Alcibíades con el fin de enderezar la mala situación militar. En general, se mantuvo en un plano discreto durante el período democrático y se movía en los estrechos círculos de aristócratas que conspiraban contra el régimen y miraban con admiración el sistema espartano. Esa admiración le llevó a redactar una *Constitución de los Lacedemonios* en verso (hoy perdida) que sirvió de fuente para autores posteriores.

Sin embargo, sabemos que en el 406 se exilió a Tesalia, donde se reunían todos los que buscaban refugio en aquellos tiempos convulsos. En su caso, se agrupó con otros aristócratas exiliados que solo deseaban el fin de la democracia ateniense. Es posible que coincidiera con Gorgias ya anciano y tomara lecciones. En el 404 terminó la guerra y Critias volvió a Atenas. Se puso al frente de un gobierno oligárquico (conocido como los Treinta Tiranos, por el número de los oligarcas) que se sostenía gracias al apoyo militar de los espartanos. Critias limitó los derechos ciudadanos a 3.000 hombres que fueron registrados en una lista e implantó un régimen de terror. No es extraño que muy pronto las fuerzas democráticas ganaran apoyos e intentaran recuperar el poder. Se inició una pequeña guerra civil y Critias murió en el 403 en una escaramuza contra los demócratas. Sus amigos oligarcas lo alabaron como un hombre íntegro que hizo de la tiranía su mortaja (había un dicho que circulaba desde los tiempos arcaicos y que recoge Heródoto: «La tiranía es un hermoso sudario», es decir, que vale la pena morir por ella). Sobre la tumba de Critias se colocó una imagen esculpida que representaba a la Oligarquía con una antorcha en la mano en actitud de meter fuego a la Democracia. Además, escribieron la siguiente inscripción: «Esta es la tumba de un hombre glorioso, que el libertinaje del pueblo maldito de Atenas contuvo por breve momento». Platón, que era sobrino suyo, lo admiró, tal vez por la coherencia con la que llevó su vida (a diferencia del camaleónico Alcibíades) y lo hace aparecer en varios diálogos; incluso da título a uno de ellos, famoso porque allí es donde se expone la historia de la legendaria Atlántida.

¿Qué enseñaba Sócrates a esos jóvenes ricos?

Los jóvenes, sobre todo, estaban interesados en la dialéctica, que Sócrates dominaba de manera natural. Por lo menos, sus adversarios lo consideraban un hábil orador, según reconoce el mismo Sócrates en la *Apología* de Platón[14]. La dialéctica de Sócrates no sería muy diferente de las materias retóricas que impartían los sofistas, por eso el cómico Aristófanes lo presentó en su obra enseñando los dos razonamientos, el fuerte y el débil, como un sofista más.

También leía y comentaba libros de otros pensadores en sus encuentros con sus amigos. Sócrates seleccionaba los pasajes que consideraba especialmente interesantes. Sin duda, comentó con sus alumnos los libros de Heráclito y de Anaxágoras que ya conocía. Pero estaba abierto a todo tipo de autores y así sabemos por el *Fedro* de Platón que Sócrates, junto con el joven que da título al diálogo, se sienta bajo un plátano para leer una obra de Lisias (un orador especializado en discursos ante los tribunales). En el *Banquete* de Jenofonte se dice:

Te vi un día que junto a la casa del *grammatistés,* ambos (Sócrates y Critobulo) estabais buscando algo en el mismo libro con tu cabeza apoyada en su cabeza y tu hombro desnudo en el hombro desnudo de Critobulo[15].

En los dos casos hallamos un buen testimonio del uso de libros para la enseñanza (a pesar de la crítica socrática a la palabra escrita) y de la inclinación de Sócrates por los jóvenes al estilo de la antigua educación por asociación.

Y, sin embargo, Sócrates afirmaba que sus acompañantes no aprendían nada de él. Reconocía que con su trato progresaban con facilidad, pero encontraban las ideas por sí mismos. En ese sentido, Sócrates es un despertador de inteligencia; entrena, agiliza las mentes en el razonamiento, pero no enseña nada. Por eso, se comparaba con la profesión de su madre que era comadrona, y ayudaba a traer niños al mundo:

> No soy capaz de engendrar sabiduría y por eso me acusan de que dedico mi tiempo a interrogar a los demás sin que yo descubra cosa alguna [...] los que se acercan a mí, una vez nuestro trato es más asiduo, progresan con maravillosa facilidad [...] alumbran por sí mismos numerosos y hermosos pensamientos[16].

Es por eso que los autores modernos se resisten a llamar a Sócrates «maestro». Lo llaman «educador», como hace Marrou en su magna obra sobre la educación en Grecia y Roma: «Sócrates fue a su modo un educador»[17]. Ciertamente, Sócrates tenía como ocupación despertar las inteligencias, pero es que en eso consiste también ser un maestro, no es solo un mero trasmisor de conocimientos (sobre todo, en los niveles superiores de enseñanza como el que correspondía a Sócrates). Tenemos, además, otra prueba de que su actividad era una enseñanza más o menos como la que realizaban los sofistas: Sócrates también ponía a prueba a sus discípulos/oyentes y si veía que nada podía sacar de ellos los derivaba a algún sofista:

> Hay algunos que no parecen encerrar fruto [...] a unos los he entregado a Pródico y a otros hombres sabios y de inspiración divina[18].

Es decir, Sócrates deriva discípulos difíciles a otros (esos que por dinero no tenían inconveniente en aceptar a cualquiera), reconociendo así implícitamente que hacía lo mismo que los sofistas, solo que sin dinero de por medio.

El caso es que Sócrates trasmitía a sus seguidores una formación moral en la que insistía en despreocuparse de los cuidados del cuerpo y de los bienes materiales para procurar mejorar sus almas. En un primer momento podemos pensar que se trata de una exhortación a la virtud que puede encajar en la línea tradicional. Pero no es así. En su mensaje había elementos extraños para muchos atenienses: la trascendencia, la inmortalidad del alma, la vida después de la muerte, la castidad en las relaciones pederásticas, la autosuficiencia y el desprecio de los placeres físicos y los bienes materiales. Recordemos dos de sus frases más famosas: «¡Cuántas cosas de las que no tengo necesidad!» o «No necesitar nada es algo divino, y no necesitar lo menos posible es estar cerquísima de la divinidad»[19]. Estas ideas que quería inculcar en sus seguidores chocaban con los viejos valores de los aristócratas del arcaísmo. En los poemas de los autores antiguos, como Solón, se exaltaban los goces de la vida, del amor y del banquete, y nunca se consideró a la riqueza un mal en sí misma. Todo lo contrario, en el arcaísmo un sabio acuñó una frase memorable: «El dinero hace al hombre»[20].

Esta moralidad también lo alejaba de los sofistas que no se preocuparon de nada de eso; solo aportaban instrumentos para el triunfo social. Para ellos todo era producto de la convención, incluso las ideas morales del bien y del mal. Los sofistas nunca buscaron la verdad, pues, en realidad, habían llegado a la conclusión de que no existía una verdad. Había, sin duda, otras diferencias entre Sócrates y los sofistas. En primer lugar, la humildad, que contrastaba enormemente con la soberbia y petulancia de los sofistas. Sócrates quería presentarse como un ciudadano corriente (no parece que lo consiguiera, si nos atenemos al Sócrates de Aristófanes). Además, Sócrates se mostraba despreocupado de su imagen y era risueño. Tal vez a los primeros sofistas les faltó ironía y sentido del humor, pero debemos entender su seriedad: luchaban para ganarse un sitio, para lograr que se les respetase y se les tomase en serio; cuando se pide dinero (y mucho) por un trabajo, no hay lugar para muchas bromas. Nietzsche dijo sobre este punto: «Sócrates fue el gracioso que se hizo tomar en serio».

Pero la diferencia más importante fue el dinero. Sócrates no percibió nunca una remuneración por su actividad educativa. En ese aspecto se podía asemejar a la educación tradicional por asociación cuando de forma desinteresada un noble tomaba a su cargo un pupilo para instruirle en las cosas de la vida y los modos sociales. Sócrates no cobraba porque se aferraba a los prejuicios aristocráticos contra el trabajo remunerado (aunque él tenía orígenes humildes). Decía: «Aceptar dinero del primero que llega es ponerlo dueño de uno mismo»[21]; o bien «Como no cobro, no tengo necesidad de conversar con quien no quiero»[22]. El sofista Antifonte se le enfrentó precisamente sobre ese punto. Pensaba que la posesión de riquezas permite vivir con más libertad y más agradablemente. No comprendía por qué Sócrates enseñaba gratis y sacó la siguiente conclusión:

> Si creyeras que tu compañía vale algo, cobrarías. No darías gratis tu manto, tu casa o tus bienes. No eres sabio, porque no sabes nada que valga[23].

Llamó a Sócrates «maestro de miseria». Definitivamente, la batalla por dignificar el hecho de recibir un sueldo por enseñar estaba siendo ganada ampliamente.

Sócrates defiende el sistema tradicional de enseñanza por asociación, donde no había dinero por medio. No entiende cómo los jóvenes pueden pagar a los sofistas por recibir unas enseñanzas que podían tomar gratis de otros ciudadanos. Además, Sócrates mantiene claramente la especial relación que vincula a maestro y discípulo. Sócrates, por ejemplo, estaba encaprichado de Alcibíades (que, según los testimonios antiguos, era un joven de extraordinaria belleza) y andaba por Atenas diciendo que sus dos amores eran Alcibíades y la filosofía[24]. Era una relación amorosa pura y casta (pues, como hemos dicho, la templanza era la base de su doctrina moral). Defiende las relaciones pederásticas, aunque insistiendo mucho en que esas relaciones tienen que ser puramente espirituales y no físicas; nuestras dos fuentes principales, Platón y Jenofonte, insisten en esa pureza y hablan solo de un amor que busca mejorar el alma.

De acuerdo con el principio de ese tipo tradicional de enseñanza, Sócrates se propone como modelo para los jóvenes y trasmite mensajes que modelan su carácter más que contenidos técnicos. Su vida era su enseñanza. De hecho, los jóvenes seguidores lo imitaban. El problema era, como reconoce el propio Sócrates (en la *Apología* de Platón), que, inspirándose en su ejemplo, los jóvenes cuestionaban a sus mayores. Despertar la inteligencia suponía poner en tela de juicio todas las cosas; recordemos la gran frase de Sócrates (tal como la escribe Platón en su *Apología*): «No merece la pena vivir una vida que no somete nada a examen»[25]. Esta frase se ha convertido en el lema de la libertad intelectual y sobre ella se ha conformado toda la civilización occidental. En ese punto Sócrates coincidía totalmente con los sofistas. Los jóvenes aprendían a cuestionar y a poner en tela de juicio los valores de sus padres. La nefasta consecuencia fue que la juventud ya no obedecía a sus mayores. Esto se añadió a la larga lista de cargos contra Sócrates: «Enseña a ultrajar a los padres al hacerles creer a los hijos que son más sabios que sus padres».

Fig. 16. Sócrates.

Por todo ello no debe extrañarnos que Sócrates, como les pasaba a los sofistas, se viera acosado por un grupo hostil que estaba formado por los elementos más tradicionales de la sociedad ateniense, aquellos que criticaban las novedades del pensamiento y el racionalismo excesivo. La explicación es que, para un ateniense corriente, Sócrates tenía más puntos en común con los sofistas que diferencias. El simple hecho de no cobrar no ocultaba el carácter novedoso de sus enseñanzas. Es posible que de forma superficial se le considerase como un representante de la vieja moral. Tal vez, incluso el propio Sócrates se viese así. Algunos estudiosos modernos lo siguen viendo así, como Tovar o Marrou, que lo califican como el portavoz de la vieja tradición aristocrática, que coloca en primer plano el elemento ético. Pero no era así y el hecho de que el sector más conservador le atacase es prueba de que no lo vieron en esa línea ni mucho menos.

Realmente, Sócrates solo seguía en apariencia el sistema aristocrático de enseñanza; como hemos dicho, no trasmitía los valores aristocráticos tradicionales; era muy diferente en sus ideas sobre el conocimiento y la investigación, así como en su insistencia en la dialéctica (Nietzsche acierta al catalogarla como lo opuesto al espíritu aristocrático). Por si eso fuera poco, su obsesión con la sobriedad, la templanza y la autarquía lo alejaban aún más de lo que había sido tradicional en la educación por asociación de las clases superiores. Los únicos elementos aristocráticos que se observan en su vida son su desprecio por el trabajo remunerado (y, en consecuencia, llevó la vida ociosa de los ricos), sus buenas relaciones con lo más destacado de la sociedad ateniense y su odio hacia la democracia (a la que un hombre tan humilde como Sócrates no tenía por qué criticar).

Sócrates criticaba el sistema de elección de los magistrados por sorteo. Se preguntaba por qué para cualquier oficio era necesario un aprendizaje y una preparación menos para la política, de manera que los asuntos de la ciudad estaban en manos de incapaces. Es cierto que un gran número de cargos públicos se elegía por sorteo, pero existía una justificación perfecta para los atenienses: se evitaba la competencia, que siempre dejaba mal sabor de boca y propiciaba rencores entre los ciudadanos, y se permitía que todo el cuerpo cívico accediese a algún cargo de responsabilidad. Incluso la forma en que vestía Sócrates lo visualizaba como enemigo de la democracia y amigo de los odiosos espartanos. Su vestimenta era el *tribon*, un manto corto que usaban los espartanos; no se ponía sobre la túnica sino directamente sobre la piel. Los atenienses que imitaban las costumbres espartanas lo llevaban así, como hacía el propio Sócrates; por eso, le decían: «Vives descalzo y sin túnica»[26].

¿Por qué Sócrates, de origen tan humilde, tenía esas ideas antidemocráticas? Es muy probable que Jenofonte y Platón, reconocidos enemigos del sistema democrático y admiradores de Esparta, hayan transferido sus propias ideas políticas a Sócrates. Es posible que hayan creado el personaje con esos principios aristocráticos, frente a la visión que nos ofrece el cómico Aristófanes, para quien solo era un sofista más. Tenemos que admitir que nuestro conocimiento de Sócrates (que no dejó nada escrito) está muy condicionado por estos dos informadores que quisieron resaltar esa faceta de su maestro.

Nietzsche fue de los primeros en observar la paradoja de que Sócrates, siendo un hombre de orígenes modestos, educase a los jóvenes aristócratas de Atenas. Y le dio su propia explicación: tenía un plan oculto para destruir los valores brillantes, optimistas y vitalistas de la nobleza del arcaísmo. Sócrates se venga de los nobles, a los que fascina con su retórica y sus ideas. Es como un infiltrado de las clases inferiores que quería destruir los valores aristocráticos que habían hecho grande a Grecia: la intuición, el entusiasmo y el genio natural. Por ejemplo, su interés por la dialéctica lo considera un ataque a los aristócratas, pues es una horrible e inelegante apelación a la razón: «Antes de Sócrates se rechazaban en la buena sociedad las maneras dialécticas, se las consideraba de mal gusto y de mala educación». Según Nietzsche, la autoridad no da razones. La vieja educación aristocrática no iba por ese camino. Nietzsche critica en su obra el fanatismo con que la civilización griega se lanzó a la racionalidad. Como Dodds apunta, fueron los sofistas los que, por lo menos en las clases elevadas, eliminaron casi todo atisbo irracional, algo que el filósofo alemán desde sus presupuestos filosóficos no valoraba como un progreso. Nietzsche admiraba más a los filósofos arcaicos, sobre todo a Heráclito, que afirmaba que el ser es una ficción vacía: «Pongo aparte con alta consideración el nombre de Heráclito». Sócrates era el hombre que exaltaba la razón y negaba el instinto que había guiado a la clase aristocrática durante el arcaísmo. Lo que hizo Sócrates fue introducir una moral de los esclavos con su trascendentalismo, pesimismo y ascetismo, que luego, después de pasar por el tamiz elegante de Platón, asumirá el cristianismo (para Nietzsche el cristianismo era una simple prolongación del platonismo).

No obstante, es difícil ver en Sócrates a un hombre con ideas tan perversamente ocultas y de tan largo alcance. Platón, en particular, ha condicionado por entero nuestra percepción del mensaje socrático, pues fue de sus discípulos el que más éxito ha tenido en el pensamiento europeo. Platón de forma personal estaba inclinado al misticismo y al mundo trascendente. Es posible que las ideas pitagóricas, por las que estuvo tan interesado, lo llevaran más hacia ese camino. Sus libros y sus ideas han influido de forma enorme en el mundo occidental tal como lo conocemos. Los primeros cristianos advirtieron la proximidad de sus ideas con las cristianas y lo asumieron como parte de su mensaje. Hay que tener en cuenta que los demás discípulos de Sócrates siguieron caminos muy diferentes. Así, por ejemplo, Critias, Alcibíades y Aristipo fueron más egoístas y siguieron el vitalismo y el entusiasmo griegos; de hecho, Critias se adelantó a Nietzsche con su idea del hombre superior.

El juicio

Un gran número de atenienses se había exiliado huyendo del terror de los Treinta. Se organizaron bajo el mando de Trasíbulo (que había sido estratego durante la Guerra del Peloponeso) y atacaron Atenas desde el puerto del Pireo en donde se habían hecho fuertes. A comienzos del 403 murió Critias en un enfrentamiento contra estas fuerzas democráticas asentadas en el Pireo. Tras su muerte los otros oligarcas abandonaron Atenas y se refugiaron en Eleusis, un pueblo ateniense muy cerca de la frontera sur con la ciudad de Mégara. En el verano del 403 el rey espartano Pausanias se presentó con un pequeño ejército para intervenir en la guerra. Obligó a un entendimiento y se proclamó una amnistía (que solo excluía a los líderes oligárquicos). Fue la primera amnistía (la ley del olvido) de la historia. En el 401 los demócratas ocuparon pacíficamente Atenas y se reinstauró la democracia.

La ciudad, que tanto había sufrido en la guerra contra Esparta, consumió sus últimas fuerzas en aquella guerra civil. La amnistía cumplió su papel, atemperando el inevitable rencor que se había acumulado. Evitó que se llevara a juicio a nadie por delitos cometidos anteriormente y así se impedía un ansia permanente de desquite en la ciudad. Sin embargo, en el 399 Sócrates se enfrentó a un proceso judicial. En principio, parecía que no tenía que ver con las circunstancias políticas. Los acusadores, Ánito y Meleto, que eran representantes del sector más tradicional, formularon la acusación en estos términos:

> Sócrates comete injusticia al no reconocer a los dioses que la ciudad reconoce y al introducir otros nuevos; y también es culpable de corromper a la juventud[27].

Al acusar a Sócrates de un delito de impiedad se buscaba escapar precisamente a esa ley de amnistía del 403. De hecho, era la acusación más grave, pues los delitos de impiedad eran durísimamente castigados y habían sido, como vimos en el caso de Anaxágoras, un arma efectiva y sencilla para atacar a los poderosos. Pero el deseo oculto era castigar a Sócrates por sus relaciones más que estrechas con los elementos antidemocráticos. Los crímenes de Critias, su discípulo, estaban todavía frescos en la memoria de la población. Y se tuvo en consideración que durante la dura época de represión oligárquica de Critias, Sócrates había permanecido en Atenas (los auténticos demócratas se habían exiliado) y no había pasado ningún apuro (aunque es cierto que Critias le prohibió ense-

ñar a la juventud). En Sócrates se iba a lograr la venganza sobre esos círculos aristocráticos que habían hecho tanto mal al
final de la Guerra del Peloponeso. Por tanto, la corrupción
de la juventud era la pieza clave de la acusación y esto tenía
que ver con la enseñanza. Corrupción significaba torcer las
mentes de los jóvenes y volverlos críticos con la sociedad democrática y con sus padres. Su papel como corruptor de la
juventud era el que más pesaba, lo cual implica que había
ejercido durante años una actividad educativa. Y de muestra
estaban dos discípulos suyos, Alcibíades y Critias, que tantos
males habían hecho a la ciudad. Jenofonte resumió la conducta de estos dos hombres en esta demoledora frase:

> Critias fue el más ladrón y violento de cuantos ocuparon el
> poder en la oligarquía, y Alcibíades el más disoluto e insolen-
> te de los personajes de la democracia[28].

Para los antiguos quedó ya claro que su relación educativa con estos dos personajes fue determinante para su con-
dena. Así, por ejemplo, lo escribe el orador Esquines en uno
de sus discursos: «Él fue condenado porque había educado
a Critias»[29].

Platón vs. Jenofonte

No sabemos exactamente cómo se defendió Sócrates ante
el tribunal popular. Dos de sus discípulos, Platón y Jenofonte, escribieron una Apología o Defensa, que ha llegado
hasta nosotros y donde intentaban defender al filósofo de
las acusaciones[30].

Platón y Jenofonte conocieron a Sócrates cuando eran adolescentes y Sócrates contaba unos 50 años. Platón estudió las primeras letras en la escuela de un maestro llamado Dionisio; en el gimnasio se ganó el apodo de Platón, pues realmente se llamaba Aristocles como su abuelo (la costumbre en Grecia era poner el nombre del abuelo). Ese apodo lo recibió por su robusta constitución («Platón» significa 'de anchas espaldas'). Incluso llegó a competir en los juegos del Istmo cerca de Corinto (uno de los cuatro grandes certámenes del mundo griego). También se dedicó a escribir en su juventud poesía lírica y tragedias. Todo cambió cuando conoció a Sócrates: cuentan que Sócrates soñó una noche con un cisne de poca edad que se posaba en sus rodillas y que al poco desarrollaba sus alas y echaba a volar cantando dulcemente; al día siguiente se encontró con Platón y le dijo que él era esa ave. Platón quemó sus versos y en adelante solo se dedicó a escuchar a Sócrates. Por lo que respecta a Jenofonte, según Diógenes Laercio, Sócrates se lo encontró en una callejuela estrecha de Atenas y le impidió pasar con su bastón (Sócrates llevaba el bastón laconio, signo de su amor por Esparta) y le preguntó dónde se compraban unas mercancías. Jenofonte le respondió educadamente y luego Sócrates le preguntó dónde se hacían los hombres personas de bien. Esto sorprendió a Jenofonte, que quedó vacilante, por lo que Sócrates le replicó: «Sígueme entonces y apréndelo»[31].

Es difícil imaginar unas personalidades tan distintas en estos dos hombres de edad muy similar: Platón era elegante, tranquilo, serio e intelectual (había empezado por dedicarse a la poesía y el teatro) y Jenofonte, amante de la acción y de la guerra; no fue un filósofo ni un pensador, sino un aventurero con grandes dotes como narrador, con un estilo sencillo y atractivo que le ha granjeado la simpatía de los lectores hasta la actualidad. En lo único en lo que coincidían era en su espíritu radicalmente aristocrático (que les hacía, por ejemplo, tener grandes simpatías por los espartanos; más acentuadas en el caso de Jenofonte que estaba obsesionado con la milicia). Por supuesto, la rivalidad entre ellos fue inevitable.

Ninguno de los dos estuvo presente en la ejecución del maestro. Platón estaba enfermo y Jenofonte, llevado por su espíritu inquieto y amante de la guerra, se había alistado un año antes como mercenario en una arriesgada empresa militar en Asia. Un príncipe persa llamado Ciro quiso arrebatarle el trono a su hermano y contrató un grupo de 10.000 mercenarios griegos (los mejores soldados de la época). No fue difícil, pues con el final de la Guerra del Peloponeso había un gran número de exiliados y excombatientes por toda Grecia.

Los dos rememoran a Sócrates en sus obras, pero no se mencionan nunca. Solo hay una excepción, cuando Jenofonte se refiere de pasada a Platón en el libro III de sus *Recuerdos de Sócrates*. Al parecer, se tenían especial inquina. Es posible que traspasaran a Sócrates muchas de sus ideas e inclinaciones personales; por ejemplo, Jenofonte dice que Sócrates desaprobaba seguir aprendiendo la geometría más en profundidad, porque solamente consumía la vida entera de un hombre, impidiéndole aprender otras muchas enseñanzas útiles y pensaba lo mismo sobre astronomía, por el peligro de que perdieran el juicio aquellos que se entregaban a tales cavilaciones[32]. En sus libros de recuerdos nunca vemos a Sócrates discutiendo sobre matemáticas, física o astronomía. Solo da a entender que esas materias eran una pérdida de tiempo y esfuerzo y no contribuían a la felicidad y la sabiduría. Por el contrario, Platón presenta en muchas ocasiones a Sócrates hablando en profundidad y con tono elogioso sobre matemáticas, música y geometría.

Jenofonte en cuanto leyó los primeros libros de la *República* de Platón los criticó escribiendo a su vez una obra titulada *Ciropedia*, una especie de biografía novelada del monarca persa, en la que expone cómo sería la vida y la educación del gobernante ideal. Platón quedó afectado por este hecho y en las *Leyes* se permitió criticar a su vez a Jenofonte escribiendo, «Ciro fue un excelente general y un hombre consagrado a su patria, pero no tenía ni idea de lo que es una buena educación ni le preocupó la administración de su casa»[33].

Defensa de Platón

En la *Apología* que escribió Platón, Sócrates se defendió diciendo que nunca fue maestro de nadie:

> Cuando alguien, joven o viejo, desea oírme nunca pongo obstáculos [...] ni me niego a dialogar [...] me pongo a disposición de todos, del rico y del pobre, para que me pregunten [...] pero a ninguno le prometí ni enseñé jamás disciplina alguna[34].

En consecuencia, no se le podía imputar que alguno de ellos se hiciera bueno o malo. Sócrates no se hacía responsable. No podía impedir que esos acompañantes le imitasen en sus casas o en su círculo social.

Los acusadores tienen que replicarle con esta pregunta: «Si no te has dedicado a eso, ¿a qué actividad te has dedicado? Algo has hecho distinto a lo que hace la mayor parte de los hombres para estar aquí ante un jurado popular». Pero Sócrates insistía en negar su magisterio: «Jamás fui maestro de persona alguna»[35], y ponía como prueba el hecho de que nunca cobró por sus enseñanzas; y como no había dinero por medio, no había ningún compromiso. Esto lo alejaba de forma conveniente de los sofistas, pero no sirvió para engañar a los miembros del tribunal que sabían de sobra que no debía haber un sueldo para la actividad educadora tradicional, y que entre Sócrates y sus acompañantes se había establecido una relación similar maestro-discípulo. En ese tipo de educación, el adulto asumía su responsabilidad cuando tomaba a su cargo a un joven. Ya vimos cómo en Esparta, donde, por supuesto, no se cobraba, se castigaba al *inspirador* cuando su pupilo realizaba una acción vergonzosa.

Como Platón sabía que este argumento era endeble, tiene que sacar a la luz una tarea divina que le había impuesto a Sócrates el dios Apolo. Esto puede parecer inconsistente para nosotros, las personas del siglo XXI, pero sería creíble para los atenienses del siglo IV, al tiempo que alejaba oportunamente a Sócrates de su imagen de ateo. Según la *Apología* de Platón, todo comenzó cuando un tal Querefonte («amigo mío desde la juventud y vehemente de carácter») consultó al famoso oráculo de Delfos. Preguntó al dios si había algún hombre más sabio que Sócrates y Apolo respondió que no había nadie. Esto obligó a Sócrates a una investigación constante, en la que importunó a las gentes de Atenas, molestando con sus preguntas a todos los que pasaban por sabios. El dedicar la máxima atención a las palabras del dios le pareció una tarea inaplazable. De esa encuesta nacieron los odios contra Sócrates, porque comprobó que todos se creen que saben algo, aunque no es verdad; por su parte, Sócrates estaba convencido de su superioridad, porque, por lo menos, estaba seguro de algo, de que no sabía nada. Además, esta tarea le impidió dedicarse a la política y a sus asuntos familiares, que quedaron descuidados, y explicaba su patente pobreza.

Estos seguidores fanáticos tampoco le hicieron ningún bien a la imagen pública de Sócrates. Además del mencionado Querefonte, las fuentes antiguas mencionan a Apolodoro y a Aristodemo, tildándolos de «locos» (*manikós*). Esto favoreció la semejanza de Sócrates con los pitagóricos (como se ve en la comedia de Aristófanes) y no contribuyó a mejorar la fama de Sócrates. Apolodoro decía que se pasaba la vida con Sócrates y solo se interesaba en saber qué hacía o decía. Antes de conocerlo, iba de un sitio a otro pensando que hacía algo importante, pero luego ya solo sentía hastío cuando escuchaba las conversaciones de los ricos y de los hombres de negocios. Se convirtió en una persona de trato desabrido (salvo con Sócrates). En cuanto a Aristodemo, un hombre pequeño y siempre descalzo, estaba profundamente subyugado por Sócrates. Sabemos que no hacía sacrificios a los dioses ni preguntaba a los oráculos; aseguraba que los dioses no se preocupaban de los hombres. Es cierto que Sócrates lo reprendió por ello, pero es un buen ejemplo de que sus acompañantes estaban inclinados a no creer en los dioses.

Defensa de Jenofonte

En su libro de recuerdos de Sócrates, Jenofonte dedicó 35 párrafos a defender a Sócrates de la acusación de ser la mente que inclinó al mal a Critias y Alcibíades. Jenofonte comprende que esa relación es la pieza clave de todo el asunto y su defensa es más práctica e inteligente que la de Platón. En primer lugar, argumenta que mientras fueron «seguidores» de Sócrates no se portaron mal; fue más tarde, una vez que se habían apartado de él, cuando cometieron sus desmanes y se mostraron malvados, porque el ejercicio de la virtud se les olvidó. Según Jenofonte, en un principio buscaron la relación con Sócrates para formarse, pero, en cuanto se sintieron superiores, se distanciaron, pues en el fondo no simpatizaban con él. Pero el argumento más sólido lo reserva para el final: no hay que culpar a Sócrates por lo que hicieron sus discípulos, puesto que tampoco consideramos culpables a los padres cuando sus hijos se descarrían[36]. Es algo curioso, pues los sofistas se habían defendido de forma parecida cuando les reprochaban que sus discípulos usaban sus artes retóricas con fines perversos. Gorgias decía que, si un hombre que ha frecuentado la palestra, golpea a su padre o a su madre, nadie piensa que por ello deben ser desterrados de todas las ciudades los maestros de gimnasia; de igual modo, la retórica debía ser considerada como cualquier otra enseñanza, algo que se puede usar para el bien o para el mal. «Han empleado mal su fuerza y habilidad, ni son malvados quienes los instruyeron ni es responsable el arte que adquirieron»[37].

Años después Jenofonte escribió otra obra sobre el juicio y defensa de Sócrates, solo por el deseo de emular a su odiado Platón. En esta apología se centra más en los sentimientos personales que en razones o argumentos. Según Jenofonte, Sócrates se sentía ya viejo, y no quería pagar el tributo de la vejez (ver y oír cada vez menos); por eso ni siquiera preparó su defensa. Pero hay algo importante en esta obra; en un pasaje Jenofonte reconoce abiertamente que Sócrates se dedicó a la educación («pues saben que eso es a lo que me he dedicado»). Jenofonte no sigue el camino de Platón intentando ocultar lo evidente: que Sócrates ha ejercido como educador, aunque no llame con el nombre de discípulos a sus seguidores.

El jurado popular declaró culpable a Sócrates y fue condenado a muerte. Bebió la cicuta, que era la forma habitual en aquel tiempo de ejecutar a los reos. Los atenienses nunca volvieron a plantear algo parecido. En adelante, ningún educador o maestro fue perseguido por corromper a la juventud con sus enseñanzas. Todo indica que en este asunto pesaron, sobre todo, las circunstancias políticas: Atenas estaba devastada moral y económicamente por la derrota en la guerra y por la tiranía de los Treinta. El componente político fue el más determinante para el juicio de Sócrates. El jurado tuvo en cuenta, sobre todo, el comportamiento político del propio Sócrates y de sus dos discípulos más destacados, Alcibíades y Critias. No dudaron en hacerle responsable de la actuación de sus discípulos.

10. Un maestro de éxito

Con la práctica, una naturaleza inferior puede superar
a los mejor dotados que se han descuidado.

Isócrates, *Antídosis*, 191

Es necesario que los jóvenes reciban un tipo de
educación que influya en el futuro de la ciudad.

Isócrates, *Antídosis*, 174

Cuando Sócrates murió, un hombre por entonces apenas conocido en Atenas se vistió de luto en señal de respeto y reconocimiento, aunque no había sido su discípulo. Se llamaba Isócrates. Había nacido en el 436 cuando Atenas estaba en la cima de su poder y su riqueza. Su padre Teodoro tenía un taller con numerosos esclavos que fabricaban flautas y con esta actividad prosperó y pudo dar una excelente educación a su hijo. Tras su paso por la escuela Isócrates se permitió el lujo de tomar lecciones de los primeros sofistas que visitaron Atenas. La guerra contra Esparta había comenzado, pero en los primeros años (si exceptuamos el período en que la peste asoló la ciudad) no fueron especialmente duros para los atenienses. No obstante, cuando Isócrates cumplió 20 años, su familia decidió enviarlo a Tesalia para evitarle los rigores de una guerra que cada vez se estaba poniendo peor para Atenas. En aquel momento Tesalia era un remanso de paz en un mundo griego convulso por la Guerra del

Peloponeso. Allí encontraron refugio hombres de diversas ciudades y por diversos motivos, como el oligarca Critias, el poeta Simónides y el gran sofista Gorgias, que seguía enseñando. Tesalia (especialmente su capital Larisa) progresó mucho en su educación gracias a la actividad de este sofista. Anteriormente solo era conocida por sus extensos prados y sus excelentes jinetes.

> Admirados por su destreza hípica y por su riqueza, ahora por su sabiduría, especialmente los ciudadanos de Larisa, y el responsable de esa nueva fama fue Gorgias pues a su llegada captó para la sabiduría a los nobles tesalios [...] os ha inculcado el hábito de responder sin timidez y con magnificencia[1].

Isócrates se convirtió en discípulo de Gorgias. Siempre guardó un buen recuerdo de su maestro y siguió sus enseñanzas. Estaba orgulloso de su maestro y una vez que se hizo famoso le gustaba que lo comparasen con aquel[2]. Es Isócrates quien describe con palabras de admiración el modo de vida de Gorgias que hemos visto en un capítulo anterior.

Al terminar la guerra en el 404 Isócrates volvió a Atenas. Como la fortuna de su padre había quedado maltrecha, Isócrates aprovechó sus estudios de retórica para dedicarse a la profesión de logógrafo. Recibían ese nombre los que se dedicaban a escribir discursos para otros para acusar o defenderse ante los famosos tribunales populares atenienses. Como no había abogados ni fiscales, las partes implicadas debían actuar personalmente en el tribunal. Muchos ciudadanos, sin dotes naturales para expresarse, contrataban los servicios de una persona experta en leyes y oratoria para que les redactase el discurso (ya de acusación, ya de defensa) que aprendían de memoria y recitaban ante el tribunal. Era una actividad lucrativa. Cuando ganó suficiente dinero se dedicó plenamente a su gran vocación de profesor. No le gustaba hablar de esa época anterior, incluso llegó a afirmar en su vejez que nunca se había dedicado a esa actividad de logógrafo[3] aunque, como dice Aristóteles, las librerías de Atenas tenían todavía a la venta montones de sus discursos forenses redactados en aquella época.

La docencia encajaba a la perfección con el carácter y la personalidad de Isócrates. Tenía dos serios defectos que le impedían dedicarse a una actividad pública para lograr el éxito o la gloria en la vida política: era de carácter tímido y tenía una voz débil. Era tan tímido y vergonzoso que una vez que entraron unos a escucharle cuando estaba explicando, sintió vergüenza y se calló. En otra ocasión, mientras declamaba, fueron tres a escucharle y despidió al tercero diciendo que tenía en su auditorio tanta gente como en el teatro[4]. Isócrates conocía de sobra sus propias limitaciones y solía decir que si él enseñaba por 10 minas daría 10.000 a quien pudiera enseñarle audacia y buena voz[5]. Pero algunos aprovechan para criticarlo y le preguntaban: «¿Por qué haces a los demás capaces de hablar sin serlo tú mismo?». Isócrates les respondía con agudeza: «Tampoco las piedras de afilar pueden cortar por sí mismas, pero hacen al hierro cortante»[6]. Se mantuvo, por tanto, alejado de las polémicas de la vida política y llegó a decir que le gustaba la tranquilidad y el retraimiento. A Platón, que renunció por desengaño a la vida política de Atenas tras la muerte de Sócrates, también terminó por agradarle ese tipo de vida y, en adelante, se convirtió en la vida típica de los académicos y escolares.

Su sistema de enseñanza

En el año 393 Isócrates abrió su escuela, el primer centro estable de educación superior del que tenemos noticia. El momento parecía propicio pues la situación política y económica de Atenas comenzaba a mejorar tras los desastres de la Guerra del Peloponeso. El año anterior el almirante ateniense Conón había derrotado de forma aplastante a la flota espartana en las cercanías de Cnido y recuperó la hegemonía naval ateniense en el Egeo. Regresó a Atenas como un héroe y se trajo consigo (y esto es lo más importante) cuantiosos fondos que el rey persa le había concedido; con ellos se inició la recuperación económica de la ciudad.

Para darse a conocer Isócrates escribió una obrita titulada *Contra los sofistas,* en la que expuso sus ideas educativas. Con este título Isócrates declara que ha concebido un nuevo tipo de educación que supera a la de los sofistas que enseñaban elocuencia. Los critica porque solo pensaban en sacar dinero a los jóvenes y disfrutaban con discursos inútiles. Dice que es fácil hacer esos discursos:

> Los oradores que quisieron elogiar a los mosquitos o a las sales o cosas tales nunca carecieron de palabras, pero los que intentaron hablar de cosas conocidas como buenas no lo han conseguido[7].

También los critica Isócrates por ser demasiado osados en sus promesas:

Son tan atrevidos que intentan convencer a los jóvenes de que si tienen trato con ellos sabrán lo que deben hacer y serán felices [...] Por una pequeña cantidad prometen todo, menos la inmortalidad, a los que están con ellos[8].

El primer deber del educador es resistir la tentación de exagerar la eficacia de su magisterio, prometiendo cosas que luego no se pueden cumplir.

Sin embargo, aunque pretendiera distanciarse, Isócrates, como dice W. Jaeger, viene a coronar verdaderamente el movimiento de la cultura sofística. La base de la enseñanza de Isócrates será la retórica (como su maestro Gorgias) y la definió con las mismas palabras que los demás sofistas: hacer grande lo pequeño y pequeño lo grande. Para enseñar esta disciplina proponía sus propios discursos como modelo de forma y contenido. Sus alumnos los estudiaban, los comentaban y los imitaban. En un pasaje de su obra describe brevemente su método:

Obligar a acostumbrarse al trabajo y repetir cada cosa de las que aprendieron para que las retengan con más fuerza y puedan avanzar así los jóvenes hasta llegar a ser mejores[9].

Estaba convencido de que aquellos que se entregan al estudio de la palabra son los mejores hombres de Estado. En un pasaje de su obra plasma esta idea:

Hablar con propiedad es para nosotros la mayor prueba de una buena inteligencia; y una palabra sincera, legítima y justa es imagen de un alma buena y fiel[10].

A los que rechazaban los estudios retóricos y consideraban a sus maestros como corruptores de la juventud, les hacía esta sencilla pregunta: «¿Alguien viajaría desde tan lejos
a Atenas para educarse en una escuela y pagaría tanto para
hacerse malvado?». Isócrates describe el panorama de la juventud de su tiempo (que no es muy diferente al de todas
las épocas, incluida la nuestra): los jóvenes pasan la vida be-
biendo en reuniones o en las tabernas, gastando bromas sin
preocuparse de instruirse para ser mejores, juegan a los da-
dos y pasan el tiempo en las escuelas de las flautistas (un
tipo de prostituta que se especializaba en tocar la flauta en
los simposios). Nadie había sido citado a juicio por permi-
tir esas actividades, ni nadie reprende a los mismos jóvenes
por malgastar su dinero en esos placeres, y en cambio, muchos pensaban que se corrompen quienes empleaban algo
de su fortuna en su educación.

Pero Isócrates fue algo más que un simple profesor de retórica. Comprendió que el orador necesita una educación
más amplia; debía conocer otras materias para completar adecuadamente su instrucción (esa idea de formación global es
la que hemos heredado). Entre esas materias destacó especialmente la historia, que el propio Isócrates definió con estas palabras: «el conocimiento del pasado, de los sucesos y
sus consecuencias»[11]. Era realmente uno de los géneros más
queridos por los griegos; no solo se encontraba en trabajos
literarios concretos, como en el caso de Heródoto, Tucídides y Jenofonte, sino que estaba presente en la vida diaria de
los atenienses, en discursos de exhibición, en los versos de las
obras trágicas y en los epitafios en honor a los caídos en la
guerra. Isócrates es el responsable del papel tan destacado
de la historia en nuestro sistema educativo.

También entendió que la geometría, la astronomía y la música son necesarias para la educación del joven; sirven de entrenamiento para la mente que está en proceso de desarrollo, por su dificultad y por la concentración que exigen. Pero advertía de que no se debe profundizar en tales materias (a menos que se tenga la intención de dedicarse profesionalmente a ellas) pues son inútiles para los negocios públicos o privados. Precisamente no se quedan mucho en la memoria debido a que no se adaptan a la vida normal. Deben ser solamente «gimnasia de la mente y preparación para la filosofía»[12]. Y para Isócrates esta palabra, «filosofía», que se disputará con Platón (como veremos), equivale a lo que nosotros entendemos como alta cultura. Pensaba de igual modo sobre la dialéctica que practicaban los socráticos. Aconsejaba a los jóvenes que pasasen algún tiempo con ese tipo de materias, pero que no se encallasen en ella, pues solo son discusiones vanas sin posibilidad de solución.

Como se puede ver, Isócrates era contrario a profundizar sobre asuntos que no estaban relacionados con la vida práctica y política de una ciudad. En su obra *Encomio a Helena* escribe que es mucho más importante tener una opinión razonable sobre cosas útiles que saber con exactitud cosas inútiles. Nos ofrece un típico ejemplo de esos debates estériles, el que se refiere a la discusión sobre el número de seres: Empédocles dijo que cuatro, Ión que tres, Alcmeón que dos, Parménides que uno y Gorgias que ninguno. Lo importante es hallar la solución más adecuada en cada coyuntura, apoyándose en la opinión justa (en griego, *dóxa*, ese término que odiará Platón). Isócrates enseña qué hacer y decir en la vida práctica. No hay que romperse la cabeza en temas perfectamente inútiles que además requieren tanto tiempo y esfuerzo. Tampoco en sutilezas dialécticas. De todas formas, tiene que reconocer que los jóvenes disfrutan mucho con esas clases de discursos inútiles del todo, pues por su propia naturaleza están muy inclinados a lo maravilloso y extraño.

Las disciplinas científicas y literarias que estableció en su escuela constituyen el antecedente (que ya había avanzado Pitágoras) de las siete artes liberales del período final del mundo romano. Isócrates creó (y fue el primero) un sistema educativo en el que se desarrollaban los contenidos y habilidades de forma progresiva. Los primeros sofistas, obligados por su deambular constante, se habían dedicado a lecciones particulares y concretas, a veces resumidas. Isócrates, al fundar una escuela estable, pudo idear un sistema donde se podía aprender de forma más racional y global. Los cursos en su escuela duraban hasta cuatro años, pero presumiblemente los mejores alumnos podían completar los estudios en menos tiempo[13]. Sabemos que cobraba 1.000 dracmas. Parece que los discípulos depositaban en un banco los honorarios exigidos por el maestro o bien determinadas personas debían salir fiadoras de que se pagarían los honorarios. Era una suma que no estaba al alcance de todos. Se cuenta que el joven Demóstenes (que se convertirá más adelante en el mayor orador de la Antigüedad) quiso ser discípulo de Isócrates, pero no podía pagar las 1.000 dracmas que pedía; le ofreció 200 para aprender la quinta parte, pero Isócrates le respondió: «Demóstenes, no troceamos la enseñanza; si quieres ser mi discípulo, te venderé completo mi arte»[14]. Efectivamente, Isócrates no hacía como los sofistas y entendía su sistema como un todo. En otra anécdota famosa se nos dice que un padre se escandalizó al oír esa tarifa y le dijo a Isócrates que no enviaría a su hijo, porque por ese dinero podía comprar un esclavo. Isócrates le replicó: «De acuerdo, vete. Tendrás dos esclavos en lugar de uno»[15]. Porque no recibir una educación estaba asociado con los esclavos; la educación es propia de los hombres libres y por eso precisamente se ha denominado «liberal»[16].

Isócrates estaba orgulloso de haberse labrado un futuro y haber recuperado la fortuna perdida de su padre por la guerra. Ese éxito material era la prueba de su excelente labor. En Atenas todos admitían, sin miedo a equivocarse, que Isócrates había conseguido con su trabajo en la escuela una gran fortuna. Por eso la ciudad, en el año 356, le obligó a costear una de las *liturgias* (contribuciones obligatorias de los ricos para sufragar empresas públicas) más costosas: la trierarquía, por la que debía armar y equipar un barco de guerra (trirreme) cuyo casco y arboladura ponía el Estado.

Debemos considerar totalmente falsas las noticas que nos cuentan que Isócrates se avergonzaba de realizar un trabajo remunerado, algo odioso según los principios morales de los aristócratas. Según esas noticias, Isócrates primero puso una escuela en la isla de Quíos con nueve alumnos y fue entonces, al ver su primer sueldo, cuando dijo: «Ahora me veo a mí mismo vendido a estos»[17]. Esta anécdota, que evidencia el prejuicio profundo contra el trabajo remunerado, debe ser falsa, pues en sus discursos Isócrates se muestra orgulloso de su éxito económico, como hicieron los otros sofistas.

El éxito de Isócrates molestó especialmente a Alcidamante de Elea. Él también había sido discípulo de Gorgias y se ganaba la vida enseñando retórica en Atenas, pero se centraba de forma muy específica en preparar a sus discípulos para el discurso improvisado. Escribió una obra titulada *So-*

bre los sofistas donde atacaba a Isócrates. No lo menciona por su nombre, pero cuando habla de «aquellos que reclaman la totalidad del arte retórica cuando en realidad solo están en posesión de una mínima parte», se refiere sin duda a Isócrates. Su crítica se dirige, sobre todo, a los discursos escritos que se elaboraban lenta y trabajosamente (Isócrates tardó 10 años en terminar de escribir un discurso que lleva por título *Panegírico*). En su opinión, todo eso convertía a los escritores en simples artesanos que a base de esfuerzo y tiempo consiguen terminar un producto. No podían, por tanto, recibir el nombre de «sofistas». En cambio, la improvisación era una actividad creativa, el alma viva de la retórica, y servía mejor a los que querían participar en las asambleas políticas y los tribunales de justicia.

Como Alcidamante sabía que era una paradoja atacar a la escritura utilizando la escritura, se defendió diciendo que no despreciaba el arte de escribir, tan solo lo consideraba de segundo orden. Se trataba de la lucha entre oralidad y cultura escrita que con el tiempo claramente iba a decantarse en favor de la segunda. De hecho, poco es lo que se conserva de Alcidamante, tan solo algunos fragmentos de sus discursos. Los estudiosos antiguos criticaron su estilo calificándolo de frío, hueco y recargado. Así, por ejemplo, Aristóteles escribió en su *Retórica*:

Las obras de Alcidamante parecen frías, pues no usa los epítetos como condimentos sino como plato principal, tan profusos, excesivos y grandilocuentes y obvios son[18].

Sin embargo, los fragmentos conservados no nos dan esa impresión; al contrario, hallamos expresadas ideas profundas, como cuando se refiere a los mesenios oprimidos por los espartanos: «La divinidad ha hecho a todos los hombres libres, la naturaleza no ha hecho a nadie esclavo».

Alumnos

Isócrates asegura que cuando sus obras fueron puestas en circulación consiguió una amplia reputación y atrajo muchos discípulos. Parece que tuvo unos cien a lo largo de su larga vida dedicada a la docencia (con una media de seis alumnos a la vez). Se ha calculado que Isócrates pasó 50 años enseñando, quitando sus años de enfermedad y su tiempo como secretario de Timoteo (que le pagó un talento por esos servicios). Tras el período educativo no todos sus alumnos se hicieron grandes oradores o maestros que podían enseñar a otros; muchos siguieron siendo simples particulares, pero aun así todos recibieron las bondades de la educación, siendo capaces de hacer juicios y opinar sobre los más variados asuntos. Pero, sin duda, muchos de sus alumnos, que procedían de las mejores familias del mundo griego, destacaron en ramas diversas: unos fueron luego poetas, como Teodectes de Fasélide; otros políticos, como Timoteo; otros oradores, como Licurgo, Hipérides, Iseo; otros historiadores, como Cefisodoro, Teopompo de Quíos y Éforo de Cime. De este último se cuenta que se fue de su escuela sin aprender y que su padre lo envió de nuevo pagando por segunda vez; por eso en broma Isócrates lo llamaba *Díphoros*, «el que paga doble tributo»[19]. Debe ser el primer caso de alumno repetidor. No obstante, ese Éforo llegó a ser un historiador de reconocido prestigio. Isócrates comparaba a Teopompo con Éforo: como Teopompo se extendía con profusión de palabras y Éforo desarrollaba un tema con pocas, decía: «uno necesita un látigo, el otro un freno». Por todo ello, Cicerón, que fue un gran admirador de Isócrates, escribe que su casa estaba abierta como una escuela a toda Grecia y de ella salían, como del caballo de Troya, solo hombres principales[20].

Isócrates había observado con desagrado que la mayoría de las personas no disfruta con la poesía, ni pone dedicación al trabajo, sino que lleva una vida vulgar, manteniendo costumbres perjudiciales, incluso despreocupándose de una alimentación sana. «Preferirían sufrir un dolor físico a esforzarse con su espíritu», concluye.[21] El propósito de Isócrates era formar a la élite de las ciudades, a su clase dirigente. Reconoce sin ambages que solo se dirige a un grupo selecto de ciudadanos, los que iban luego a gobernar con rectitud y justicia sus ciudades gracias a su excelente educación. Según Marrou, Isócrates formó la élite intelectual que necesitaba la Grecia de su tiempo[22].

Como los alumnos pasaban mucho tiempo en su escuela, desarrollaban un fuerte vínculo con el maestro. Sin ese vínculo especial de respeto y afecto no es posible la trasmisión de conocimientos de forma eficaz. Jenofonte, que lo sabía bien, escribió con gran acierto: «No es posible recibir ninguna educación de un maestro que no agrade»[23]. En ese sentido Isócrates reconoce que el buen carácter y la estricta moralidad del maestro son imprescindibles para su trabajo, como se había pensado desde los primeros educadores por asociación. Isócrates conseguía con esa atmósfera imprimir en las almas de sus alumnos una huella profunda. Ese sincero afecto se demostraba cuando llegaba la hora de despedirse:

Gané fama entre muchos por mis escritos y mis enseñanzas y conseguí numerosos discípulos, que no hubiesen permanecido junto a mí si no hubiesen encontrado que yo era tal como esperaban. Ahora, después de haber tenido tantos discípulos, que han pasado en mi escuela dos o tres años, nadie podrá demostrar que los he decepcionado; antes bien, al final, cuando estaban a punto de hacerse a la mar, rumbo a casa de sus padres y amigos, tanto amaban mi trato que la despedida se hacía siempre con nostalgia y lágrimas[24].

Isócrates estaba orgulloso de su labor docente y de las excelentes relaciones que mantenía con sus antiguos discípulos, pero hubo uno con el que se sintió especialmente unido: Timoteo. Fue su alumno preferido. Era hijo del gran Conón (el almirante que con sus victorias había devuelto la esperanza a la humillada Atenas). Timoteo heredó las cualidades militares de su padre y desde el año 375 emprendió una serie de campañas encaminadas a recuperar el esplendor ateniense: primero conquistó Samos en el 365 e instaló allí a 2.000 *clerucos* (ciudadanos atenienses a los que se le adjudicaba un lote de tierras en suelo extranjero y servían para controlar el territorio). En el norte del Egeo se hizo con el Quersoneso tracio y gran parte de la Calcídica. Los atenienses volvían a soñar con la antigua grandeza de tiempos de Pericles y levantaron en este tiempo por primera vez altares a la diosa Paz en nombre del Estado. Timoteo no cuidaba su imagen pública; su carácter huraño se interpretaba como altivez y arrogancia. Isócrates, que fue su secretario durante varios años y lo siguió por muchas ciudades, lo amonestaba y le animaba a ganarse la benevolencia del pueblo presentándose ante todos de una manera amable.

Pero Timoteo le decía que, aunque tenía razón, no podía cambiar su forma de ser. Pero su devoción por Isócrates fue absoluta y se plasmó en una estatua de bronce que dedicó en Eleusis a su maestro:

> Timoteo, para honrar la inteligencia
> y el encanto de su amistad, dedicó a las diosas
> esta estatua de Isócrates[25].

Pero su buena estrella declinó en el 356. Fue acusado de no haber apoyado a otro general en un ataque combinado contra la isla de Quíos. Se le condenó a una multa exorbitante (100 talentos), por lo que Timoteo decidió exiliarse de Atenas y murió poco después en el 354. La caída en desgracia de Timoteo afectó también a Isócrates, pues una parte de los atenienses lo consideró responsable como guía y educador que había sido. Isócrates asume su responsabilidad (al contrario que Sócrates) y escribe: «Si hay entre ellos (mis discípulos) hombres malvados, que se me imponga a mí el castigo»[26]. Pero tiene un argumento demoledor en el caso de Timoteo: «Si ahora se le hace responsable de los desaciertos de Timoteo o, ¿por qué nadie le hizo responsable de sus éxitos y no participó de los regalos y de los honores que le decretaron anteriormente?».

Isócrates salió en defensa de Timoteo; creía que «quienes son considerados consejeros y maestros tienen que defender a sus discípulos igual que a sí mismos»[27]. Estaba en juego la reputación de su escuela y de su labor educativa:

> La ganancia más hermosa para un sofista es que sus discípulos resulten hombres honrados, sensatos y con buena reputa-

ción entre sus conciudadanos. Tales discípulos hacen que muchos otros deseen participar de la educación, mientras que los malos alumnos apartan de ella a los que antes pensaban seguirla[28].

Los sofistas se liberaron de responsabilidades vagabundeando de ciudad en ciudad y llevaron una vida despreocupada. Ahora, con una escuela establecida en un lugar fijo, surgió necesariamente un inconveniente: la implicación en la comunidad suponía el constante escrutinio de los resultados.

Sus ideas políticas y la fama

De todas formas, los atenienses no tenían mucho más que reprochar a Isócrates porque este se mantuvo dentro de los principios morales de la sociedad griega tradicional. Es digno de destacar que se opuso al nihilismo filosófico de su maestro Gorgias. Conscientemente se alejó de los sofistas (aunque, como hemos dicho, él viene a coronar el movimiento sofístico), por eso había titulado su obra programática *Contra los sofistas*. Su retórica no era vacía ni superficial; como estaba dirigida a propósitos políticos, la dotó de contenidos morales. Cicerón acertó a definir esta nueva concepción de la retórica y del orador: *vir bonus dicendi peritus* ('un hombre bueno, experto en hablar').

El propio Isócrates valoraba positivamente toda la herencia recibida en la poesía. También algunos poetas antiguos, decía, han dejado buenos consejos sobre cómo hay que vivir. Las sentencias de estos poetas seguían teniendo validez.

Isócrates no supone una ruptura con el pasado sino un paso adelante, sin romper con la tradición que considera valiosa. Comenzaba, como no podía ser de otra manera, por Homero: «Debe admirarse la poesía de Homero y de los primeros inventores de la tragedia»[29].

Aunque, como hemos dicho, era demasiado tímido para participar en la vida pública de la ciudad, Isócrates expresó por escrito sus ideas políticas e intentó influir en las gentes y en los dirigentes del mundo griego. Una de sus ideas fundamentales fue la unidad de todos los griegos, que, aunque divididos políticamente por ciudades, estaban definidos por una identidad cultural clara. Heródoto, en su obra, había dicho que el sentido de la helenidad se basaba en la posesión de una sangre común, centros comunes para los dioses y sacrificios y costumbres similares. Isócrates supera esta limitada y vieja definición:

> Han conseguido que el nombre de griegos se aplique no a la raza, sino a la inteligencia y que se llame griegos más a los que participan de nuestra educación que a los de nuestra misma sangre[30].

Horrorizado por los desastres que habían causado las constantes guerras entre ciudades griegas (la Guerra del Peloponeso había supuesto un nivel de destrucción en proporciones nunca vistas anteriormente), Isócrates pensó que la unidad de todos los helenos se podría conseguir si se unían en una empresa superior: la lucha contra el persa (la apelación contra el enemigo exterior). Su maestro Gorgias, de alguna manera, ya le había indicado el camino, pues pronunció un discurso en Olimpia donde exponía su ideal panhelénico. Realmente los sofistas habían logrado ver por encima de los mezquinos horizontes de la polis. Y habían visto una unidad cultural que los hacía a todos hermanos.

Isócrates murió en el 338 a una edad avanzada (tenía 98 años). Sobre su tumba se erigió una columna de 30 codos y sobre ella una sirena que quería simbolizar su genio persuasivo. Es sorprendente que un hombre que ha tenido un papel tan fundamental en la educación del mundo occidental no haya recibido el reconocimiento generalizado. Sin duda, los avances educativos nunca obtendrán una gran fama y repercusión, como sucede con los logros políticos y militares. El caso es que ya en la propia Antigüedad Isócrates sufrió este escaso reconocimiento. Dionisio de Halicarnaso (en su obra titulada *Sobre Isócrates*) menciona la hostilidad general de todos contra Isócrates; por un lado, filósofos renombrados como Platón y Aristóteles a los que no les gustaba que se arrogara el papel de educador de la juventud. Por otro, los oradores de las generaciones siguientes –que tampoco lo estimaron mucho, pues consideraban su estilo frío, monótono y falto de gracia y de fuerza– lo juzgaban inferior a otros oradores como Lisias o Demóstenes, de manera que en este campo tampoco fue muy famoso. Nadie alcanzó a ver la importancia de los temas que trataba (la formación de la juventud) y pasó sin pena ni gloria hasta tiempos romanos en que comenzó a valorarse su obra educativa. Cicerón en particular lo admiró, se convirtió en su apologista y lo llamó «padre del humanismo»[31].

Por suerte, los estudiosos modernos han reivindicado su figura y han considerado su gran papel en la educación europea. Isócrates es el creador de la enseñanza superior y el responsable de esa educación literaria que se ha mantenido

Fig. 17. Sirena.

sin cambios hasta nuestros días en el mundo occidental. Todos destacan precisamente la continuidad del sistema educativo que se puso en marcha en ese tiempo en la Atenas del siglo IV. Jaeger en su *Paideia* escribe: «Desde nuestra pedagogía
hay una línea directa que se remonta a él (Isócrates)»[32]. Marrou en su gran obra sobre la educación señala: «Las ideas
de Isócrates y el sistema educativo que puso en práctica han
regido virtualmente sin cambios en Europa casi hasta nuestra generación»[33]. Por último, un autor más reciente, Moses
Hadas dejó escrito: «Fue el programa de Isócrates el que ha
configurado la educación europea hasta la actualidad»[34].

11. Platón y sus rivales

El alfarero está celoso del alfarero
y el arquitecto, del arquitecto;
el mendigo envidia al mendigo
y el aedo, al aedo.

Hesíodo, *Los trabajos y los días*, 25-26

La Academia era una zona a las afueras de Atenas que estaba dedicada al héroe Academo o Hecademo. El paisaje estaba dominado por olivos sagrados (este tipo de árbol tenía en griego un nombre especial, *moría*) que procedían, según la leyenda, del olivo que había plantado la propia Atenea en la Acrópolis y que se custodiaba dentro del edificio del Erecteo. De los frutos de estos olivos sagrados se producía el aceite que se concedía como premio a los vencedores de los juegos atléticos en la fiesta de las Panateneas. En el siglo VI se levantó en la zona un gimnasio. Sabemos que el tirano Hiparco construyó un muro alrededor del terreno sagrado que fue convenientemente señalizado con mojones; uno de ellos fue hallado in situ en el 1966. En él se podía leer claramente ΗJΟΡΟΣ ΤΕΣ ΗΕΚΑΔΕΜΕΙΑΣ que se traduce 'el límite de la Academia'. Sin duda, los mojones respondían a la necesidad de deslindar de forma patente la zona sagrada del nuevo gimnasio que se había creado. A mediados del siglo V el general Cimón, en la cumbre de su fortuna y popularidad, plantó numerosos árboles y lo convirtió en un lugar de esparcimiento muy agradable:

> Plantó de plátanos el ágora y la Academia, y donde antes solo había una tierra estéril y seca hizo surgir, gracias al riego, un bosque sagrado, adornado con caminos despejados y paseos umbríos[1].

Durante la Guerra del Peloponeso el lugar fue respetado por los espartanos en sus frecuentes invasiones de la región de Atenas. Recordaron que el héroe Academo, según el mito, había ayudado a los espartanos Cástor y Pólux a encontrar a su hermana Helena, que había sido secuestrada por el rey ateniense Teseo cuando era todavía una niña (porque Teseo tenía el deseo de casarse con ella, ya que era hija de un dios). Es por ello que la zona conservó el encanto de sus arboledas y sus olivos sagrados. El comediógrafo Aristófanes poéticamente describe el maravilloso lugar:

> Bajando a la Academia echarás una carrera bajo los olivos sagrados,
> coronado con blanca caña, junto con un sensato compañero de tu misma edad,
> oliendo a tejo, a indolencia y a álamo blanco
> de hojas caducas, disfrutando de la primavera,
> cuando el plátano con el olmo cuchichea[2].

La Academia estaba conectada a la ciudad por un ancho camino en cuyos márgenes se levantaba el cementerio público (*Demósion séma*) desde principios del siglo V. Los griegos sepultaban a sus muertos en las afueras de la ciudad en las orillas de los caminos. En este cementerio se enterraban a los soldados que habían entregado su vida por la patria en las numerosas guerras. Para conmemorar su sacrificio se levantaban tumbas colectivas (*polyandreîa*) rematadas por estelas donde se grababa el nombre de todos los caídos.

Platón eligió la Academia para fundar su escuela en el 387 en primer lugar, por su prestigio político y religioso y, en segundo lugar, porque su maestro Sócrates la había frecuentado cuando enseñaba. El gimnasio tenía zonas que se dedicaban a la reunión que ya los propios sofistas habían usado para dar sus charlas y clases, pero parece que Platón, además, compró cerca una propiedad formada por una modesta casa y un pequeño jardín.

Platón, tras la muerte de Sócrates, había salido de Atenas y se había dedicado a viajar: primero se dirigió a Mégara (donde existía un pequeño círculo de antiguos discípulos de Sócrates) y luego al oeste, Magna Grecia y Sicilia, seguramente interesado en contactar con los pitagóricos que todavía quedaban en aquella zona y que podían tener conocimientos de primera mano. En Sicilia entró en contacto con el tirano de Siracusa llamado Dionisio, pero pronto se enemistó con el tirano, que lo entregó al espartano Pólide (que había llegado allí en calidad de embajador) para que lo vendiera como esclavo. Pólide lo llevó a Egina, que siempre había sido acérrima enemiga de los atenienses, y allí lo puso a la venta. Por suerte, un hombre de Cirene llamado Anicérides lo rescató al precio de 20 (o 30) minas y lo envió de vuelta a Atenas. Enseguida los compañeros de Platón reunieron ese dinero y quisieron entregárselo al benefactor, pero este lo rechazó diciendo que no solo ellos eran dignos de preocuparse de Platón. Fue entonces cuando Platón dedicó esa suma a la compra de unos terrenos junto al gimnasio. En la actualidad casi todos los estudiosos piensan que esta hermosa historia sobre la fundación de la Academia que nos ha trasmitido Diógenes Laercio es, con casi total seguridad, una ficción[3].

De su viaje a Italia trajo consigo Platón la idea de crear una escuela al estilo pitagórico. La influencia de Pitágoras queda de manifiesto en la especial devoción que sintió Platón por las Musas, pues levantó un templete dedicado a estas diosas en la arboleda de la Academia donde tenían lugar algunas actividades de la escuela. Luego, su sucesor Espeusipo añadió las estatuas de las Gracias y, mucho más tarde, un admirador persa llamado Mitrídates costeó el levantamiento de una estatua del maestro (obra del escultor Silanio). La Academia era, entonces, más que una escuela; quería ser una hermandad al estilo pitagórico. Algunos piensan que era un *thíasos*, es decir, una cofradía religiosa consagrada a un culto (en este caso a las Musas).

Platón no tenía intención de que su educación alcanzase a toda la sociedad; estaba dirigida a un pequeño grupo. Dejó claro en sus escritos que es imposible que la multitud cultive la filosofía[4], lo que nos recuerda a la parecida declaración de Pitágoras de que no se puede comunicar todo a todo el mundo. Además, Platón impuso una especial gravedad en su escuela que estaba en consonancia con su propio carácter (muy diferente de las burlas y el buen humor de su maestro Sócrates). Dicen que era tan serio y vergonzoso que nunca se le vio reír a carcajadas[5], por eso, sin duda, se llegó a decir que en una primera época no estaba permitido reírse en la Academia[6]. Cuando dejaba la escuela, se despedía de los jóvenes diciendo: «Ea, muchachos, que empleéis vuestro ocio en algo hermoso»[7].

Todos los discípulos de Sócrates se hicieron pagar por su actividad educativa, pero Platón nunca cobró por sus enseñanzas en la Academia. Se mantuvo consecuente con sus ideas aristocráticas que también le habían hecho rechazar con horror cobrar por desempeñar un cargo público. Bien es cierto que Platón era rico y podía permitirse esta actividad desinteresada. No obstante, tras su muerte, el sucesor al frente de la Academia, Espeusipo, impuso un precio[8].

Otra característica destacada de la Academia fue su organización y jerarquía; aquí, de nuevo, debemos pensar en una influencia pitagórica: había un jefe de escuela, el propio Platón, pero en sus frecuentes viajes nombraba un supervisor que quedaba temporalmente al frente de la escuela. Esa estructura institucional es lo que diferencia la escuela de Platón de las demás y es lo que posibilitó que perdurara de forma tan exitosa en el tiempo hasta el cierre de las escuelas de Atenas por orden del emperador Justiniano en el 529 d. C.

La Academia de los primeros tiempos fue un foro de discusión más que un bastión de ortodoxia doctrinal impuesta por el director de la escuela. Y esta es la gran diferencia con Pitágoras. Se intentaba que los discípulos llegaran por su trabajo y su análisis individual a las conclusiones, antes que asumir sin reflexión los conocimientos que no admiten discusión de un maestro[9]. Se usaba el método dialéctico, que Sócrates había desarrollado, para estudiar y discutir los temas. Los estudiantes hacían ejercicios de definiciones y prácticas de problemas matemáticos. Se empleaban paneles para los ejercicios prácticos de clasificación, como recuerda Aristóteles en su obra *Partes de los animales*[10]. Por supuesto, un lugar importante lo ocupaba el examen de temas morales y políticos; la política fue la gran obsesión de Platón, que luego los demás filósofos abandonaron en gran parte, algunos casi totalmente. En ese punto podemos considerar a Platón como un hombre todavía anclado en el mundo griego de la polis clásica.

Las matemáticas y Platón

Platón desarrolló un programa educativo ideal para los guardianes de su república. Hizo un listado, por orden de importancia, de las materias que debían aprender; en primer lugar, sitúa, por supuesto, las matemáticas (cálculo), luego la geometría (en la que se incluye con un papel destacado la estereometría o geometría de los sólidos), la astronomía, y la armonía; en todas estas materias Platón valoró más su abstracción y su capacidad para elevar las almas que su utilidad. Para terminar y como culminación de su educación, los guardianes estudiaban la dialéctica, que en este diálogo Platón curiosamente no se detiene en definir ni explicar. Dejó aquí esbozado un programa de aprendizaje que, gracias a la gran influencia posterior de la Academia, servirá de base a toda la educación superior.

A Platón le interesaban, sobre todo, las matemáticas. Afirmaba que la divinidad siempre es geómetra y una noticia muy tardía asegura que sobre la puerta de su escuela había puesto un cartel que avisaba: «No entre aquí nadie sin saber geometría». Para quien se asombre al pensar en un cartel muy grande, hay que decir que en griego son solo tres palabras: ἀγεωμέτρητος μηδεὶς εἰσίτω[11].

Platón, sin duda, amaba las matemáticas. Pensaba que conducen al conocimiento puro y que todas las demás ciencias se ven obligadas a participar de ella. Por eso, puso en la cima de su valoración la inteligencia matemática. Había advertido que los espíritus a los que de forma natural les gustaba el cálculo manifestaban una notable facilidad para todas las otras ciencias. Además, había comprobado que amar las matemáticas era realmente un signo de bondad. Nunca había visto que hombres realmente malos amasen las matemáticas.

Es por eso que los gobernantes de su Estado ideal, tal como lo describe en la *República,* deben aplicarse a las matemáticas y no de una forma superficial. El aprendizaje comienza en la infancia; solo hay un descanso a los 18 años, mientras los jóvenes realizan una especie de servicio militar de dos años; como están dedicados a los esfuerzos de los ejercicios gimnásticos no pueden hacer otra cosa, porque la fatiga y el sueño son los enemigos de la ciencia. Luego, desde los 20 a los 30, volvían a sus estudios. Platón pensaba que ese profundo conocimiento de matemáticas ayudaba a la formación de los gobernantes de su ciudad ideal. En su diálogo de la vejez, *Leyes,* donde vuelve a describir un Estado ideal, insiste en la educación matemática: como sabía que esta disciplina desconcertaba al principio a los niños, se inclinó por usar métodos de aprendizaje lúdicos:

> Para las cuestiones de cálculo se han inventado métodos para hacer que, aun siendo muy niños, aprendan jugando y con placer a repartir frutos y coronas [...] jugando siempre los maestros reúnen copas de oro, de bronce y de plata y de otras materias y los niños las distribuyen. Adornan así jugando siempre las nociones más elementales de la aritmética[12].

Así sería posible que desde los inicios encontrasen el placer de cultivar esta materia y luego por su propio encanto prosperaría su estudio.

Pero ¿cómo se explicaban las matemáticas en la Academia y qué peso tenían en el currículum? Lo cierto es que no sabemos nada, pero sin duda fue un elemento importante en la preparación filosófica en sus primeros momentos. Según Plutarco, cuando Platón visitó la corte de Dionisio el Joven en Siracusa, fue tal el entusiasmo que produjo con sus enseñanzas que «el palacio estaba lleno de polvo de tantos como eran que trazaban figuras geométricas»[13]. Se sabe que los matemáticos griegos dibujaban sus diagramas en una tabla cubierta con una finísima capa de arena. El material que cubría esa tabla se llamaba en latín *pulvis*. Por eso, Cicerón llamó en cierta ocasión a los matemáticos *pulvis eruditus*.

También Platón acusó aquí la influencia de la escuela pitagórica que afirmaba que los números son la esencia de las cosas y que había reservado estos conocimientos profundos de matemáticas para los discípulos más escogidos (los que demostraban más aptitudes para el estudio y el aprendizaje). Los pitagóricos habían recogido en un grupo las disciplinas que ahora llamaríamos científicas, la geometría, la aritmética, la astronomía y la teoría musical (grupo que se conocerá más adelante como *quadrivium*). Como hemos dicho, solo los discípulos más avanzados profundizaban en esas disciplinas y a estos se les llamaba «matemáticos» (término que procede de la raíz griega *math-* que significaba simplemente 'aprender'). Es lógico que el término *ta mathematiká* se generalizara para designar este conjunto de disciplinas científicas. Se impuso la idea de que la literatura, la gramática y la retórica eran accesibles a todos sin una preparación inicial, pero nadie podía entender materias relacionadas con los números (como la geometría y el cálculo) sin recibir un aprendizaje o instrucción concretos[14].

El simposio filosófico

Además de enseñar e investigar había otras actividades en la Academia que tenían como finalidad fomentar la familiaridad entre los discípulos y los profesores. Eran prácticas sociales muy comunes en la época como los banquetes y los sacrificios. Para Platón los banquetes (simposios) eran fundamentales en su sistema educativo. De todas formas, debemos advertir que se habían producido cambios en las costumbres del simposio. La cena en sí misma iba ganando más peso en la velada que la bebida, un proceso que culminó en tiempos de Alejandro Magno con los grandes festines que describen autores como Plutarco y Ateneo, verdaderos banquetes pantagruélicos. Además, por efecto de la nueva educación más intelectual que habían promovido los sofistas, en la que se fomentaba la retórica en detrimento de la música y la poesía, hacia el siglo IV ya estaba pasado de moda que los participantes cantaran y tocaran; sencillamente, porque no habían recibido una buena educación en esos temas. Ya fue normal que el anfitrión contratara a profesionales de la danza o de la música para distraer a sus invitados o sorprenderlos con algo fuera de lo común (acróbatas o mimos, como vemos en la obra de Jenofonte titulada precisamente *Banquete*). Aunque el serio Platón apartó sin contemplaciones de sus simposios toda diversión de ese tipo. Era partidario de reuniones ordenadas y de carácter filosófico:

> Cuando se reúnen para beber gentes cultivadas, no verás ni flautistas ni bailarinas ni arpistas; y, aunque beban mucho, saben hablar y escuchar ordenadamente[15].

En consecuencia, el simposio se volvió más filosófico e intelectual. Las cenas de la Academia estarían en esta misma línea. Dicen que cuando el estratego Timoteo, hijo del famoso Conón, visitó la Academia, quedó sorprendido por toda esa novedad. Al ver que allí no se hablaba de política, de guerras, de impuestos y contribuciones, Timoteo tuvo que exclamar: «¡Qué vida! ¡Qué verdadera felicidad!»[16]. Luego, cuando fue invitado a cenar, se maravilló de la frugalidad, la moderación y la elegancia y fue diciendo por Atenas, como máximo elogio, que los que cenaban en casa de Platón se encontraban bien incluso al día siguiente[17].

Las mujeres y la Academia

Platón defendió que la virtud del hombre y de la mujer es la misma. En la medida en que esta idea fue compartida por la mayoría de los discípulos de Sócrates debemos atribuirla a su maestro. En su proyectada república decidió que las mujeres recibieran la misma educación que los varones y decretó maestros públicos pagados por la ciudad que atenderían a todos en su formación. Influido por el sistema educativo espartano, estableció que la educación física fuera parte de esa formación, y decidió que chicos y chicas se ejercitasen juntos y desnudos en el gimnasio. Aquí, sin duda, fue un paso más allá que en Esparta. Platón sabe que su propuesta es completamente revolucionaria para sus oyentes: «¿Te parece risible ver a las mujeres completamente desnudas ejercitándose en las palestras junto a los hombres?»[18]. Pero argumenta con agudeza que la misma desnudez masculina que en su época parecía tan natural en el mundo griego fue desconocida en tiempos pretéritos: las costumbres cambian con el paso del tiempo, antes también había sido vergonzoso para un hombre la total desnudez.

Sin embargo, años después, en un diálogo escrito ya en su vejez, Platón se volvió más conservador y propuso que sus ejercicios se realizasen separadamente. Quedarán separados a los seis años. Pero mantenía todavía su espíritu revolucionario, pues lamentó que en Esparta no se enseñara a las niñas a luchar para la guerra, y que, en cambio, se las dejara libres de todo cuidado, entregadas al lujo y la molicie. Platón argumentó: «Si nos servimos de las mujeres para las mismas ocupaciones que exigimos a los hombres, habrá que educar a unos y otros de la misma manera»[19]. En su república ideal las muchachas serán entrenadas en maniobras, en formación de batalla y en el manejo de las armas, pues la mujer tendrá que tomar parte en los combates igual que los hombres. Platón tenía en mente a las mujeres sármatas que eran famosas porque (como las legendarias amazonas) practicaban en sus estepas la equitación y el tiro con arco. El filósofo cree que una ciudad donde no se educa a las mujeres no es más que una media ciudad[20].

Pero en su Academia real, en Atenas, solo ingresaron dos mujeres, que nosotros sepamos: Lastenia de Mantinea y Axiotea de Fliunte. Al parecer tomaron vestidos de varón para poder entrar en la escuela y luego (aunque fueron descubiertas) siguieron tomando lecciones con Espeusipo, el sucesor de Platón al frente de la escuela[21].

Sobre Axiotea cuentan que leyó uno de los tratados de Platón sobre el sistema de gobierno y quedó tan maravillada que dejó su Arcadia natal y viajó a Atenas. Allí atendió a las lecturas de Platón ocultando por tiempo considerable el hecho de que era una mujer (al contrario de lo que pasó con Aquiles, que se hizo pasar por una mujer durante su estancia en la isla de Esciros). En cuanto a Lastenia, pronto circularon rumores sobre la pasión que sentía por ella Espeusipo[22].

Filosofía vs. Retórica

Tanto Platón como Isócrates emplearon la palabra «filosofía» para describir su actividad, aunque tuvieron conceptos totalmente diferentes sobre la educación. Como hemos visto, la palabra «filósofo» había sido inventada por Pitágoras, con el significado de 'amigo de la sabiduría'. Con eso pretendía evitar la denominación de sabio, que, por ser demasiado absoluta, solo reservaba para la divinidad. En ese sentido, la palabra filósofo tenía en sus inicios cierta vaguedad que hizo posible que todos reclamaran esa denominación. Isócrates la entendía como «cultura general», una sabiduría práctica para la vida pública que incluía los asuntos judiciales y políticos; mientras que a la actividad que realizaba Platón en la Academia la denominaba con el término de erística (es decir, el arte de discutir). Isócrates pensaba que en esa actividad no había nada provechoso; solo eran discusiones sobre cosas inútiles para la vida. Isócrates era un hombre práctico y se oponía a las discusiones vanas sobre asuntos que no tienen solución. Según Isócrates, esas actividades

son agradables si los jóvenes se dedican a ellas con moderación, pero si se entregan más de lo conveniente y más allá
del tiempo debido, pueden suponer su perdición, pues ca-
recerán de los conocimientos que precisan para ser hombres
de bien y harán el ridículo cuando aborden una acción pública o privada, huyendo del ágora donde, como dijo Homero, los hombres adquieren celebridad.

Para Isócrates las verdades absolutas de Platón eran cosas muy lejanas de la realidad en la que deberían luego des-
envolverse sus alumnos y se conformaba con las opiniones
aceptadas de forma general por la mayoría (y aquí Isócrates
coincidía con los viejos sofistas):

> Nosotros somos más útiles que quienes pretenden exhortar
> hacia la prudencia y la virtud, pues estos invitan a una virtud
> y sensatez desconocidas por ellos mismos y yo, en cambio, a
> una virtud reconocida por todos[23].

Isócrates pensaba que Platón (y los otros filósofos) quería
desacreditar los estudios de retórica con el fin de hacer más
estimables sus propios estudios y consideraba lamentable
que se sumase así a las críticas de los iletrados y los ignorantes que ya tenían recelos contra esa educación desde tiempos de los sofistas.

Platón, por su parte, atacó a la retórica y no le concedió
un lugar de importancia en la educación; la retórica era un
mundo de puras apariencias, de hermosa falsedad que entraba en colisión con su exigente búsqueda de la verdad absoluta. En su diálogo *Menéxeno* se burla de los discursos públicos que se pronunciaban regularmente en la ciudad para
elogiar y conmemorar a los caídos por la patria. Sócrates dice

con ironía que esas palabras embrujan su alma: «Cada vez me quedo a escucharlos como encantado figurándome momentáneamente que he llegado a ser más grande, más noble y más bello»[24]. Hacer grande lo pequeño y pequeño lo grande era la definición de la retórica, pero esa pretensión estaba totalmente alejada del espíritu de Platón. Acuñó una palabra nueva para aquellos maestros que solo se guiaban por la opinión general, como Isócrates y los sofistas; los llamó *filodoxos*, es decir, 'amantes de la opinión'[25] y se reservó para sí el término de «filósofo», 'amante de la sabiduría'.

El gran éxito de la Academia platónica (entre la élite de todas las ciudades griegas) resolvió esta disputa por el noble término de filosofía. En el siglo siguiente el significado de esas dos palabras, filosofía y retórica, fue diferenciándose gradualmente: el filósofo es un hombre entregado a una actividad literaria que buscaba incansablemente la verdad (según define Platón en su *República*) mientras que el rétor era un maestro de técnicas concretas que servían para expresarse con eficiencia y tener éxito en la vida pública.

Como dice Jaeger, la retórica y la filosofía, que habían brotado de la misma entraña materna de la poesía, se separaron para siempre. No solo eso, siguieron luchando y despreciándose mutuamente durante toda la Edad Antigua. Cicerón deja claro que ya existía una tajante división en su tiempo: «Los filósofos desprecian la elocuencia y los oradores la filosofía»[26]. En el siglo II d. C. Frontón, el maestro de retórica del emperador Marco Aurelio, se mostró decepcionado cuando su discípulo empezó a mostrar mayor inclinación por la filosofía que por la elocuencia. Pensaba que Marco Aurelio, sencillamente, había elegido el camino más fácil. Por si fuera poco, se lamentaba (de la misma manera que lo había hecho Isócrates siglos atrás) de que el rétor fuera despreciado en todas partes y no recibiese ningún honor, mientras que los «dialécticos» (el término despectivo para «filósofos») eran recompensados con toda clase de honores. Así lo dejó escrito en una de sus cartas al emperador[27].

Según Jaeger, los escritos de Platón muestran la amargura y el sarcasmo por sentirse vencido en esa lucha entre retórica y filosofía; los sofistas resultaron ser un enemigo insuperable. El encanto del estilo de Platón y su enorme influencia en el mundo occidental nos han hecho olvidar que los sofistas, por medio del gran pedagogo que fue Isócrates, son los que han configurado la estructura de la educación en Occidente hasta nuestros días. Los sofistas ganaron finalmente en esa pugna por la educación de la juventud, pero Platón tuvo su pequeña compensación: se quedó con el título de filósofo.

Los cínicos

Los cínicos no formaron una escuela bien organizada y estable. Eso estaba, de alguna manera, en contradicción con su propio modo de entender la filosofía. Pero, aunque daban sus lecciones en cualquier lugar público, se les ha vinculado especialmente con el gimnasio de Cinosarges. Debió de estar situado en algún lugar al sur de la ciudad, fuera de los muros y cerca del río Iliso, pero los arqueólogos no han hallado todavía su emplazamiento exacto. Estaba consagrado a Heracles, pues, según la leyenda, durante un sacrificio una perra blanca se llevó a la víctima que había en el altar y desapareció corriendo. Un oráculo ordenó buscar el lugar donde la perra había dejado a la víctima y fundar allí un santuario a Heracles. De ahí el nombre, que está formado por «perro» (*kynós*) y «blanco» (*argés*). En honor a Heracles se realizaban cada año unos pequeños juegos. Parece que Antístenes, el fundador de la escuela, lo eligió como su lugar habitual para enseñar. Por eso dicen algunos que de este gimnasio procede el nombre de su escuela, la cínica[28]. Otra teoría sobre la etimología del nombre la relaciona con el apelativo despectivo «perro» que se le aplicó por primera vez a Diógenes.

Este gimnasio no tenía tanto prestigio, pues allí se ejercitaban los bastardos (*nóthoi*) de la ciudad. En el año 451 la Asamblea ateniense restringió los derechos de ciudadanía a los hijos de padre y madre atenienses, a petición de Pericles. Antístenes, que había nacido hacia el 445, era uno de esos bastardos, pues su madre era una mujer frigia. Primero fue discípulo de Gorgias y él mismo ejerció como sofista y tuvo sus propios discípulos, pero luego se convirtió en seguidor de Sócrates en los años 20 del siglo V. Sufrió una auténtica conversión y cada día recorría 8 kilómetros desde El Pireo, donde vivía, hasta Atenas para poder ver y escuchar a Sócrates. Incluso animó a sus propios discípulos a que se hicieran también seguidores de Sócrates junto a él. Fue uno de los discípulos inseparables de Sócrates y, por supuesto, estuvo presente el día que tomó la cicuta.

Antístenes se convirtió en el más inteligente de los discípulos de Sócrates, después de Platón. Sin duda, fue el que mejor encajó con el espíritu y la actitud vital del maestro,

Fig. 18. Busto de Antístenes.

pues, como aquel, era un hombre sencillo. También imitó a Sócrates en su forma de vestir y usó el *tribon,* que a partir de ese momento quedará como señal visible del atuendo de los filósofos de esta escuela. No obstante, su carácter en nada se parecía al de su maestro porque se mostraba rudo y descortés en su trato con los demás.

Tomó del maestro principalmente sus ideas de ascetismo y sobriedad, así como la renuncia a los placeres del mundo.

No sabemos si exageraba en este punto las ideas de Sócrates, pero lo cierto es que su relación con el placer se convertirá en la más típica de toda la filosofía griega. Su frase preferida era: «Prefiero someterme a la locura antes que al placer»[29]. Su filosofía se basaba sencillamente en la idea de que la virtud es suficiente para la felicidad. De todas formas, como ya estaba iniciado anteriormente, de joven, en los secretos de la retórica de los sofistas, mantuvo el interés por esa materia y también profundizó en cuestiones de lengua. Usó los textos homéricos como tema de sus charlas, en las que se complacía en interpretaciones moralizantes. También se dedicó a la lógica. Sobre este último punto nos recuerda Aristóteles en su *Metafísica* que tenía como máxima «es imposible contradecirse»[30]. Diógenes Laercio escribe que Antístenes, cuando iba a dar una lectura de una de sus obras, invitó a Platón a intervenir. Platón le pregunto sobre qué iba a leer y Antístenes dijo que sobre que no era posible la contradicción. Platón preguntó: «¿Y cómo escribes tú sobre eso?». Y le hizo ver con argumentos que se contradecía. Antístenes se enfadó y comenzó a llamarlo groseramente *Satón* (derivado de *sathé* que significa 'miembro viril') e incluso publicó un diálogo con ese título.

La hostilidad entre las dos escuelas, la cínica y la platónica, se acentuó con el más destacado seguidor de Antístenes, Diógenes. Llegó a Atenas huyendo de su ciudad natal, Sínope, donde había sido acusado de falsificar moneda junto a su padre[31]. Nada más llegar se relacionó con Antístenes. Este lo rechazó en un principio, porque no quería a nadie en su compañía, hasta que comprobó la decisión de aquel joven. Cuentan que Diógenes le ofreció la cabeza diciendo: «Pega, pues no encontrarás un palo, por muy duro que sea, con el que puedas apartarme, mientras crea que dices algo interesante»[32]. A través de su maestro Antístenes conoció las enseñanzas de Sócrates y lo tomó como faro de su existencia. En cierta ocasión, Sócrates, al ver en el ágora una tienda llena de mercancía, se había dicho: «¡Cuántas cosas de las que no tengo necesidad!»[33], y Diógenes convirtió esta frase en el lema de su vida, despreciando todo lo que era superfluo. Tenía una escudilla para beber agua de las fuentes y la tiró al ver que un niño bebía en el cuenco de sus manos: «¡Cuánto tiempo, necio de mí, he llevado fardos inútiles!»[34]. Se enfrentó al aristocrático Platón, el hombre de éxito, el filósofo famoso con escuela propia. Platón había definido al hombre como «un animal bípedo, implume»; entonces Diógenes desplumó un gallo y lo introdujo en la Academia diciendo: «Aquí está el hombre de Platón»[35]. Diógenes era terrible para injuriar a los demás, como dice su biógrafo Diógenes Laercio. Es más, pensaba que esa era una de las misiones de un filósofo. Por eso decía sobre Platón: «¿Qué tiene de venerable ese que, en tanto tiempo como lleva filosofando, no ha molestado a nadie?»[36]. Se burlaba de su vanidad: una vez que Platón recibía como invitados a unos amigos de Dionisio, pisoteó sus alfombras diciendo: «Pisoteo la frivolidad de Platón», a lo que Platón le replicó con la tranquilidad del filósofo que le era característica: «Cuánto evidencias tu vanidad, Diógenes, tú que crees no estar envanecido»[37]. Platón, cuando le preguntaron qué le parecía Diógenes, dijo con mucho acierto: «un Sócrates enloquecido», porque, en su opinión, los cínicos solo habían exagerado determinados aspectos de las enseñanzas de Sócrates.

Sin embargo, Diógenes atraía fácilmente a cualquiera con sus palabras. Dicen que un tal Onesícrito de Egina envió a

Atenas a uno de sus hijos, Andróstenes, que al escuchar a Diógenes se quedó en la ciudad. Tras ese mandó a su otro hijo, el mayor, que se llamaba Filisco, y también se quedó allí. Cuando en un tercer viaje llegó el padre, se unió a sus hijos para filosofar en su compañía. Tan mágica era la atracción de sus palabras.

Cuentan que en uno de sus viajes Diógenes fue capturado por unos piratas y vendido como esclavo en un mercado de Creta. Lo compró un hombre de Corinto llamado Jeníades que lo empleó como preceptor de sus hijos. Los educó al estilo tradicional siguiendo el modelo espartano: les enseñaba a cabalgar, a disparar con el arco y la honda y a lanzar la jabalina; también salían de caza. En la palestra les prohibía los entrenamientos al estilo de los atletas; tan solo realizaban los ejercicios necesarios para mantener un buen color y una sana disposición. Les hizo aprender pasajes de poetas y prosistas, abreviando los textos para que los aprendieran con facilidad; los llevaba con el pelo rapado y sin túnica y sin calzado. Está muy clara la influencia del sistema educativo espartano. Al parecer, Diógenes admiraba ese modo de vida viril y sencillo; en cierta ocasión en que volvía de Esparta a Atenas, y alguien le preguntó de dónde venía, respondió brevemente: «De la habitación de los hombres a la de las mujeres (gineceo)»[38].

Sin duda, fue el más ingenioso de los filósofos, y esto se demuestra en que conocemos muchas respuestas a las variadas preguntas que le hacían. Siempre respondía con una agudeza y humor que no se habían visto antes. Todos los ciudadanos se veían con legitimidad para preguntar a los filósofos; eran, de alguna manera, personas que estaban al servicio de la comunidad, como había pasado con los sabios antiguos. En el sistema social del mundo antiguo los ciudadanos brillantes están siempre implicados en la sociedad y en ese sentido, el filósofo tenía la obligación de responder (aunque algunos filósofos se cansaban de las preguntas que eran muchas veces tontas). Diógenes nunca se negó a responder a nadie; es más, lo hacía con sumo gusto y sus respuestas ingeniosas le hicieron ganar la simpatía de los atenienses, que en el fondo lo querían y lo respetaban; por eso, cuando un niño rompió la tina donde se refugiaba en el Metroo, santuario de la Madre de los dioses que se hallaba en el ágora, le dieron otra y apalearon al niño. He aquí algunos ejemplos de su ingenio:

¿A qué hora se debe comer? Si eres rico, cuando quieras, si eres pobre cuando puedas.

¿Por qué son insensibles los atletas? Porque están hechos de carne de cerdo y buey.

¿Qué es una desdicha en la vida? Un viejo sin recursos.

¿Por qué es pálido el oro? Porque son muchos los que conspiran contra él.

¿Cuál es el momento oportuno para casarse? Los jóvenes todavía no, los viejos ya no.

¿Los sabios comen pasteles? De todo, como los demás hombres.

¿Por qué dan limosnas a los pobres y no a los filósofos? Porque piensan que pueden llegar a ser ciegos y cojos, pero nunca a filosofar.

¿Qué has sacado de la filosofía? Estar equipado contra cualquier azar.

¿La muerte es un mal? Cómo va a ser una mal si cuando está presente no la sentimos.

¿Qué es lo más hermoso entre los hombres? La sinceridad.

Los cínicos se centraron en los valores éticos y ya no vieron necesaria una educación en otras materias. Antístenes criticó la educación general; estaba convencido de que la educación era inútil para la vida feliz y consideró, en consecuencia, totalmente innecesarias la música, la geometría, la astronomía, la retórica y la literatura (es decir, las materias que iban a formar la llamada *enkýklios paideía* o 'educación general'). Como buen seguidor de Sócrates, solo se preocupó de la formación moral. Decía que los prudentes no debían aprender a leer libros y se admiraba de que los eruditos estudiaran las desventuras de Ulises, pero ignoraran las suyas propias. Se reía de la música y de los relojes. De igual modo, se extrañaba de que los matemáticos estudiaran el sol y la luna y descuidaran sus asuntos cotidianos. En clara oposición a la Academia rechazó radicalmente el estudio de las matemáticas. Por eso su discípulo Diógenes llamaba a la enseñanza de Platón «tiempo perdido», en un ingenioso juego de palabras intraducible (*diatribé* = 'enseñanza', pero *katatribé* = 'tiempo perdido').

Hiparquia

Esa igualdad entre hombres y mujeres que preconizaron tantos filósofos solo se plasmó de forma efectiva y real en la persona de Hiparquia de Maronea, una pequeña localidad de Tracia. Su hermano Metrocles estaba obsesionado con su educación. Se hizo discípulo de Teofrasto el peripatético y se convirtió en un hombre muy refinado. En cierta ocasión en medio de un ejercicio de lectura en la escuela se le escapó un pedo y se encerró en casa abatido por la vergüenza con el deseo de dejarse morir. Entonces llamaron a Crates para que lo ayudara. Crates era un filósofo cínico nacido en Tebas. Cuando se entregó a la filosofía, vendió toda su hacienda y se fue a Atenas. Unos dicen que repartió su fortuna entre sus conciudadanos, pero en otras versiones confió el dinero a un banquero con instrucciones precisas de que, si sus hijos resultaban personas corrientes, se le entregara, pero si se hacían filósofos lo repartiera entre el pueblo. Poseía una innata capacidad para convencer y le llamaban el «abrepuertas» porque podía entrar en cualquier casa y aconsejar a sus habitantes. Crates acudió a casa de Metrocles después de hartarse de lentejas y se puso a convencerlo con diferentes razonamientos de que no debía preocuparse; le aseguraba que no había hecho nada feo, pues solo era un proceso natural. Mientras hablaban, por efecto de su copiosa comida, Crates se tiró unos pedos y aportó de ese modo el consuelo al pobre Metrocles, que en adelante siguió sus enseñanzas y se hizo un hombre. Tal vez en esos momentos Hiparquia, la hermana de Metrocles, conoció a Crates y se enamoró de él. Seguramente cayó rendida por sus palabras más que por su aspecto, pues Crates tenía una gran joroba en la espalda y era muy feo. Cuando se ejercitaba desnudo en el gimnasio, todos se reían de él. Hiparquia amenazó a sus padres con suicidarse si no la entregaban a Crates. El propio filósofo no supo desengañarla y terminó aceptándola como la compañera de su vida. Dice Diógenes Laercio que Crates, en un último intento, se puso de pie y se desnudó totalmente ante ella. Al tiempo que mostraba su fealdad, le dijo: «Este es el novio, esta tu hacienda. Decídete a esto, pues no habrá unión si tú no te haces también con estos mismos hábitos»[39]. Como la muchacha insistiera aún en su amor, Crates la condujo entonces bajo un pórtico. Allí, en un lugar muy frecuentado, se acostó con ella. A la vista de todo el mundo y a plena luz del día, consumaron su matrimonio, cubiertos por el raído manto de un amigo.

Hiparquia acudía con su marido a las reuniones y banquetes (un espacio vetado a las mujeres libres y decentes) y discutió en cierta ocasión con el filósofo ateo Teodoro. Este, al verse vencido en la discusión, tuvo la ocurrencia de arrancarle el vestido a Hiparquia, y dijo a los asistentes: «¿Esta es la que abandonó la lanzadera en el telar?», indicando que había dejado las tareas propias de su sexo que eran tejer los vestidos de la casa, como hacían todas las mujeres de su época. Hiparquia no mostró señal de vergüenza ni se alteró. Se limitó a replicarle: «Yo soy, Teodoro, ¿es que te parece que he tomado una decisión equivocada sobre mí misma al dedicar en educación el tiempo que iba a emplear en el telar?»[40]. Maravillosa frase que debe situar a Hiparquia como una de las abanderadas más antiguas de la liberación de la mujer. En todo caso hay que decir, como escribe la gran estudiosa Sarah B. Pomeroy, que en aquellos tiempos el acceso de la mujer a la filosofía o a la ciencia solo fue posible porque tenían padres o hermanos que estaban inmersos en esa tarea[41].

Aristipo

Platón tenía más rivales en Atenas. Y había uno hacia el que sentía especial hostilidad. Se llamaba Aristipo. Según escribe Diógenes Laercio, estaba en activo en Atenas hacia el 356 y su fama por entonces era similar a la de Platón. Aristipo pertenecía a una nueva generación de discípulos que había acudido desde lejanas tierras atraídos por la fama creciente de Sócrates. Había nacido en Cirene, en la costa de Libia, en una acomodada familia. Parece que llegó a Atenas por primera vez hacia el 416. Desde el primer momento se convirtió en un discípulo muy díscolo y se cuenta que Sócrates lo amonestaba a menudo. Hay una impulsividad y una urgencia por vivir que le llevó a enseñar muy pronto. En vida de Sócrates ya se hacía pagar por sus lecciones. Ganaba mucho por sus charlas y cuando Sócrates le preguntó en cierta ocasión: «¿De dónde has sacado tanto?», Aristipo le contestó con brutalidad: «De donde tú tan poco»[42]. Es muy posible que fuera Platón quien le recriminara por tomar dinero cuando Sócrates le había enseñado desinteresadamente. Aristipo se defendió diciendo:

> Cuando la gente enviaba a Sócrates vino y comida, este tomaba un poco y devolvía el resto. Él tenía a las gentes más importantes de Atenas como sus proveedores[43].

Aristipo no compartía la austeridad y la autarquía de Sócrates; estaba deseoso de paladear todos los placeres del mundo y el dinero era necesario para esa vida.

Cuando Sócrates bebió la cicuta, Aristipo estaba de viaje en Egina, una isla cercana a Atenas en el golfo Sarónico, de la que estaba enamorado y en la que pasó largas temporadas acompañado de una cortesana muy hermosa llamada Lais. La compartía con otros muchos, pero Aristipo era incapaz de sentir celos. Tampoco sufría si le aseguraban que Lais no le tenía afecto. Se limitaba a decir: «No creo tampoco que el pez que me como me ame; y, sin embargo, yo me lo como con mucho gusto». Resumía su relación con esta frase que se convirtió en el lema de los seductores: «Poseo y no soy poseído»[44] que se suele decir con esta expresión latina: *Habere, non haberi.*

Tras la muerte de Sócrates, Aristipo dejó Atenas y se dedicó a viajar por el mundo. Llevó una vida errante como la de los viejos aedos y sofistas. Visitó Corinto, Mégara y Sicilia. Aristipo no quería las tareas de gobierno ni reducirse a las obligaciones que imponían una vida sedentaria:

> Quiero vivir de la manera más fácil y cómoda. Creo que hay un camino intermedio entre el mando y la servidumbre, a través de la libertad; para ello no me encierro en ninguna ciudad, sino que vivo en todas partes como extranjero[45].

En Sicilia coincidió con Platón en la corte del tirano Dionisio hacia el 361 (aunque las fuentes son confusas sobre el momento exacto y no podemos saber con seguridad si se trataba de Dionisio el Viejo o su hijo, conocido como Dionisio el Joven). Chocaban no solo por su filosofía sino también por su carácter, el de Platón era serio y el de Aristipo, alegre y despreocupado. Cuando había que danzar, Aristipo danzaba, en cambio Platón se negaba con orgullo. Aristipo ponía las manos para recoger el dinero, Platón se contentaba con libros. En el fondo, tanto el tirano como Aristipo sabían de qué iba la cosa: cuando Dionisio le preguntó por qué los filósofos van a visitar las casas de los ricos, pero los ricos no visitan a los filósofos, Aristipo le dijo con esa agudeza que tanto impresionaba al tirano: «Porque los filósofos saben lo que les falta, pero los ricos no lo saben»[46]. Aristipo no tenía empacho en confesar al tirano que había ido a Siracusa «a dar lo que tengo y a recibir lo que no tengo.

Cuando necesitaba sabiduría busqué a Sócrates, ahora que necesito diversión vengo a ti»[47]. Dice Plutarco que un amigo de Platón predijo un eclipse de sol y que, cuando efectivamente se produjo, el tirano, admirado, le dio como premio un talento de plata. Entonces el filósofo Aristipo dijo, bromeando, que también él quería predecir algo: «Anuncio que, de aquí a breve tiempo, Platón y Dionisio serán enemigos»[48]. Y así fue.

Aristipo era amante del buen comer y no vacilaba en gastar sumas astronómicas por algún capricho; esto le valió muchos reproches, especialmente de Platón, que lo tachaba de glotón. Dicen que en cierta ocasión pagó 50 dracmas (una cantidad exorbitante) por una perdiz. A una persona que le echó en cara que pagara tal cantidad por una simple perdiz, le dijo: «¿Tú no la comprarías por un óbolo? Pues eso valen para mí 50 dracmas»[49]. Pero en cierta ocasión en que Platón lo censuró porque compraba mucho pescado, contestó que se lo había comprado por dos óbolos, un precio inusualmente bajo. Y cuando Platón le dijo que por ese dinero lo habría comprado hasta él, le replicó: «Ves, pues, Platón, que no es que yo sea un glotón, sino tú un tacaño»[50]. En algunas ocasiones Platón le hablaba con altanería y petulancia y Aristipo le decía: «Sí, pero nuestro compañero -refiriéndose a Sócrates- no habría hablado así»[51].

Para Aristipo el fin de la vida era el placer. Había dos tipos de placeres: el placer en movimiento que provoca sensaciones agradables y el placer estático o en reposo que está provocado por la mera ausencia de dolor. Aristipo solo admitió el primero. Además, el bien existe únicamente en el momento presente, por eso Aristipo recomendaba no preocuparse por el pasado ni inquietarse por el futuro: solo el presente nos pertenece.

La filosofía de Aristipo era su forma de vida, como había pasado con los cínicos. En la década de 1890 los estudiosos alemanes llamaron a Aristipo *lebenskunstler,* 'artista de la vida', ya que no se dedicó a desarrollar una teoría sistemática, sino que prefería dar ejemplo con su propia vida. Coherente con su doctrina, vivió en medio de todo tipo de placeres, rodeado de lujo, voluptuosidad, perfumes, ropas y mujeres. Pero también sabía prescindir de todo ello si llegaba la ocasión (y en eso radicaba su inimitable estilo de vida): cuando vio a uno de sus discípulos que vacilaba en acompañarlo a entrar en casa de una cortesana, le dijo: «No es pernicioso el entrar, sino el no poder salir»[52]. Por eso llamaban a Aristipo «dueño del momento», porque su talento natural le hacía acomodarse al lugar, al tiempo y a las personas. Era el único capaz de llevar con la misma dignidad harapos que vestidos de fiesta. Según decía, la filosofía le había enseñado a conversar con todos sin miedo.

Aristipo se concentró en la ética. Al igual que pasó con los cínicos, estaba en contra de la educación general (*enkýklios paideía*) y no valoró las matemáticas porque, en su opinión, no tienen en cuenta lo bueno y lo malo[53]. Y eso que de Cirene era oriundo un gran matemático llamado Teodoro, que había sido muy amigo de Protágoras y al que por fuerza tuvo que conocer en su juventud. Y, sin embargo, Aristipo consideraba la educación como un valor supremo, una fuerza transformadora del ser humano. Admiraba la forma en que la educación modela la conducta y nos hace diferentes de los demás animales. No de otro modo se explica la conocida anécdota: Aristipo naufragó en un lugar apartado de la isla de Rodas pensando que era una región inhóspita e ignota. Solamente comprendió que estaba en un lugar civilizado cuando al pasear por las playas halló trazadas en la arena líneas que formaban figuras geométricas. Por eso cuando volvió con sus compañeros de naufragio exclamó gozoso: «Alegrémonos, amigos, porque aquí he encontrado huellas de hombres»[54].

Aunque su amor a la libertad lo había empujado a la vida errante, sabemos que pasó en su patria también mucho tiempo, pues casi todos los discípulos que se le adjudican son de Cirene. Por eso algunos estudiosos consideran la existencia de una escuela cirenaica que seguía los postulados de Aristipo sobre el placer. Pero entre todos los discípulos debemos destacar a la propia hija de Aristipo que se llamaba Areté ('Virtud'). Esta también se dedicó a la filosofía y tuvo a su vez discípulos entre los que se contaba a su propio hijo, que se llamó Aristipo, como su abuelo, aunque todos en Cirene le llamaban popularmente *Metrodídaktos,* 'el discípulo de su madre', es decir, que fue su madre la que se encargó de su educación. Por desgracia, no tenemos información sobre esta mujer (que debió de permanecer en Cirene, por lo que dicen sus cartas que circulaban en el mundo antiguo). Pero, de nuevo, es ejemplo de que las mujeres aprovechaban la enseñanza de sus propios padres o hermanos para acceder a una buena educación, pues, por desgracia, no había otra posibilidad para ellas.

12. Atenas, la escuela de Grecia

Todos los hombres desean saber por naturaleza.

Aristóteles, *Metafísica*, 980 a.

El fin de la educación no debe ser el juego, pues no juegan aprendiendo ya que el aprendizaje va acompañado del dolor.

Aristóteles, *Política*, 1339 a, 25

El Liceo

Aristóteles llegó a Atenas con 17 años para estudiar en la Academia. En ese momento Platón, que contaba ya 60 años, estaba de viaje en Sicilia por segunda vez y en su lugar actuaba como director de la escuela el matemático Eudoxo. Aristóteles había nacido en la ciudad de Estagira al norte del Egeo en el 384. Su padre era médico de Amintas, rey de Macedonia, y es muy posible que de niño pasara mucho tiempo en Pela, la capital del reino. Pero sus dos padres murieron muy pronto y un tal Próxeno de Atarneo se convirtió en su tutor. Es indudable que durante su niñez llamó la atención por su gran inteligencia y esto explica que se le enviara a estudiar a la Academia que por entonces ya gozaba de gran reputación.

Aristóteles pasó 20 años en Atenas. Estudió en profundidad las teorías de Platón y se convirtió en su discípulo más

destacado, seguido de cerca por Espeusipo y Jenócrates.
Diógenes Laercio lo llamó «el más auténtico de los discípulos de Platón»[1]. En esta época comenzó a escribir; eran
obras al modo de Platón con un estilo cuidado y brillante
que le ganaron en la Antigüedad la reputación de escritor
elegante (Cicerón y Quintiliano lo reconocen así). Por desgracia, no se ha conservado ninguna obra de este período;
solo conocemos los textos apresurados y faltos de gracia literaria que debían de servir para el estudio y la docencia
dentro del Liceo. En estas obras primeras ya negó la teoría de las ideas del maestro y la duplicidad de los mundos (sensible e inteligible); aquí defendía Aristóteles que el mundo
es eterno y que la materia de la que están hechas las cosas es
el éter. Esto llevó a los escritores antiguos a imaginar una
rivalidad entre maestro y discípulo en esos años. Presentaban a Aristóteles como un alumno brillante que despreciaba al maestro y criticaba sus ideas abiertamente. Contaban
que Platón decía sobre la ingratitud de Aristóteles: «Da co-
ces contra mí como los potrillos». Del mismo modo que los
potros, cuando se han saciado de la leche materna, cocean
a su madre, así Aristóteles, una vez empapado de las ideas
de su maestro, se rebeló contra él o, por lo menos, se esforzó en convertirse en su rival. Parece que desde el principio
Platón descubrió la inteligencia impaciente de su discípulo
y solía decir que si Jenócrates, que era muy lento, necesitaba la espuela, Aristóteles, el freno. Incluso se cuenta que a
Platón no le gustaba ni la forma de vida ni el porte de Aristóteles: según sus biógrafos, era de piernas delgadas y ojos
pequeños; vestía y calzaba con distinción y adornaba sus manos con muchos anillos; además llevaba el pelo cortado a la
moda[2].

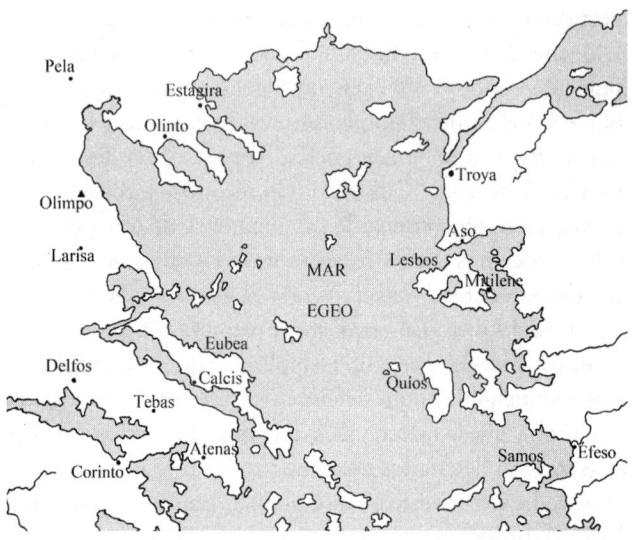

2. Lugares relacionados con Aristóteles.

Pero al parecer no hubo nada de todo eso: en primer lugar, porque la Academia no era una escuela tan dogmática que no permitiese el debate; y, en segundo, porque Aristóteles siempre se mostró respetuoso con Platón, aunque disintiera de muchas de sus ideas.

Cuando Platón murió en el 347 la Academia nombró un nuevo director. El elegido fue Espeusipo, que era sobrino de Platón. Es posible que Aristóteles, que se sabía el más brillante de sus discípulos, se doliera por este rechazo. Pero no fue debido a sus críticas a Platón, pues Espeusipo también negaba la teoría de las ideas; más bien, hay que tener en cuenta las circunstancias políticas del momento: Aristóteles no era ciudadano ateniense y estaba muy relacionado con la casa real de Macedonia, como hemos visto. Pocos meses antes (septiembre del 348) la ciudad de Olinto (al norte de Grecia en la península de la Calcídica) fue tomada por el rey Filipo de Macedonia. Los atenienses habían firmado una alianza con dicha ciudad, pero a pesar de su apoyo, la plaza cayó por una traición. Filipo arrasó la ciudad, redujo a sus habitantes a la esclavitud e incorporó todo su territorio a su reino. La caída de Olinto hizo despertar a los atenienses de su letargo y se avivó el sentimiento hostil contra Macedonia. El conflicto militar contra los macedonios parecía inminente, si Atenas quería detener el ansia imperialista de Filipo.

Por todo ello, Aristóteles salió de Atenas en compañía de Jenócrates, que también había sido descartado para la dirección de la Academia, y se fue a Aso. Allí gobernaba un tal Hermias, que protegía una pequeña comunidad de antiguos estudiantes de Platón. Aristóteles dedicó su tiempo a investigaciones sobre la naturaleza y encontró una esposa, Pitias, que era hija adoptiva de Hermias, y un fervoroso discípulo, Teofrasto. Se llamaba realmente Tírtamo, pero Aristóteles le cambió el nombre por lo divino de su forma de expresarse. Más que discípulo fue su gran amigo y colaborador durante toda su vida. Pasó Aristóteles tres años en Aso y luego se trasladó a Mitilene en la isla de Lesbos, sin duda porque Teofrasto había nacido en aquella isla. En Mitilene siguió con sus estudios, que se centraron especialmente en biología marina, hasta el 343.

Ese año fue reclamado por el rey Filipo para que se hiciera cargo de la educación de su hijo Alejandro, que contaba 13 años de edad. Aristóteles era el perfecto candidato, no tanto por su gran inteligencia como por la vinculación de su padre, antiguo médico en la corte de Macedonia. Filipo le prometió la reconstrucción de Estagira, su ciudad natal, que el propio Filipo había destruido en el año 349 y le pagó con esplendidez por su trabajo[3]. Pero suponemos que el gran aliciente para Aristóteles sería la posibilidad de educar a un príncipe, imitando así a su maestro Platón, que hasta tres veces había acudido a Sicilia para influir en los tiranos de Siracusa.

Aristóteles puso la escuela en Mieza, un lugar tranquilo en los montes cercanos a Pela. El sitio, conocido como el Ninfeo de Mieza, se hizo famoso desde entonces y todavía en el siglo II d. C. los turistas lo visitaban para contemplar los paseos umbríos y los bancos de piedra donde se habían sentado Aristóteles y Alejandro. Los turistas más cultos recordarían que Aristóteles estaba acompañado por su inseparable amigo Teofrasto y por su sobrino Calístenes.

Es difícil saber la influencia real que Aristóteles tuvo sobre Alejandro y los conocimientos que le trasmitió. Según Plutarco, Aristóteles comunicó a Alejandro la afición a la medicina, tanto en su vertiente teórica como práctica. De este conocimiento se servirá más adelante en sus campañas, pues atendía a sus amigos enfermos y les prescribía tratamientos y dietas. Sin duda, Alejandro quería imitar en esto, como en otras muchas cosas, a su admirado Aquiles que, recordando las enseñanzas de Quirón, curaba a sus camaradas, según escribió Homero en la *Ilíada*. De todas formas, tener unos conocimientos más o menos básicos en medicina era un requisito imprescindible de una buena educación.

Más que enseñar disciplinas científicas, seguramente Aristóteles dedicó la mayor parte del tiempo a la retórica, la literatura y la historia, materias que ayudaban a formar el carácter y serían más útiles para un futuro gobernante. Podemos asegurar que Alejandro se empapó de la cultura griega (los macedonios pasaban por ser semibárbaros para los griegos) y se convirtió en un amante de las letras. Aristóteles estuvo siempre muy interesado en Homero, superando los prejuicios pedagógicos y políticos de Platón. Quiso devolverlo a su puesto de primera autoridad. A lo largo de su vida elaboró listas de los problemas hallados en los poemas y ofreció distintas soluciones. Publicó este trabajo en seis libros con el fin de rebatir las opiniones de algunos adversarios de Homero. El más famoso fue un contemporáneo suyo, un tal Zoilo de Anfípolis que se llamaba a sí mismo «el azote de Homero». Lo dejó bien claro cuando escribió una obra en nueve libros que llevaba por título *Contra la poesía de Homero*. Vitrubio nos cuenta las andanzas de Zoilo en torno al Museo de Alejandría donde buscó la protección del rey Ptolomeo. Como estaba acosado por la miseria, dirigió súplicas al rey, y este le respondió: «Puesto que Homero, muerto hace mil años, ha podido mantener a muchos miles de personas, tú, Zoilo, que te declaras con mayor ingenio, debías con más razón, no solo mantenerte a ti mismo, sino a un número mayor»[4]. Ptolomeo se refería con ese «miles de personas» a los rapsodos que se ganaban bien la vida recitando los poemas homéricos por todo el mundo griego.

En su *Poética* Aristóteles expresó de forma clara su admiración a Homero: «Fue el poeta más insigne en lo que se refiere a temas nobles, pues fue el único que hizo no solo obras bien hechas, sino que además eran mímesis dramáticas»[5]. Además, se esforzó en explicarnos los motivos de su inalcanzable belleza: en la *Ilíada* y en la *Odisea* hay unidad, perfección y grandeza; la primera tiene una estructura sencilla (solo se centra en el tema de la cólera de Aquiles) y es trágica; la segunda, en cambio, es compleja, pues tiene varias acciones simultáneas y profundiza en los personajes con peripecias, reconocimientos y desgracias; las dos coinciden en la maravilla de sus pensamientos y en su elocución. En cuanto a los personajes, Homero tiene el talento poético como para hacerlos como deben ser, pero más bellos, como el caso de Aquiles, que posee un carácter irascible y violento, pero aun así consigue que siga siendo elevado y noble.

Se supone que Aristóteles elaboró para Alejandro una edición de la *Ilíada*. Según Pfeiffer, más que edición sería un texto corregido o revisado por Aristóteles que al despedirse le fue regalado a Alejandro, como colofón de las amplias lecturas que juntos habían realizado durante los tres años de enseñanza en Mieza. Alejandro, como dijimos, estaba obsesionado con la figura de Aquiles (inalcanzable, como todos los personajes literarios, pero que Alejandro había convertido en un modelo de su vida en todos los sentidos), por eso, ese regalo debió de llenar de felicidad a Alejandro y nunca se separó del libro. Se lo llevó consigo como talismán en su campaña contra los persas. Lo guardaba bajo la almohada (junto al puñal) y lo llamaba «viático de la virtud militar». Del botín conseguido tras la derrota de Darío solo se reservó un exquisito estuche de perfumes que usó para guardarlo[6].

En cuanto al pensamiento político, no hubo ninguna influencia sobre Alejandro. Este punto era delicado por cuanto se estaba educando a un futuro rey que ejercería un poder absoluto sobre sus súbditos y podemos pensar que Aristóteles, aunque muy interesado en política como ámbito de estudio, dedicó solo lecciones teóricas sin aleccionar al joven sobre la forma de gobierno más perfecta o virtuosa. Es cierto que Aristóteles siempre se mantuvo en los esquemas de la vieja polis, una pequeña comunidad en la que, según su opinión, un hombre podía desarrollar su potencialidad y actuar en política. Aunque se le ha reprochado a Aristóteles esta estrechez de miras, no creo que se engañara: en las monarquías y los imperios que iban a venir el papel del ciudadano quedó reducido a nada; además, no es posible pedir a Aristóteles ver el futuro, pues esos cambios se hicieron efectivos realmente tras la muerte de Alejandro (cuando sus generales se repartieron el imperio y nacieron los reinos helenísticos) y Aristóteles solo vivió un año más que el gran conquistador. Pedir que comprendiera el significado histórico de la conquista de Alejandro es pedir demasiado. Aristóteles se mantuvo en un mundo griego y dentro de sus esquemas culturales. Esto implica tener un alto concepto de su propia cultura y rechazar orgulloso a los bárbaros. Por un fragmento de Aristóteles sabemos que aconsejó a Alejandro que fuera caudillo para los helenos y señor para los bárbaros; que tratara a los primeros como a amigos e iguales y a los segundos, como a fieras y plantas[7]. Alejandro aplicó sus propias ideas para su imperio universal, prefiriendo la igualdad de todos los hombres y la federación de pueblos.

Al principio, Alejandro amaba a Aristóteles tanto o más que a su padre, lo que no puede extrañarnos, pues su relación con Filipo era fría y había pasado por malos momentos; por otro lado, Alejandro era extremado en sus afectos. Más adelante, esta relación se enfrió, seguramente por su enfrentamiento con Calístenes. Este sobrino de Aristóteles acompañó a Alejandro en su campaña asiática en calidad de cronista oficial, pero su espíritu independiente poco a poco causó desagrado en Alejandro. Cuentan que a Calístenes le molestaba compartir la mesa del rey. Los banquetes de Alejandro no eran refinados ni sobrios. Los macedonios eran famosos por sus monumentales borracheras, pues bebían el vino puro sin mezclarlo con agua, como hacían los griegos. Alejandro, en particular, era muy aficionado a la bebida, un defecto que había heredado de su padre Filipo. Entre los griegos, para indicar hiperbólicamente los excesos con el vino, se hizo de uso corriente la expresión «has bebido más que el rey Alejandro». Muchas veces Alejandro organizaba competiciones para ver quién podía beber más, lo que causaba la muerte de algunos participantes. Durante uno de esos banquetes, cuando le llegó a Calístenes la gran copa que circulaba entre los asistentes, una copa que llamaban precisamente «de Alejandro», se atrevió a rechazarla; afirmó que «no quería, por beber de Alejandro, precisar de Asclepio», es decir, del médico. Calístenes no ocultaba su desdén hacia Alejandro y en varias ocasiones, cuando se retiraba de una reunión, le dirigió este verso de Homero: «Murió también Patroclo, él, que era mucho mejor que tú»[8].

La situación empeoró todavía más cuando Alejandro exigió a los griegos que se arrodillaran ante él, una práctica habitual en la corte persa llamada *proskýnesis* pero que los griegos consideraban humillante para un hombre libre. Calístenes se negó y fue ejecutado en el 327. Hasta ese momento parece que Alejandro apoyó con su habitual entusiasmo los estudios de su maestro: según Ateneo, le otorgó la astronómica cifra de 800 talentos y, según Plinio el Viejo, varios millares de hombres en todos los territorios de Asia y Grecia, que se ganaban la vida con la caza y la pesca, y que estaban al cuidado de viveros, rebaños, colmenas y criaderos de peces y aves, enviaban a Aristóteles ejemplares, para que ninguna criatura fuese desconocida por él[9].

En el 340 Alejandro es nombrado regente interino de Macedonia y se cierra la escuela de Mieza. Por esos años la Academia había vuelto a cambiar de director. Según Diógenes Laercio, Espeusipo había quedado impedido por la parálisis y mandó llamar a Jenócrates para que se pusiera al frente de la Academia[10]; pero en otras fuentes se dice que al morir Espeusipo en el 339 los académicos jóvenes eligieron a Jenócrates, porque Aristóteles estaba en Macedonia. Jenócrates era un buen amigo de Aristóteles desde los tiempos de Aso, pero estaban separados por sus intereses intelectuales.

En el 335 Aristóteles regresó a Atenas y fundó su propia escuela en el gimnasio llamado Liceo que también había frecuentado Sócrates (como escribe Platón en el *Eutifrón*). Estaba situado entre el monte Licabeto y el río Iliso, junto a un santuario de Apolo Licio. Aristóteles eligió un pórtico (*perípatos*) del gimnasio donde paseaba arriba y abajo discutiendo de filosofía con sus discípulos. De ahí que más adelante su escuela fuera conocida como el Liceo y también por el Perípato. Sin embargo, había sido Platón quien había establecido esa costumbre de enseñar paseando. Lo había hecho siempre en los senderos arbolados que discurrían en paralelo a las pistas de la Academia, a la sombra de los enormes plátanos. Estos senderos, en donde se colocaban de trecho en trecho bancadas hechas de argamasa, se conocían en griego con el nombre de *paradromídas* y, en adelante, fue normal que se incluyeran en la construcción de los nuevos gimnasios hasta el final de la Antigüedad. Además, había espacios específicos para la enseñanza en los mismos gimnasios, según escribe Vitrubio en su tratado sobre arquitectura:

La palestra es un patio cuadrado porticado en todos sus lados: en tres de los pórticos se dispondrán exedras (aulas) espaciosas con asientos en las que pueden discutir sentados los filósofos, los retóricos y todos los que demuestren afición a esos estudios; en el otro pórtico que queda (que será doblemente porticado) se instalará el *efebeo* (aula muy amplia con asientos)[11].

Además de imitar su forma de enseñar en los paseos, Aristóteles estableció en los demás aspectos una organización similar a la Academia, con banquetes y reuniones. El autor latino Aulo Gelio nos dice que había dos tipos de enseñanza[12]: unos discípulos, que recibían el nombre de *exotéricos*, recibían instrucción en lógica, retórica y ciencias políticas. Aristóteles daba estas clases por la tarde para un público amplio que no poseía conocimientos elevados. Le llamaba «el paseo verpertino». Otros, que se llamaban *acroáticos* (porque era una enseñanza oral) trataban lo más profundo y recóndito de la filosofía, las cuestiones relativas a la naturaleza y las discusiones dialécticas. Las mañanas se dedicaban a este grupo y no admitía a cualquiera indiscriminadamente, solo a aquellos cuyo talento, buena formación inicial y afán por el estudio había comprobado previamente. Este era «el paseo matutino». Es posible que impartiera las lecciones exotéricas en el pórtico del gimnasio mientras que las lecciones *acroáticas*, dirigidas a un auditorio restringido, tuvieran lugar en su propia casa.

Plutarco nos cuenta que Alejandro en medio de batallas y conquistas se enteró de que habían sido publicadas las lecciones orales de Aristóteles y que tuvo tiempo de enviar una carta de queja a su maestro:

Alejandro a Aristóteles, que tengas salud:

No has obrado correctamente al publicar los libros *acroáti-cos*, pues ¿en qué nos diferenciaremos nosotros de los demás, si en las materias que hemos sido educados van a ser comunes a todos los demás?

Aristóteles le respondió:

Aristóteles al rey Alejandro, que tengas salud:

Me escribiste sobre los libros *acroáticos* pensando que es preciso que los mantenga en secreto; ten en cuenta que estos han sido publicados y a la vez no lo han sido, pues solo son provechosos para aquellos que nos han escuchado[13].

Alejandro tenía un sentido aristocrático de todo, por lo que esta idea se aviene muy bien con su carácter y es muy verosímil, pero es difícil imaginar que Alejandro estudiase en Mieza a tan temprana edad materias muy específicas de una manera muy profunda.

Ideas educativas

Aristóteles era un estudioso de amplias miras. No estaba condicionado por prejuicios políticos. Estuvo de acuerdo con su maestro Platón en que la educación debía ser obligatoria, porque ningún ciudadano se pertenece a sí mismo sino todos a la comunidad. El Estado debe tener un profundo interés en la clase de ciudadanos que produce, pues la educación sirve para producir buenos ciudadanos y esto posibilita a un Estado subsistir. En ese sentido la educación debe adaptarse a cada régimen político; hay que educar en función del régimen del Estado, sea democracia, oligarquía o tiranía. Por ejemplo, la democracia debe educar en el carácter democrático. Aristóteles observa con mucha perspicacia que para que los regímenes perduren, sean del signo que sean, lo más importante es la educación.

Efectivamente, Aristóteles consideró que la educación ha de ser única y la misma para todos y que la legislación de la ciudad debe regular esa educación. Pero admite que en su tiempo no hay acuerdo sobre la forma de enseñar a la juventud, principalmente si se debe tener en cuenta más la inteligencia que la formación del carácter. En otras palabras: ¿Hay que estudiar solo las materias que son útiles para la vida o aquellas que tienden a la virtud? Aristóteles con cierto espíritu aristocrático, desprecia la utilidad y ensalza el saber por el saber sin ninguna finalidad práctica. Así lo escribe en su *Política:*

> Es evidente que hay cierta educación que debe darse a los hijos no porque sea útil ni necesaria sino porque es noble y propia de hombres libres[14].

Había algunas materias en concreto que ya en su época empezaban a ser objeto de discusión: ¿debían la música, la gimnasia y el dibujo servir para formar a los jóvenes? Ya hemos dicho que la creciente profesionalización las había alejado del interés de los ciudadanos corrientes. No obstante, Aristóteles establece que deben aprenderse y formar parte de la educación ciertas cosas con vistas al ocio (pues la felicidad reside en el ocio) y, entre ellas, están la música, la gimnasia y el dibujo, que además pueden ser un instrumento para llegar a otros conocimientos; por ejemplo, el dibujo nos permitirá aumentar la capacidad para contemplar la belleza. Pero Aristóteles está, sobre todo, interesado en la música. Destacó los cuatro aspectos positivos de la música: es propia de hombres libres; infunde ciertas cualidades al carácter; contribuye al cultivo de la inteligencia; y, por último, la música es de las cosas más agradables y la más apropiada para el ocio y la diversión.

Aun así, ¿por qué debemos aprender personalmente la música y no nos conformamos con gozar de la ejecución ajena? Según Aristóteles, hay una gran diferencia para adquirir ciertas cualidades si uno mismo participa personalmente en la ejecución. Además, es imposible llegar a ser buenos jueces o críticos sin participar en la música. Pero no se debe practicar con el fin de convertirnos en profesionales y tomar parte en competiciones; eso es una actividad impropia de un hombre libre, que queda reservada a los asalariados. Estamos educando a niños libres que no deben adquirir una profesión.

La valoración de Aristóteles de la música está en línea con las ideas de Platón[15] y, en definitiva, con toda la tradición griega que viene desde los aedos. Sin embargo, sobre la enseñanza de la retórica la opinión de Aristóteles cambió con el tiempo. Al principio siguió a Platón y consideró la retórica como una simple praxis que se dirigía a las pasiones y que tomaba la forma de adulación. Le negó la categoría de arte o ciencia (pues no se refiere a elementos de la realidad) y la subordinó a la dialéctica. Parece que lo expuso así en uno de sus primeros trabajos, titulado *Grilo* (que no se ha conservado). Pero sentía envidia del éxito de la escuela de Isócrates que, por entonces, cuando él era estudiante de Platón, todavía vivía (pues murió en el 338); por ese motivo Aristóteles dio clases de retórica en la Academia para explicar sus ideas. Dicen que empezaba siempre las clases con una cita de Eurípides: «Sería vergonzoso callar y dejar hablar a Isócrates»[16], en la que alteraba ligeramente el texto original al cambiar «bárbaros» por «Isócrates».

Cuando fundó su propia escuela, Aristóteles veía las cosas de otra manera. Como rechazaba la teoría de las ideas y estas ya no podían convertirse en el referente ontológico de los discursos, tanto la dialéctica socrática como la retórica de Isócrates se hallaron en el mismo nivel. Escribió un tratado de retórica en el que ya no se planteó la conexión del discurso con la realidad, sino que puso su interés en los elementos más prácticos y en la forma de la expresión. Además, valoró en su justa medida la pretensión globalizadora de la educación y la adquisición de una cultura general. Por ello, según nos cuenta Cicerón, modificó las normas de su propia escuela, alejándola de las obtusas elucubraciones de su maestro Platón[17]. Autores tardíos dicen que en sus clases vespertinas enseñaba que existen dos artes de persuadir: la retórica y la dialéctica; la primera consistía en hablar extensamente y la segunda en dialogar. Y añaden que comenzaba sus clases siempre con el verso de Eurípides; puede ser un error cronológico de las fuentes antiguas (no es algo raro) pero también podemos considerar que Aristóteles lo mantuvo como recuerdo de sus primeros tiempos en la enseñanza (aunque Isócrates había muerto ya) a modo de chiste particular.

Aristóteles era conocido por sus grandes contactos con Macedonia. Personalmente gozaba de la protección del general macedonio Antípatro, que había quedado al mando de

Grecia mientras Alejandro realizaba su campaña asiática. Los griegos odiaban la dominación macedónica que les había privado de la libertad política y Aristóteles sentía el ambiente de hostilidad hacia su persona. A veces se materializaba en hechos concretos: en el santuario de Delfos fue destruida una inscripción honorífica que se le había dedicado por su trabajo en la elaboración de listas de vencedores en los Juegos Píticos (en colaboración con Calístenes)[18]. Al conocer la noticia, Aristóteles escribió a Antípatro en tono de resignada queja: «No me importa mucho, pero tampoco nada en absoluto»[19].

Cuando murió Alejandro en el 323, las ciudades de Grecia se rebelaron contra Macedonia y proclamaron su independencia. Aristóteles prudentemente decidió salir de Atenas y se retiró a Calcis, en la isla de Eubea, donde la familia de su madre tenía posesiones. Le habían amenazado con un proceso por impiedad (*asebeía*), la misma acusación que había llevado a Sócrates a la muerte. El motivo fue un himno que había escrito en honor a su suegro Hermias (que había muerto a manos de los persas, mientras él estaba en Macedonia). Escribir ese himno suponía equiparar a ese hombre a un dios. Según la *Vita Vulgata*, Aristóteles abandonó Atenas con estas palabras que dirigió a los atenienses: «No permitiré que pequéis otra vez contra la filosofía»[20]. Dejó a su amado Teofrasto al frente del Liceo y se instaló en Calcis donde murió poco después en el 322. Diógenes Laercio nos ha trasmitido su testamento cuyo ejecutor fue, precisamente, Antípatro. En ese documento (tal como lo conocemos) no se menciona ni escuela, ni edificios, ni jardines ni bibliotecas (se supone que Aristóteles fue uno de los mayores bibliófilos del mundo griego)[21]. Tampoco menciona un sucesor para su escuela. Aristóteles era un meteco y según las leyes de Atenas no podía adquirir propiedades (algunos estudiosos han sorteado esta dificultad pensando que su influyente amigo Antípatro, dueño de Grecia en nombre de Alejandro, podía haber asegurado una excepción). Aristóteles debió de alquilar casa y jardín en Atenas y los traspasó a Teofrasto cuando tuvo que salir huyendo a Calcis por la amenaza del proceso de impiedad. Más adelante, Teofrasto pudo poseerlos legalmente con la ayuda de Demetrio de Falero, que era su discípulo y que se había convertido en el tirano de Atenas. Como escribe Diógenes Laercio, Teofrasto «tuvo un jardín propio»[22]. Fue él, entonces, quien configuró la verdadera escuela del Liceo, tras la muerte de su maestro. En su tiempo como director se organizó realmente la escuela con edificios, salas de estudio, biblioteca (se dice que había heredado la de Aristóteles), banquetes y simposios; además, construyó, como en la Academia, un templete a las Musas donde incluyó una imagen de Aristóteles.

La Estoa

Zenón era hijo de un mercader fenicio de la ciudad de Citio en Chipre. Su padre había estado en Atenas muchas veces por sus negocios y le traía siempre a la vuelta libros de los socráticos para que su hijo los leyera. El muchacho, que desde bien pequeño había tenido inquietudes culturales, le preguntó a un oráculo cómo podía hacerse sabio y esta fue la respuesta: «Metiéndote en la piel de los muertos»[23]. Los libros eran la solución a ese enigma; en ellos hablan los grandes hombres del pasado que ya están muertos. Realmente el oráculo estaba al día en cuanto a educación, pues por medio de los libros se podía adquirir una buena cultura. Cuando Zenón se hizo mayor, se dedicó como su padre al comercio marítimo. Cuando transportaba un cargamento de púrpura desde Fenicia, naufragó muy cerca del Pireo. Se salvó, pero perdió la carga. Muy desanimado, se sentó en la tienda de un librero y se puso a leer un rollo que contenía el libro segundo de las *Memorables* de Jenofonte. Le preguntó entonces al librero dónde podía encontrar hombres como los que salían en aquel libro. Casualmente pasaba por la calle Crates, el cínico, y el librero lo señaló diciendo: «Sigue a ese»[24]. Desde ese momento abandonó su vida de comerciante, se afincó en Atenas y se hizo discípulo de Crates. Zenón, que tenía 30 años, exclamó, al sentir que había encontrado su destino: «Ahora logré un buen viaje, al naufragar»[25]. Vio aquella desgracia como una señal de que la fortuna lo empujaba a la filosofía.

Zenón era muy aplicado en las lecciones, pero le faltaba la desenvoltura y desvergüenza de los cínicos. Cuenta Diógenes Laercio que Crates le dio una olla de lentejas para que la llevara a través del barrio del Cerámico. Pero al ver que Zenón era demasiado vergonzoso y que intentaba esconderla, la golpeó con su bastón y la rompió. Las lentejas se derramaron sobre las piernas de Zenón, que salió corriendo lleno de vergüenza. Crates le gritó: «¿Por qué huyes, pequeño fenicio? Nada terrible te ha sucedido»[26]. Así llamaba Crates a su discípulo; otros le habían apodado «sarmiento egipcio», pues Zenón era flaco, de baja estatura y de piel oscura.

Durante esta etapa con Crates escribió un libro titulado *República,* donde exponía las ideas habituales de los cínicos: defendía la comunidad de mujeres e hijos; pensaba que no había que separar a los niños de los adultos, ni a las mujeres de los varones, pues para todos son adecuadas y convenientes las mismas cosas; se deben considerar a todos los hombres paisanos y conciudadanos, una multitud que convive alimentada por una ley común; proponía una religión común y universal sin culto público o exterior; no se necesitaban templos ni sacrificios, solo la práctica de la virtud; también rechazaba la moneda, los tribunales (negación de las leyes de los hombres) y los gimnasios (crítica al culto de la belleza). Pero lo que más nos interesa es que, como los otros cínicos, consideraba la educación general (*enkýklios paideía*) como inútil[27]. Este libro, que quería ser una réplica a la *República* de Platón, gozó de gran fama en la Antigüedad (por desgracia, no se ha conservado).

Pero Zenón deseaba conocer otros maestros y no tenía inconveniente en pagar por escucharlos. Se dice que tomó lecciones de Polemón y del académico Jenócrates. Pero le gustó especialmente Estilpón que, aunque era natural de Mégara, pasaba largas temporadas en Atenas. Era tal la expectación que causaba entre los atenienses por su extraordinaria inteligencia que la gente salía de las tiendas para verlo. Estilpón era un hombre sencillo y sin afectación; se desinteresaba por la vida familiar y las convenciones sociales. Le gustaba pasar el tiempo entre cortesanas. Tuvo una hija que al hacerse mayor llevó una vida licenciosa, pero a Estilpón no le importaba. Cuando alguien le dijo que le estaba deshonrando, le contestó: «No más de lo que yo la honro»[28]. Estilpón había aprendido de Euclides, el discípulo de Sócrates que había enseñado en Mégara, y sus ideas estaban también muy en la línea de los cínicos. Su desdén por las cosas materiales (como había predicado Sócrates) quedó reflejado de forma magistral cuando el rey helenístico Demetrio Poliorcetes asaltó en el 307 su ciudad de Mégara. El rey recordó que allí vivía el famoso filósofo y lo llamó para que le indicara las posesiones que cualquiera de sus soldados le hubiera robado durante el saqueo. Estilpón le respondió con calma: «No he visto a nadie llevándose el conocimiento (*epistéme*)». Los autores romanos reflejan sus palabras de otra manera que ha tenido más fortuna: *Omnia mea mecum porto,* es decir, «todo lo mío lo llevo conmigo». En los dos casos representan el radical desprendimiento de las cosas materiales y la suprema consideración de la inteligencia y el conocimiento como la única posesión que realmente nos pertenece[29].

Crates le tiraba del manto para apartarlo de Estilpón pero Zenón le decía: «Oh, Crates, el arrastre adecuado de un filósofo es por las orejas. Sácame de aquí cuando me hayas convencido, pero, si me fuerzas, mi cuerpo se irá contigo, pero mi alma seguirá aquí con Estilpón»[30].

En el 301 Zenón se decidió a crear su propia escuela. Como quería enseñar al estilo socrático, eligió un espacio público, la *Stoa Poikile*. Este edificio se construyó en la década del 460 tras las victorias sobre los persas y estaba situado en la esquina noroeste del ágora. Fue adornado con pinturas de Polignoto, que representaban las victorias militares de los atenienses sobre las amazonas, los troyanos, los espartanos y los persas. De ahí, precisamente, el nombre del edificio que se puede traducir como 'Pórtico Pintado'. Por este lugar donde se reunían los discípulos fueron llamados «estoicos». Como el Pórtico Pintado era un lugar público, Zenón sufría las molestias de los curiosos y los visitantes y tenía, en ocasiones, que dirigirse a ellos para que se apartaran y no molestaran sus lecciones. Zenón evitaba las multitudes. No paseaba con más de dos o tres alumnos y cuando lo rodeaban por las calles o los paseos, mandaba que se les diera dinero para que no incomodaran. No le faltaban recursos, ya que había sido mercader; se dice que al llegar a Grecia tenía más de 1.000 talentos que invirtió en negocios marítimos (no dejó, a lo que parece, totalmente el negocio).

Elegir la Estoa era en sí mismo una declaración por parte de Zenón de que su curriculum educativo estaba enfocado en lo intelectual. No eligió un lugar cercano a los gimnasios; era una localización en el centro de la ciudad sin posibilidades de actividades deportivas. No obstante, sabemos por un decreto en honor a Zenón (que nos ha conservado Diógenes Laercio) que también enseñó en los gimnasios de la Academia y del Liceo. Por tanto, no se limitó solo a un sitio. Los estoicos posteriores dieron clase en un nuevo gimnasio que se llamó Ptolemaion por ser erigido gracias a la munificencia del rey de Egipto (probablemente Ptolomeo VI Philometor). Fue la primera vez que se construyó un gimnasio dentro de los muros de la ciudad, ejemplo de que no hacían falta ya las pistas de atletismo, como en los viejos tiempos, y se estaba más enfocado en otro tipo de enseñanza.

Sócrates y los cínicos siguieron siendo predominantes en el pensamiento de Zenón. Mantuvo la idea de que la virtud se bastaba por sí sola para vivir bien; ella sola es suficiente para la felicidad. Pero asentó su escuela filosófica sobre nuevos postulados como el concepto del deber (*tó kathékon*) y la idea de que hay que vivir conforme a la naturaleza. Dividió el contenido de la filosofía en tres partes: física, ética y lógica. Tenía su peculiar forma de enseñar, pues desdeñaba el aprendizaje memorístico que siempre fue habitual en la educación griega. Zenón repetía siempre que no había que memorizar todas las frases y expresiones del maestro como tragándose todo como un plato cocinado y condimentado[31].

En cuanto a las normas de vida estableció que el sabio se casará y tendrá hijos, aunque Zenón, al que no le gustaban las mujeres, nunca se casó; que podrá intervenir en política a no ser que algo se lo impida, aunque Zenón nunca quiso hacerse ciudadano ateniense y no participó en la vida pública de la ciudad; él decía que era para no ofender a los habitantes de Citio, su patria, pero, en realidad, para no tener que hacerse cargo de ninguna magistratura. En su lugar, prefería pasar el tiempo con tranquilidad en el Odeón de Atenas entregado al estudio. Se reconcilió con Homero; de hecho, escribió cinco libros de problemas homéricos donde defendía el valor de los poemas teniendo en cuenta que partes son verdades y otras, meras opiniones (en otras palabras, unas partes están dirigidas al placer). Zenón disculpó la personalidad y actuación de los dioses homéricos usando el método alegórico. Los dioses de la mitología, con su forma y sus historias, son solo el producto de la imaginación de los poetas. Los estoicos decían que lo divino lo invade todo y se derrama a través de toda la materia. Cicerón lo expresó así: «Cierta razón extendida a través de toda la naturaleza de las cosas está dotada de una fuerza divina»[32]. «Muchos son los dioses por convención, pero solo uno, según la naturaleza»[33]. Esta teoría, ya enunciada por los cínicos, fue asumida siempre por Zenón y pasó a todos los estoicos.

Sobre los entes decía que unos son buenos, otros malos y otros indiferentes (lo que se expresaba con el término griego *adiáphoron*). Es destacable que eran indiferentes muchas cosas que para las personas normales eran fundamentales en su existencia, por ejemplo: la muerte, la fama, el dolor, el placer, la riqueza, la pobreza, la enfermedad y la salud. Además, decía que el sabio no emite opiniones, por lo que algunos se burlaron diciendo: «Si, según Sócrates, no se puede saber y, según Zenón, no se pueden emitir opiniones, la filosofía queda suprimida»[34].

Nunca consiguió Zenón emular el éxito de la Academia (que se debía a las buenas relaciones con las clases superiores de todo el mundo griego que supo establecer Platón) y sus discípulos eran poco numerosos; por eso, al ver que Teofrasto en el Liceo era admirado por tener muchos discípulos, dijo: «Su coro es más numeroso, pero el mío más armonioso». En un símil muy apropiado que los relacionaba con la vieja educación[35]. Pero obtuvo el reconocimiento de la ciudad de Atenas: lo hicieron depositario de las llaves de las murallas, y le honraron con una corona de oro y una estatua de bronce; cuando murió, lo enterraron con todos los honores públicos en el Cerámico. Fue el primer educador que recibió oficialmente tales honores.

Decía Séneca que con Zenón se inició la rígida y viril sabiduría de los estoicos. En efecto, Zenón llevaba una vida austera que intentaba inculcar en sus alumnos, por eso los cómicos se burlaban de él diciendo: «Enseña a pasar hambre y capta discípulos»[36]. A un discípulo llamado Hérilo que era muy hermoso y atraía a muchos admiradores, le obligó a raparse la cabeza. Pero su discípulo más famoso y continuador de su obra fue Cleantes (331-232). Llegó a Atenas con 4 dracmas en el bolsillo, se encontró con Zenón y se puso como discípulo suyo, pero, como era tan pobre, tuvo que ganarse un jornal para mantenerse, al tiempo que seguía las enseñanzas del maestro. Por la noche trabajaba regando en los huertos y por el día se ejercitaba en los razonamientos. De ahí el apodo que recibió de Freantles: 'el que saca agua del pozo'. Dicen que lo llevaron ante los tribunales para que declarase cómo se mantenía con tan buen aspecto y diera explicaciones sobre los recursos que contaba (había una antigua ley de Solón contra los ociosos que todavía estaba vigente en Atenas, por la que estos debían explicar de qué forma se mantenían). Solo pudo salir absuelto cuando hizo venir al dueño de la finca donde trabajaba. Los atenienses quedaron tan encantados con esta historia de esfuerzo y superación que decretaron que se le ayudase con 10 minas (una gran cantidad), pero su maestro Zenón le prohibió aceptarlas. Es más, le quitaba un óbolo del jornal de cada día para poner a prueba su interés en la filosofía. Cleantes era muy estudioso, pero un poco duro de mollera para la física. Sus condiscípulos se burlaban de él llamándole *ónos* ('burro'), y decían que solo Cleantes era capaz de llevar el fardo de Zenón. Mientras los demás discípulos con dinero se dedicaban en su tiempo libre a jugar a la pelota (un juego que despertaba pasiones en la época) el pobre Cleantes trabajaba en la dura tierra, cavando y regando. Ya mencionamos que como era tan pobre no podía permitirse comprar papiro y tomaba sus apuntes de las lecciones de Zenón en conchas y paletillas de vaca. Y, sin embargo, su dedicación tuvo su fruto, pues a la muerte de Zenón quedó al frente de la escuela. Sus modos siguieron siendo directos y claros, como en aquella ocasión en que preguntó a uno de sus discípulos si comprendía lo que estaba explicando y cuando aquel le dijo que sí, le soltó: «¿Por qué no entiendo yo que tú entiendes?»[37]. Fue discípulo de Zenón 19 años. Cleantes tuvo una larga vida y, como solía ser habitual, las gentes le reprochaban su vejez; ese excesivo amor a la vida siempre fue considerado negativamente por los griegos de la época clásica. Pero Cleantes les replicaba:

> Yo también quiero partir, pero cuando veo que tengo buena salud en todos los aspectos, y que escribo y que leo, me resigno a aguardar todavía[38].

El Jardín

Epicuro se inició a los 14 años en la filosofía por despecho hacia un maestro de escuela que no había podido enseñarle el sentido de la palabra «caos». Posiblemente el maestro había usado el primer verso de la *Teogonía* de Hesíodo, que dice «en el principio fue el caos» con el único fin de que sirviera de ejercicio de lectura, pero se encontró con la pregunta de Epicuro: «Si Hesíodo dice que lo primero fue el caos, ¿de qué se creó el caos?». Esta anécdota, que contaba el propio Epicuro, nos revela la inquietud intelectual de su mente a tan temprana edad, pero en justicia debemos perdonar a los maestros pues, como sabemos, usaban los versos de poetas como Homero y Hesíodo, pero no tenían preparación para explicarlos[39]. Y también debió perdonarlo el propio Epicuro, pues su padre había sido maestro de escuela. Se llamaba Nicocles y había sido uno de los miles de *clerucos* que mandó Atenas a la isla de Samos para asegurar su conquista tras el 365. Allí nació Epicuro en el 341 y allí pasó con dificultades sus primeros años; como su padre no podía mantener a la familia con su lote de tierra, se hizo maestro de escuela, un trabajo que, como hemos visto en capítulos anteriores, no estaba ni reconocido ni bien pagado. Sin duda, Epicuro ayudó a su padre en las tareas de aquella escuela de primeras letras donde se enseñaba a leer y a escribir (sus detractores añadieron esto a la larga lista de acusaciones contra su persona: que en compañía de su padre había enseñado a leer y a escribir por una paga mísera).

Pero el inquieto Epicuro siguió buscando respuestas y asistió a la escuela que un discípulo de Platón llamado Pánfilo había abierto en la isla de Samos. Cuando cumplió 18 años Epicuro tuvo que marchar a Atenas para cumplir su período de servicio militar. Por entonces, Jenócrates estaba al frente de la Academia y es muy posible que asistiera a sus lecciones, aunque Epicuro lo negó siempre tajantemente. Al terminar su servicio militar Epicuro ya no pudo volver a Samos; Alejandro Magno había muerto y el mundo griego, tras la paz impuesta por su reinado, se movilizaba para un largo período de guerras y confusión. Los colonos atenienses fueron expulsados de Samos y el padre de Epicuro se instaló en la ciudad de Colofón, cerca de Éfeso, en la costa de Asia Menor, donde siguió con su trabajo de maestro. Epicuro se reunió allí con la familia.

Fue entonces cuando estudió con Nausífanes de Teos. Este había sido a su vez discípulo de Pirrón (*ca.* 360-270), el fundador de la escuela escéptica. Para Pirrón es imposible que el hombre alcance un conocimiento seguro. Solo se guiaba por las apariencias (como hará luego Epicuro), pero incluso las impresiones de los sentidos son diferentes en cada individuo y también las conclusiones de los razonamientos; esto se aplicaba también en el ámbito de la ética: todo es producto de la convención y no podemos emitir juicios de valor. Por tanto, instaba a la completa suspensión de juicio (*epo-*

ché). Intentaba no definir nada dogmáticamente por la posibilidad de contradicción (a un razonamiento siempre se le opone otro), pero también se negaba a no definir, porque al decir «no definimos nada» estaría definiendo[40]. Desde los sofistas el pensamiento griego había llegado a un gran nivel de sutileza.

Cundió por ese tiempo la desesperanza en todos los sentidos, y en filosofía, tras el entusiasmo inicial, muchos se inclinaron por pensar que no había posibilidad de conocimiento sólido (el maestro de Pirrón llamado Anaxarco llegó a decir que ni siquiera sabía eso de que no sabía nada). El fin de la polis como entidad política y la creación de grandes estados sometidos a la decisión arbitraria de los reyes causó el desánimo entre las gentes. Un cansancio espiritual llenó el corazón de todos y se adoptaron posturas conformistas.

Dicen que Epicuro escuchaba embelesado las historias que Nausífanes contaba sobre su maestro; y tenía muchas, pues Pirrón había sido un hombre de vida agitada y excéntrica (acompañó a Alejandro Magno en su expedición a Asia y había podido hablar con los sabios desnudos de la India). En cierta ocasión, caminaba Pirrón junto con su maestro Anaxarco y este cayó en un pantano; Pirrón pasó de largo sin socorrerlo y, cuando se supo, muchos lo censuraron duramente, pero Anaxarco (que había conseguido sobrevivir) lo elogió por su carácter impasible. El propio Pirrón era consecuente con sus ideas y vivía sin preocuparse de nada, sin hacer caso de advertencias de nadie ni tomar precauciones ante nada. En una ocasión se sobresaltó cuando fue atacado por un perro, y todos los presentes lo criticaron por apartarse de su doctrina, pero el pobre Pirrón se excusó diciendo: «Es difícil despojarse por completo del elemento humano»[41]. Por suerte, los amigos que lo acompañaban lo ponían a salvo, y así pudo gozar de una larga vida, pues murió a los 90 años.

Nausífanes confesaba que en su juventud se había sentido cautivado por Pirrón, pero a sus propios alumnos les decía que había que seguir a Pirrón en su disposición de ánimo, pero a él en razonamientos. Por Nausífanes pudo conocer Epicuro de primera mano muchas ideas de Pirrón (que no dejó ningún escrito) que luego, aunque no quisiera reconocerlo, fueron clave en su propia doctrina.

Nausífanes también introdujo a Epicuro en el estudio de las doctrinas de Demócrito. Este filósofo es calificado como «independiente» porque no creó escuela o bien porque se mantuvo al margen de cualquier otra corriente. Demócrito rechazaba las riquezas porque las consideraba un lastre para una mente pura y se reservó de la herencia paterna un pequeño capital que gastó completamente en sus numerosos viajes. Se dice que visitó Atenas y conoció a Sócrates, pero eran tan celoso de su anonimato que pasó inadvertido. Él mismo dijo: «Fui a Atenas y nadie me conoció»[42]. Llevó una vida discreta, precisamente por su pobreza; pero en el fondo le gustaba la soledad, aunque era de carácter alegre. Dicen que nunca estuvo en público sin una sonrisa. Todo le parecía risible y que no era digno de tomarse en serio. Ya sus conciudadanos le habían apodado «el risueño». Tal vez por eso se decía que al empezar a tratarlo parecía un loco, aunque conforme avanzaba la relación despertaba admiración.

Según Demócrito, por naturaleza solo existen átomos y vacío; esos átomos son infinitos y se mueven arrastrados por un torbellino. En cuanto a sus ideas éticas, pensaba que el fin de la vida es la serenidad de ánimo: vivir con calma y sin perturbación causada por el temor, la superstición o cualquier otra inquietud[43]. Demócrito creó el concepto de *euthymía* (que Séneca tradujo al latín como *tranquillitas*) y escribió: «Quien quiera vivir tranquilamente, que no haga muchas cosas ni particular ni públicamente»[44]. Platón rechazaba la teoría de Demócrito por su carácter materialista y nunca lo menciona en sus obras ni para contradecirlo; según Diógenes Laercio, incluso intentó quemar sus obras[45].

Epicuro asumió el atomismo de Demócrito y lo convirtió en el punto central de sus teorías físicas: cada cosa es una combinación de átomos y vacío; son infinitos la materia, el espacio y el número de los átomos. Esos átomos se mueven al azar (no por el impulso de un dios) y caen por su peso con una leve desviación. Todo esto lo había tomado de Demócrito: solo la desviación de los átomos era una aportación personal de Epicuro. Los antiguos ya advirtieron la falta de originalidad de Epicuro en el campo de la física: Cicerón se preguntó si había algo en la ciencia de Epicuro que no procediera de Demócrito[46].

Por lo demás, el estudio de la física en Epicuro no tenía nada que ver con el amor a la ciencia o a la investigación; su único propósito es conseguir la paz del alma con respecto a los miedos que causan en el hombre los fenómenos naturales. Por eso Epicuro no era dogmático y admitía varias explicaciones para un mismo fenómeno; por ejemplo, sobre la luna aceptaba que tuviera luz por sí misma o bien que la recibiera del sol (aunque sobre esta cuestión en la Antigüedad ya estaba ampliamente aceptada la idea de que la luna solo reflejaba la luz del sol); sobre los eclipses entendía que podían deberse a un apagón repentino o bien a la interposición de algún cuerpo. Lo único que no se podía hacer era invocar la naturaleza divina para explicar estos fenómenos; «Solo debe rechazarse el mito», decía Epicuro[47]. De esa manera, alejaba al hombre de la superstición y del miedo a los dioses y conseguía infundir en las almas la tranquilidad de ánimo necesaria para la felicidad. Por cierto, esta búsqueda de la tranquilidad también la había copiado de Demócrito.

La mayor turbación del alma provenía del miedo a los dioses y a la muerte. La muerte es el principal miedo. De ella provienen todas las angustias del ser humano. Epicuro sabía que era su principal objetivo por ser el más difícil de combatir; por eso decía: «Frente a la muerte vivimos como en una ciudad sin murallas». Epicuro simplemente consolaba a sus discípulos diciendo:

> La muerte no es nada para nosotros, porque, cuando nosotros existimos, la muerte no está presente, y cuando la muerte está presente, entonces nosotros no existimos[48].

El alma humana también estaba compuesta de átomos y cuando las personas mueren su alma se disuelve al igual que su cuerpo. Epicuro luchó para desterrar entre los hombres los terrores que supuestamente esperaban en la otra vida, esos tormentos infernales que pintaban los poetas. Epicuro buscaba la aceptación de la mortalidad como fuente de la verdadera felicidad. Sin embargo, Cicerón advirtió que era excesiva la insistencia de Epicuro en la muerte como causa del gran mal del mundo:

> No he visto a nadie que haya temido más lo que él mismo niega que debe ser temido, es decir, la muerte y los dioses. Donde las gentes normales no se sienten conmovidas en gran

medida, él clama diciendo que todos los mortales están estremecidos de temor[49].

La filosofía materialista de Epicuro no precisa de los dioses en ningún sentido. Aun así, insistió en que existían, aunque no intervienen en los asuntos humanos, ni han creado el mundo o tienen como misión mantener su orden. Según Epicuro, la divinidad no hace nada, no tiene ocupación, no se esfuerza en trabajo alguno; solo se complace en su propia sabiduría y virtud. Una de sus máximas era que «lo que es apacible e inmortal no tiene obligaciones ni las suscita a nadie»[50].

Epicuro hace morar a los dioses en los «entremundos» (en latín *intermundia* y en griego *metakósmos*). Esto encajaba bien con su doctrina de que existía un multiverso, es decir, una pluralidad de mundos (se enfrentaba aquí al Liceo y a la Estoa, que defendían la unicidad del mundo). ¿Cómo percibimos a los dioses, si se dice que existen, pero apartados de todos los asuntos humanos? Epicuro tuvo que contradecir su propia teoría sobre el conocimiento (todo procede de los sentidos) y afirmó que los dioses tienen apariencia humana y están formados por átomos más sutiles (es decir, tuvo que «inventar» un tipo especial de átomos, lo cual incurría en contradicción de nuevo con su teoría) que se perciben no con los sentidos, sino con la mente. Otro problema con el que se enfrentó fue la pervivencia de los dioses: ¿Cómo podían ser inmortales y eternos, si estaban formados por átomos como todas las demás cosas? Epicuro no quiso entrar en más explicaciones, porque sabía que era una grave inconsecuencia de su doctrina y si profundizaba más, tendría problemas al caer evidentemente en el ateísmo. Lo único importante era quitar el miedo a los dioses, pues ¿quién no teme a un dios que todo lo ve y que todo lo controla?

¿Por qué insistió Epicuro en la existencia de los dioses cuando lo exponía a tan evidentes contradicciones? Cicerón contestó a esta pregunta con claridad: conservó de palabra a los dioses para no incurrir en ofensa a los atenienses, aunque, de hecho, los eliminara, ya que los presentaba indiferentes a los asuntos humanos.

Por tanto, siempre siguió afirmando en público que los dioses existían y, según dicen, era escrupuloso con la observancia de los usos cultuales. No obstante, Epicuro se manifestó en contra de otras formas de religiosidad tradicionales como la adivinación y los sacrificios; de todas maneras, esto no suponía ningún peligro, pues pensadores griegos que le habían precedido ya se habían expresado en ese sentido.

La nueva contradicción es que Epicuro recibió una especie de culto tras su muerte. Durante su vida algunos discípulos cayeron ya en esas tentaciones y se cuenta que un tal Colotes se hincó de rodillas ante Epicuro mientras lo escuchaba hablar sobre filosofía natural, si bien es cierto que el maestro lo levantó y le recriminó con dulzura que estaba haciendo algo contrario a su filosofía[51]. Otros discípulos entusiastas aseguraban que las palabras del maestro eran como verdades reveladas y lo comparaban con las religiones mistéricas que daban esperanzas a los iniciados de una vida eterna. En la escuela se celebraba todos los años solemnemente con un festín el día de su nacimiento (el 20 del mes ateniense llamado *Gamelion,* que corresponde con nuestro final de enero). Con el tiempo se intensificó ese culto y los seguidores terminaron por venerar a Epicuro como un dios, como el poeta latino Lucrecio que escribió: *deus ille fuit*[52].

Epicuro proporcionaba una guía para lograr esa tranquilidad que permite a los hombres conseguir la felicidad. En primer lugar y más importante, deben abstenerse de la política. Pueden casarse y tener hijos, aunque no es lo recomendable (un personaje de una comedia de Menandro decía: «No hay nadie más desgraciado que un padre, excepto otro con más hijos»[53]). No pueden ser poetas, pero podrán abrir escuela, aunque sin atraer a las muchedumbres. Además, deben rehuir la ambición y la gloria. Todo se resumía en una de sus máximas más famosas: «Pasa desapercibido por la vida». Esta idea de alejamiento de la fama y la gloria tampoco era una novedad; la podemos rastrear en autores del período clásico como el trágico Eurípides: «Te envidio, viejo. Envidio a cualquier hombre que recorre hasta el final una vida sin peligros»[54]. Pero suponía un ataque directo y brutal contra el gran ideal de vida del hombre griego que se había educado en Homero. Es cierto que conseguir la gloria exigía trabajos y sacrificios (en eso no se engañaba Epicuro) pero el deseo de todo hombre de bien era dejar un recuerdo a las generaciones futuras. La verdadera muerte era el olvido, el silencio y la oscura insignificancia (esa en la que Epicuro sustentaba ahora la auténtica felicidad). La fama es el único consuelo ante el poder de la muerte. Isócrates escribió:

> Los hombres amigos de los honores y grandes de espíritu no solo quieren ser alabados por tales cosas, sino que prefieren morir en lugar de vivir; y se preocupan más por la fama que por la vida y hacen cualquier cosa para dejar tras de sí un recuerdo imperecedero[55].

Los discípulos del Jardín

Epicuro fundó su primera escuela en Mitilene (ciudad de la isla de Lesbos) y algunos años más tarde en la cercana Lámpsaco (situada en la orilla asiática del Helesponto). En estos lugares comenzó a hacerse un nombre como filósofo y reunió sus primeros discípulos. Pero en el 306, cuando contaba 35 años, decidió trasladarse a Atenas. Se trajo consigo a sus hermanos y a los discípulos más fieles, pero siempre mantuvo un estrecho contacto por medio de cartas con estas dos primeras sedes de su escuela.

Compró una pequeña casa donde vivía con sus hermanos, sus discípulos más próximos y su esclavo Mys. En adición a la casa compró un jardín (*kêpos*) a las afueras de la ciudad (en el camino de Atenas al gimnasio de la Academia) y ahí es donde pasaba el tiempo con sus amigos. Al principio se pensaba que los discípulos vivían en cabañas en el Jardín, pero no hay trazas de construcciones en él. Lo más probable es que todos tuvieran su residencia en algún lugar de la ciudad (como el propio Epicuro) y pasaran juntos en el Jardín los días para hablar, comer, filosofar y disfrutar con la compañía de los otros. Esa pequeña comunidad que se reunía en un lugar discreto era consecuente con la idea de Epicuro de que la filosofía no es para todos. Para Epicuro ni los gimnasios ni el ágora (donde antes hablaron Sócrates y los sofistas) aportaban las condiciones necesarias para su actividad filosófica.

Según Séneca, delante del Jardín había una inscripción que decía: «Huésped, aquí estarás bien, aquí el bien supremo es el placer»[56]. Efectivamente, Epicuro defendió que el placer era el fin de la vida. El placer era, en su opinión, algo conforme a la naturaleza porque todos los seres vivos están esclavizados a él. De nuevo, se acusó a Epicuro de exponer como suyas las teorías de Aristipo sobre el placer. Pero de los dos tipos de placer que había establecido Aristipo, Epicuro solo se refería al placer estático (*katastemático*), es decir, aquel derivado de la ausencia de dolor y de turbación de alma. Decía: «El más alto grado de felicidad es la ausencia de todo dolor»[57]. Cuando llegaba el dolor, intentaba calmar a sus seguidores asegurando que los grandes padecimientos pasan brevemente y los que duran carecen de fuerza»[58].

Por tanto, no se trataba de placeres viciosos; nada de juergas con mujeres y adolescentes, ni pescados costosos y cenas suntuosas; buscaba antes evitar el dolor que encontrar el placer. En su opinión, seguir los placeres sin control era ir a la caza de dolores. Esto chocaba con la mentalidad tradicional del hombre griego: muchos pensaban que disfrutar del placer y vivir voluptuosamente eran cosas propias de hombres libres y, por el contrario, vivir entre fatigas, típico de esclavos. Simónides escribió en un verso célebre: «¿Qué vida de los hombres es deseable sin el placer?»[59]. Esa vida fácil y agradable nos acerca a los dioses que, por definición, llevan una existencia sin trabajos.

El cartel de la entrada llamaba a engaño, pues nada más pasar te recibían solo con un plato de gachas y agua, porque, según Epicuro, aquel Jardín «no acrecienta el hambre, sino que lo calma, ni incrementa la sed, sino que la aplaca»[60]. Aseguraba que se podía competir con el mismísimo Júpiter en felicidad sustentándose con gachas y agua. Aunque el placer era el fin de la vida, Epicuro se mantenía con un régimen muy frugal. Por lo general se contentaba con agua y pan, de modo que una tarrina de queso se convertía en un festín. Es más, según Seneca, Epicuro tenía ciertos días en que escatimaba saciar su hambre para ver si faltaba algo del placer pleno y consumado y se ufanaba de que comía por menos de un as, mientras que su discípulo Metrodoro, que no había progresado tanto, lo hacía por un as entero[61]. Séneca acertó en su comentario sobre la vida del Jardín: decía que muchas gentes se sentían atraídas por su filosofía porque oían hablar de placer, pero se trataba solo del nombre, pues, en realidad, el placer de Epicuro era seco y sobrio. Séneca termina así su reflexión sobre Epicuro y su forma de vida:

> Epicuro dictó unas normas respetables y justas y, si se las trata de más cerca, tristes [...][62].

Lo que mantenía a los discípulos en el Jardín no eran los festines y las orgías (como pensaban los detractores) sino el encanto personal del maestro, que mostraba a todos, amigos, familiares y siervos, una generosidad y dulzura sin límites. Esto atrajo a gentes de todas partes del mundo griego, que se quedaban luego en el Jardín, al sentirse retenidos por sus palabras como si fueran el canto de las sirenas.

La amistad era muy importante. En principio, para Epicuro tenía un componente egoísta: los amigos nos proporcionan seguridad frente a las zozobras del mundo y gracias a su colaboración podemos hacer frente mejor a las dificultades cotidianas. La amistad, por tanto, se fundamenta en su carácter pragmático. Epicuro dice que el sabio quiere tener amigos «por tener quien le atienda a uno en la enfermedad, le socorra a uno si cae preso o se empobrece»[63]. Como el objetivo de Epicuro es ese estado libre de perturbación y dolor, los amigos representaban una gran ayuda. Además, son un refugio contra la soledad, que, en el caso de los epicúreos se sentía más amenazante, porque el maestro había rechazado la vida familiar. Por último, la amistad era en sí misma una fuente de felicidad como escribe el propio Epicuro: «De los bienes que procuran la felicidad el mayor es sobre todo la adquisición de la amistad»[64].

Es posible que Epicuro, siempre tan alejado del idealismo, haya defendido planteamientos egoístas sobre la amistad, sin embargo, durante su vida se comportó de forma desinteresada y fue un amigo entregado y leal. Es más, llegó a escribir que por un amigo valía la pena sufrir y que el sabio nunca traicionará a un amigo e incluso morirá por él[65]. No le preocupó, en absoluto, caer en la inconsecuencia: la amistad supuso la única justificación para abandonar el principio clave de su doctrina.

Mujeres en el Jardín

Su educación estaba dirigida a todos, hombres y mujeres, esclavos y amos, ricos y pobres. No se limitaba a una edad, a un sexo o un grupo social. Pero no debemos engañarnos, hay un matiz elitista. La filosofía epicúrea se destinaba a unos pocos; no todos podían seguir sus enseñanzas: «No está al alcance de todos el llegar a ser sabios»[66]. Epicuro no tenía como pretensión ganarse a las masas; se dirige al individuo. Escribió en una carta a un discípulo: «Esto lo digo no para muchos sino para ti, pues somos un público bastante grande el uno para el otro»[67].

Las mujeres, por tanto, tenían acceso al Jardín, pero conocemos a muy pocas. La más destacada es Temista, que era esposa de un epicúreo de Lámpsaco llamado Leonteo. Epicuro se carteaba con ella. Posiblemente Leonteo era un discípulo de su escuela de Lámpsaco con el que tenía una estrecha relación. Leonteo y Temista tuvieron un hijo al que pusieron por nombre Epicuro en honor al admirado maestro.

Por lo que parece, al Jardín accedieron principalmente heteras (literalmente 'compañeras'). Así se llamaba a las cortesanas o prostitutas de alto nivel, que entretenían a los hombres con su belleza y su ingenio y los acompañaban en sus simposios. Los autores antiguos mencionan como discípulas de Epicuro a las heteras Hedia ('la dulce'), Boidíon ('vaquilla') o Nicidión ('pequeña victoria'). La más famosa fue Leoncio ('leoncita') que primero convivió con el maestro y luego fue concubina de su discípulo Metrodoro. Dicen que Leoncio llegó a escribir sobre filosofía y se atrevió a polemizar con Teofrasto. Esto hizo exclamar a un escandalizado Cicerón: «¡A tanta permisividad se llegó en el Jardín de Epicuro!»[68]. Según Ateneo, Leoncio no abandonó el oficio cuando se dedicó a la filosofía y se acostaba con Epicuro y con otros en el Jardín[69]. Tuvo una hija llamada Dánae que también se dedicó a hetera. La convivencia con heteras fue un motivo de escándalo que sirvió para atacar a Epicuro y desprestigiar su escuela.

No debe extrañarnos el nivel intelectual de estas mujeres. Las heteras debían de aprender por asociación, por su contacto continuado con los hombres de buena posición. En un principio su educación se había limitado a la música y la danza (aparte, por supuesto, de las artes propiamente amatorias). Las educaban desde muy pequeñas con ese fin. Sabemos que mujeres con el don de reconocer la promesa de belleza en las niñas se dedicaban a comprarlas; una vez adquiridas, las criaban y enseñaban con maestría el oficio. En cuanto obtenían el producto de su juventud, las vendían. Estas pobres mujeres continuaban así su carrera; si tenían suerte y conseguían la protección de hombres poderosos, podían alcanzar un estatus económico a veces importante.

Las heteras solían dedicar a sus hijas al mismo oficio; a una hetera se la conoció como «Abuela», por pertenecer a tres generaciones de mujeres que había ejercido la prostitución (en griego el término es *Triporneía* que significa literalmente 'tres veces puta'). Las enseñaban desde pequeñas y las instruían en el arte de seducir a los hombres; trasmitían a sus hijas su sabiduría de la vida y la buena cultura que habían adquirido en su relación con los hombres ilustrados. Realmente algunos filósofos pasaban mucho tiempo con ellas (como Aristipo y Estilpón) y esto les dio ocasión de convertirse (aparte de ricas) en personas cultas y sabias. Se creó el tópico de la hetera cultivada, sobre todo en esta época helenística que comenzó con la muerte de Alejandro Magno. En las reuniones brillaban no solo por su belleza sino también por su ingenio. Ellas, como los hombres, respondían a las cuestiones que se planteaban y que debían ser respondidas por turno. Dicen que cuando se formuló la pregunta «¿Cuál de las bestias de los montes os parece que puede correr más rápido?», una cortesana llamada Manía contestó con agudeza e ingenio: «El desertor»[70].

Según Ateneo, algunas heteras se mostraban muy orgullosas de sí mismas, persistiendo en los estudios y dedicando tiempo a aprender[71]. Se llegaron a poner al mismo nivel que los filósofos. Una tal Gnatena escribió un libro titulado

Reglas para compartir la mesa, imitando a los filósofos que habían escrito libros semejantes con normas. Estas reglas se debían seguir obligatoriamente en su casa y en la de su hija. Así que cuando Estilpón (que tampoco tenía una vida demasiado ejemplar) acusó a la hetera Glícera de corromper a los jóvenes, esta le replicó: «A ambos nos corresponde la misma acusación. Tú los corrompes enseñándoles inútiles sofismas, yo de la misma forma les enseño erótica»[72].

Muchos estudiosos ponen en duda la educación filosófica de estas cortesanas: desde pequeñas se las educaba, pero solo para su función como prostitutas en los banquetes; podían aprender a tocar instrumentos (la flauta, principalmente) y bailar; en los banquetes eran la gratificación sexual de los asistentes y podían participar en los juegos de habilidad que se proponían, como el cótabo.

Es especialmente famoso el caso de Aspasia, una hetera de Mileto que enamoró a Pericles con su inteligencia y su belleza. Se dice que Pericles estaba tan locamente enamorado que todos los días al salir para el ágora se despedía con un beso. Debía de ser una mujer muy inteligente, pero esos conocimientos los habría adquirido, como las otras heteras, por su relación con sus amantes o protectores. Sócrates se declaró discípulo suyo en retórica:

> Tengo la suerte de tener como maestra (*didáskalos*) a una de las mujeres más distinguidas en oratoria, que, además, ha formado a otros muchos oradores y, en particular, a Pericles[73].

Platón sugiere incluso que Aspasia le había escrito a Pericles alguno de sus discursos más famosos. Pero no podemos tomar en serio a Platón, pues escribió esta obra con el propósito de criticar la oratoria y, de paso, denigrar a Pericles, un político por el que no sentía ninguna simpatía. De hecho, el historiador Jenofonte, que relaciona a Aspasia con Sócrates, nos dice que su actividad tenía que ver únicamente con enlaces matrimoniales y asuntos domésticos.

La opinión publica de Atenas fue hostil a Aspasia. Pensaba que influía en Pericles a la hora de tomar decisiones importantes sobre el Estado, como, por ejemplo, la guerra contra Samos (tradicional enemiga de Mileto) o la Guerra del Peloponeso. Según Aristófanes, esa guerra comenzó por una ridícula disputa por unas prostitutas que pertenecían a Aspasia y que habían sido robadas por los megarenses. De hecho, se acusó a Aspasia de traer a Atenas a una gran cantidad de muchachas hermosas y educarlas para el oficio[74].

Es posible que Aspasia fuera una hetera que consiguió enamorar al hombre más poderoso de la ciudad (ciertamente conocemos otros casos de heteras que terminaron siendo esposas de respetables ciudadanos), pero es más probable que todo eso fuera una invención de los comediógrafos que solo tenían como propósito destruir la reputación de Pericles. Al ser extranjera y concubina (*pallaké*) de Pericles fue un blanco fácil para los adversarios políticos. En todo caso, por las noticias confusas y tendenciosas de la Antigüedad no podemos extraer una idea clara sobre este personaje.

Epicuro reniega de la educación tradicional y crea su propio sistema

Epicuro menospreció la educación que se impartía en otras escuelas; la consideraba inútil para la felicidad y decía a sus posibles discípulos: «Huye de toda educación, mi buen amigo, a velas desplegadas»[75]. En consecuencia, consideraba bendecidos a aquellos que habían llegado a evitarla en su camino a la filosofía. A un tal Apeles que estaba en esa situación le dijo: «Te considero feliz, Apeles, porque te entregaste a la filosofía puro de toda educación»[76]. Ser un ignorante era una ventaja y no un inconveniente. En el caso de que ya fueran mayores y hubiesen recibido una buena educación, esas personas podrían encontrar en el Jardín un lugar donde purificar sus mentes de esas corrupciones. Es lo que le pasó al matemático Polieno que una vez dentro del grupo llegó a decir que «toda la geometría era falsa». Epicuro no solo despreciaba los placeres de las matemáticas, sino también de la música, una de las grandes pasiones de los griegos (para Aristóteles era el mayor entretenimiento del alma). Y eso no fue todo, rechazaba también a Homero y, en general, toda poesía, cuyo estudio había conformado el núcleo de la educación griega.

No te preocupes si no sabes en qué bando estaba Héctor o ignoras los primeros versos del poema de Homero o lo que ocurre en su parte central[77].

La razón de este rechazo se debía a que la poesía era un «mortífero sustento del mito», esos mitos que solo servían para infundir miedo y angustia a los hombres. En la poesía de Homero siempre estaban presentes los dioses; como dijo el poeta latino Ovidio: «Los dioses están hechos de poemas (*carminibus*)[78]. En definitiva, el rechazo a los dioses, por el miedo que infunden, le llevó a Epicuro a desterrar la poesía de su sistema (de alguna manera, coincidió aquí con Platón, que expulsó a los poetas de su república).

Para entrar en el Jardín no hacía falta bagaje cultural ni preparación. Epicuro quería que fuese accesible a todo tipo de persona. Además, cualquier edad era buena. Aquella escuela no era como las otras donde los maestros se enfadaban cuando los alumnos se demoraban en empezar su formación, puesto que había tanto que aprender. Nunca era tarde para filosofar e ingresar en el Jardín, algo lógico si Epicuro pensaba que el objetivo de la filosofía era alcanzar la felicidad:

> El que dice que aún no ha llegado la hora de filosofar o que se le ha pasado, es como quien dice que no se le presenta o que ya no hay tiempo para la felicidad. De modo que deben filosofar tanto el joven como el viejo[79].

Nunca hasta ese momento se había expresado tal rechazo a la educación. Ni siquiera los cínicos habían llegado a esos extremos. Es lógico que los detractores de Epicuro usasen como arma contra su escuela precisamente su falta de profundidad y rigor; Cicerón decía que «la mejor prueba de la falta de sutileza de su doctrina es la facilidad con la que se aprendía y la aprobación de los ignorantes»[80].

Los ataques de Epicuro a la educación general chocaron brutalmente con el mundo cultural de la Antigüedad. Aristóteles, sin ir más lejos, consideraba la educación como un adorno en la fortuna y un consuelo en las desgracias, y entendía que la felicidad residía en un ocio que permitiese cultivar la mente. Por tanto, Epicuro fue declarado enemigo de las Musas; solo era un hombre carente de buena educación que felicitaba a aquellos que se entregaban del mismo modo a su filosofía.

Epicuro había concebido un nuevo sistema que debía erigirse como alternativa a la educación que se había impuesto en todo el mundo griego, desde que las escuelas de Isócrates, Platón y Aristóteles se habían convertido en referentes absolutos. Para empezar, en su escuela el principio de autoridad se cumplía de forma estricta, como pasó con los pitagóricos. Que nosotros sepamos, nadie alteró ni discutió las doctrinas que Epicuro expuso verbalmente o en sus escritos (y sabemos que escribió mucho, unos 300 rollos según Diógenes Laercio, aunque nada se ha conservado). Epicuro aconsejaba a sus discípulos «actúa como si Epicuro estuviera viendo todo». Se creó la costumbre de poner una imagen del maestro en copas y anillos para poder tenerlo siempre presente y vivir correctamente según los principios que había enunciado.

Los discípulos debían aprender de memoria las doctrinas básicas del maestro. La memoria tuvo un papel importantísimo en el sistema educativo de Epicuro (en muchas de sus cartas insistió en este punto). Como su propósito era salvar a los hombres de sus angustias y conseguir la felicidad en esta vida, se debía aceptar el mensaje, memorizarlo e interiorizarlo. Era una doctrina salvadora que debía estar a nuestro alcance para los momentos precisos de debilidad o de alteración del alma, como las oraciones de una religión. En el fondo, la filosofía de Epicuro no se diferenciaba mucho de una religión, aunque con unos dioses distantes y ajenos a los seres humanos.

Los textos más fáciles de memorizar de Epicuro eran las 40 *Máximas capitales* (κύριαι δόξαι), que suponían la quintaesencia del pensamiento epicúreo, la «corona», como decía su gran admirador Diógenes Laercio, en la que se contenía lo básico sobre el pensamiento ético. Los cuatro primeros pensamientos recibieron el nombre de *tetraphármakos,* que significa 'remedio cuádruple', y condensaban aún más brevemente las ideas básicas de Epicuro: la divinidad, la muerte, el bien y el dolor. Recitarlos supondría para los adeptos una forma de calmar su ansiedad. Tal como se lee en una obra de un poeta y filósofo epicúreo que se halló entre los papiros carbonizados de la Villa de los Papiros en Herculano, eran así:

La divinidad no debe atemorizarnos.
La muerte no debe inquietarnos.
Lo bueno es fácil de conseguir.
Lo terrible es fácil de soportar[81].

El epicureísmo era, de hecho, una religión sin dioses, con un mensaje liberador del miedo; una religión para la vida y, en la medida en que afectaba a los miedos más profundos del hombre, estaba destinada para todos, aunque la reticencia de Epicuro hacia las multitudes frenaba su expansión. La verdad revelada por Epicuro nos transformaba y nos permitía vivir mejor. Al final del aprendizaje los discípulos encontrarían una gran recompensa, según aseguraba Epicuro: «Vivirás como un dios entre los hombres»[82].

Maestros y discípulos

Pericles pronunció un discurso en honor a los soldados caídos en el primer año de la Guerra del Peloponeso en el 430. En este discurso, que solo conocemos por la recreación que hizo el historiador Tucídides, el estadista alababa el sistema político y el estilo de vida de Atenas. En un momento dado decía: «En resumen, afirmo que somos la escuela (*paídeusis*) de toda Grecia»[83]. La expresión se ha hecho justamente célebre, pero hay que aclarar que Pericles no se refiere aquí a valores culturales; se trata de un contexto puramente político: Atenas es para todos los griegos un ejemplo de sociedad libre y moderna gracias a su sistema democrático. La imagen de Atenas como centro cultural del mundo griego se creó después, cuando se fundaron en la ciudad escuelas estables, primero la de Isócrates, luego la de Platón y posteriormente el Liceo, la Estoa y el Jardín. En ese momento Atenas se convirtió realmente en la escuela de Grecia. Isócrates lo intuyó hacia el final de su vida. En uno de sus discursos insistió en esta nueva primacía que había asumido casi sin darse cuenta la vieja Atenas: «Nuestra ciudad parece ser maestra de cuantos tienen la capacidad de hablar o enseñar»[84]. Y en ese mismo discurso añade: «Todos aceptarían que somos los primeros en lo que se refiere a la educación»[85]. Llegó a la conclusión de que Atenas sería grande y notable para la posteridad, no por sus éxitos militares, sino por su dedicación al estudio y a la educación, que es lo que hace a los hombres estar por encima de los animales. Serían los alumnos los que abandonaran sus hogares y sus patrias para buscar una educación superior en aquel lugar. Surgió así la figura encantadora del joven que viajaba a los centros de cultura, una costumbre que se mantendrá hasta el final de la Antigüedad.

La escuela de primeras letras en Grecia se había llamado *didaskaleîon,* pero estos nuevos centros donde los alumnos recibían una educación superior tomaron el nombre de *scholé*[86]. Este término, en principio, solo significaba 'ocio' o 'tiempo libre', y así se empleaba todavía en tiempos de Platón, pero encajaba a la perfección con la nueva realidad, pues el ocio era el requisito indispensable para dedicarse a esas actividades y solo los jóvenes de buena familia disponían de ese tiempo libre para seguir educándose. Como escribió siglos después el poeta latino Ausonio, la escuela recibió su nombre del griego porque en ella se otorga el «ocio» bien merecido a las laboriosas Musas. *Scholé* pasó al latín *schola* y de ahí a las lenguas modernas, pero ya asociada a la educación primaria: *school* en inglés (pero *scole* en inglés antiguo), *école* en francés (pero en francés antiguo *escole*), *scuola* en italiano, *Schule* en alemán (pero *scuola* en antiguo alto alemán), *skola* en sueco, y *shkola* en ruso, por poner algunos ejemplos.

* * *

Los profesores de las escuelas de Atenas vivían concentrados en sus estudios; apenas salían y vivían, por tanto, ajenos a los diarios afanes del mundo exterior, la política y las guerras. La obsesión por el estudio llevaba consigo la despreocupación por las cosas cotidianas o bien cierta incapacitación para enfrentarse a ellas.

Este alejamiento del mundo real los convertía, a ojos de las gentes normales, en seres sin sabiduría práctica para las cosas más elementales y básicas de la vida. Se decía que después de levantarse de sus asientos y dejar sus volúmenes y notas en los anaqueles, en las cuestiones verdaderas de la vida se mostraban insignificantes y a un nivel más bajo que la mayoría[87].

Platón no tuvo reparos en admitirlo claramente en su diálogo *Teeteto*: «Ese que fue educado en la libertad y que disfruta del ocio, y al que tú das el nombre de filósofo, parecerá un hombre inofensivo cuando tenga que enfrentarse con menesteres serviles»[88]. Y en ese mismo diálogo, cuenta la famosa historia de Tales de Mileto: mientras observaba los astros, se cayó a un pozo y una joven esclava tracia se burló de su preocupación por conocer las cosas del cielo, cuando no era capaz de darse cuenta de lo que tenía a sus pies[89]. Al final, con resignación, Platón tiene que admitir que «las cosas de los hombres no valen mucho la pena, pero no hay más remedio que preocuparse por ellas»[90].

Para Aristóteles la felicidad residía en el ocio ilustrado, ese tiempo que se pasa en el estudio y en la investigación. Él mismo vivió por y para el estudio, y reconoce que los sabios saben muchas cosas admirables, difíciles y divinas, pero ignoran las cosas que son útiles para ellos[91]. Su propio sobrino Calístenes sufrió las consecuencias de esa forma de vida, pues sin hacer una reflexión práctica, se enemistó con Alejandro y fue condenado a muerte. Alejandro pensó que Calístenes se había cavado su propia tumba al mostrar una actitud hostil hacia su persona y, por eso, dijo: «Odio al sabio que no es sabio para sí»[92]. Un caso extremo fue el del matemático Hipócrates (*floruit* 430), que se dedicó al comercio. Por desgracia, solo era inteligente en geometría y en un viaje comercial le engañaron en la aduana de Bizancio, donde perdió una importante suma de dinero[93].

* * *

Los sabios de la época arcaica eran activos y estaban integrados en su comunidad (salvo contadas excepciones, como Heráclito) pero con la creación de las escuelas puede existir el genio aislado, reservado, limitado al mundo de las aulas y el estudio. Se crea la vida académica, esa vida mansa y tranquila que había alabado el general Timoteo cuando visitó la Academia: «¡Qué vida! ¡Qué verdadera felicidad!» (es decir, sin tener que preocuparse por la intendencia de los ejércitos, la diplomacia de las naciones y el dinero). Todo comienza con Isócrates y con Platón, que centraron sus vidas únicamente en la escuela y la educación, alejándose de la vida pública. Epicuro lo llevó hasta sus últimas consecuencias al retirarse al Jardín. Es posible considerar a Pitágoras (que, como vimos, había influido en la idea de escuela de Platón) como pionero de ese mundo cerrado de elegidos, aunque en su caso con un matiz más religioso que educativo. No eran pocos lo sabios que opinaban que la vida más placentera era la dedicada al estudio[94].

En consonancia con esa atmósfera de paz, los maestros, en general, llevaban una vida respetable. ¿Acaso ha cambiado nuestra sociedad occidental en este punto? Para Isócrates, Platón y Aristóteles, el educador debe ser un constante ejemplo de moderación, virtud cívica y prudencia tanto en su vida pública como privada. Isócrates escribió sobre la vida que llevaban sus estudiantes:

> No hacen daño alguno, son retraídos en política, se mantienen con tranquilidad, solo se ocupan de sí mismos y solo se reúnen unos con otros, viven con frugalidad y modestia[95].

Sin duda, la escuela más seria fue la de Platón, puesto que el maestro tenía ese carácter: como ya dijimos, Platón era tan serio y vergonzoso que nunca se le vio reír a carcajadas[96] y por eso se creó la leyenda de que en su Academia prohibió la risa; aunque su sucesor Espeusipo cambió eso, pues era gracioso y festivo.

En la medida en que había escuelas estables, la fama y el reconocimiento eran cruciales para que nuevos alumnos acudieran desde otros lugares a educarse. Por eso Platón e Isócrates (y Epicuro) cuidaron siempre sus formas y tuvieron un trato exquisito con sus alumnos. Comprendieron que, como educadores, solo podían trasmitir sus enseñanzas sin emplear medios violentos ni de palabra ni de obra, sin gritos ni actitudes prepotentes. Ya se dice que Sócrates reprendía poco a los jóvenes que lo seguían[97]. De todas formas, se cuenta que en cierta ocasión riñó a Platón de forma especial; el sensible Platón le dijo entonces a Sócrates: «¿No hubiera sido mejor que me dijeras esas cosas en privado?». Y Sócrates (que siempre tenía la respuesta a todo) le replicó: «¿Y no hubiera sido mejor que me hubieras dicho eso tú en privado?»[98]. Por eso, Platón se limitó a reprender a sus discípulos con su propia vida[99]. De nuevo, el pionero en esta sabia actitud fue Pitágoras que lo aprendió tras una amarga experiencia: en cierta ocasión uno de sus discípulos que había sido reprendido con excesiva dureza se había suicidado ahorcándose; desde ese momento jamás volvió a reprender a los discípulos[100].

Los cínicos eran diferentes; rechazaban las convenciones sociales y hacían ostentación de su pobreza y de su mala educación, con la intención de despertar las conciencias de las gentes. Por eso Diógenes, cuando alguien mencionaba que Platón era un gran filósofo, decía: «¿Cómo es posible, si nunca se ha metido con nadie?». Le preguntaron en otra ocasión a Diógenes por qué reprendía de forma áspera a sus discípulos y dijo: «También los médicos tratan así a los enfer-

mos»[101]. Cuando un ciudadano le presentó a su hijo propo-
niéndolo como alumno y le dijo que era de excelente natural
y de costumbres ordenadas, le replicó con sus malos modos habituales: «¿Entonces, para qué me necesitas?»[102].

Pero en la Academia también se perdió la delicada sensibilidad del maestro cuando Jenócrates se convirtió en director de la escuela. Había revelado su mal carácter desde bien
pronto y su maestro Platón le animaba a dulcificarlo dicién-
dole siempre: «Oh, Jenócrates, sacrifica a las Gracias»[103]. Nada

Fig. 19. Mosaico que representa la Academia de Platón.

alumno sin condiciones naturales para sus estudios, le decía sin contemplaciones: «Márchate, pues no tienes hechu-
ras para la filosofía»[104].

Se detectaba a los buenos estudiantes bien pronto, desde
la escuela primaria, al observar la lentitud o rapidez en re-
producir los modelos del maestro. Para esos alumnos los maestros exigían más trabajo y depositaban en ellos sus mayores
esperanzas. Quintiliano escribe sobre esos alumnos:

> La principal señal de talento entre los pequeños es la memo-
> ria; tiene una doble misión: aprender con facilidad y retener
> fielmente lo aprendido. A esto se añade la habilidad en imitar
> (pues esto también es señal de docilidad) ... Este niño acepta-
> rá sin dificultad lo que se le enseñe; incluso preguntará algu-
> nas veces. No obstante, seguirá por donde se le lleve, pero no
> se adelantará[105].

Todos los maestros (desde Pitágoras) habían determinado
que el camino del estudio y de la ciencia no puede ser recorrido por todos. Isócrates tenía sus requisitos para el aprendizaje de la retórica que estaban determinados por sus cualidades naturales: ser capaz de inventar, aprender, trabajar y
recordar, voz y claridad de dicción y audacia. Platón escribe
que quien quiere dedicarse a la filosofía no puede tener una
mente lenta para aprender o incapaz de retener[106]. En consecuencia, era conveniente filtrar el acceso. Por su propio
bien hay que alejar a los muchachos poco dotados intelectualmente, porque (y aquí Platón demuestra una fina penetración psicológica) estas personas terminarán por odiarse
a sí mismas y a la actividad que inicialmente querían desarrollar. ¿Cómo se procedía a alejar a estos malos estudiantes?

Eso es otra cuestión. Eso sí, nunca se llegó a poner en la puerta ese cartel en latín que exhibían algunas escuelas inglesas: *disce aut discede*, es decir, 'aprende o márchate'.

Pero aplicar esas normas a los alumnos ricos tenía sus inconvenientes: eran los mejores a la hora de pagar los honorarios, pero también los más presuntuosos. Aristóteles se quejaba de ellos: «A causa del lujo ni siquiera en la escuela tienen la costumbre de obedecer»[107]. Zenón el estoico los apartaba de su lado con habilidad. Primero los hacía sentar en gradas polvorientas, para que sus mantos se ensuciaran, después en el sitio de los mendigos para que convivieran con los harapos, de modo que al final los ricos se iban[108].

Había otra lucha contra aquellos discípulos pretenciosos que se creían mentes prodigiosas. Es evidente que a Atenas solo acudían los que habían destacado en sus propias ciudades (y tenían familias de buena posición económica). En su pequeña ciudad habían sido admirados y su espíritu se había llenado de vanidad, pero en Atenas, donde confluían todas las mentes brillantes, pasaban a ser, sin duda, personas normales. Por eso, Menedemo dijo que los que vienen en barco a Atenas a la escuela, al principio eran sabios (por esa audacia que otorga la juventud y la ignorancia), después se convertían en filósofos y pasando el tiempo en personas ordinarias (que se han desprendido de su orgullo). Plutarco decía que era como si hubiesen visto una gran luz, como si se hubiera abierto un templo, que les hacía dejar la audacia y, en silencio, obedecer humildes y respetuosos[109].

Tras pasar unos años en las escuelas de Atenas, los muchachos volvían transformados a sus casas. Se trata de esa capacidad para cambiar a las personas que tiene la educación y que había señalado Aristipo. Tras sus estudios eran

otras personas, cultivadas y refinadas. En este punto destacó, sobre todo, la Academia donde se disfrutaba de una atmósfera distinguida y tranquila, por lo que en muchas ocasiones el regreso con la familia suponía un conflicto. Dice
Séneca que «un niño que se había educado en casa de Platón cuando, tras ser devuelto a sus progenitores, vio a su
padre vociferando, dijo: «Esto no lo he visto nunca en casa
de Platón»[110]. Eliano cuenta que un joven de Eretria regresaba a casa tras estudiar con Zenón y el padre le preguntó
cuánta sabiduría había adquirido en tan extenso lapso. Como
respondiera que no en la profundidad que quisiera, el padre comenzó a golpearlo y entonces el joven corrigió su respuesta: «A soportar la ira paterna»[111].

Los estudiantes al volver debieron de escuchar muchas
veces la misma pregunta: «¿De qué te ha servido la filosofía?». Las gentes que se autodefinían como prácticas y sen-
satas, con sus pies asentados en las realidades de la vida,
solían hacerla como una especie de acusación por el tiempo
perdido en las escuelas de Atenas. Incluso se lo preguntaron a Dionisio el Joven cuando estaba en su destierro de
Corinto, tras ser expulsado de la tiranía de Siracusa. «¿De
qué te sirvió Platón y su filosofía?», y el antiguo tirano respondió: «Para aceptar tal cambio de fortuna»[112].

Relacionado con esto mismo, es oportuno recordar una
pequeña y bonita historia que nos ha trasmitido Eunapio
de Sardes (347-414 d. C.): Edesio de Capadocia demostró
desde bien pequeño que poseía una mente brillante; su padre comprendió que había encontrado un tesoro en la inteligencia de su hijo y con enormes sacrificios (porque no poseía una buena situación económica) lo llevó a Grecia para
que se educara y luego consiguiera grandes sumas de dine-

ro. Sin embargo, todas sus esperanzas se vieron frustradas, cuando Edesio regresó y declaró que estaba inclinado a la filosofía. Sin miramientos, el padre lo echó de casa como inútil. Cuando lo expulsaba de casa, le preguntó: «¿Qué provecho te aporta a ti la filosofía?». Al oír eso, el hijo se volvió y respondió: «No es pequeña cosa, padre, el haber aprendido a respetar al propio padre, incluso cuando este lo está echando a uno de casa». Cuando su padre oyó eso, se arrepintió de inmediato. Llamó a su hijo para que volviera y le dijo que aprobaba su carácter virtuoso[113].

Los grandes filósofos también se habían enfrentado a esa pregunta; le pasó a Aristipo cuando un abogado lo defendió en una causa judicial, y tras ganar el pleito, le preguntó con ánimo de herirle en su vanidad: «¿Qué beneficio sacaste de Sócrates, puesto que no has sabido defenderte tú mismo?». Y Aristipo le dijo: «Que sean verdaderas todas las palabras que dijiste en mi favor»[114]. Por lo general, los filósofos respondían con mucho ingenio, pero en todos los casos declarando la total libertad personal que proporcionaba la filosofía. Estas son algunas de las respuestas:

Aristipo: Tratar a todos sin recelos[115].

Antístenes: Ser capaz de hablar consigo mismo[116].

Diógenes: Estar preparado contra cualquier azar[117].

Crates: Un cuartillo de lentejas y no preocuparme de nada[118].

Aristóteles: Hacer espontáneamente lo que otros hacen por miedo a las leyes[119].

Ctesibio (un seguidor del filósofo Menedemo): Para cenar de balde[120].

A veces, el efecto de las palabras de los maestros llegaba con retraso. Dicen que los que estudiaban con Platón, cuando volvían de Atenas a sus respectivas patrias, cuando ya eran mayores, de pronto se acordaban de las palabras de su maestro y exclamaban: «¡Ahora entiendo lo que quería decirme Platón!». Por eso el filósofo Antífanes, bromeando sobre estos discípulos de Platón, decía que era como cierta ciudad donde las palabras se helaban por el frío inmediatamente después de ser dichas y después, con el deshielo, la gente oía en verano las cosas de las que se había discutido en invierno[121].

Con el paso del tiempo se fue haciendo costumbre enviar a los muchachos a estudiar a los grandes centros culturales; se convirtió en una etapa más de su desarrollo. Entonces apareció el tipo de alumno superficial, aquel que acude a la escuela de los filósofos, pero no acusa su impronta. Séneca los describió de forma magistral en una de sus cartas:

> ¿No conocemos a algunos que se han sentado durante años junto a un filósofo y ni siquiera han tomado el tono? A estos no los llamo discípulos de los filósofos sino inquilinos. Verás que existe esta gran parte de discípulos para el que la escuela del filósofo es solo un albergue de ocio[122].

* * *

Por lo general, los alumnos se convertían en fieles seguidores de un maestro. Fueron pocos los que cambiaron de escuela. Zenón fue el caso más señalado: dejó a su primer maestro Crates y pasó a tomar lecciones de Estilpón. Zenón probó su propia medicina cuando su discípulo Aristón rechazó el estudio de la física y de la lógica afirmando que solo era necesaria la ética y se fue con el académico Polemón. Pero el caso más señalado fue el de Dionisio de Heraclea, que abandonó airadamente la compañía de Zenón renegando de sus doctrinas. Este Dionisio había enfermado de los ojos gravemente (algunas fuentes dicen que su dolencia dolorosa tenía que ver con los riñones). En medio de sus dolores empezó a gritar que todo lo que había aprendido de Zenón era falso. Recordemos que la doctrina estoica decía que el dolor y la enfermedad eran entes no buenos ni malos sino indiferentes (buen pudo decirlo Zenón, ya que este filósofo gozó de una salud de hierro hasta el fin de sus días). Cuando su condiscípulo Cleantes trató de detenerlo y le preguntó por qué se apartaba de la escuela, Dionisio le dijo: «Si después de dedicarme tanto a la filosofía, no puedo soportar el dolor, esto es prueba suficiente de que el dolor es un mal»[123]. A partir de ese momento Dionisio se pasó a las filas del hedonismo más extremo y comenzó a frecuentar los prostíbulos y se entregaba abiertamente a todos los placeres. Algunos autores antiguos lo llamaron obseso sexual. Con su propio cuerpo filosofaba contra la Estoa. La gente lo llamaba *metathémenos,* es decir, 'el tránsfuga' o 'el que cambió de parecer'. Al parecer, su actitud había despertado desde el principio la suspicacia de Zenón, pues dicen que en cierta ocasión Dionisio le preguntó al maestro por qué no le reprendía nunca y que Zenón le respondió: «Porque no confío en ti»[124].

Sobre Dionisio cuentan que en su vejez, cuando celebraba una fiesta en su casa, al final de la cena, debido a la edad, no pudo disfrutar de los servicios de la prostituta que había contratado; así que se volvió a sus compañeros de banquete y les recitó este verso de la *Odisea*: «No puedo tensarlo, que se haga cargo otro»[125]. Le dio un sentido obsceno a la frase que pronuncia uno de los pretendientes en la prueba del arco. Una cita homérica era apropiada en cualquier situación, incluso en la más indecorosa, como esta.

La escuela de Epicuro parecía inmune a estos movimientos de discípulos. Pero un académico como Arcesilao encontraba una explicación: «De los hombres pueden salir eunucos, pero de los eunucos no salen hombres»[126]. No obstante, un alumno llamado Timócrates escapó de las dulces redes del Jardín. No se trataba de un alumno cualquiera; su hermano Metrodoro era el discípulo preferido de Epicuro; los antiguos le apodaban «casi otro Epicuro» y habría sucedido al maestro de no haber muerto prematuramente. Pues este Timócrates no solo salió del Jardín, sino que se dedicó con enorme afán a desacreditar a la persona de Epicuro y sus doctrinas. Escribió un libro con ese fin, titulado *Delicias,* donde decía que Epicuro vomitaba dos veces al día a causa de sus excesos, que era un ignorante en muchos temas, que su salud era lamentable debido a sus vicios, que gastaba una fortuna en su comida, que convivía con prostitutas y que en sus libros se repetía incesantemente.

* * *

La palabra griega para «educar» está formada sobre el término «niño» (*paîs*); con esto se quiere indicar que este proceso está relacionado con la infancia. Y esto es así porque la educación es un largo proceso que debe comenzar en la niñez. Protágoras decía que para aprender es necesario empezar desde la juventud. Platón fue incluso más lejos al decir que la educación de un niño debía comenzar antes de su nacimiento, en el vientre de su madre[127]. En su *República* escribió que no debía creerse a Solón cuando dice que un anciano puede aprender muchas cosas, porque la educación supone un gran esfuerzo para el que solo están preparados los jóvenes[128]. Platón se refería al proceso educativo como un largo período (*makrá períodos*)[129], asegurando que la cultura no florece en un solo día.

Efectivamente, la educación no solo requería de tiempo, de mucho tiempo, sino también de esfuerzo. Isócrates era realista cuando decía a sus alumnos: «Nadie aprende rápidamente ni en un año, estos conocimientos nos vienen con dificultad»[130]. Era tan largo el camino que Teofrasto cuando estaba moribundo se lamentaba de que moría, cuando empezaba a vislumbrar el conocimiento[131].

Frente a las demás cosas materiales que se pueden adquirir con dinero, la educación solo se consigue con tiempo y dedicación. Nadie se hace culto por azar o de repente. Además, en ese largo recorrido no había atajos ni caminos anchos o reales. Así se cuenta que Ptolomeo, el rey de Egipto, escuchaba las lecciones de Euclides y, alarmado ante la dificultad de aquellos temas, le preguntó al sabio si había algún camino más corto para la geometría. Euclides le dijo: «No hay caminos reales para la geometría»[132].

Pasada una edad ya no era apropiado ni decoroso aprender. Los que se arrepentían de no haber estudiado en su momento y mostraban deseos de hacerlo de mayores solo denunciaban con su actitud el remordimiento de una pereza incorregible. Muchos profesores se enfadaban con los que no habían emprendido a tiempo los estudios, como el académico Arcesilao (*ca.* 318-242). Todas aquellas personas adultas que por inquietud intelectual se dedicaban a tomar lecciones eran ridiculizadas y sufrían las burlas de sus conciudadanos. Eso le pasó a Ifícrates que fue criticado porque, siendo ya un gran general, realizaba ejercicios retóricos en su casa y ante numerosa concurrencia. Para la opinión pública de Atenas, Ifícrates «satisfecho con sus hazañas militares, tendría que haber dejado la escuela a los sofistas»[133]. Ya hemos señalado anteriormente el caso de Sócrates, quien a una edad ya avanzada iba a aprender a tocar la cítara y los niños se reían de él y llamaban al citarista «maestro de viejos»[134]. Cuando el emperador Marco Aurelio frecuentó la casa del famoso orador Herodes Ático en Atenas asegurando que es hermoso aprender incluso para un viejo, se enfrentó, aun siendo emperador, a las risas de sus allegados, que iban diciendo: «El emperador de los romanos, que va ya para viejo, se cuelga una tablilla y va a casa del maestro»[135]. Aristófanes con su personaje de Estrepsíades desea ridiculizar a los adultos que se empeñaban en estudiar en las escuelas.

Existía un prejuicio muy asentado sobre el momento oportuno para educarse. Diógenes, que no respetaba ninguna norma convencional, en este punto no disintió: «La educación se recibe en la juventud y debe convertirse en un refugio en la vejez»[136]. Tal vez Epicuro fue el único que no se preocupó de la edad; para él la filosofía era una forma de lograr la felicidad y cualquier edad era buena para dedicarse a ella. Séneca en el siglo I d. C. tiene una actitud ambigua; en unas cartas nos dice: «Es honroso estudiar en todo momento, pero no lo es acudir siempre a la escuela» o «El joven debe adquirir conocimientos, el viejo servirse de ellos», que está muy en la línea de Diógenes; pero en otras ocasiones expresa la opinión contraria: «Hay que aprender todo el tiempo que dure la ignorancia durante toda la vida»[137]. Al parecer acudió a una escuela ya de viejo porque comenta: «En la escuela también enseño algo: que hasta un viejo tiene que aprender»[138].

Tanto griegos como romanos se plantearon los tiempos del aprendizaje. En general, las normas sociales admitieron que, de forma oficial, solo los niños y jóvenes debían acudir a la casa del maestro. Los adultos podían seguir aprendiendo, pero de otro modo: por medio de las lecturas, acudiendo al simposio, asistiendo al teatro o mediante el trato de otros ciudadanos; siempre de una manera informal. Recordemos el dicho de Aristófanes: «Pues a los niños es el maestro quien les enseña, a los adultos los poetas»[139].

La *efebía*

Este es el nombre que recibía el servicio militar obligatorio en la antigua Atenas. Parece que tras la derrota de Queronea en el 338 los atenienses decidieron instituir un sistema de formación de dos años para crear soldados más profesionales que se enfrentasen con éxito al creciente poderío de Macedonia. Sin duda, la *agogé* espartana, que tenía esa misma función, fue el modelo a seguir. La institución se llamó *efebía* y a los jóvenes que realizaban el servicio «efebos» (términos formados sobre *hébe*, 'juventud'). Hasta la creación de esta *efebía* los atenienses nunca habían establecido formalmente un sistema cívico y militar diseñado para formar de la misma manera y con carácter obligatorio a todos los ciudadanos (y, además, con cargo a las arcas públicas).

El Estado elaboraba una lista de los jóvenes que llegaban a los 18 años y tras comprobar su legítima condición de ciudadanos se les suministraba su uniforme (un sombrero y una clámide negra) y se les distribuía por batallones. Su primer acto oficial era prestar un juramento solemne que, en los primeros tiempos, se realizaba en el santuario de Aglauro, situado en la colina oeste de la Acrópolis. Por suerte, este juramento se nos ha conservado en un discurso de Licurgo[140] y en un texto epigráfico de mediados del siglo IV hallado en el *demo* de Acarnas y que se publicó por primera vez en 1938. Comenzaba así:

> Jamás deshonraré estas armas sagradas, ni abandonaré al camarada que luche a mi lado; combatiré por los dioses y por los hogares y no dejaré a mi patria disminuida [...][141].

El juramento debe de ser antiguo, pues hace referencia a la forma de combatir de los hoplitas que por esta época ya estaba totalmente obsoleta. No menciona ningún aspecto educativo, solo anima a obedecer las leyes cívicas y religiosas. Después de hacer el juramento emprendían un recorrido por los principales santuarios de la ciudad, lo que servía para despertar su sentimiento más patriótico. Además, luego participaban en eventos sociales en el teatro o en los templos que eran la ocasión de fomentar ese sentimiento de cohesión y pertenencia a la comunidad.

Durante el primer año recibían instrucción militar en diferentes guarniciones en el Pireo. Según Aristóteles, se les enseñaba a luchar como hoplitas, a disparar con el arco, lanzar dardos y manejar catapultas. Al terminar ese primer año realizaban maniobras militares y recibían una lanza y un escudo. Durante el segundo año patrullaban las fronteras del país y permanecían acuartelados en los fuertes fronterizos.

No se ofrecía entrenamiento para el combate naval, solo se centraba en la defensa terrestre de las fronteras.

Debido al enorme coste que suponía mantener este sistema, Atenas decidió reducir la duración de la *efebía* a un solo año; esto sucedió en algún momento entre el 307 y el 302. A principios del siglo III la *efebía* perdió su función militar y pasó a convertirse en una institución educativa, pero solo para la élite de la sociedad. La pérdida de independencia política de la ciudad y el hecho de que los grandes reyes helenísticos lucharan con ejércitos de soldados profesionales o mercenarios, restó valor a la preparación militar de los efebos y esta institución fue paulatinamente transformándose en una institución educativa donde se insistía en valores literarios y en la formación moral de buenos ciudadanos destinados a dirigir la ciudad, al servicio, eso sí, de los grandes poderes (los reyes y, luego, los dominadores romanos). En la medida en que ya solo era una institución pacífica de carácter educativo, los reyes (y los romanos) no pusieron reparos a su existencia, pues era totalmente inofensiva desde el punto de vista militar.

Como ya no estaba dirigida a todos los jóvenes de 18 años sino a los hijos de las clases superiores, el número de efebos en Atenas fue reducido: en torno a un centenar. Desaparecieron los aspectos militares y patrióticos como el juramento y el circuito por los santuarios de la ciudad. Esto abrió las puertas a admitir a jóvenes de otras ciudades y así sabemos que desde el 119 llegaron a Atenas muchachos desde Roma, Alejandría, Delos y el norte de Grecia (del mismo modo que en la época clásica algunos aristócratas habían enviado a Esparta a sus hijos para educarse en su famosa *agogé*).

La *efebía* ateniense fue imitada por muchas otras ciudades griegas. El sistema se extendió desde Marsella hasta Babilonia y desde el mar Negro hasta Egipto (el de los Ptolomeos). Alejandro Magno había creado un gran imperio desde Grecia hasta la India. Los griegos eran la clase dominante sobre las poblaciones nativas y fue la lengua griega la que se impuso como lengua oficial en todos los dominios (la llamada *koiné dialektós* que se basaba principalmente en el griego de los atenienses). Los griegos estaban rodeados de culturas muy diferentes, y para resistir la asimilación con su entorno se aplicaron en defender y destacar su lengua y sus costumbres, orgullosos como siempre de su elevada cultura. La *efebía* se convirtió en la más extendida institución para entrenar y moldear las mentes de los jóvenes en el período helenístico y siguió vigente hasta el final de la Antigüedad. El lugar donde se impartían esas enseñanzas fue el gimnasio, que se transformó ahora en el símbolo de la vida civilizada. Antes solo había sido un sitio donde se entrenaba a los jóvenes para las pruebas atléticas, ahora se convertirá en el centro de la educación física, musical e intelectual. Los muchachos que se educaban allí se llamaban a sí mismos, con cierta petulancia y desdén hacia los demás, «los del gimnasio». Era un grupo escogido que había recibido la exquisita cultura de un griego.

En general, la edad para acceder eran los 18 años (copiando el sistema que había creado Atenas, en un principio, con carácter militar) pero en muchas ciudades los muchachos comenzaban esta etapa (que ya era solo educativa) a una edad más razonable en torno a los 15 años. Por supuesto, la educación física fue un elemento importante (pero no dirigida a la milicia), pues era un factor que definía la cultura griega frente a los demás pueblos. En el caso de Atenas, parte de la preparación consistía en acudir a las escuelas y tomar lecciones de los filósofos. Los efebos enriquecían su formación visitando escuelas, tomando lecciones con los filósofos, oradores y gramáticos; incluso en una inscripción se nos dice que donaron libros para la biblioteca del gimnasio conocido como Ptolemaion. Los decretos honoríficos de Atenas sobre los efebos nos hablan de disciplina, decoro y amor al honor como cualidades a destacar entre los jóvenes. Según Marrou, la *efebía* solo perseguía preparar para una vida de ocio elegante[142].

En educación se llegó a una uniformidad general en todo el mundo griego. En todos los territorios donde se hubiesen asentado los griegos se impartía un currículum muy similar que proporcionaba una cultura general. Había sido iniciado por los pitagóricos y perfilado por Platón en su *República* (como ya vimos). A este currículum lo llamaron *enkýklios paideía* (enciclopedia), un concepto que ha sido calificado como clave de la educación y de la cultura europeas.[143] Se mantuvo con la llegada de los romanos, y a principios del siglo V d. C. el neoplatónico Marciano Capella terminó por darle forma definitiva en su obra *De nuptiis Philologiae et Mercurii*.

El sistema de estudios de la Edad Media está basado en concreto en el modelo que creó Marciano: el *trivium* (gramática, dialéctica y retórica) y el *quadrivium* (geometría, aritmética, astronomía y música). Se las conocía también como las «siete artes liberales» y formaron la educación superior europea desde la Edad Media. Eran liberales porque los estudios estaban relacionados con la condición de hombre libre y, en principio, no tenían un propósito utilitarista.

Los estudiantes recibían una instrucción primera y básica en sus ciudades y luego viajaban a estos centros de estudios superiores para especializarse. Esto aseguraba que solo los buenos estudiantes, aquellos que habían llamado la atención por su inteligencia en sus propias ciudades emprendiesen el camino para llegar a lo más alto. Adquirían una educación superior moviéndose entre profesores de una ciudad a otra.

Entre los centros educativos siguió destacando Atenas, aunque había quedado en una zona sin importancia estratégica o política. Gracias a su venerable y larga tradición compitió con éxito con los nuevos centros que se fueron creando en Alejandría, Rodas, Esmirna y Éfeso. Atenas mantuvo su prestigio hasta el final del Imperio romano. Era el destino preferido para los que deseaban estudiar retórica y filosofía; en el siglo IV d. C. el esplendor de la llamada «escuela neoplatónica» dio un nuevo impulso a la vida estudiantil de la ciudad.

Pero Alejandría se convirtió en una rival muy fuerte; esta ciudad pasó, como no podía ser menos en tantos siglos, por diversas fases: primero conoció el esplendor del Museo Ptolemaico en todos los campos, literarios y científicos; luego sufrió la decadencia tras la conquista romana (aunque los estudios médicos siguieron siendo importantes, aprovechando los avances de la época helenística; y, de hecho, los mejores médicos del Imperio se formaron allí); hacia el siglo V-VI d. C. Alejandría vivió un nuevo esplendor y se convirtió en el primer centro de enseñanza hasta el final del Mundo Antiguo. Alejandría era una ciudad grande y cosmopolita, la segunda del Imperio, y además estaba situada en un lugar estratégico.

Para estudiar leyes los muchachos preferían Beirut. La escuela se había establecido en el siglo III d. C. cuando comenzaron a ser populares entre la juventud los estudios legales con la finalidad de convertirse en funcionarios de alto nivel en la administración del Imperio. En Beirut estaba radicado un archivo de leyes y constituciones imperiales destinadas al Oriente del Imperio. La ciudad se llamó «madre de las leyes» y fue el mejor lugar para estudiar esa disciplina hasta el siglo VI cuando la ciudad fue destruida por un terremoto y un tsunami (en el año 551 d. C.). En Constantinopla también había otra escuela de leyes y, aunque no tenía tanto prestigio, era mejor para empezar una carrera pública, ya que estaba en el corazón del Imperio.

Estos viajes educativos dependían de la riqueza o ambición de los estudiantes y del prestigio de los profesores. Para la élite emprender esos desplazamientos era parte esencial de su formación y de su vida, un período feliz que evocaban con añoranza después, en la madurez, como hoy día recordamos con nostalgia nuestros años universitarios. Eneas de Gaza (*ca.* 430-518 d. C.) en una carta a un viejo amigo, por entonces sacerdote, recuerda los viejos tiempos pasados en Alejandría ocupados en los ejercicios retóricos, «jugando con las Musas».

Nos podemos hacer una pequeña idea de esta vida en los epitafios que se han conservado de estudiantes que murieron lejos de casa cuando estudiaban. El término «filólogo» fue el habitual para referirse a los estudiantes en los epitafios, aunque se trata de una forma poética, ya que no se encuentra en los textos oficiales de los decretos y leyes. Estos estudiantes fallecidos tienen edades comprendidas entre los 17 y los 20 años de edad y son un buen ejemplo del movimiento de los jóvenes en busca de una buena preparación.

Este es el epitafio de un joven de la localidad de Prusias en Bitinia que murió cuando estudiaba en Éfeso:

Nací junto al Rin; mi madre es Polita
y mi padre Quintiano, y mi patria Prusias.
Mi nombre Calpurniano; fallecí con 20 años
cuando llevaba cinco años de estudios literarios en Éfeso[144].

Y este otro de un joven de Éfeso que se había desplazado a Lesbos para estudiar retórica:

A mí que comenzaba el décimo octavo año
y que hasta ese día me educaba en los trabajos de la retórica
en la boscosa Lesbos, una dolorosa enfermad me doblegó,
y ya no regresé a la encantadora tierra de Éfeso.
Mi hermano con mucho dolor llevó la noticia
de mi desgracia a mis padres en una rápida nave.
Habito la sagrada mansión de los héroes y no el Aqueronte,
Pues ese es el fin de la vida para los sabios[145].

En los últimos versos está expuesta una curiosa idea: por medio de la educación se consigue la inmortalidad. Frente a la vida anónima en los prados sombríos del Hades a donde va la gente corriente, los hombres piadosos se han ganado un lugar mejor entre los héroes. Ese lugar puede ser el Elisio, que era un rincón especial dentro del Hades donde unos pocos afortunados escapaban de las sombras; pero también puede tratarse de la Isla de los Bienaventurados, que, según Homero y Hesíodo, se encontraba en el lejano Oeste y a donde los dioses enviaban a algunos héroes para disfrutar de una segunda vida, pero solo de placer y alegrías. El hombre educado puede gozar de esa segunda vida gracias a su amor a la cultura. Y lo merece más que el piadoso, puesto que desde tiempos de Platón se describe ese más allá lleno de goces intelectuales: teatros, coros de danza, conciertos de música y conversaciones filosóficas[146]. El desdichado estudiante de este epitafio pudo consolarse con un destino mejor en la otra vida.

Epílogo.
De Grecia a Roma

*Pues cualquiera debe reconocer que es un error abandonar las
costumbres de los vencedores para imitar las de los vencidos.*

Polibio, *Historias,* 9.10.5.

En el 283 una embajada romana se presentó en la ciudad
de Tarento para exigir responsabilidades por el ataque a su
flota. Los tarentinos, que se regían por una democracia desde el 473, hicieron pasar a los embajadores al teatro para
que expusieran sus quejas. El pueblo prestó gran atención,
pero solo para ver si decían algo que no estuviera en el más
puro estilo de la lengua griega y entonces se reían. Un ta-
rentino medio borracho se atrevió a orinar en las ropas que
habían dejado los embajadores antes de subir a la escena y
cuando al terminar su discurso los romanos las recogieron,
el teatro estalló en carcajadas. El embajador romano con gran
dignidad miró al público y dijo: «Reíd mientras podáis»[1].

La anécdota es reveladora. Demuestra la soberbia de esa
ciudad griega frente a unos romanos a los que consideraban tan solo bárbaros. Los tarentinos habían luchado contra muchos bárbaros desde que un grupo de espartanos fundó la ciudad en el 706. Gracias a su excelente puerto natural

y unos campos fértiles y bien regados, alcanzó una gran prosperidad material y su único estorbo eran las luchas constantes contra los pueblos indígenas, lucanos y mesapios, que habían sido relegados por la fuerza a las zonas altas del interior. Incluso en varias ocasiones solicitaron ayuda a su metrópolis, a Esparta, para mejorar su defensa. Así fue durante mucho tiempo hasta que apareció en el horizonte un nuevo enemigo, Roma. En el momento de la embajada mencionada los bárbaros romanos controlaban de hecho casi todo el sur de Italia y amenazaban la independencia de los tarentinos. Esta vez llamaron en su auxilio a Pirro, rey del Epiro y militar profesional. Se dice que la primera vez que Pirro vio un campamento romano se fijó en el orden, la vigilancia y la perfecta organización y se llenó de asombro. Entonces le dijo a su acompañante: «Este campamento de bárbaros no es bárbaro»[2].

Roma había entrado en contacto con la cultura griega de una manera indirecta a través de los etruscos (que eran grandes amantes del arte griego, como demuestran los objetos hallados en sus tumbas). Poco después, en su avance hacia el sur de la península los romanos dominaron la región de Campania con sus viejas ciudades griegas, como Nápoles. En el 272 cayó Tarento, cuando Pirro, incapaz de derrotar a las legiones, se retiró de la campaña. De ese modo todo el sur de la península itálica (la antes conocida como Magna Grecia) quedó sometido a Roma. Luego, tras la Primera Guerra Púnica (264-240), los romanos en su lucha contra Cartago se apoderaron de casi toda Sicilia, una isla que había sido colonizada por los griegos. Solo Siracusa conservó su independencia (gracias al apoyo logístico que había prestado a las tropas romanas), aunque supeditada a Roma. Pero en estos momentos los romanos eran solo fieros soldados, entregados de forma absoluta a la conquista. La verdadera penetración de la cultura griega llegó con la Segunda Guerra Púnica y afectó tan solo a las clases elevadas. Como escribe Aulo Gelio: «En la Segunda Guerra Púnica, la Musa, con paso veloz, se introduce en el belicoso pueblo romano»[3].

El acontecimiento más decisivo en ese impulso fue la toma de Siracusa. La ciudad se había pasado al bando cartaginés, impresionada por la aplastante victoria de Aníbal en Cannas (año 216). Todos reconocían a la ciudad de Siracusa como la más importante de Sicilia. Era tan enorme que estaba dividida en cuatro distritos, a los que llamaban «ciudades». El más antiguo lo formaba la pequeña isla de Ortigia donde los colonos corintios se habían asentado en el lejano año del 743. Tantos años de prosperidad habían permitido que la ciudad se adornara con templos, teatros y estatuas, convirtiéndose en una de las ciudades más hermosas y grandes de su época. Ese esplendor terminó cuando eligió el bando equivocado. Tras tres años de asedio en el 211 el procónsul Claudio Marcelo tomó la ciudad.

> Marcelo trajo a Roma las obras de arte de la ciudad, las esculturas y las pinturas, que abundaban en Siracusa, pues eran despojos de los enemigos y posesiones adquiridas según la ley de la guerra[4].

Antes de que Marcelo saqueara Siracusa, no se había visto nada elegante y refinado en la ciudad de Roma. Todo estaba lleno de las armas de los bárbaros contra los que habían combatido hasta ahora y en los templos solo estaban a la vista sus despojos sangrientos. En las procesiones del triunfo hasta ese momento no se había visto más que el ganado de los volscos, los rebaños de los sabinos, los carros de los galos y las quebradas armas de los samnitas. Por tanto, Marcelo presumió de que había enseñado a los romanos a valorar y admirar el arte griego. Del botín solo se reservó una cosa a título particular, un simple objeto sin valor artístico o material, pero de especial significado para el propio Marcelo: era una esfera celeste o planetario que había pertenecido al mismísimo Arquímedes (el gran genio había muerto durante el saqueo).

Pero la llegada masiva de tantas obras de arte también despertó las críticas de los sectores más conservadores de Roma. Pensaban que el pueblo romano, si se preocupaba por tales frivolidades, caería en la molicie y la pereza, y perdería su espíritu marcial y austero. Un tal Catón, que precisamente había servido a las órdenes de Marcelo en Campania y en Sicilia, pronunció un discurso ante el Senado para condenar la conducta de Marcelo: «Las estatuas trasladadas desde Siracusa fueron, creedme, elementos hostiles a nuestra ciudad»[5].

Catón (234-149) era un *homo novus*; así es como denominaban en Roma a los ciudadanos de linaje humilde que aportaban por primera vez a su familia la gloria de ostentar las magistraturas del Estado. Como hombre del pueblo representaba las virtudes campesinas y se convirtió en el líder de la facción más severa de Roma. Fue, además, rival personal de Escipión, que pertenecía a la más rancia nobleza y que, como otros de su clase, parecía proclive a introducir modas extranjeras con más permisividad de lo que toleraba la costumbre de sus antepasados. Durante su estancia en Siracusa para preparar la invasión de África (año 204) Escipión se había aficionado a las costumbres griegas; según Tito Livio, «se paseaba por el gimnasio con manto y sandalias griegas, se dedicaba a la lectura y los ejercicios atléticos y todo su séquito disfrutaba de los placeres siracusanos con abandono y molicie»[6].

Catón atacaba a estos necios admiradores de las cosas griegas. Desdeñaba públicamente a los griegos y no les daba respuesta en otra lengua que no fuera la latina; les obligaba a valerse de intérpretes para asegurar el prestigio de la lengua latina. Su frase era «la toga no tiene que ceder al palio» (la toga era el traje oficial de un ciudadano romano y el palio, el vestido típico griego).

Por entonces ya era habitual que rehenes o esclavos griegos se dedicasen a enseñar. Había empezado en tiempos de la conquista de Tarento, cuando un prisionero llamado Livio Andrónico fue conducido a Roma y se convirtió en esclavo. Su amo lo dedicó a la educación de sus hijos. Más adelante, cuando fue manumitido, se instaló en la ciudad y se convirtió en profesor de forma profesional. Para trabajar con sus alumnos Livio tradujo la *Odisea* al latín usando el metro saturnio romano.

Pero Catón educó personalmente a su hijo según el sistema romano, sin pedagogos ni maestros griegos. No quería que a su hijo le reprendiese o le tirase de las orejas un esclavo (si era mal estudiante) o debiese estar agradecido de sus enseñanzas (si resultaba ser bueno en los estudios). Escribió con grandes caracteres una historia de Roma para que aprendiera a leer y conociera las tradiciones romanas. Lo entrenaba físicamente con los ejercicios precisos para la vida militar: tirar con arco, manejar las armas, gobernar los caballos, herir con el puño, nadar en los ríos y soportar el frío y el calor[7]. Entre los preceptos que escribió para su hijo figuraba una advertencia sobre la cultura griega: *inspicere non perdiscere*; es decir, 'examinar, no aprender enteramente'[8].

Nada más terminar la Segunda Guerra Púnica los romanos pusieron sus ojos en Grecia. Allí había tres entidades políticas de cierta envergadura: al norte, el reino de Macedonia, en el centro, la Liga Etolia y al sur, la Liga Aquea. Con estas ligas las ciudades griegas habían creado una especie de federación que intentaba superar la división de las antiguas *poleis* del período clásico. Los romanos se ocuparon primero del reino de Macedonia, con el que tenían cuentas pendientes, pues había apoyado a Aníbal en la guerra. Se le encomendó esta campaña a Flaminino, que había sido educado en los usos militares romanos tradicionales. Tanta fama logró con sus éxitos militares que se le nombró cónsul antes de cumplir los 30 años en el 198. Había sido gobernador de Tarento tras la guerra con Aníbal y en esa ciudad perfeccionó su griego. Sin grandes problemas venció a Filipo V, el rey de Macedonia, en Cinoscéfalas en el 197 e hizo una gira por Grecia: acudió a los juegos en Nemea y en el Istmo. En todos los lugares los griegos quedaron asombrados al ver que Flaminino era un bárbaro que hablaba en griego y los trataba con humanidad.

La guerra contra Macedonia se reanudó en el 168. El cónsul Lucio Emilio Paulo se encargó de la campaña y con rapidez derrotó en Pidna al rey macedonio Perseo. A continuación, hizo una gira por Grecia (Flaminino había iniciado esa moda) y se dedicó a ver sus maravillas: Delfos y Olimpia, entre otras muchas. Permitió a sus hijos (que, según la costumbre romana, le acompañaban en la guerra) que tomaran del botín conseguido los libros de la biblioteca de Perseo. Emilio Paulo era un patricio gran amante de las cosas griegas; de hecho, había educado a sus hijos con gran esmero tanto en la educación tradicional romana como en la griega; se dice que sus hijos estaban rodeados de gramáticos, sofistas y rétores griegos; además de escultores, pintores, domadores de caballos y maestros de caza[9]. Con respecto a la educación de sus hijos, Paulo se comportó de forma totalmente diferente a Catón: los confió a maestros griegos versados en diferentes campos, incluidos algunos muy opuestos a la educación militar típica romana; lo único similar que conservó del sistema antiguo fue el control personal con el que seguía sus progresos (asistiendo a sus estudios y ejercicios siempre que podía).

Para horror de Catón, en el triunfo de Emilio Paulo (que duró tres días) se volvieron a ver las maravillosas obras de arte del mundo griego en una cantidad ingente: se dice que durante el primer día desfilaron 250 carros con las estatuas, cuadros y colosos capturados en la guerra. Llegaron también esclavos y rehenes que, con el tiempo, servirían para introducir todavía más la cultura griega entre los romanos (de las clases elevadas). El más destacado de los rehenes que entregaron los griegos a Roma fue Polibio de Megalópolis (que luego fue un famoso historiador). Fue admitido entre las familias más distinguidas de Roma, pero acabó adscrito a la familia de Emilio Paulo y se convirtió en preceptor de sus hijos, Fabio y Escipión Emiliano.

Escribe este Polibio que en su tiempo ya había en Roma un gran número de maestros bien preparados que intentaba satisfacer la demanda de los patricios[10]. Los pedagogos griegos eran fáciles de conseguir gracias a las guerras de conquista. La posesión de esclavos que pudieran enseñar en casa era una nota de distinción en la alta sociedad romana. A veces estos hombres conseguían la libertad y se convertían en libertos, pero, de todas formas, según las normas sociales romanas, quedaron vinculados a sus antiguos amos. Pronto toda la clase nobiliaria romana aprendió griego desde la infancia y se manejaba con soltura en los dos idiomas. El propio Catón en su vejez se dice que comenzó a aprenderlo. Al llegar la década de los 90 era normal que un romano culto hablara el griego como una segunda lengua[11].

En el 168 llegó a Roma una embajada del reino de Pérgamo. La dirigía el filósofo estoico Crates de Malos. Cuando paseaba por la zona del Palatino se cayó en una alcantarilla y se rompió una pierna. Durante todo el tiempo que llevó su recuperación, dio gran número de conferencias y disertó con frecuencia. Si los jóvenes romanos acudieron a visitar a Crates, fue porque tenían un gran nivel de griego que habían adquirido en su infancia con los preceptores y pedagogos de la familia. Por este episodio casual se dice que Crates de Malos fue el primero que introdujo la gramática en Roma.

Pronto fueron tan numerosos los maestros griegos que despertaron la inquietud de los patricios. En el 161 el pretor Marco Pomponio solicitó el consejo del Senado sobre los filósofos y retóricos griegos que estaban presentes en Roma en ese momento. Al final, el Senado decretó su expulsión de la ciudad[12]. Pero solo se aplicó a todos aquellos que operaban al margen del patronazgo de una gran familia. La idea era que los griegos como educadores no tuviesen el poder de influir en la sociedad en general, por tanto, su actuación debía limitarse a las clases superiores (que los controlaban como mecenas o patronos). La sociedad aristocrática no quería que la plebe tuviese posibilidad de ascender socialmente por medio de la educación. De hecho, cuando en el 92 un tal Lucio Plocio Galo trató de abrir una escuela de retórica en latín, los censores se opusieron firmemente[13]. Para que esa educación superior fuese elitista, era más conveniente que siguiese siendo impartida en griego, así solo los hijos de buena familia, que habían tenido pedagogos y preceptores en casa, podrían acceder a ella.

Catón profetizó que los romanos arruinarían su república cuando por todas partes se introdujesen las letras griegas[14]. Por su parte, hizo todo lo que pudo para evitar esta profecía. Cuando Catón ya era un anciano (en el año 155) llegó a Roma otra embajada, esta vez de Atenas, formada por tres filósofos: el académico Carnéades, el estoico Diógenes y el peripatético Critolao. Su propósito era que el Senado redujera una multa de 500 talentos impuesta a Atenas por saquear la ciudad vecina de Oropo. Carnéades era la figura más carismática del grupo; era originario de Cirene, pero luego se hizo ciudadano ateniense y dirigió la Academia desde el 160 al 137. Vivía solo y exclusivamente para su mente. Según Valerio Máximo, cuando se sentaba a la mesa se olvidaba de acercar su mano a la comida y su esposa con paciente cuidado le servía con sus manos[15]. Según Diógenes Laercio, no tenía tiempo para cortarse el pelo y se dejaba crecer las uñas[16].

Numerosos jóvenes de buena familia acudieron a verlo y a escucharlo, atraídos por su gracia y su personalidad. Plutarco escribe que fue como un viento impetuoso que llenó la ciudad de la fama de su nombre. Corrió la voz de que un griego inspiraba en los jóvenes un entusiasmo por la filosofía apartándolos de las demás ocupaciones. Catón siempre había temido que con la educación griega los jóvenes romanos prefirieran el arte del hablar a la milicia, pero esto era mucho peor; según Quintiliano, Catón oyó un día a Carnéades defender la justicia, y, al día siguiente, con no menos convicción, atacarla[17]. Se escandalizó y logró entonces que se resolviera a toda prisa la petición de la embajada (se rebajó la multa a 100 talentos) para deshacerse de aquellos hombres «que podían persuadir fácilmente y hacer creer todo cuanto quisieran» (se trata de la misma reticencia que había despertado la llegada de los sofistas a Atenas). Sin embargo, un filoheleno como Cicerón opinará años después que aquellos hombres habían hecho «un magnífico regalo» a Roma[18].

La conquista de Grecia terminó en el 146 cuando Mumio arrasó hasta los cimientos la ciudad de Corinto, la capital de la Liga Aquea. Fue una advertencia para todos los demás griegos. Mumio era un *homo novus* tan fiero y rudo como el viejo Catón. Mientras cargaba el producto de su saqueo rumbo a Roma, Mumio dijo a los que transportaban las obras de arte: «Como se vayan a pique, tendréis que reproducirlas vosotros»[19]. Sin embargo, la vieja severidad romana estaba desapareciendo con respecto a la cultura griega: para celebrar su triunfo sobre Corinto, Mumio dio espectáculos a la griega.

Problemas de carácter

Los romanos no se encontraron con los griegos de la época clásica, aquellos hombres sencillos y abnegados que se habían sacrificado noblemente en las batallas contra los persas. No hallaron hombres como Pericles, Arístides y Temístocles. El hombre de esta época helenística era muy diferente y no despertó ninguna admiración. Tras combatir contra ellos los romanos extrajeron una rápida conclusión: eran débiles y flojos para la guerra. Salustio (contemporáneo de César) escribió: «Los griegos no tienen valor, ni concentración, ni capacidad de trabajo»[20]; Cicerón tiene que admitir que los antiguos griegos (que conocemos por los libros) «no fueron parecidos a estos que ahora martillean nuestros oídos; quienes construyeron la gran cultura griega distan de la tropa de intelectuales que mendigan con aires de superioridad en torno a los ricos de Roma»[21].

La famosa libertad política de los griegos también fue objetivo de sus críticas. Los romanos no entendían otro régimen que una oligarquía de casas nobles y un consejo aristocrático de ancianos. Fuera de eso solo podía haber caos y perdición. Valerio Máximo llamó a la democracia *dementia publica*, es decir 'locura colectiva'. Tras sus conquistas los romanos imponían en las ciudades el gobierno de las clases acomodadas, hombres de posición y riqueza que pertenecían a la clase dominante y que se convirtieron en los únicos interlocutores válidos ante Roma. Los romanos sentían horror ante las asambleas, donde todo se votaba a mano alzada, y consideraban los decretos que salían de estas reuniones no como actos de la voluntad popular, sino como expresión del griterío de una multitud amotinada.

También sorprendió la frivolidad y la informalidad de los griegos en todos los aspectos de la vida. Su frágil lealtad y su habilidad para enredar y mentir, faltando a la palabra dada, dejaron asombrados a los severos romanos (la llamaron *graeca fides*). El historiador Polibio reconoció esa peculiaridad de sus compatriotas:

> Entre los griegos los administradores de los bienes públicos son incapaces de mantener la palabra en cuanto se les confía un solo talento, aunque asistan diez notarios, se echen diez sellos y estén presentes veinte testigos[22].

La seriedad de los romanos contrastaba con la frivolidad y la alegría despreocupada de los griegos. A este propósito hay una famosa anécdota: los habitantes de Tirinto preguntaron al oráculo de Delfos cómo podían ser más serios y capaces en los asuntos importantes y el dios les respondió que se librarían de su incapacidad si sacrificaban un toro a Poseidón arrojándolo al agua sin reírse. Temiendo fracasar si asistían los niños, se lo prohibieron, pero uno de ellos se coló y dijo allí, en medio del sacrificio, cuando nadie lo esperaba: «¿Qué pasa? ¿Teníais miedo de que derribase a la víctima?». Y todos se echaron a reír. Volvieron a casa comprendiendo que Apolo les había mostrado en la práctica que no podían cambiar[23].

En Roma el individuo estaba totalmente entregado al bien común y este punto jamás fue objeto de discusión ni controversia; aunque los romanos buscaban la gloria en todas sus acciones, estas debían estar encaminadas a la salud pública. Como llegó a escribir Cicerón: *salus publica suprema lex esto*[24]. El principio vital que se inculcaba en los niños romanos era: «Poner primero la salud de nuestro país, segundo la de sus padres, tercero y último la suya propia». La comparación entre los modelos míticos de Grecia y Roma nos aclara todo: por un lado, tenemos a Aquiles en la *Ilíada*: solo está atento a su gloria personal, aunque signifique la ruina de la expedición aquea; por otro, al piadoso Eneas que se sacrifica y dirige todas sus acciones hacia un propósito mayor, colectivo, que será fundar una ciudad que se convertirá en cabeza de un gran imperio.

La norma básica del sistema romano fue la costumbre de los antepasados (*mos maiorum*). Había que respetar y mantener los valores tradicionales de piedad hacia los dioses, austeridad campesina y las virtudes militares. Los hombres se comportaban con dignidad y con seriedad. *Dignitas* era el estricto cumplimiento del deber para con uno mismo y, sobre todo, para con la familia, la clase, los clientes y subalternos. Consistía en alcanzar la gloria y desplegar una grandeza de ánimo apropiada a su clase, cumpliendo las promesas y recompensado sin regateos a todos aquellos que se ponían bajo su mando y a su servicio. *Gravitas* era una seriedad solemne, de la que se reviste quien ostenta alguna autoridad moral o política sobre los demás.

La disciplina era el pilar fundamental del mundo romano. Significaba la observancia rigurosa de las leyes y las costumbres y estaba relacionada con el mundo militar. Los romanos eran un pueblo muy belicoso. El arte de la guerra era lo que todos los romanos aprendían en primer lugar: el trabajo en los campamentos, el manejo de las armas y la escrupulosa obediencia a los superiores. Etimológicamente el término «disciplina» solo significa todo aquello que se trasmite mediante la enseñanza, porque está relacionado con el verbo *disco,* 'aprender'; de donde se crea el adjetivo *doctus,* 'el que ha recibido enseñanza'. Que enseñanza y disciplina sean en el mundo romano la misma palabra dice mucho de los valores de esa cultura.

Los romanos solo se sintieron identificados con los espartanos. Hallaron en ellos el mismo concepto de honor y de sacrificio por la patria y su mismo amor por la disciplina. Si los espartanos eran, como decía Polibio, «gentes ardientes en la guerra que no dan reposo a la lanza»[25], Roma era un «campo consagrado al belicoso Marte»[26], al que dedicaban especial veneración en su panteón divino. En Esparta también existía el rechazo al lujo y a las distracciones ociosas; criticaban a los atenienses porque consumían sus esfuerzos en diversiones como el teatro. También tenían en común ese recelo ante el comercio y los mares, pues ambos eran pueblos de interior. Esparta se centró en exclusiva en la preparación militar y se opuso frontalmente a la nueva educación sofística que se imponía por toda Grecia; del mismo modo, Roma luchó (al principio) contra las nuevas ideas que traían los griegos y Catón expresó el temor de que por su culpa «los jóvenes prefiriesen la gloria de hablar a la gloria de los hechos militares»[27]. Para Catón no eran precisos tantos estudios de retórica, todo se reducía, cuando se trataba de hablar en público, a una simple lección: *rem tene, verba sequentur* ('domina el tema, las palabras saldrán solas').

Cicerón escribió: «Los modelos de virtud abundan en nuestro propio país, los modelos de cultura derivan de Grecia»[28]. Los astrónomos, los arquitectos y los pensadores siguieron siendo griegos y se formaron en el Oriente del Imperio; incluso los médicos, que salían de las grandes escuelas de Cos, Éfeso y, sobre todo, Alejandría. El mundo cultural, artístico y científico quedó en manos de los griegos. Esto despertaba el resquemor entre los romanos. Catón ya dio la primera voz de alarma y avisó a su hijo de que no debía acudir a los médicos griegos «porque ese pueblo se había conjurado para acabar con Roma mediante tal profesión»[29]. En una de sus sátiras Juvenal se lamenta:

> ¿Quién crees que es un griego? Nos ha traído consigo un hombre útil para todo, gramático, orador, geómetra, pintor, masajista, augur, equilibrista, médico, mago; todo lo conoce un grieguillo hambriento; si le ordenas que escale los cielos, lo hará[30].

La idea de una educación para el disfrute de la vida artística e intelectual (como Aristóteles había dejado escrito) fue algo incomprensible para los romanos. Es más, pensaban que tanta cultura y civilización solo servía para reblandecer las almas y prepararlas para la esclavitud[31]. Establecieron una firme división entre esos dos mundos y dejaron a los griegos que siguieran dedicándose a las artes, mientras los romanos, por su lado, se ocupaban de una misión mucho más elevada, digna e importante. Virgilio la expuso con claridad en la *Eneida*, la epopeya nacional:

> Que otros con más gracia labren bronces que parecen respirar
> (lo creo sin duda), que extraigan rostros vivos del mármol,
> defenderán mejor las causas, y los cursos del cielo
> describirán con el compás y predecirán la salida de los astros:
> Tú, romano, recuerda gobernar a los pueblos bajo tu mando,
> (estas serán tus artes) e imponer tu ley en la paz,
> perdonar a los que se someten y destruir a los soberbios[32].

Como se ha visto en el caso de Catón, la educación antigua en Roma tenía un carácter familiar. Primero se educaba en casa bajo la autoridad de la madre. Esto explica que muchas mujeres decidieran aprender para ayudar o para supervisar correctamente la buena educación de sus hijos. Es el caso señalado de Cornelia (hija de Escipión, el vencedor de Aníbal) que se encargó personalmente de dirigir los estudios de sus hijos (los Gracos) y buscar a los maestros adecuados[33]. Las mujeres en tanto que se involucraron en la educación temprana de sus hijos conservaron un fuerte ascendiente sobre ellos. Esto puede explicar la mejor consideración de la mujer en el mundo romano (en comparación con Grecia). En el siglo I d. C. Quintiliano recordó el memorable ejemplo de Cornelia como madre entregada a la educación y defendió que ambos padres deberían tener la mejor educación posible si querían mejorar la formación de sus hijos[34].

Los niños con 7 años pasaban a depender del padre, que era el verdadero educador. Los hijos lo acompañaban a todas partes, iniciándose en diversos aspectos de la vida de los adultos, aprendiendo con sus preceptos y, en definitiva, siguiendo su ejemplo. En un sistema oligárquico como la Republica romana, donde el dominio de los clanes fue absoluto, los hijos eran educados para el mando con gran empeño de sus padres.

Pero hacia finales del siglo I los romanos establecieron un sistema educativo similar al griego, imitando el modelo helenístico. El maestro de escuela, que enseñaba lo básico de las letras y la aritmética, recibía el nombre de *ludi magister* (o *litterator* que era un calco del *grammatistés* griego) y la escuela, en particular, *ludus litterarius* (en tiempos de Plauto ya está atestiguada). Ha sido siempre una incógnita por qué se eligió para referirse a la escuela el término *ludus,* que significa 'juego'. Los propios romanos (Quintiliano y Festo) lo explicaban por antífrasis, es decir, dar a un objeto o persona un nombre que indica cualidades contrarias a las que posee; no querían asustar a los niños y les ocultaban bajo ese nombre que la escuela es lo contrario al juego. Pero, al parecer, *ludus* además de 'juego' significaba cualquier actividad concebida fuera de toda finalidad práctica, lo que podía aplicarse tanto al juego como a los ejercicios o entrenamientos (eran juegos en contraste con la realidad de la batalla). En este sentido, no desentonaba que las escuelas de gladiadores se conocieran como *ludus gladiatorius* y la gran escuela de gladiadores del centro de Roma junto al Coliseo se llamara *Ludus magnus*.

A los 12 años (si gozaban de una buena posición económica) acudían a enseñarse con el *grammaticus* que les instruía en gramática, dicción, principios de retórica y comentario de textos literarios; a los 15 empezaba la última etapa con el maestro de retórica, la actividad que más gustó a los romanos del currículum griego. Cicerón escribe: «Hemos abrazado con rapidez la retórica»[35]. La retórica estaba muy vinculada a la política y al mundo jurídico. El derecho (*ius*) fue la gran creación de los romanos. Cicerón, que había reconocido la superioridad en las artes y ciencias de los griegos, encontró aquí un motivo de orgullo nacional que le hizo exclamar: «Es increíble hasta qué punto resulta primitivo y casi risible todo el derecho que no sea el nuestro»[36]. Los estudios jurídicos se organizaron al estilo puramente romano; su importancia radicaba en que eran elemento clave para el funcionamiento práctico del Imperio; se decretaba desde las altas instancias romanas sin distinción para todos. Por eso en el Oriente también se establecieron, con el tiempo, escuelas especializadas (como hemos dicho, Beirut fue el centro más importante para estos estudios en competencia con Constantinopla).

Las niñas, por su parte, tenían tutores en su hogar y podían asistir a actuaciones, lecturas y actividades culturales en las cenas. Podían leer libros en la biblioteca familiar. Era una educación literaria, aunque la oratoria no formó parte. El caso de Hortensia es especial, pues era hija del famoso orador Hortensio y heredó o adquirió por asimilación las cualidades de su padre.

Dos excepciones

Pero hubo dos elementos de la educación griega que los romanos se negaron a aceptar: el deporte y la música.

El entusiasmo de los griegos por el deporte no encontró eco en los severos romanos. Nunca se convirtió en un elemento importante del sistema educativo. En principio, porque la formación que se daba en los gimnasios griegos no representaba una preparación efectiva para la guerra real; solo tenía como finalidad la competición en los juegos atléticos; para eso se había creado un tipo de entrenamiento muy específico y profesional. Los romanos lo comprobaron durante las campañas militares en Grecia; según Lucano, César arengó a sus tropas diciendo:

> Habrá frente a vosotros una juventud reclutada de los gimnasios griegos, enervada por las prácticas de la palestra y apenas capaz de sostener las armas[37].

Los griegos siguieron con su forma de vida y sus entrenamientos en los gimnasios, pero fueron incomprendidos siempre por el sentido práctico de los romanos. La célebre sentencia *mens sana in corpore sano*[38] se refería más al interés de cuidarse físicamente por motivos de salud que a la práctica del deporte. Los gimnasios y las competiciones siempre fueron elementos intrusos en la sociedad romana. El poeta Marcial (en el siglo I d. C.) escribe en un epigrama:

> ¿Por qué se destrozan los fuertes brazos con las estúpidas pesas?
> Cavar viñas es un ejercicio mejor para los hombres[39].

Un elemento importante que contribuía al rechazo de los juegos atléticos griegos era la desnudez agonística. Los romanos eran muy pudorosos y evitaban presentarse desnudos delante de otros ciudadanos. Cicerón afirmaba que «desnudar el cuerpo delante de los ciudadanos representa el principio de la desvergüenza»[40], y pensaba que las relaciones homosexuales (que también los romanos rechazaron, en un principio) nacían de esa misma desnudez. A esto se añadía que los romanos consideraban como algo propio de esclavos el combatir o luchar en la arena ante un público. Un ciudadano no podía exhibirse como espectáculo ante las gentes.

Los romanos no comprendieron la idea de competición deportiva que tenía como única finalidad ganar gloria personal; era un refinamiento que ningún bárbaro comprendía. Cuando Cicerón quiere explicar a sus conciudadanos romanos lo que suponía para un griego vencer en los Juegos Olímpicos dice que venía a corresponder en Roma con alcanzar el consulado, la más alta magistratura del Estado. Pero realmente Cicerón se quedó corto. Más bien podemos decir que la justa correspondencia del vencedor olímpico en el mundo romano sería con la del general romano que desfilaba en triunfo por las calles de Roma, pintado el rostro de rojo como la estatua de Júpiter Capitolino (pues en ese breve recorrido podía compararse con un dios). Efectivamente, para los griegos el vencedor gozaba de la misma consideración que un dios: por eso, mientras el heraldo proclamaba su nombre y el de su patria, la multitud lo vitoreaba como un héroe; por eso, podía erigir una estatua suya en el terreno del santuario; y por eso, podía inscribir su nombre en las listas de vencedores para dejar un recuerdo eterno.

Por deferencia a sus conquistadores, se les permitió a los romanos como honor especial participar en los Juegos Olímpicos (recordemos que estaban reservados solo a los griegos). En Roma fue Marco Fulvio Nobilior el primero en ofrecer este tipo de competiciones atléticas en el 186 tras su triunfo sobre los etolios. Pero los «juegos a la griega», como decían los romanos, nunca tuvieron éxito ni fueron aceptados en la zona latina del Imperio. Para un ciudadano romano era indecoroso participar en este tipo de eventos, por lo que tenía de exhibición pública en la arena. Nos cuenta Plinio el Joven que se prohibieron en Vienne (en la Galia) unos juegos gimnásticos que se habían organizado por el mandato testamentario de un ciudadano; y el autor, que no era un bruto campesino sino un refinado hombre de letras, lo aprueba firmemente y añade «que le gustaría que también en Roma fuesen suprimidos»[41].

Curiosamente los romanos introdujeron con éxito sus combates de gladiadores en el Oriente. Los generales romanos tenían la costumbre de celebrarlos a su paso por diferentes ciudades cuando volvían de la guerra. Los griegos les honraban con sus juegos atléticos y ellos les correspondían con el oportuno combate de gladiadores (en el que se obligaba a participar casi siempre a los que habían hecho prisioneros en la campaña). Aunque no construyeron anfiteatros, los griegos les dieron acogida en sus teatros y sus estadios. La misma Atenas, tan civilizada, se aficionó enormemente a estos combates sangrientos.

Tampoco la música, el canto y la danza encajaron en el espíritu romano. Roma carecía de cualquier cosa parecida a la tradición musical de Grecia. La educación musical dentro del sistema de aprendizaje en tiempos romanos quedó arrinconada en el grupo de materias abstractas conocido como *quadrivium* junto a las matemáticas y la astronomía. Los pitagóricos habían sido los primeros en relacionar o establecer la conexión entre música, matemáticas y astronomía, considerándolas como ciencias hermanas. Cuando Nepote (*ca.* 100-25) escribe la biografía de Epaminondas, el general tebano que había acabado con la hegemonía espartana, tiene que disculparse ante sus lectores romanos por decir que Epaminondas tenía gran habilidad para el baile y tocaba muy bien la flauta. La *dignitas* de un noble romano era incompatible con esas actividades. Cicerón llegó a afirmar que el baile había sido el que había acabado con Grecia y no quería algo así en Roma. Tenía presentes, como ejemplo de esa corrupción, al conspirador Catilina y a sus amigos juerguistas que pasaban el tiempo bailando desnudos[42].

El caso del emperador Nerón es muy significativo de lo asentados que estaban los prejuicios contra el atletismo y la música. Nerón se había mostrado muy inclinado a la cultura griega. En el 60 d. C. instituyó en Roma juegos a la manera griega con tres tipos de espectáculos: música, carreras de caballos y juegos gimnásticos. Este tipo de espectáculos seguían suscitando numerosas críticas en los sectores más tradicionales de Roma; en su opinión, estas modas extranjeras solo servirían para corromper a la juventud romana, que en adelante solo dedicaría su tiempo a los gimnasios, en lugar de a la milicia y las armas. El propio emperador se ejercitaba como atleta constantemente. También se había instruido en la música desde su infancia. Solía decir (con razón): «La música no es nada si se mantiene oculta». Y, sin reparar en el escándalo que causaba, daba conciertos en público subido a un escenario. Nada tiene de extraño que Nerón en su único viaje fuera de Italia se dirigiera a Grecia. Tenía intención de participar en todos los certámenes para exhibir sus cualidades tanto en la música como en los deportes. Allí pensaba que sería realmente valorado. A sus allegados les repetía siempre que solo los griegos sabían escuchar y eran dignos de su voz. Forzó los calendarios de todos los Juegos —Nemeos, Píticos, Ístmicos y Olímpicos—, para que coincidiesen con su visita del año 67 d. C.

En Olimpia hizo que se creara un concurso de música que nunca había existido y compitió en la carrera de carros de caballos: cayó del carro en mitad de la carrera y se detuvo la competición. Se le permitió subir de nuevo a su carro, pero tuvo que abandonar finalmente; de todas formas, fue declarado vencedor. A su vuelta a Roma hizo una entrada al estilo griego pues se abrió una brecha en las murallas para que pasara en un carro tirado por caballos blancos. Pero el resto de la celebración tomó la forma de un triunfo, aunque esta vez no era por éxitos militares sino musicales: recorrió la *Via sacra* hasta el Capitolio seguido por un largo cortejo que portaba las coronas conseguidas en Grecia y los rótulos, donde en lugar de los pueblos sometidos y las batallas ganadas estaban escritos los nombres de las canciones y de los músicos derrotados.

El temperamento artístico de Nerón fue incomprendido en Roma. Las clases elevadas se sintieron escandalizadas al ver que su emperador se exhibía en público en la arena dirigiendo los carros personalmente en las competiciones, como si fuese un auriga del circo o tocaba y cantaba para un auditorio. Todo eso eran signos que demostraban su desequilibrio y su indignidad.

El *Grand Tour*

Los romanos aprovechaban los viajes que debían realizar al Oriente en su misiones militares o administrativas para visitar lugares especialmente famosos y mencionados en los libros; por ejemplo, iban a Delos a ver la palmera en donde se apoyó Leto para dar a luz a los gemelos Apolo y Ártemis o a Egipto para ver las maravillas de Menfis o a Esparta para presenciar los duros entrenamientos de la juventud. Muchas veces eran turistas de malos modos y se comportaban como los dominadores con los vencidos. Así, se cuenta que un magistrado romano se enfadó con los atenienses porque había llegado dos días tarde a los misterios de Eleusis y no querían repetirlos para él. Otros, aún más orgullosos de su superioridad, decían públicamente que esas visitas eran propias de gentes desocupadas.

También aprovechaban esos viajes para escuchar las lecciones de afamados filósofos y profesores en los grandes centros de cultura, Atenas, Rodas o Esmirna. Así, por ejemplo, Antonio, el abuelo del triunviro Marco Antonio, de camino a su proconsulado de Cilicia, se detuvo en Atenas por culpa del mal estado del mar y asistió a diferentes escuelas (a los romanos les gustaba escucharlas todas, aunque tuviesen preferencia por alguna de ellas). En Atenas celebró banquetes vestido con el manto griego, las sandalias y el bastón. Pompeyo el Grande, tras su victoria sobre Mitrídates en el 62 se detuvo en Mitilene, donde asistió al concurso tradicional de poetas que en esta ocasión cantaron sus gestas. Quedó encantado con la belleza del teatro e hizo dibujar su plano con la intención de levantar otro igual en Roma. Luego fue a Rodas y a Atenas donde donó 50 talentos para su reconstrucción.

Cuando eran condenados al exilio, los romanos elegían siempre las tranquilas ciudades griegas y dedicaban ese ocio obligado a los estudios. Era un tópico de la clase dirigente romana decir que si les faltaba formación cultural se debía a su absorbente dedicación a la vida pública (que era el primer deber de un ciudadano). Con ese aire de superioridad que les confería su gran poder militar despreciaban a los griegos que pasaban tanto tiempo formándose y se referían a ellos como «esos hombres tan doctos, rebosantes de ocio en exceso»[43].

Fue Cicerón el pionero en la idea del *Grand Tour* que llegó a ser habitual en los hombres romanos de la alta sociedad de la generación siguiente.

Cicerón nació el 106 en el seno de una familia acomodada del rango de los caballeros. En su infancia ya sobresalió por su inteligencia y su portentosa memoria. En varias obras cantó las glorias de una buena memoria: decía que es aquello que atesora todo lo demás, guardiana de lo que hay que decir y de los argumentos; sin ella, todo lo demás no servirá de nada[44]. Para muchos la memoria era como un vaso o como una tabla de cera[45], en la que se depositaban o se inscribían las cosas, pero Cicerón no la consideraba como un objeto sino como un fenómeno, una potencia divina que explicaba la inmortalidad del alma; y aquí se remite a Platón para quien la memoria es recuerdo de una vida anterior y aprender no es otra cosa que recordar. De todas maneras, Cicerón también admitía que nadie tiene una memoria tan obtusa que no encuentre alguna ayuda en prácticas y ejercicios, y nos habla de las alacenas bien iluminadas dentro de nuestra cabeza donde se deben colocar las imágenes, y que estas deben ser brillantes y chocantes, pues lo más extraño ayuda a mantener el recuerdo.

Era tanta la fama de Cicerón en su infancia que los otros padres iban a la escuela deseosos de conocer al niño. Se admiraban de su capacidad y reprendían a sus hijos por no ser iguales. Pronto pasó de su Arpino natal a Roma para perfeccionar sus estudios: tomó lecciones de filosofía de Filón de Larisa, el director de la Academia (que había llegado a Roma en el 88 huyendo de la difícil situación por la que atravesaba Atenas); también estudió con el matemático y dialéctico Diodoto al que acogió en su casa durante muchos años hasta su muerte en el 60. Tuvo la suerte de trabajar con Apolonio Molón, un distinguido orador que llegó de visita a Roma en el 87. Al mismo tiempo se preparaba para convertirse en un gran abogado frecuentando el foro y la compañía de juristas reconocidos. Estos hacían su trabajo e instruían a sus alumnos simultáneamente, pues estaban muy ocupados hablando con sus clientes y preparando los casos. Era una enseñanza muy práctica, como les gustaba a los romanos. Este período de instrucción en oratoria y leyes se llamaba *tirocinium fori*. Entre tantos estudios realizó su servicio militar durante un año a las órdenes de Pompeyo Estrabón (padre del gran Pompeyo). Fue inusualmente corto, sin duda porque Cicerón no sentía ninguna inclinación por la milicia.

Después de unos años de intenso trabajo como abogado, en el 79 Cicerón decidió dar un descanso a su voz y a su espíritu y viajar por el mundo griego para perfeccionar aún más su educación.

Su primera parada fue Atenas, que era lo que llamaríamos hoy día una ciudad universitaria, pues ahí estaban radicadas varias escuelas filosóficas muy importantes: el Liceo, la Academia, el Jardín y la Estoa. Ninguna ciudad del mundo podía hacerle sombra en lo que respecta a la educación. Pero la primera impresión de Cicerón no fue muy buena:

> Solo queda en esa ciudad la sede de unos estudios de los que sus ciudadanos se desentienden, pero que sus visitantes, cautivados por el nombre y el prestigio de la ciudad, disfrutan[46].

Cicerón estudió con el académico Antíoco de Escalón, tomó lecciones con el maestro de retórica Demetrio el sirio y discutió con los jefes de la escuela epicúrea, Fedro y Zenón. La filosofía de Epicuro se había puesto de moda entre las clases elevadas de Roma. Cicerón escribió (con un poco de exageración): «Los epicúreos han invadido Roma»[47]. Esto tal vez se explique porque era una filosofía viril que ponía todo su acento en el hombre eliminando el miedo a la muerte y a los dioses. Casio, el asesino de César, era un epicúreo. Cicerón, en cambio, era un intelectual que no podía simpatizar con esta doctrina. La criticó duramente por su materialismo que negaba a los dioses, por su huida del compromiso político, por su desprecio de la cultura, por su ausencia de humor y por su rechazo de la fama y la notoriedad. Este último punto tal vez era el más importante: Cicerón estaba obsesionado con la fama; decía que «todos somos arrastrados por el deseo de la fama»[48], desde el más humilde legionario hasta el general. Para Cicerón la gloria no era una idea, sino «algo sólido y de perfiles limitados»[49], aunque reconocía que suponía un trabajo sin descanso. Por eso, seguramente, no esperaba los elogios de sus conciudadanos y él mismo se encargaba de ensalzar sus obras.

Cicerón cuenta en uno de sus libros *(De finibus)* el paseo que realizó junto a unos amigos por la ciudad después del mediodía. Comienzan en un gimnasio del centro de Atenas, que se llamaba Ptolemaion porque había sido construido gracias a la munificencia del rey de Egipto. Desde allí se encaminan afuera de la ciudad por la puerta de Dípilon y recorren 6 estadios hasta la Academia (era un paseo de poco más de un kilómetro). De camino ven los restos del Jardín de Epicuro; prácticamente se trataba de un solar donde no había actividad, pero conmueve a sus amigos que eran fervientes seguidores de sus doctrinas. Por fin, llegan a la Academia. Ya no era el lugar encantador de los tiempos de Platón; como zona extramuros había sufrido el impacto de las guerras. Los propios romanos habían contribuido a su deterioro: en el 86 el cónsul Sila había mandado talar los plátanos centenarios de la Academia y con su madera construyó máquinas de guerra para asediar la ciudad[50]. Luego asaltó brutalmente Atenas de modo que todavía muchos edificios públicos, sobre todo en el Pireo, no habían sido reparados. Aun así, se sienten emocionados y se preguntan cómo es posible que impresionen más los lugares donde han vivido los hombres ilustres que la lectura de sus escritos:

En efecto, me viene a la mente Platón que fue el primero en enseñar aquí; incluso esos huertecillos cercanos no solo me lo traen a la memoria, sino que me parece que lo ponen ante mis ojos. Aquí estuvo Espeusipo, aquí Jenócrates, aquí su discípulo Polemón, y suyo es ese mismo asiento que vemos[51].

Por todas partes había en Atenas lugares con recuerdos de grandes hombres, pero Cicerón se centra especialmente en aquellos con los que siente especial conexión: los que tienen que ver con filósofos y oradores. Era emocionante ver la exedra (sala con asientos) donde Carnéades había enseñado; el lugar donde rivalizaron Demóstenes y Esquines, esa gran explanada a las afueras que se conocía como Pnix donde hoy día todavía se puede ver la tribuna de piedra desde la cual los oradores hablaban al pueblo de Atenas. También se desplazó hasta la playa de Falero, muy cerca de la ciudad, donde se decía que solía declamar Demóstenes para dominar su voz sobre el bramido del mar. También visitó la tumba de Pericles, el hombre que gobernaba Atenas solo con la palabra.

Al final tiene que exclamar: «En esta ciudad los recuerdos son inagotables, por donde quiera que vayamos tropezamos continuamente con historia»[52]. La ciudad le gustó mucho, a pesar de su estado. En una de sus visitas posteriores meditó sobre la posibilidad de dejar un recuerdo suyo y planeó hacer unos propileos en los jardines de la Academia, aunque finalmente desistió porque su situación financiera no era tan boyante como la de César y Pompeyo quienes hicieron donaciones generosas. Se conformó con adquirir algunos «recuerdos», sobre todo, estatuas, que usó para adornar su villa italiana de Túsculo. Allí, por añoranza de Atenas y sus escuelas, se hizo construir dos pequeños gimnasios; a uno lo llamó Liceo y al otro Academia. Le gustaba pasar el tiempo en ellos consultando su biblioteca, escribiendo o paseando por el patio porticado mientras discutía con sus amigos sobre algún tema filosófico.

Seguramente desde Atenas se desplazó hasta Delfos para visitar el famoso santuario. Cuentan que preguntó al oráculo cómo adquiriría gran fama (su gran pasión, como hemos dicho) y que la Pitia le aconsejó que tomara su propia naturaleza como reguladora de su conducta y no la opinión de la plebe.

Tras seis meses en Atenas, se embarcó rumbo a Asia Menor. Pasó por Esmirna para visitar a un viejo amigo; y luego fue recorriendo diversas ciudades pequeñas para atender a las lecciones de los afamados maestros de retórica con el fin de perfeccionar aún más su estilo: Menipo de Estratonicea, Jenocles de Adramitio y Dionisio de Magnesia. Cultivaban un estilo de oratoria caracterizado por su ampulosidad y por su exuberancia, con largas frases y abundantes adjetivos que se conocía precisamente como «asianismo».

Por último, llegó a Rodas. Durante la época clásica la isla no tuvo influencia en los grandes acontecimientos políticos o culturales. Pero en el 407 las tres ciudades de la isla, Lindo, Yaliso y Camiro, decidieron unirse en una sola polis (que se llamaría exactamente como la isla). Este *sinecismo* significó un gran impulso de los rodios en la esfera internacional. En tiempos helenísticos ya era una ciudad muy importante, que se dedicaba al comercio y contaba con una gran armada con la que protegía los mares. Era una ciudad hermosa con fuertes murallas que le habían ganado la reputación de inexpugnable. Cuando Roma intervino en los asuntos de Grecia, los rodios se pusieron a su lado como fieles aliados y conservaron su libertad, pero finalmente cayeron en desgracia (Roma los acusó de no apoyarlos durante la guerra contra Perseo, el rey de Macedonia). Fue desposeída de su hegemonía comercial y de sus territorios continentales y quedó a merced de los piratas que infestaban el Mediterráneo con el beneplácito de Roma. Se limitó entonces a ser un gran centro intelectual.

Fue el orador ateniense Esquines (nacido en el 389) quien había impulsado primeramente los estudios en Rodas. En el 330 tuvo que salir de Atenas: había sido derrotado en los tribunales por Demóstenes y no quiso pagar la multa a la que incurrían los que no obtenían un quinto de los votos del jurado. Prefirió el exilio. Esquines no era de linaje ilustre; su padre era un simple maestro. De pequeño fue su ayudante en la escuela, luego, como tenía buena voz, se dedicó al arte dramático, aunque sin demasiado éxito. Entonces se pasó a la lucha política, militando en el bando promacedonio de Atenas. Sus discursos eran brillantes pues, como actor que había sido, contaba con la ventaja de tener una hermosa voz (lo reconoce su propio enemigo Demóstenes). Poseía una habilidad retórica natural pues no había tenido ni tiempo ni recursos para pagar a maestros en su juventud; casi todas las fuentes insisten en que fue un autodidacta. Tenía inteligencia, memoria, y aptitudes naturales para la improvisación.

En política se enfrentó con Demóstenes, que encabezaba el partido que se oponía a todo entendimiento con Macedonia. En ideas políticas estaban enfrentados y en cuanto a personalidad no podían ser más diferentes. Demóstenes era serio, infatigable trabajador, meticuloso en la preparación de sus discursos sin dejar nada a la improvisación... y solo bebía agua; Esquines era amigo del vino, amable en su trato, despreocupado y con un gran encanto que procedía de su vena teatral. Esquines y Demóstenes representan la lucha eterna entre las aptitudes naturales y el trabajo constante. A Demóstenes sus enemigos le echaban en cara que sus discursos tan preparados y meditados olían a la mecha de las lámparas. Entonces él les replicaba: «Pues la lámpara no sabe de mí las mismas cosas que de ti»[53]. Las noches en vela de Demóstenes se hicieron proverbiales como ejemplo de que con esfuerzo se consigue triunfar[54].

En Rodas puso Esquines su escuela y allí pasó el resto de su vida dedicado a la enseñanza de la retórica, ofreciendo sacrificios a la tranquilidad y a las Musas. De ese modo convirtió a Rodas en un centro de estudios sofísticos. Usaba sus propios discursos como modelo de enseñanza en su escuela y cierta vez que leía el discurso que había pronunciado en su pleito contra Demóstenes, sus alumnos se sorprendieron de que con una obra de tal calidad hubiese salido condenado, pero Esquines (que era un buen perdedor) les replicó: «No os sorprenderíais si hubierais escuchado la réplica de Demóstenes»[55].

En tiempos de Cicerón la isla contaba con dos grandes atractivos: Apolonio Molón y Posidonio. Cicerón había conocido a Apolonio en Roma años atrás y habían trabado una buena amistad. En Rodas tenía su escuela, pero, aunque ejercía la docencia por dinero no permitía que perdieran el tiempo con él los que veía que no tenían cualidades y los despedía[56]. Como Apolonio no sabía latín, Cicerón declamó en griego para él y despertó la admiración del maestro: «Me duelo de la suerte de Grecia, al ver que los únicos ornamentos y bienes que nos habían quedado, la ilustración y la elocuencia, son también por ti trasladados a Roma»[57]. De todas formas, Apolonio intentó que Cicerón moderara su exuberante estilo.

Sin duda, Posidonio era la principal atracción turística de Rodas. Había nacido hacia el 135 en Apamea de Siria, una ciudad fundada por colonos macedonios del ejército de Alejandro. Fue el pensador e investigador más importante de la época helenística. Como Aristóteles, estuvo interesado en todos los dominios de la ciencia: geografía (midió la circunferencia de la Tierra y formuló la teoría de que navegando hacia el oeste se llegaría hasta la India[58]), física, astronomía (calculó la distancia exacta de la Luna a la Tierra) y etnografía. También escribió una historia universal en 52 libros. Tras sus largos viajes por el Mediterráneo que le llevaron hasta Hispania abrió su escuela en Rodas en el 97. En Roma se hizo muy conocido, puesto que visitó la ciudad en calidad de embajador de Rodas en diversas ocasiones. Suponemos que a Cicerón le interesaba especialmente por su actividad filosófica, pues Posidonio, que había estudiado en Atenas, pasaba por ser el más destacado filósofo estoico y esta doctrina se estaba imponiendo poco a poco como la preferida de los romanos cultivados.

En Rodas Cicerón puso punto final a su viaje cultural. Había pasado dos años entregado por completo al estudio retórico y filosófico con los mejores maestros de Grecia. Volvió a Roma tan refinado que algunos lo llamaron «griego y ocioso» despectivamente (γραικός καὶ σχολαστικός)[59]. Por eso, muchas veces contenía su entusiasmo por las cosas griegas. Quería mostrarse como un verdadero romano y, por ello, dirige a los griegos esa mirada de superioridad típica del conquistador romano: escribe que son negligentes y perezosos y que están más interesados en las disputas que en encontrar la verdad[60]. Llegó a afirmar que los griegos en general no estaban dotados de sabiduría práctica[61].

Cicerón fue elegido cónsul en el 63 gracias al apoyo de los patricios que lo preferían frente a los otros candidatos, pero solo como el mal menor; Salustio escribió al respecto:

> Hasta entonces la mayoría de la nobleza vacilaba por recelo y pensaba que sería como degradar al consulado si un *homo novus*, por más eminente que fuera, llegase a conseguirlo[62].

No les gustaba especialmente su ánimo festivo tan contrario a la *gravitas*. Tenía Cicerón una agudeza natural para las ocurrencias y comentarios maliciosos que le granjearon muchos enemigos. La usó ampliamente en su carrera como abogado para desarmar a sus contrincantes hasta el punto de que circularon durante su vida libros que recopilaban algunas de estas agudezas[63]. Un severo senador comentó con sorna sobre Cicerón: «¡Qué cónsul tan divertido tenemos, ciudadanos!»[64].

Cicerón, que era vanidoso en exceso, llegó a considerarse el heredero de las más firmes convicciones de la República. Pero si alcanzó la más alta magistratura del Estado se debió, sin duda, a su brillante inteligencia. Tal como aseguraba el historiador Tácito, la oratoria había abierto el camino a la grandeza a muchos hombres nacidos humildes[65]. Pero fue un advenedizo en la política. Por su educación y por su personalidad se situaba lejos tanto de las gentes sencillas y rudas como de los patricios que estaban dedicados casi en exclusiva al mundo de la guerra. Tomemos el ejemplo de Cayo Mario que había nacido en el 157 muy cerca del pueblo de Cicerón. Su padre era un simple jornalero. Mario se enroló en el ejército y durante su primera campaña estuvo a las órdenes de Escipión en el sitio de Numancia. Llamó la atención por su valor, que rápidamente lo catapultó a las más altas magistraturas. Fue cónsul de Roma nada menos que en siete ocasiones. Nunca aprendió las letras griegas porque consideraba ridículo aprender una lengua cuyos maestros eran esclavos de los demás. Rechazó la educación y se convirtió en el más celebre despreciador de las letras. Los patricios no eran muy diferentes, a pesar de su gusto por la cultura griega y sus visitas a los filósofos. Pompeyo Magno dijo en cierta ocasión a los habitantes de Mesina que rechazaban su autoridad invocando los antiguos tratados con Roma: «¿Dejaréis de hablarnos de leyes cuando tenemos espadas en las manos?»[66]. Sila, cuando sitiaba Atenas y estaba en negociaciones para la paz, despidió impaciente a los embajadores que le cansaban con sus largos discursos: «Marchaos, hombres felices, que yo no he sido enviado a Atenas para aprender sino para castigar a unos rebeldes»[67]. Casio, uno de los asesinos de César, se educó en la cultura griega en la isla de Rodas, pero eso no fue impedimento para que se enfrentara a la ciudad. Enviaron los rodios como embajador ante Casio al que había sido su maestro en letras griegas que le suplicó: «No destruyas una ciudad griega, tú, Casio, hombre amante de lo griego. Debes un particular respeto hacia la ciudad en la que te educaste, viviste y tuviste un hogar y una escuela». Pero Casio asaltó la ciudad, clavó su lanza en el ágora para indicar que había sido tomada por la fuerza y expolió todo el oro y plata de los templos[68]. Así había conquistado Roma el mundo, así había impuesto por la fuerza bruta su dominio sobre tantos pueblos. Nada que ver con el pacífico, sensible y erudito Cicerón al que Bruto, según se dice, despreciaba por considerarlo afeminado y débil de carácter[69].

* * *

Los romanos acabaron civilizándose. Finalmente hubo un acuerdo tácito: los romanos serían amos de un Imperio mientras que los griegos serían los caudillos de la educación y la sabiduría. En esa relación tan especial los romanos a la cabeza del Imperio honrarían a los griegos como maestros o pedagogos. Así escribe el orador griego Elio Arístides en el siglo II d. C.: «Pasáis la vida cuidando de los griegos como se hace con los ayos (*tropheîs*)»[70].

Como Pirro había intuido con gran acierto, al ver el perfecto orden de sus campamentos, los romanos eran bárbaros, pero unos bárbaros diferentes. Su sociedad tenía un carácter abierto y acogía sin problemas a las poblaciones sometidas. La más notable virtud de los romanos era que trasplantaban de los pueblos conquistados cualquier vestigio de género de vida noble.

En el caso de la educación aceptaron sin reservas todo el sistema que había creado el mundo griego helenístico. Pero, a pesar de la enorme influencia griega, los romanos nunca renunciaron a sus primitivos valores que eran los que habían hecho grande a Roma: la sencillez, la austeridad y el pragmatismo. En tiempos de crisis siempre invocaban una vuelta a estos principios (a los que Virgilio llamó, de forma poética, *prisca virtus*). Intentaron preservar esos valores ancestrales al tiempo que se enriquecían con la incorporación de la cultura griega. Solo unos pocos aspectos, como la música y el deporte, que no encajaban en su mentalidad, fueron dejados de lado. Roma asumió la cultura griega y la extendió (por suerte para nosotros) al resto de sus dominios en Occidente. Esa fue su grandiosa aportación. Comprender esa elevada cultura y hacerla suya. Elio Arístides en su discurso de alabanza a Roma escribe que «en todas partes hay gimnasios, fuentes, propileos, templos, talleres y escuelas»[71]. En esas escuelas los buenos alumnos podían estudiar no solo latín sino griego. En el 70 Sertorio, un renegado romano que luchaba desde Hispania contra el Senado, creó en Huesca una escuela para los hijos de los nobles hispanos con profesores de latín y griego, realizando una gran labor civilizadora[72]. Varios siglos después San Agustín (354-430 d. C.), que había nacido en Tagaste, muy cerca de Cartago, todavía tuvo que aprender griego en la escuela (y en su libro *Confesiones* declaró que lo aborrecía).

La educación permaneció sin cambios hasta el final de la Antigüedad. Ni siquiera, cuando el cristianismo se impuso como religión oficial, sufrió alteraciones, pues, como afirma Marrou, el cristianismo es una religión erudita y no puede existir en un contexto de barbarie[73]. El cristianismo se desarrolló de forma lenta entre las comunidades de Oriente muy civilizadas y aceptó la escuela clásica que se había creado durante el paganismo, sencillamente porque nadie entendía que hubiese otra forma de hacer cultas a las personas. Cristianos y paganos recibían la misma educación. Los cristianos no quisieron renunciar a las grandezas de la cultura clásica y siguieron, para nuestra suerte, leyendo a Homero en las escuelas.

Notas

1. Quirón, el primer maestro

1. *Odisea,* 9.112.
2. Única representación de un centauro femenino en un ánfora beocia del 660 donde la Medusa es representada como un centauro. Se custodia en el Museo del Louvre. Además, en un bajorrelieve de un sarcófago del Museo Vaticano se halla la curiosa representación de un centauro femenino con su retoño.
3. *Etimologías,* XI.3.
4. Jenofonte, *Cinegético,* 12.18.
5. Jenofonte, *Cinegético,* 2.1.
6. Según Diodoro, Acteón fue castigado por la diosa porque se consideraba superior a la propia diosa Ártemis en el arte de la caza; o bien porque al dedicar en su templo las primicias de la caza, se atrevió a solicitar el matrimonio con Ártemis (diosa celosa de su virginidad, como sabemos).
7. Píndaro, *Pítica,* 3.47 y ss.
8. Píndaro, *Pítica,* 4.104 y ss.
9. *Ilíada,* 24.60.
10. *Ilíada,* 19.389.
11. Un escolio a Apolonio de Rodas, IV, 816.
12. En la versión más conocida, Tetis sumerge al niño en la laguna Estigia para convertirlo en inmortal; como lo sostenía por los tobillos, esta parte de su cuerpo que no tomó contacto con el agua permaneció vulnerable; la fuente más antigua para esta versión, que solo trata de explicar el punto débil del héroe, se encuentra en Estacio en el siglo I d. C.
13. Píndaro, *Nemea* 3.43-55.

14. Es difícil encajar cronológicamente la vida de Aquiles en el marco general de la guerra de Troya. Para este problema véase Ruiz de Elvira, *Mitología Clásica,* p. 344.
15. *Ilíada,* 11.832.
16. *Ilíada,* 9.491.
17. *Ilíada,* 9.443.
18. Ovidio, *Fastos,* 5.384.
19. Isócrates, *Encomio a Helena,* 26.
20. Teofrasto, *Sobre las plantas,* 9.11.1-7.

2. Poetas y maestros

1. *Odisea,* 8.62.
2. *Himno a Apolo,* v. 169-172.
3. *Odisea,* 8.492.
4. Arístides, *A Zeus,* 2.142.
5. Hesíodo, *Teogonía,* v. 40.
6. *Ilíada,* 2.484-492.
7. *Odisea,* 22.347.
8. Platón, *Fedro,* 245 a.
9. Platón, *Banquete,* 196d.
10. *Ilíada,* 22.304-5.
11. Plutarco, *Licurgo,* 21.7.
12. Cicerón, *Pro Archia poeta,* 10.
13. Según Pseudo-Calístenes, I, 42.
14. Heródoto, II,53.
15. *Ilíada,* 9.443.
16. *Ilíada,* 1.247-252.
17. Hesíodo, *Teogonía,* 7.10 y 55.
18. Heródoto, 5.67.
19. *Himno Homérico,* VI, 19.
20. *Odisea,* 24.260.
21. Plutarco, *Simposio,*746 a.
22. Cicerón, *De natura deorum,* 3.54.
23. Platón, *Fedro,* 259 a.
24. Ovidio, *Metamorfosis,* 5.662 y ss.

25. Según Pausanias, 9.34.3.
26. *Odisea,* 12.186-188.
27. Heródoto, 5.67.
28. Cicerón, *Sobre el orador,* 3.138.
29. Jenofonte, *Memorables,* 4.2.10.
30. *Odisea,* 10.221-223 y 5.61.
31. *Ilíada,* 18.490-492.
32. Platón, *Fedro,* 244 a-b.
33. Pausanias, 7.19.
34. Pausanias, 7.25.8 y Plinio el Viejo, 28.147.
35. Heródoto, 5.72.
36. Pausanias, 8.5.12.
37. Heródoto, 6.27.
38. Pausanias, 5.25.2.
39. Heródoto, 2.156.
40. *Himno a Apolo,* 54-60.
41. *Himno Homérico a Apolo Delio,* 5.146 y ss. y Tucídides, 3.104.
42. Plutarco, *Nicias,* 3.
43. Plutarco, *Licurgo,* 21.
44. PMG 3 (*Poetae Melici Graeci,* Oxford, 1967)
45. Ateneo, 13.75 (600).
46. PMG 41 (*Poetae Melici Graeci,* Oxford, 1967).
47. Aristófanes, *Lisístrata,* 1305 y ss.
48. Alceo, fr. 130.
49. *Antología Palatina,* 9.189.
50. Máximo de Tiro, Disertación 8.
51. Safo, fr. 47.
52. *Antología Palatina,* 9.506.
53. Plutarco, *Moralia,* 22A.
54. Plutarco, *Moralia,* 20F.
55. Aristófanes, *Las ranas,* v. 1054-5.
56. Valerio Máximo, 3.7 ext.1.
57. Aristófanes, *Ranas,* 954-957.
58. Novokhatko, A. «Greek scholarship from its beginning to Alexandria», en *Brill's companion to Ancient Greek Scholarship,* p.10.
59. Jenofonte, *Memorables,* 3.5.18.
60. Platón, *Leyes,* 654b.
61. Marrou, H. I. (2004), *Historia de la educación en la Antigüedad,* pp. 181-182.

62. Polibio, 4.20.
63. IvE 1145 (H. Wankel, Ch. Borker, R. Merkelbach, H. Engelmann, D. Knibbe, R. Meric, S. Sahin y J. Nollé (edd.), *Die Inschriften von Ephesos*, Bonn, 1979-84).

3. Aprende de los buenos

1. Plutarco, *Solón*, 22,1-3 y Vitrubio, 6 pref. 3.
2. Marrou, H. I. (2004), *Historia de la educación en la Antigüedad*, p. 54.
3. Platón, *Protágoras,* 312b.
4. Platón, *Leyes,* 729c.
5. Platón, *Banquete*, 181d.
6. Teognis, 1335-6.
7. Whitley, James (2001), *The Archaeology of Ancient Greece,* Cambridge. p. 131.
8. PMG 19 (*Poetae Melici Graeci,* Oxford, 1967).
9. Javier Murcia Ortuño, (2014), *De banquetes y batallas,* p. 97.
10. Diógenes Laercio, 5.40; pero la frase también se le atribuye a Simónides en Plutarco, *Moralia*, 644F: "Hombre, si eres necio haces una cosa sabia, pero si eres sabio, necia".
11. Apuleyo, *Flórida,* I.
12. Aristóteles, *Constitución de los atenienses,* 19.3.
13. Ateneo, 15.50.
14. Ateneo, 15.50.
15. Plutarco, *Temístocles*, 2.4.
16. Teognis, 563-6.
17. Teognis, 33-35.
18. Teognis, 27-28.
19. Teognis, 145.
20. Teognis, 227.
21. Teognis, 335.
22. Teognis, 441.
23. Teognis, 464.
24. Teognis, 647-8.
25. Teognis, 631.
26. Teognis, 614.

27. Teognis, 35-36.
28. Teognis, 429.
29. Teognis, 435-6.
30. Teognis, 1185.
31. Isócrates, *A Nicocles*, II,42-44.
32. Pollux, 6.107.
33. Teognis, 1229.
34. Platón, *República*, 479b-c.
35. Plutarco, *Moralia*, 148D.
36. Plutarco, *Moralia*, 150F.
37. Plutarco, *Moralia*, 154B.
38. fr. 177d.
39. Pausanias, 9.26.
40. Heráclito, 22, fr. 93 de Diels-Kranz.
41. Heródoto, 1.90.
42. Heródoto, 7, 140.
43. Plutarco, *Temístocles,* 10.
44. Heródoto, 7.143.1.
45. Aristóteles, *Ética a Nicómaco*, 1099 a.
46. Safo, 27D.
47. Platón, *Protágoras,* 342d.
48. Solón, fr.18.1.
49. Platón, *Protágoras,* 339c
50. Aristóteles, *Ética a Nicómaco,* 1130 y Diógenes Laercio, 1.88.
51. Plutarco, *Moralia*, 147B.
52. Diógenes Laercio, 1.22 y ss.
53. Diógenes Laercio, 1.86.
54. Tucídides, 1.13.1.
55. Tucídides, 1.17.
56. Focílides, fr. 5.
57. Aristóteles, *Política,* 1295b.
58. Aristóteles, *Política,* 1295b.
59. Platón, *República,* 364b.
60. Pseudo-Platón, *Hiparco* 228 a.
61. Valerio Máximo, 9.12.8 y Plinio el Viejo, *Historia natural,* 7.44.
62. Cicerón, *De oratore*, II,351. También Quintiliano recuerda esta anécdota en XI, 2,11 y ss.
63. Plutarco, *Moralia*, 785A.

64. Platón, *Protágoras,* 346e.
65. Cicerón, *De natura deorum,* I.60.5.
66. Aristófanes, *Pax,* 698; Píndaro, *Isth.*2.9; Aristóteles, *Ética a Nicómaco,* 1121 a 6-7. y *Retórica,* 1391 a8.
67. Plutarco, *Moralia,* 783E y 786B.
68. Aristóteles, *Retórica,* 1405b.
69. Plutarco, *Moralia,* 786B y 555F.

4. Discípulos demasiado obedientes

1. Según el mito, Crotón vivía en aquel lugar y acogió a Heracles que volvía de realizar uno de sus trabajos en el Occidente extremo: conseguir los bueyes de Geriones. Cuando otro vecino del lugar llamado Lacinio (que da nombre al cabo) intentó robarle los bueyes, Heracles lo mató, pero también murió accidentalmente en esa lucha el propio Crotón. Para reparar ese daño Heracles le construyó una tumba y le tributó honores fúnebres. Predijo que andando el tiempo en aquel lugar se levantaría una ciudad que se haría famosa y que llevaría el nombre del muerto (Diodoro, 8.17.1).
2. Diodoro, 8.17.1.
3. Estrabón, 6.1.12.
4. Estrabón, 6.2.4.
5. Platón, *Timeo,* 22b.
6. *Odisea,* 4.227.
7. Heródoto, 2.84.
8. Heródoto, 2.81.
9. Porfirio, *Vida de Pitágoras,* 13.7
10. Aristóteles, *Metafísica,* A,5 985b 23.
11. Platón, *República,* 10.617b.
12. Jámblico, *Vida pitagórica,* 82.
13. Maquiavelo, *Discursos sobre la primera década de Tito Livio,* libro 1, cap. 3.
14. De acuerdo con las noticias que leemos en Diógenes Laercio, 8.17-18; Porfirio, *Vida de Pitágoras,* 42 y Jámblico, *Vida pitagórica,* 84.
15. Cicerón, *De natura deorum,* I, 5.10.
16. Jámblico, *Vida pitagórica,* 55; Diógenes Laercio, 8.8; y Cicerón, *Disputaciones Tusculanas,* 5.3.

17. Jámblico, *Vida pitagórica*, 9.48 y 18.84.
18. Diodoro, 1.26 y Diógenes Laercio, 8.9.
19. Alceo, 94D.
20. Plutarco, *Solón*, 21.5.
21. Diógenes Laercio, 8.43.
22. Heródoto, 2.37.
23. Séneca, *De ira*, III,36,1.
24. 'Amigos, he perdido el día'. Suetonio, *Tito*, 8.1.
25. Platón, *República,* 459a.
26. Heródoto, 2.123.
27. Heródoto, 2.37.
28. Diógenes Laercio, 8.24 y 34.
29. Pausanias, 8.2.6 y Platón, *República,* 565d.
30. Jámblico, *Vida pitagórica*, 238.
31. Jámblico, *Vida pitagórica*, 185.
32. Jámblico, *Vida pitagórica*, 234; Diodoro, 4; Porfirio, *Vida de Pitágoras*, 60-61; Valerio Máximo, 4.7.1.
33. Diógenes Laercio, 8.44.
34. Diógenes Laercio, 8.37.
35. Jámblico, *Vida pitagórica,* 259.
36. Diógenes Laercio, 8.39.
37. Diógenes Laercio, 8.42.
38. Aristóteles, *Metafísica,* 948 a.
39. Escolio al *Fedón* de Platón, 108d.
40. Jámblico, *Vida pitagórica*, 75.

5. La ciudad enseña al hombre

1. Plutarco, *Licurgo*, 28.
2. Jenofonte, *República de los lacedemonios*, 3.3.
3. Aristóteles, *Política*, 1338b.
4. Plutarco, *Licurgo*, 24.
5. Aunque un autor como Jean Ducat (*Spartan Education*, 2006, p.35) piensa que el adjetivo tiene que ver con la fuerza militar de los espartanos que eran invencibles en las batallas y sometía a los demás pueblos.

6. Heródoto, 7.228.
7. Plutarco, *Licurgo*, 13.3.
8. Según Tucídides (3.22.2), los ciudadanos de Platea escaparon de la ciudad con un solo pie calzado para evitar resbalar en el barro.
9. Jenofonte, *Anábasis*, 4.6.15.
10. Simónides, fr. 90 West.
11. Cicerón, *De senectute,* 63.7.
12. Jenofonte, *República de los lacedemonios,* 6.2.
13. Demóstenes, *De corona*, 205.
14. Jenofonte, *República de los lacedemonios,* 6.3.
15. Jenofonte, *República de los lacedemonios,* 3.1.
16. Eliano, *Varia Historia*, 3.10.12.
17. Plutarco, *Moralia*, 237B.
18. Platón, *Simposio*, 182a-b.
19. Plutarco, *Licurgo,* 18.8.
20. Eliano, *Varia Historia*, 3.10.12.
21. Ducat, J. (*Spartan Education*, 2006) p. 168. El testimonio de Cicerón en *República*, 4.4.
22. Plutarco, *Licurgo,* 12.4.
23. Plutarco, *Licurgo,*12.8.
24. Platón, *República,* 637 a-b.
25. Plutarco, *Agis,* 10 y *Moralia,* 84A; Cicerón, *De legibus,* 2.39; Dion de Prusa, 32.67 y 33.57.
26. Platón, *Leyes,* 666d.
27. Aristóteles, *Política,* 1339 b.
28. Plutarco, *Lisandro,* 15.
29. Licurgo, *Contra Leócrates,* 106-7.
30. Platón, *Protágoras,* 342d.
31. Tirteo, 6D.
32. Plutarco, *Moralia* 241F.
33. *Dissoi Logoi*, 90 F 2.10 D-K.
34. Isócrates, *Panatenaico*, 209.
35. Plutarco, *Moralia*, 237A.
36. Ducat, J. (2006), *Spartan education,* p. 42. La fuente primaria de esta noticia es Estrabón, 8.5.5.
37. Plutarco, *Alcibíades*, 28.
38. Tucídides, 4.84.2.
39. Tucídides, 1.84.

40. Platón, *Protágoras*, 341d.
41. Plutarco, *Licurgo*, 19.1.
42. Platón, *Protágoras,* 342e.
43. Según Estobeo, 35.11.
44. Heródoto, 3.46.1-2; Plutarco, *Moralia*, 232D; Sexto Empírico, *Contra los profesores,* II, 23.
45. Sexto Empírico, *Contra los profesores,* II,21.
46. Plutarco, *Lisandro*, 14.
47. Plutarco, *Moralia,* 511A.
48. Lo recuerda Estrabón, 1.2.30.
49. Platón, *Protágoras*, 342d.
50. Jenofonte, *República de los lacedemonios,* 1.4.
51. Platón, *Leyes,* 806A.
52. Pausanias, 3.16.2.
53. Heródoto, 5.49.
54. Plutarco, *Licurgo*, 14.5-6.
55. Plutarco, *Comparación Licurgo-Numa*, 3.
56. Aristóteles, *Política*, 1269b.
57. Aristófanes, *Lisístrata*, v. 82.
58. Póllux, 4.102.
59. Plutarco, *Licurgo,* 14.4.
60. Ateneo, 13.566e.
61. *Odisea,* 13.412.
62. *Ilíada,* 3.156-8.
63. Aristófanes, *Lisístrata,* 78-82.
64. Eurípides, *Andrómaca*, 596.
65. Aristóteles, *Política*, 1269b y Jenofonte, *Helénicas*, 6.5.28.
66. Plutarco, *Moralia*, 241.9.
67. Platón, *República,* 548b.
68. Aristóteles, *Política*, 1269b.
69. Aristóteles, *Política,* 1338b.
70. Aristóteles, *Política,* 1338b.
71. Aristóteles, *Política,* 1338b.
72. Plutarco, *Licurgo*, 30.4-6.
73. Lo podemos comprobar en las sociedades europeas modernas donde existe una educación obligatoria que no está integrando con éxito a los niños de otras culturas.
74. Plutarco, *Agesilao*, 19.

6. El cimiento de oro

1. Pausanias, 6.9, 6-7.
2. Tucídides, 7.29.5.
3. Platón, *Protágoras,* 326d.
4. Marrou, H. I. (2004), *Historia de la educación,* pp. 210-211.
5. Heráclito, *Alegorías de Homero*, 1.4.
6. Jenofonte, *Banquete, 3.5.*
7. Plutarco, *Alcibíades*, 7; Plutarco, *Moralia,* 186E y Eliano, *Varia Historia*, 13.38.
8. Plutarco, *Moralia*, 737A. El verso de Homero es de *Odisea*, 5.306.
9. Diógenes Laercio, 4.9. El verso de Homero se puede leer en *Odisea,* 10.383.
10. Plutarco, *Moralia*, 737C. El verso de Homero pertenece a *Odisea,* 10.72, cuando el dios Eolo rechaza acoger a Odiseo por segunda vez en su isla.
11. Eliano, *Varia Historia*, IV,27. El verso de Homero en *Odisea*, 6.180.
12. Filóstrato, *Vidas de los sofistas,* 614; *Odisea*, 4.498.
13. *Odisea*, 11.122.
14. *Ilíada*, 6.146.
15. *Odisea*, 3.196.
16. *Odisea*, 10.495.
17. *Ilíada*, 6.206.
18. *Ilíada*, 2.204.
19. *Ilíada,*3.179.
20. Aulo Gelio, *Noches áticas,* 14.6 y Diógenes Laercio, 2.21. Leemos el verso en *Odisea,* 4.392.
21. El verso es de *Ilíada,* 9.363. La historia se encuentra en Platón, *Critón*, 44b.
22. El verso es de *Odisea*, 4.54-55. La historia se encuentra en Plutarco, *Alejandro,* 26.
23. Raquel Martín Hernández, "Using Homer for adivination. *Homeromanteia* in context", *CHS Research Bulletin,* vol. 2. Issue 1, 2014.
24. Aristófanes, *Ranas,* 1034.
25. Jenofonte, *Banquete,* 4.6.
26. La idea de Homero como primer retórico es estoica; cf. Cicerón, *Brutus,* 40-50.

27. Estrabón, 1.3.
28. Platón, *República*, 606e.
29. *Ilíada,* 22.389-390.
30. Horacio, *Ars poetica,* 359.
31. Heródoto, 2,53.
32. Diógenes Laercio, 8.21.
33. Jenófanes, B.15.
34. Jenófanes, B.23-26.
35. Plutarco, *Moralia,*175C.
36. *Ilíada,* 9.497 y ss. Son las palabras que dirige Fénix a Aquiles animándole a deponer su cólera y volver a la lucha.
37. *Odisea,* 326-7.
38. Ilíada, XIV,294. En Platón, *República,* 390C.
39. Platón, *República*, 391c.
40. Platón, *República*, 377e.
41. Platón, *República,* 383c.
42. Platón, *República* 599c.
43. Esquines, 1.138.
44. Platón, *Protágoras,* 326c.
45. Heródoto, 8.26.
46. Platón, *Protágoras,* 325c.
47. El mito de Hermes y la lira en *Himno homérico,* 4.25. Pero según Pausanias (V.14.8) Apolo era el inventor de la cítara.
48. Aristófanes, *Las nubes,* 970.
49. Píndaro, *Pítica,* 12.18; Apolodoro, 1.4.2; 1341b.
50. Heródoto, 7.26 y Jenofonte, *Anábasis,* I,2.8.
51. *Ilíada,* 9.189.
52. Plutarco, *Alejandro,* 15.9; y, además, Eliano, *Varia Historia,* 9.38.
53. Platón, *Alcibíades,* 106 e.
54. Aristóteles, *Política,* 1341a.
55. Plutarco, *Moralia,* 334D y 67F.
56. Plutarco, *Pericles,* 1.
57. Platón, *Banquete,* 181b.
58. Demóstenes, *De corona,* 258,7.
59. Marrou, H. I. (2004), *Historia de la educación en la Antigüedad,* p. 103.
60. Plutarco, *Demóstenes,* 5.
61. Heródoto, 8.75.1.
62. Platón, *Alcibíades,* 122 a.

63. Plutarco, *Moralia,* 14 A-B.
64. Platón, *Lisis*, 223 a.
65. Platón, *Lisis*, 208c.
66. Eliano, *Varia Historia*, XIV,20.
67. Plutarco, *Licurgo*, 30.7.
68. Plutarco, *Marco Catón,* 20.4.
69. Quintiliano, *Instituciones oratorias,* I.3.14.
70. *Gal.*3:24.
71. Clemente, *El pedagogo,* 5.12.
72. Clemente, *El pedagogo,* 1.7.53 y 1.12.98.
73. Platón, *Protágoras,* 325c.
74. Diógenes Laercio, 2.130.
75. Luciano de Samosata, *El sueño,* 2.
76. Herodas, *Mimo, 3.*
77. Eliano, *Varia Historia*, 12.9.
78. Calímaco, *Epigrama,* 1.
79. Diógenes Laercio, 6.69.
80. Diodoro, 10.29.
81. Demóstenes, *De corona*, 258.
82. Platón, *Lisis*, 206e.
83. Diógenes Laercio, 2.14.
84. Plutarco, *Moralia*, 820D.
85. Según Diógenes Laercio, 2,15 y Eliano, *Varia Historia*, 8.19.
86. Dittenberger,W. *Sylloge Inscriptionum Graecarum, n.º 1028.*
87. *Antología Palatina,* 6.308.
88. Aristóteles, *Política,* 1323a.
89. Jenofonte, *Ciropedia,* 8.3.37-39.
90. Isócrates, 14.48.
91. Platón, *Protágoras,* 326c.
92. Plutarco, *Temístocles,* 2.
93. Valerio Máximo 8.7.8; Cicerón, *De senectute,* 26 y Quintiliano, 1.10.13.
94. Jenofonte, *Banquete,* 2.16.
95. Plutarco, *Arístides,* 7.8.
96. Platón, *Leyes,* 805 a.
97. Platón, *Leyes,* 808 a.
98. Aristóteles, *Ética a Nicómaco,* 1180a 24.
99. Aristóteles, *Política,* 1294b.

100. Aristóteles, *Política,* 1337a .
101. Aristóteles, *Política,* 1337a.
102. Aristóteles, *Política,* 1338b.
103. Aristóteles, *Política,* 1339 a28.
104. Ditenberger, W., *Sylloge Inscriptionum Graecarum*, 578.
105. Dittemberg, W., *Sylloge Inscriptionum Graecarum*, 577.
106. Polibio, 31.31.1. Curiosamente el historiador critica a los rodios por aceptar esta ayuda porque significaba una merma del orgullo y la independencia de la ciudad.
107. Dittemberg, W., *Sylloge Inscriptionum Graecarum*, 672.
108. Plutarco, *Temístocles*, 10.
109. IG XII,3,171. (*Inscriptiones Graecae)*
110. Jenofonte, *Memorables,* 1.5.2.
111. Platón, *República*, 377c.
112. Aristófanes, *Lisístrata*, 1124.
113. Jenofonte, *Económico*, 7.14.
114. Hesíodo, *Los trabajos y los días,* 699.
115. Jenofonte, *Económico*, 7.7.
116. Eurípides, *Ifigenia en Áulide*, 740.
117. Eurípides, *Ifigenia entre los tauros,* 584-5.
118. Eurípides, *Hipólito*, 856 y ss.
119. Eurípides, *Ifigenia en Áulide,* 891.
120. Menandro, fr. 702.
121. Estas palabras las recoge Estobeo, que era un doxógrafo platónico en II, 207-10-14.
122. Marrou H. I. (2004), *Historia de la educación en la Antigüedad,* p. 150.
123. Jenofonte, *Económico*, 10.11.
124. *Antología Palatina,* 9.26.
125. Sobre Telesila: Pausanias, 2.20.8-9 y Plutarco, *Moralia*, 245C-E.
126. Plutarco, *Moralia*, 348.
127. *Antología Palatina,* 9.190.
128. *Antología Palatina,* 7.215.
129. *Antología Palatina,* 7.718.
130. Plutarco, *Temístocles,* 2.2.
131. Píndaro, fr. 194.
132. Plutarco, *Moralia*, 86A.

7. La violencia del maestro

1. Quintiliano, *Instituciones oratorias*, 1.2.14.
2. Demóstenes, *De falsa legatione*, 19.249.
3. Juvenal, *Sátira 7*.
4. Ateneo, 4.184C.
5. Plutarco, *Moralia*, 830B.
6. Dittenberger, *Sylloge Inscriptionum Graecarum*, 577, 43-49.
7. Esquines, *Contra Timarco*, 9.
8. Plutarco, *Moralia (De liberis educandis)*, 4b.
9. Plinio el Joven, *Cartas*, 3.3.
10. Platón, *Leyes*, 808d.
11. Platón, *Leyes*, 808d.
12. Platón, *Protágoras*, 325d.
13. Aristófanes, *Las nubes*, 1409 y ss.
14. Aristóteles, *Política*, 1275a; y en otro lugar los llama «ciudadanos incompletos», 1278a.
15. Aristófanes, *Avispas*, 1297-8.
16. Esquilo, *Agamenón*, 177.
17. Aristóteles, *Política*, 1339a 28.
18. Menandro, *Sentencias*, 573.
19. Aristófanes, *Las nubes*, 972.
20. Plauto, *Báquides*, 422.
21. Tucídides, 3.82.2.
22. Jenofonte, *Anábasis*, 2.6.12.
23. Aristófanes, *Las nubes*, 1106.
24. Hay dos representaciones en el arte antiguo donde se puede ver este cruel castigo: en una gema que hoy se conserva en Berlín (Staadtliche Museum) y en un fresco de Herculano que hoy desgraciadamente se ha perdido.
25. *Antología Palatina*, VI, 294.
26. Dion Crisóstomo, *Discursos*, 20.9-10.
27. Ovidio, *Amores*, 1.13.17-8.
28. Marcial, *Epigramas*, 9.68.
29. Juvenal, 24.18-20.
30. Cicerón, *Disputaciones tusculanas*, 3.27.
31. Quintiliano, 3.4.
32. Horacio, *Sátiras*, 1.25.

33. Platón, *República*, 536b.
34. Plutarco, *Moralia*, 8F.
35. Artemidoro, *La interpretación de los sueños*, 1.53.
36. San Agustín, *Ciudad de dios*, 21.14.
37. IG XII 1.141.
38. Platón, *República*, 563a-b.
39. Plauto, *Báquides*, 445.
40. Plauto, *Báquides*, 440.
41. Livio, *Ab urbe condita*, 5.27.5.
42. Suetonio, *Calígula*, 27.
43. Plutarco, *Moralia (De sollertia animalium)*, 968E.
44. Suetonio, *César*, 82.
45. Suetonio, *Calígula*, 28.
46. Cicerón, *Cato Minor*, 23.3.
47. Filóstrato, *Vidas de los sofistas*, 574.
48. Prudencio, *Peristephanon*, 9.27-28.
49. Prudencio, *Peristephanon*, 9.69-82.

8. Cuando educa un extraño

1. A, 8 (Diels-Krantz, *Fragmentos de los presocráticos*).
2. Platón, *Protágoras*, 316d-e.
3. Platón, *Protágoras*, 315c.
4. Eliano, *Varia Historia*, 12.32.
5. Filóstrato, *Vidas de los sofistas*, 1.516.
6. Séneca, *Epístolas morales a Lucilio*, 88,43.
7. Aristóteles, *Retórica*, 1355a 30.
8. Diógenes Laercio, 9.50.
9. Platón, *Protágoras*, 312e.
10. Platón, *Timeo*, 19e.
11. Platón, *Protágoras*, 316C.
12. Platón, *Hipias Menor*, 364a.
13. Platón, *Hipias menor*, 368b-d.
14. Plutarco, *Moralia*, 9E.
15. Plutarco, *Nicias*, 29.
16. Aristófanes, *Nubes*, 482-485.

17. Platón, *Sofista,* 233e.
18. Según dice Aristóteles en su *Retórica,* 1406b 10. La crítica aristotélica a la retórica poética de Gorgias es compartida igualmente por Isócrates, *Evágoras,* 5 191.
19. Platón, *Gorgias,* 448a.
20. Isócrates, *Antídosis,* 155-6.
21. Platón, *Menón,* 71.
22. Platón, *Menón,* 70b.
23. Ateneo, 12. 548c-d.
24. Platón, *Gorgias,* 455 a.
25. Gorgias, *Encomio a Helena,* 8-14.
26. Cicerón, *De oratore,* 11.187. Parece que se trataba de un verso de un autor romano llamado Pacuvio, que también citó Quintiliano en I.12.18.
27. *Fedro,* 267c-d.
28. Pseudo-Plutarco, *Vida de los diez oradores,* 1.18.
29. Platón, *Fedro,* 261a.
30. Diógenes Laercio, 6.86 y Plutarco, *Simposio,* 2.1.6.
31. Tucídides, 2.65.9.
32. Valerio Máximo, 8.7.6.
33. Plutarco, *Pericles,* 8.
34. Platón, *Fedro,* 270a.
35. Plutarco, *Pericles,* 4.6.
36. Plutarco, *Pericles,* 35.
37. Plutarco, *Pericles,* 16.
38. Aristóteles, *Ética a Eutidemo,* 1237b.16.
39. Diógenes Laercio, 2.11; y Cicerón, *Disputaciones tusculanas,* 1.104: A Anaxágoras, moribundo en Lámpsaco, le preguntaron si quería ser llevado a su patria (que no estaban tan lejos) y dijo: «El camino que conduce al infierno tiene la misma longitud».
40. Jenofonte, *Memorables,* 5.6.
41. Jenofonte, *Memorables,* 1.6.13.
42. Según escribe Jenofonte, *Memorables,* 1.6.1.
43. Platón, *Apología,* 20b.
44. Platón, *Cratilo,* 384c y Aristóteles, *Retórica,* 3.14.
45. Platón, *Menón,* 92 a.
46. Filóstrato, *Vidas de los sofistas,* 494.
47. Platón, *Protágoras,* 328 a.

48. Esta es la versión de Aulio Gelio, *Noches áticas,* 5,10. También Diógenes Laercio (9.56) atribuye la historia a Protágoras; pero Sexto Empírico (*Contra los profesores,* II, 97-98) la atribuye a Córax, un rétor siciliano, lo que parece más verosímil.

49. Plutarco, *Moralia (De garrulitate),* 513C.

50. Según Platón, *Apología,* 26d-e.

51. Havelock, E. A. (2002), *Prefacio a Platón,* p. 350.

52. Jenofonte, *Memorables,* 4.2.1.

53. Jenofonte, *Memorables,* 4.2.1.

54. Jenófanes, 2D.

55. Nestlé, W. (1967) *Historia del espíritu griego,* p. 115.

56. Jenofonte, *Cinegético,* 13.

57. Aristófanes, *Las nubes,* 1013.

58. Diógenes Laercio, 6.49.

59. Aulo Gelio, *Noches áticas,* 15.20.

60. Fr. 282.2 (en Ateneo, 10.413c).

61. Plutarco, *Alejandro,* 14.

62. Aristóteles, *Política,* 1339a.

63. Valerio Máximo, 9.1210.

64. Séneca, *Epístolas morales a Lucilio,* 84.1.

65. Séneca, *Epístolas morales a Lucilio,* 15.2-5.

66. Marrou, H. I. (2004), *Historia de la educación en la Antigüedad,* p. 85: «No es desmesurado afirmar que los sofistas produjeron una revolución en los dominios de la educación griega».

67. Platón, *República,* 493 a-c.

68. Platón, *Protágoras,* 320b.

69. Platón, *Protágoras,* 322e.

70. Platón, *Hipias mayor,* 281 a.

71. Platón, *Hipias Mayor,* 283d.

72. Marrou, H. I. (2004), *Historia de la educación en la Antigüedad,* p. 73.

73. Platón, *Protágoras,* 313d.

74. Platón, *Sofista,* 231d.

75. Platón, *República,* 600cd.

76. Dodds, E. R. (2010), *Los griegos y lo irracional,* p. 172-3.

77. Diógenes Laercio, 1.88.

78. Jenófanes, 13D.

79. Heráclito, Fr. 5.

80. Heródoto, 3.38.

81. Diógenes Laercio, 9.54.
82. Diógenes Laercio, 9.51.
83. Platón, *Teeteto*, 151e.
84. Platón, *Cratilo*, 386 a.
85. Platón, *Teeteto*, 162D.
86. Platón, *República*, 366 a.
87. Diógenes Laercio, 5.19.

9. Maestro de nadie

1. Aristófanes, *Las nubes*, 1466-7.
2. Aristófanes, *Las nubes*, 140.
3. Aristófanes, *Las nubes*, 225.
4. Aristófanes, *Las nubes*, 1476.
5. Platón, *Laques*, 186b.
6. Platón, *Fedón*, 95d.
7. Diógenes Laercio, 2.22.
8. Séneca, *Epístolas morales a Lucilio*, 58.23. (fr. 49 a de Diels-Kranz).
9. Platón, *Cratilo*, 402 a.
10. Diógenes Laercio, 2.24.
11. Diógenes Laercio, 2.121.
12. Platón, *Apología*, 17c.
13. Tucídides, 6.92.4.
14. Platón, *Apología*, 17b.
15. Jenofonte, *Banquete*, 4.27.
16. Platón, *Teeteto*, 150d.
17. Marrou, H. I. (2004), *Historia de la educación en la Antigüedad*, p. 84.
18. Platón, *Teeteto*, 151b.
19. Diógenes Laercio, 2.25 y Jenofonte, *Memorables*, 1.6.10.
20. Alceo, fr. 101D.
21. Jenofonte, *Memorables*, 1.5.6.
22. Jenofonte, *Memorables*, 1.6.5.
23. Jenofonte, *Memorables*, 1.6.11.
24. Platón, *Gorgias*, 481d.
25. Platón, *Apología*, 38a.
26. Jenofonte, *Memorables*, 1.6.

27. Ese es el texto de Jenofonte (*Memorables*, 1.1,1) que coincide con exactitud con Diógenes Laercio (2.40). También muy similar al que recoge Platón en *Apología* (24c): «Corrompe a los jóvenes porque no reconoce los dioses que la ciudad reconoce sino a otras nuevas divinidades».
28. Jenofonte, *Memorables*, 1.2.12.
29. Esquines, 1.73.
30. Hubo más autores que escribieron una apología de Sócrates: Lisias, Teodectes de Faselis, Demetrio de Falero, Plutarco y Libanio. Parece que primero se escribió la apología de Lisias, Jenofonte aprovechó el capítulo primero de su libro de recuerdos de Sócrates para trazar una defensa; luego Platón escribió su *Apología* y Jenofonte lo imitó escribiendo otra (entre el 394-387). Jenofonte se basó, sobre todo, en el testimonio del discípulo Hermógenes, pues él estaba ausente de Atenas desde el 401 y no asistió al juicio.
31. Diógenes Laercio, 2.48.
32. Jenofonte, *Memorables*, 4.7.2.
33. Platón, *Leyes*, 694c.
34. Platón, *Apología*, 33a-b.
35. Platón, *Apología*, 33a.
36. Jenofonte, *Memorables*, 1.2.26-7.
37. Platón, *Gorgias,* 457 a.

10. Un maestro de éxito

1. Platón, *Menón,* 70b.
2. Platón, *Menón*, 70b.
3. Isócrates, *Antídosis*, 36.
4. Pseudo-Plutarco, *Vida de los diez oradores,* 838E.
5. Pseudo-Plutarco, *Vida de los diez oradores,* 835E.
6. Pseudo-Plutarco, *Vida de los diez oradores*, 838F.
7. Isócrates, *Elogio de Helena,* 12.
8. Isócrates, *Contra los sofistas*, 4.
9. Isócrates, *Antídosis*, 184.
10. Isócrates, *Antídosis*, 254.

11. Isócrates, *A Nicocles*, 35.

12. Isócrates, *Antídosis*, 266.

13. Isócrates, *Antídosis*, 87.

14. Plutarco, *Demóstenes*, 5.6.

15. Pseudo-Plutarco, *Vida de los diez oradores*, 838 A. Hay que notar que Plutarco atribuye la anécdota al filósofo Aristipo en otra de sus obras: *Moralia*, 4E.

16. Aristóteles, *Política*, 1338a 32.

17. Pseudo-Plutarco, *Vida de los diez oradores*, 837b.

18. Aristóteles, *Retórica*, 1406a.

19. Plutarco, *Moralia*, 839A.

20. Cicerón, *De oratore*, 2.94.

21. Isócrates, *A Nicocles* II, 45-6.

22. Marrou, H. I. (2004), *Historia de la educación en la Antigüedad*, p. 110.

23. Jenofonte, *Memorables*, 1.2.39.

24. Isócrates, *Antídosis*, 87.

25. Pseudo-Plutarco, *Vida de los diez oradores*, 838D.

26. Isócrates, *Antídosis*, 99.

27. Isócrates, *Antídosis*, 104.

28. Isócrates, *Antídosis*, 220.

29. Isócrates, *A Nicocles*, 48.

30. Isócrates, *Panegírico*, 50.

31. Cicerón, *De oratore*, 2.94.

32. Jaeger, W. (2004), *Paideia,* Fondo de Cultura Económica, México, p. 830.

33. Marrou, H. I. (2004), *Historia de la educación en la Antigüedad*, p. 111.

34. Hadas, M. (1969), *The living Tradition,* Meridian Books, Nueva York, p. 129.

11. Platón y sus rivales

1. Plutarco, *Cimón*, 13.

2. Aristófanes, *Las nubes*, 1005-8.

3. Diógenes Laercio, 3.19-20.

4. Platón, *República,* 494b.

5. Diógenes Laercio, 3.26.

6. Eliano, *Varia Historia*, 3.35.
7. Plutarco, *Moralia*, 135D.
8. Diógenes Laercio, 4.2.
9. Marrou, H. I. (2004), *Historia de la educación en la Antigüedad,* p. 95.
10. Aristóteles, *Partes de los animales*, I, 639 a.
11. La primera mención a este cartel en la Academia se encuentra en Juliano, *Contra Heraclio, el cínico*, 237c (en el 362 d. C.). El texto en concreto por primera vez se lee en un comentario al *De anima* de Aristóteles de Juan Filópono (490-566 d. C.).
12. Platón, *Leyes*, 819b.
13. Plutarco, *Dion*, 13.
14. Herón de Alejandría, *Definiciones,* 138.8. (Herón es un matemático del siglo I d. C.)
15. Platón, *Protágoras,* 347d.
16. Eliano, *Varia Historia*, 2.10.
17. Plutarco, *Moralia,* 686B y Ateneo, 419C.
18. Platón, *República*, 452a.
19. Platón, *República*, 451e.
20. Platón, *Leyes*, 805b.
21. Diógenes Laercio, 4.2 y 3.46.
22. Ateneo, 12.546D y 7.279E.
23. Isócrates, *Contra los sofistas*, 84.
24. Platón, *Menéxeno*, 235b.
25. Platón, *República*, 480a.
26. Cicerón, *De oratore*, 2.94.
27. Frontón, *De eloquentia*, 3.
28. Diógenes Laercio, 6.13.
29. Diógenes Laercio, 6.3.
30. Aristóteles, *Metafísica,* 1024 b.
31. Sínope está situada en la costa sur del mar Negro. Había sido fundada por los milesios en el siglo VII en el cuello de una península. Se enriqueció con la pesca y con su actividad como centro comercial de los productos de Capadocia (sobre todo, el almagre), gracias a su buen puerto. Cuando Jenofonte pasó cerca de Sínope hacia el 400, la ciudad poseía el control sobre la zona interior y muchas ciudades le pagaban tributo. (*Anábasis, 5.5.7-10*)
32. Diógenes Laercio, 6.21.
33. Diógenes Laercio, 2.25.

34. Séneca, *Epístolas morales a Lucilio,* 90.
35. Diógenes Laercio, 6.40.
36. Plutarco, *Moralia,* 452D.
37. Diógenes Laercio, 6.26.
38. Diógenes Laercio, 6.59.
39. Diógenes Laercio, 6.96.
40. Diógenes Laercio, 6.97.
41. Bloomer, W. M. (2015), *A companion to ancient education*, p. 313. Chichester: Wiley-Blackwell.
42. Diógenes Laercio, 2.80.
43. Diógenes Laercio, 2.72.
44. Ateneo, 12.544D.
45. Jenofonte, *Memorables,* 2.1.13.
46. Diógenes Laercio, 2.69.
47. Diógenes Laercio, 2.80.
48. Plutarco, *Dion,* 19.6.7.
49. Diógenes Laercio, 2.66.
50. Ateneo, 8.343D.
51. Aristóteles, *Retórica*, 1398b 29.
52. Diógenes Laercio, 2.69.
53. Aristóteles, *Metafísica*, 996a 32-b1.
54. Vitrubio, prefacio libro VI.

12. Atenas, la escuela de Grecia

1. Diógenes Laercio, 5.1.
2. Diógenes Laercio, 5.1.
3. Plutarco, *Alejandro*, 7.3.
4. Vitrubio, 7.8.
5. Aristóteles, *Poética,* 1448b.
6. Plutarco, *Alejandro*, 26 y Plinio el Viejo, *Historia Natural*, 7.108.
7. fr. 658 Rose y además en Plutarco, *Moralia,* 329B-C.
8. El verso es de *Ilíada*, 21.107 y la anécdota la cuenta Plutarco, *Alejandro,* 54.
9. Ateneo, 9.58 y Plinio el Viejo, 8.44.
10. Diógenes Laercio, 4.3.

11. Vitrubio, 5.1.
12. Aulo Gelio, *Noches áticas,* 20.5.
13. Plutarco, *Alejandro,* 7.7 y Aulo Gelio, *Noches áticas,* 20.5.11-12.
14. Aristóteles, *Política,* 1338 a.
15. Platón, *República,* 398c y *Leyes,* 812b.
16. Diógenes Laercio, 5.3, Cicerón, *De oratore,* 3.35.141 y Quintiliano, *Instituciones oratorias,* 3.1.14.
17. Cicerón, *De oratore,* 3.140.
18. La inscripción fue hallada en Delfos de forma fragmentaria. Se refería a Aristóteles y Calístenes como «honrados y coronados» y está fechada en el 330. Véase en Dittenberger, *Sylloge*[3] 275 y SIG 275.
19. Eliano, *Varia Historia,* 14.1.
20. Además, en Eliano, *Varia Historia,* 3.36.
21. Sobre la biblioteca de Aristóteles: Estrabón (13.1.54) dice que Aristóteles la legó a Teofrasto, este se la dejó a Neleo y este a Escepis, que la dejó a sus sucesores, hombres ignorantes que tuvieron los libros cerrados bajo llave sin colocarlos cuidadosamente. Sobre el destino de la biblioteca de Aristóteles y Teofrasto escribieron varios autores: Plutarco, *Sila,* 26.1; Ateneo, 1.3 a-b; 5.214d-e.
22. Diógenes Laercio, 5.39.
23. Diógenes Laercio, 7.2.
24. Diógenes Laercio, 7.2-3.
25. Diógenes Laercio, 7.4.
26. Diógenes Laercio, 7.3.
27. Diógenes Laercio, 7.32.
28. Diógenes Laercio, 2.114 y Plutarco, *Moralia,* 468A.
29. Esta anécdota en Valerio Máximo, 7.23, pero atribuye la frase a Biante; además, Plutarco, *Moralia,* 5F y *Vida de Demetrio,* 9; Cicerón, *Paradojas,* 1.8.6; Séneca, *Diálogos,* 2.5.6.
30. Diógenes Laercio, 7.24.
31. Diógenes Laercio, 7.22.
32. Cicerón, *De natura deorum,* 1.36.
33. Antístenes, fr.24.
34. Lactancio, *Instituciones divinas,* 3.4.
35. Plutarco, *Moralia,* 78D.
36. Diógenes Laercio, 7.27.
37. Diógenes Laercio, 7.172.

38. Diógenes Laercio, 7.174.
39. La anécdota en Diógenes Laercio, 10.2 y Sexto Empírico, *Contra los profesores,* 10.19.
40. Diógenes Laercio, 9.74.
41. Diógenes Laercio, 9.66.
42. Diógenes Laercio, 9.36.
43. Diógenes Laercio, 9.45.
44. Séneca, *De ira,* 5.6.
45. Diógenes Laercio, 9.40.
46. Cicerón, *De natura deorum*, 1.73.
47. Diógenes Laercio, 10.104.
48. Diógenes Laercio, 10.125.
49. Cicerón, *De natura deorum* 1.86.
50. Diógenes Laercio, 10.139.
51. Plutarco, *Moralia*, 1117B.
52. Lucrecio, *De rerum natura,* 5.8.
53. Menandro, fr. 656.
54. Eurípides, *Ifigenia en Áulide*, 16.
55. Isócrates, *Evágoras*, 3.
56. Séneca, *Epístolas morales a Lucilio,* 21.10.
57. Aulo Gelio, *Noches áticas*, 2.6.12.
58. Diógenes Laercio, 10.140 y Plutarco, *Moralia*, 36B.
59. Simónides, fr. 298 (PMG 584).
60. Séneca, *Epístolas morales a Lucilio,* 21.10.
61. Séneca, *Epístolas morales a Lucilio,* 18.9.
62. Séneca, *De vita beata*, 13.1.
63. Séneca, *Epístolas morales a Lucilio,* 9.8.
64. Epicuro, Máxima capital, 27.
65. Diógenes Laercio, 10.120.
66. Diógenes Laercio, 10.117.
67. Séneca, *Epístolas morales a Lucilio*, 7.11.
68. Cicerón, *De natura deorum,* 1.93.
69. Ateneo, 13.588.
70. Ateneo, 13.579.
71. Ateneo, 13.583.
72. Ateneo, 13.584.
73. Platón, *Menéxeno*, 235e.
74. Aristófanes, *Acarnienses,* 524.

75. Epicuro, fr.163 Us.
76. Epicuro, fr. 117 Us. (en Ateneo 13.53).
77. Plutarco, *Moralia,* 1094E.
78. Ovidio, *Cartas pónticas,* 4.8.55.
79. Diógenes Laercio, 10.122.
80. Cicerón, *Disputaciones tusculanas,* 3.6-7.
81. PHerc 1005, col. 5.9-13.
82. Diógenes Laercio, 10.135. Es una expresión tópica del mundo griego que ya se halla en Teognis (v. 339) y Platón (*República,* 360c).
83. Tucídides, 2.41.1.
84. Isócrates, *Antídosis,* 295.
85. Isócrates, *Antídosis,* 302.
86. La raíz *segh que formó el verbo ἔχω, 'tener', sirvió para formar, con grado cero, el sustantivo σχολή, que tendría el sentido de 'acción de retener', 'inmovilidad' y 'ocio'.
87. Plutarco, *Moralia,* 43F.
88. Platón, *Teeteto,* 176a.
89. Platón, *Teeteto,* 174a.
90. Platón, *Leyes,* 803B.
91. Aristóteles, *Ética a Nicómaco,* 1141b.
92. Plutarco, *Alejandro,* 53.2.
93. Plutarco, *Solón,* 2.7 y Aristóteles, *Ética a Nicómaco,* 1247 a.
94. Plutarco, *Moralia,* 1033D.
95. Isócrates, *Antídosis,* 227.
96. Diógenes Laercio, 3.26.
97. Plutarco, *Moralia,* 72A.
98. Plutarco, *Moralia,* 70F.
99. Plutarco, *Moralia,* 71E.
100. Plutarco, *Moralia (De adulatore),* 32.
101. Diógenes Laercio, 6.4.
102. Valerio Máximo, 6.64 y Diógenes Laercio, 6.64.
103. Diógenes Laercio, 4.6. y Plutarco, *Mario,* 2.
104. Diógenes Laercio, 4.10.
105. Quintiliano, *Instituciones oratorias,* 1.3.3.
106. Platón, *República,* 486b.
107. Aristóteles, *Política,* 1295b15.
108. Diógenes Laercio, 7.29.
109. Plutarco, *Moralia,* 81E.

110. Séneca, *De ira*, 2.21-10.
111. Eliano, *Varia Historia*, 9.33 a.
112. Plutarco, *Moralia*, 176D.
113. Eunapio de Sardes, *Vidas de filósofos y sofistas,* 6.1.1-3.
114. Diógenes Laercio, 2.73.
115. Diógenes Laercio, 2.68.
116. Diógenes Laercio, 6.6.
117. Diógenes Laercio, 6.63.
118. Diógenes Laercio, 6.86.
119. Diógenes Laercio, 5.20.
120. Ateneo, 4.55.
121. Plutarco, *Moralia*, 79A.
122. Séneca, *Epístolas morales a Lucilio*, 108.5.
123. Cicerón, *Disputaciones tusculanas,* 2.60.
124. Diógenes Laercio, 7.23.
125. Lo cuenta Ateneo, 10.437E (el verso pertenece a *Odisea*, 21.152).
126. Diógenes Laercio, 4.43.
127. Platón, *Leyes,* 789 a8.
128. Platón, *República,* 536b.
129. Platón, *Fedro*, 274a.
130. Isócrates, *Antídosis*, 201.
131. Cicerón, *Disputaciones tusculanas,* 3.39.
132. Proclo, *In primum Euclidis elementorum librum comentarii*, 68.
133. Plutarco, *Moralia,* 813A.
134. Platón, *Eutidemo*, 271c.
135. Filóstrato, *Vidas de los sofistas*, 2.557.
136. Diógenes Laercio, 6.68.
137. Séneca, *Epístolas morales a Lucilio*, 76.3.
138. Séneca, *Epístolas morales a Lucilio,* 76.3.
139. Aristófanes, *Ranas*, 1054.
140. *Contra Leócrates*, 76.
141. Marrou, H. I. (2004), *Historia de la educación en la Antigüedad,* p. 143.
142. Marrou, H. I. (2004) *Historia de la educación en la Antigüedad,* p. 146.
143. De Rijk, L. M. «ἐγκύκλιος παιδεία: a study of its original meaning» *Vivarium* 3:24-93.
144. IvE 1627. (H. Wankel, Ch. Borker, R. Merkelbach, H. Engelmann, D. Knibbe, R. Meric, S. Sahin y J. Nollé (edd.), *Die Inschriften von Ephesos*, Bonn, 1979-84).

145. IvE 2101. (H. Wankel, Ch. Borker, R. Merkelbach, H. Engel-
     mann, D. Knibbe, R. Meric, S. Sahin y J. Nollé (edd.), *Die Ins-
     chriften von Ephesos*, Bonn, 1979-84).
146. Pseudo-Platón, *Axíoco,* 371cd.

Epílogo: de Grecia a Roma

1. Valerio Máximo, 2.25; Dionisio de Halicarnaso, 19.5; Apiano,
   Samnitica, 7. El jefe de la embajada era Lucio Postumio Megelo.
2. Plutarco, *Pirro,* 16.
3. Aulo Gelio, *Noches áticas,* 17.21.
4. Tito Livio, *Ab urbe condita,* 25.40.1-2.
5. Tito Livio, *Ab urbe condita,* 34.4.4.
6. Tito Livio, *Ab urbe condita,* 29.19.
7. En el siglo I d. C. Séneca añoraba ese tipo de educación, según
   escribe en su epístola 88 a Lucilio: «Nuestros antepasados enseñaban a lanzar la jabalina, blandir la maza, montar a caballo y
   manejar las armas».
8. Plinio el Viejo, *Historia Natural,* 29.14.
9. Plutarco, *Emiliano,* 6.4-5.
10. Polibio, 31.24.
11. Cicerón, *De oratore,* 2.2.3.
12. Suetonio, *De gramáticos y rétores,* 25.2.
13. Suetonio, *De gramáticos y rétores,* 25.2 donde se recoge el texto
    del edicto de los censores; Tácito, *Diálogo sobre los oradores,* 35.1;
    y Cicerón, *De oratore,* 3.24.93.
14. Plutarco, *Catón,* 23.
15. Valerio Máximo, 8.7.5.
16. Diógenes Laercio, 4.62.
17. Quintiliano, 12.1, 35; cf. Plinio el Viejo, *Historia Natural,* 7.112-113.
18. Cicerón, *De oratore,* 1.155.
19. Veleyo Patérculo, 1.13.4.
20. *Ad Caesarem,* 2.9.3.
21. Cicerón, *De oratore,* 2.19.
22. Polibio, 6.56.
23. Ateneo, 6.261B.

24. Cicerón, *Leyes*, 3.8.
25. Polibio, 5.106.4.
26. Plutarco, *Marcelo*, 21.
27. Plutarco, *Catón,* 22.
28. Cicerón, *De oratore,* 3.137.
29. Plinio el Viejo, *Historia Natural,* 29.14.
30. Juvenal, *Sátiras,* 3.
31. Tácito, *Agrícola,* 21.3.
32. Virgilio, *Eneida,* 6.847.
33. Plutarco, *Tiberio Graco,* 8.17.20.
34. Quintiliano, 1.1.6.
35. Cicerón, *Disputaciones tusculanas,* 1.5.
36. Cicerón, *De oratore,* 1.194.
37. Lucano, *La Farsalia,* 7.270.
38. Juvenal, *Sátiras,* 10.356.
39. Marcial, *Epigramas,* 14.49.
40. Cicerón, *Disputaciones tusculanas,* 4.70.
41. Plinio el Joven, *Cartas,* 4.22.
42. Cicerón, *Catilinaria*, 2.23.
43. Cicerón, *De oratore,* 3.43.
44. Cicerón, *De oratore*, 1.18.
45. Platón, *Teeteto,* 191c-d.
46. Cicerón, *De oratore*, 3.43.
47. Cicerón, *Disputaciones tusculanas,* 4.3.7.
48. Cicerón, *Pro Archia poeta*, 2.6.7.
49. Cicerón, *Disputaciones tusculanas,* 3.2.3.
50. Plutarco, *Sila*, 13-14.
51. Cicerón, *De finibus*, 5.1.
52. Cicerón, *De finibus*, 5.1.
53. Plutarco, *Demóstenes,* 8.
54. Cicerón, *Disputaciones tusculanas*, 4.44.
55. Filóstrato, *Vidas de los sofistas,* 510.
56. Cicerón, *De oratore,* 1.126.
57. Plutarco, *Cicerón*, 4.
58. Estrabón, 2.3.6.
59. Plutarco, *Cicerón*, 5.
60. Los prácticos romanos no estaban tan inclinados a la discusión; un tal Gelio Publícola convocó en Atenas a los representantes de

las diversas escuelas filosóficas y les apremió a que resolvieran sus diferencias y él se ofrecía a ayudarles en esa tarea (Cicerón, *Sobre las leyes,* 1.53).

61. Cicerón, *Disputaciones tusculanas,* 2.65.
62. Salustio, *Conjuración de Catilina,* 23.6.
63. Cicerón, *Epístolas a familiares,* 15.21.2.
64. Plutarco, *Comparación de Demóstenes y Cicerón,* 1.6.
65. Tácito, *Diálogo de los oradores,* 8.2-3.
66. Plutarco, *Pompeyo,* 10.3
67. Plutarco, *Sila,* 13.
68. Apiano, *Guerras civiles,* 65.
69. Tácito, *Diálogo de los oradores,* 18.5.
70. Elio Arístides, *Discurso a Roma,* 96.
71. Elio Arístides, *Discurso a Roma,* 97.
72. Plutarco, *Sertorio,* 14.
73. Marrou, H. I. (2004), *Historia de la educación en la Antigüedad,* p. 404.

Bibliografía

Ahbel-Rappe, S. y Kamtekar (eds.) (2009). *A companion to Socrates*. Wiley-Blackwell.

Asmis, E. (2001). «Basic education in Epicureanism». En Y. L. Too, *Education in Greek and Roman Antiquity* (págs. 209-239). Leiden: Brill.

Barnes, J. (1995). *The Cambridge companion to Aristotle*. Cambridge: Cambridge University Press.

— (1999). *Aristóteles*. Madrid: Cátedra.

Beck, F. G. (1964). *Greek education*, 450-350 BC. Londres: Methuen.

Bell, R., Evans Brubbs, J., & Parkin, T. (2014). *The Oxford Handbook of Childhood and Education in the Classical World*. Nueva York: Oxford University Press.

Bloomer, W. M. (2015). *A companion to ancient education*. Chichester: Wiley-Blackwell.

Bloomer, W. M. (2015). «Corporal Punishment in the Ancient school». En W. M. Bloomer, *A companion to ancient education* (págs. 184-198). Chichester: Wiley-Blackwell.

Booth, A. D. (1973). «Punishment, discipline and riot in the schools of antiquity». Echos du monde classique / classical views (17), 107-114.

Bremmer, J. N. (2012). «Greek demons of the wilderness». En Laura Feldt, *Wilderness in mythology and religion*. (págs. 25-54) Boston/Berlin: De Gruyter.

Brun, J. (1961). *Aristóteles y el Liceo*. Buenos Aires: Universidad de Buenos Aires.

Burnyeat, M. F. (2000). «Plato on why mathematics is good for the soul». En T. Smiley, *Mathematics and necessity: essays in the history of philosophy* (págs. 1-81). Oxford: Oxford University Press.

Capelle, W. (1992). *Historia de la filosofía griega*. Madrid: Gredos.

Casey, E. (2013). «The Athenian *ephebia* in early Hellenistic Era». En J. Evans Grubbs, & T. Parkin, *The Oxford Handbook of Childhood and Education in the Classical World*. Oxford: Oxford Univesity Press.

de Romilly, J. (2010). *Los grandes sofistas de la Atenas de Pericles*. Madrid: Gredos.

Detienne, M. (2004). *Los maestros de la verdad en la Grecia arcaica*. Madrid. Sexto piso.

Dodds, E. R. (2010). *Los griegos y lo irracional*. Madrid: Alianza.

Ducat, J. (2006). *Spartan education: youth and society in the Classical Period*. Classical Press of Wales.

García Gual, C. (2002). *Epicuro*. Madrid: Alianza.

— (2007). *Los siete sabios (y tres más),* Madrid: Alianza.

García Sánchez, J. (2015). «Arqueología de la *paideia*. Las sedes de la educación superior en las provincias helenísticas del imperio (III): los gimnasios». Habis, 49-74.

Hadas, M. (1969), *The living Tradition*. Nueva York: Meridian Books.

Hauvette-Besnault, A. y Pottier, E. «Inscription de Téos» en Bulletin de correspondance hellénique. Volumen 4. 1880. Págs. 110-121.

Havelock, E. A. (2002). *Prefacio a Platón*. Madrid: Machado Libros.

Hernández de la Fuente, D. (2011). *Vidas de Pitágoras*. Gerona: Atalanta.

Johnson, R. (1957). «A note on the number of Isocrates' pupils». American Journal of Philology (78), 297-300.

— (1959). «Isocrates' methods of teaching». American Journal of Philology (78), 297-300.

Joyal, M., McDougall, L., & Yardley, J. C. (2008). *Greek and Roman education: a sourcebook*. Routledge.

Kallligas, P., Balla, C., & Baziotopoulou-Valavani, E. (2020). *Plato's Academy: Its Workings and its History*. Cambridge: Cambridge University Press.

Karamanou, I. (2016). «The papyrus from the «musician´s tomb» in Daphne». Greek and Roman musical studies (4), 51-70.

Kennedy, G. (1963). *The art of persuasion in Greece*. Princeton: Princeton University Press.

Kennell, M. N. (2015). «The *Ephebeia* in the Hellenistic period». En W. M. Bloomer, *A companion to ancient education*. Chichester: Blackwell.

Konstan, D. (1997). *Friendship in the Classical World*. Cambridge: Cambridge University Press.

Laín Entralgo, P. (1958*). La curación por la palabra en la Antigüedad*. Madrid: Revista de Occidente.

Legras, B. (2008). «Violence ou douceur. Les normes éducatives dans les sociétés grecque et romaine. » Historie de l'education (118), 11-34.

Lesky, A. (1989). *Historia de la literatura griega*. Madrid: Gredos.

Lynch, T. A., & Rocconi, E. (2020). *A Companion to Ancient Greek and Roman Music*. John Wiley & Sons.

Marrou, H. I. (2004). *Historia de la educación en la Antigüedad*. Madrid: Akal.

Mas Torres, S. (2018), *Epicuro, epicúreos y el epicureísmo en Roma,* Madrid: UNED.

Melero Bellido, A. (1996). *Sofistas, testimonios y fragmentos*. Madrid: Gredos.

Mesquita, A. P. (2008). *Vida de Aristóteles*. Madrid: Signifer libros.

Murcia Ortuño, J. (2007). *De banquetes y batallas*. Madrid: Alianza.

— (2016) *Atenas, el esplendor olvidado*. Madrid: Alianza.

— (2017). *Esparta*. Madrid: Alianza.

Murray, O. (2018). *The symposion: drinking Greek style. Essays on Greek pleasure 1983-2017*. Oxford: Oxford University Press.

Nestlé, W. (1961). *Historia del espíritu griego*. Barcelona: Ariel.

Nietzsche, F. (2012). *El nacimiento de la tragedia*. Madrid: Alianza.

— (2013). *El crepúsculo de los ídolos*. Madrid: Alianza.

Novokhatko, A. «Greek Scholarship from its beginnings to Alexandria» en Montanari, Matthaios y Rengakos (eds.) *Brill's companion to ancient Greek scholarship,* (pág. 3-59). Leiden-Boston 2015.

Otto, W. (1981). *Las musas. El origen divino del canto y del mito*. Buenos Aires: EUDEBA.

Pfeiffer, R. (1981). *Historia de la filología clásica*. Madrid: Gredos.

Pomeroy, S. B. (2002). *Spartan women.* Oxford: Oxford University Press.

Powell, A. (2003). *The Greek world*. Londres: Routledge.

Quintana Fernández, J. (1995). «Quirón, el centauro. Ideas relativas a la proto-historia de la educación en Occidente». Historia de la Psicología, 16(3), 301-307.

Robbins, E. (1993). «The education of Achilles». Quaderni urbinati di cultura classica (45), 7-20.

Ruiz de Elvira, A. (1995). *Mitología clásica*. Madrid: Gredos.

Sedley, D. (1976). «Epicurus and his professional rivals». En J. Bollack, & A. Laks, *Etudes sur l'Epicurisme antique* (págs. 121-159). Lille: Presses Universitaires du Septentrion.

Signes Codoñer, J. (2010). *Escritura y literatura en la Grecia arcaica*. Madrid: Akal.

Snell, B. (2007). *El descubrimiento del espíritu*. Barcelona: Acantilado.

Snodgrass, Anthony, (1981). *Archaic Greece. The age of experiment*. University of California Press.

Too, Y. L. (2001). *Education in Greek and Roman Antiquity*. Leiden: Brill.

Tovar, A. (1947). *Vida de Sócrates*. Madrid: Revista de Occidente.

Weconski, M. (2014). *The rise of the Greek aristocratic banquet*. Oxford: Oxford University Press.

— (2018). «Why did the Symposion die?». En F. Van den Eijnde, *Feasting and polis institutions* (págs. 257-272). Leiden: Brill.

Whitley, James, (2001). *The Archaeology of ancient Greece,* Cambridge: Cambridge University Press.

Whitmarsh, T. (2016). *Battling the gods, atheism in the Ancient World*. Londres: Faber & Faber.

Wycherley, R. E. (1978). *The stones of Athens.* Princeton: Princeton University Press.

Índice de mapas e imágenes

Índice de mapas

Índice de imágenes

Índice onomástico